फणीश्वरनाथ रेणु के उपन्यास : लोकतत्त्व एवं संरचना

फणीश्वरनाथ रेणु
के
उपन्यास : लोकतत्त्व एवं संरचना

प्रेमशीला शुक्ल

GYAN

भारतीय सामाजिक विज्ञान अनुसंधान परिषद, नई दिल्ली द्वारा दी गई आंशिक आर्थिक सहायता से यह पुस्तक प्रकाशित हुई है। पुस्तक में दिये गये तथ्य, प्रस्तुत किये गये विचार या निष्कर्ष पूर्णरूप से लेखक के हैं। परिषद इसके लिये उत्तरदायी नहीं है।

परिषद की ओर से इस शैक्षणिक अध्ययन का मूल्यांकन पर्यवेक्षक (सलाहकार) प्रोफेसर रामेश्वर मिश्र, हिन्दी विभाग, विश्व भारती, शान्ति निकेतन (पश्चिम बंगाल) द्वारा किया गया है।

प्रस्तुत पुस्तक दीनदयाल उपाध्याय गोरखपुर विश्वविद्यालय, गोरखपुर (उ.प्र.) द्वारा स्वीकृत पी.एच.डी. शोध प्रबन्ध पर आधारित है।

फणीश्वरनाथ रेणु के उपन्यास : लोकतत्त्व एवं संरचना

ISBN: 978-81-212-1057-7

आवरण: आँगन की अल्पना (एकादशी चउक)
आरेखन : श्रीमती हेमलता पाण्डेय (0120–2770636) © हेम-प्रेम

प्रकाशन वर्ष 2010
ज्ञान पब्लिशिंग हाउस
23, मेन अंसारी रोड, दिल्ली–110002
फोन : 23282060, 23261060
फैक्स : 011-23285914
ई–मेल: books@gyanbooks.com
अक्षर मुद्रांकन: क्विक मीडिया, दिल्ली
चावला ऑफसेट प्रिंटर्स, दिल्ली

'सर्वस्व'

को

समर्पित

फणीश्वरनाथ रेणु
(1921 - 1977)

अनुक्रम

शोध कार्य की सृजनात्मकता 11

अपनी बात 21

प्रथम अध्याय : पृष्ठभूमि **28**

क. हिन्दी के उपन्यासों की प्रारंभिक स्थिति 32

- मनोरंजन एवं व्यंग्य की सीमाएँ 33
- सामाजिक समालोचना का अभाव 35
- शिल्प की स्वाभाविक शिशुता 37

ख. प्रेमचन्द के समय का हस्तक्षेप 40

- उपन्यासों की समाज सापेक्षता 41
- परिप्रेक्ष्य की पूर्णता 44
- उद्देश्यपरकता की सीमा 46

द्वितीय अध्याय : उपन्यास साहित्य में रेणु का हस्तक्षेप **51**

- विशिष्ट उपन्यासकार और कलात्मक आकर्षण का स्वरूप 55
- आंचलिकता और रेणु 66
- विशिष्ट भाषा और शिल्प का प्रतिमान 67

तृतीय अध्याय : रेणु के उपन्यासों का परिचय और परिदृश्य **71**

- मैला आँचल 72
- परती : परिकथा 79

- दीर्घतपा 86
- जुलूस 88
- कितने चौराहे 91
- पल्टू बाबू रोड 94
- राजनीतिक परिदृश्य 96
- आर्थिक परिदृश्य 100
- सामाजिक परिदृश्य 104
- समग्र संक्षिप्त मूल्यांकन 110

चतुर्थ अध्याय : लोक तत्त्व और रेणु के उपन्यास 117

- लोक का सृजन में महत्व 118
- लोकानुभूति 119
- लोक जीवन में प्रचलित अभिव्यक्ति के विविध रूप 121
- उक्त परिप्रेक्ष्य में रेणु का अध्ययन और समीक्षात्मक निष्कर्ष 122
- अपनी भूमि 123
- लोक और देश 125
- सकल समाज 127
- लोक जीवन में प्रचलित अभिव्यक्ति के माध्यमों का अद्वितीय विनियोग 129
- लोक गीत 131
- लोक नाट्य 134
- लोक कथा 134
- लोक सुभाषित 134

पंचम अध्याय : आंचलिकता और रेणु के उपन्यास 139

- आंचलिकता की अवधारणा 144
- रेणु की दृष्टि में आंचलिकता 147
- रेणु के उपन्यासों में आंचलिकता का स्वरूप और वैशिष्ट्य 149
- आंचलिकता के कारण आगत साहित्यिक सौन्दर्य का

मूल्यांकन 155
- अंचल के समग्र जीवन का चित्रण : परिवेश का नायकत्व 155
- अनुभव की प्रामाणिकता 162
- भाषा की विशिष्टता 164

षष्ठ अध्याय : रेणु के उपन्यासों की संरचना 171

- उपन्यास के विधायक तत्त्वों का संघटन 173
- कल्पना और यथार्थ का जमीनी आश्चर्य 184
- वर्णन शैली 194
- काव्यात्मक शैली 198
- स्वप्न शैली 199
- रिपोर्ताज शैली 201
- पूर्व दीप्ति शैली 203
- पत्र एवं डायरी शैली 205
- नाटकीयता 206
- लोक सांस्कृतिक तत्त्वों का नया भाष्य 211
- भाषिक संरचना—शब्द प्रयोग, प्रतीकात्मकता, बिम्बधर्मिता एवं अन्य विशेषताएँ 212
- अन्य संरचनागत विशिष्ट प्रयोग एवं समीक्षा 222

उपसंहार 231

संदर्भिका 239

अनुक्रमणिका 251

शोध कार्य की सृजनात्मकता

लोक जीवन की गहरी अनुभूति से अनुप्राणित कथाकार फणीश्वरनाथ रेणु अपने उपन्यासों से हिन्दी उपन्यास के क्षितिज का विस्तार करते हैं। शुद्ध रूप से साहित्यकार के रूप में उनका प्रवेश साहित्य मंच पर होता, उससे पहले ही रेणु नेपाली क्रांति से प्रत्यक्ष रूप से जुड़ गये थे। सन् 1950 में नेपाल की राजशाही के विरुद्ध नेपाली कांग्रेस के मुक्ति संग्राम में विश्वेश्वर प्रसाद कोइराला के नेतृत्व में फौजी वर्दी में सशस्त्र क्रांति करने वाले नौजवानों में फणीश्वरनाथ रेणु भी थे। उससे पहले किशोरावस्था से ही जो चीज़ें रेणु की चेतना में गहराई से अंकित हुईं, उनमें प्रमुख थीं कोशी अंचल की विविधवर्णी प्रकृति और रुढ़ियों-अंधविश्वासों, अशिक्षा, कुशिक्षा, अभावों और रोगों से लड़ती-जूझती जनता की जिजीविषा। प्रकृति और लोक जीवन के परस्पर सघन संबंधों को अनुभूति का अंग बनाने के बाद रेणु ने सुमित्रानंदन पंत की 'भारतमाता ग्रामवासिनी' कविता के 'धूल भरा मैला सा अंचल' से प्रेरित नाम देकर 'मैला आँचल' उपन्यास लिखा। उपन्यास में कई बातें पहली बार आईं जैसे व्यक्ति नायक और व्यक्ति चरित्र के बदले पूरा अंचल नायक बना। सबसे अधिक उसी के चरित्र के विविध आयामों का चित्रण हुआ और माध्यम बनी वह भाषा, जो किताब से नहीं निकली थी। 'मैला आँचल' की भाषा सच्चे अर्थों में जन भाषा है, जो उस अंचल के अनपढ़ गँवारों, खेत मजूरों, सुराजियों, कबीरपंथियों, मेले-ठेले वाली स्त्रियों के साथ-साथ चिड़ियों, वृक्ष-वनस्पतियों की ध्वनियों से बुनी गयी है। भोजपुरी भाषियों को उस भाषा में कथा की बारीकियों के आस्वादन में कठिनाई नहीं होती। कठिनाई किन लोगों को होती है, इसका प्रत्यक्ष अनुभव मुझको है। कुछ वर्ष पहले कलकत्ता विश्वविद्यालय में रेणु के उपन्यासों पर मेरे कुछ व्याख्यान हुए। दूसरे दिन केरल के विश्वविद्यालयों के कुछ अध्यापक मुझसे मिलने आए। उनकी सबसे बड़ी समस्या थी कि 'मैला आँचल' के ऐसे शब्दों का अनुवाद वे मानक हिन्दी में किस प्रकार करें कि मलयालम भाषी

छात्र उनका आशय ग्रहण कर सकें। वे शब्द शब्दकोश में मिलते नहीं। अंग्रेजी के माध्यम से भी उनका ठीक आशय नहीं समझाया जा सकता। किसी सीमित क्षेत्र में प्रयुक्त होने वाले शब्द जब मानक भाषा की रचना में आते हैं तो काव्यशास्त्र की शब्दावली में इसे 'ग्राम्यत्व दोष' कहा जाता है। फणीश्वरनाथ रेणु की कथा भाषा मानक-अमानक की परवाह न करके अंचल की नादमयी झंकृति में धड़कता हुआ परिवेश मूर्त करती है।

रेणु के उपन्यासों पर शोध करने वाली प्रेमशीला शुक्ल बताती हैं कि "मेरा बचपन मिथिलांचल से सटे गरहरा-बरौनी रेलवे कालोनी में बीता। वहाँ छोटे-छोटे बच्चों को गोद में लिए औरतें अक्सर भीख माँगने आती थीं। बाल्यावस्था का कुतूहल उनसे बातें करने के लिए उकसाता था। बातें करने से पता चलता कि वे औरतें सहरसा, पूर्णिया की हैं। 'भीख क्यों माँगती हो?' के जवाब में वे 'दहाय गेल' (बह गया) मैथिली का एक छोटा सा वाक्य आँखों में आँसू लिए बोल देतीं। उनकी खड़ी फसलें कोशी बहा ले जाती थी। मेरे मन में उस इलाके के लिए उत्सुकता मिश्रित करुणा भर जाती। बाद में मुझे वहाँ जाने और वहाँ के लोगों को जानने-समझने का अवसर मिला।" बाल्यावस्था की इसी पूँजी के बल पर रेणु साहित्य में मुखर उस अंचल के जीवन की धड़कनों को सुनने-समझने में समर्थ शोधकर्ती कह सकीं कि "रेणु का कृती व्यक्तित्व अद्भुत है। अपने आसपास के भीतर-बाहर को रेणु अप्रत्याशित कुशलता के साथ अपनी रचनाओं में उद्घाटित कर देते हैं। रेणु की लोक संपृक्ति रचना संसार के लिए बेशकीमती नगीने जुटा देती है। इन नगीनों का उपयोग रेणु रचना के उपजीव्य एवं अभिव्यक्ति के उपकरण दोनों के लिए करते हैं। इन नगीनों से सजे रेणु के उपन्यास हमें रूप, रस, गंध और स्पर्श की ऐसी दुनिया में ले जाते हैं, जहाँ अनुभूतियाँ तीव्र हो जाती हैं। यह जीवनानुभव के कलानुभव में रूपांतरण का जादू है। रेणु के उपन्यास औपन्यासिक कला शिल्प के नये रूपों की खोज हैं। यहाँ उपन्यास का कथा वाचन तो है ही, नाटकों की दृश्यात्मकता और कविता की अलंकरणीयता भी है।"

प्रेमशीला शुक्ल जिस 'जादू' की बात करती हैं, वही शास्त्रकुंठित आचार्यों को दोष के रूप में दिखाई पड़ता है तो क्या आश्चर्य! हिन्दी उपन्यास का इतिहास लिखने वाले विद्वानों और उपन्यासों का मर्म बताने वाले आलोचकों में से अधिकांश की पहुँच रेणु के 'कीमती नगीनों' और 'उनके जीवनानुभव के कलानुभव में रूपांतरण के जादू' तक नहीं हो सकी है, इसके लिए प्रमाणों का अभाव नहीं।

अपनी बाल्यावस्था में रेणु वाले अंचल से आत्मीय जुड़ाव और आगे चलकर अपने गम्भीर अध्ययन-मनन के बल पर रेणु का मन और उनकी लेखनी से निकले जादुई प्रभाव को समझ पाने में प्रेमशीला समर्थ हो सकी हैं। पहला अध्याय शोध की औपचारिकता की पूर्ति के लिए लिखा गया है किंतु दूसरे ही अध्याय से शोधकर्ती की विशेष दृष्टि की झलक मिलने लगती है। दूसरे अध्याय का नाम रखा गया है—'उपन्यास साहित्य में रेणु का हस्तक्षेप'। उपन्यास के बने बनाए ढाँचे को एकबारगी नकार कर पहली बार लोक चेतना की ऊर्जा को ठेठ ध्वनियों के सहारे मूर्त कर देना—हस्तक्षेप ही तो था। कई वर्ष तक उस हस्तक्षेप की ओर किसी का ध्यान नहीं गया क्योंकि 'मैला आँचल' 1949 ई. में ही हुए मोह भंग का संकेत देता हुआ लहेरिया सराय जैसी किसी जगह से छपकर लगभग रद्दी में बिक रहा था। राजकमल प्रकाशन की शाखाएँ इलाहाबाद, चंडीगढ़ और पटना में खुलीं। पटना वाली शाखा के सन्दर्भ में राजकमल प्रकाशन के सहयोगी ओमप्रकाश जी पटना जा रहे थे। पहलेजा घाट से महेन्द्रू घाट के बीच स्टीमर पर एक खोमचे वाले के हाथ में वह किताब उन्हें दिखी। उसे खरीदकर पढ़ते हुए वे अभिभूत होते गये। एक बार पटना पहुँचकर उन्होंने रेणु की तलाश की। उनके गाँव औराही हींगना से बुलवाकर रेणु जी को दिल्ली ले गये। शीला संधू को 'मैला आँचल' का महत्त्व समझाया और धूमधाम से उस पहले 'आंचलिक' उपन्यास का प्रकाशन राजकमल से 1954 ई. में किया गया। देखते-देखते रेणु का जादू ऐसा चला कि आचार्य नलिन विलोचन शर्मा ने 'गोदान' के बाद सबसे महत्त्वपूर्ण उपन्यास 'मैला आँचल' को ही माना। कुछ आलोचक आतंकित होकर इसे एक नई विधा की रचना कहने लगे। सन् 1942 के आंदोलन से शुरू होकर 'मैला आँचल' सन् 1949 तक के भारतीय गाँव की गाथा मेरीगंज के बहाने कह देता है। प्रेमशीला 'आंचलिकता' के माया जाल से बाहर आकर देख पाती हैं कि "यदि तत्कालीन राष्ट्रीय और सामाजिक घटनाओं और इनमें रेणु की सहभागिता तथा 'मैला आँचल' की कथावस्तु के प्रमुख घटना क्रम को अगल-बगल रखकर देखा जाए तो यह निष्कर्ष निकलता है कि देश का मैला आँचल मेरीगंज स्वाधीनता आंदोलन में उसी तरह सक्रिय है जिस तरह रेणु मेरीगंज की सक्रियता में रेणु की सक्रियता है, रेणु की सक्रियता में मेरीगंज की सक्रियता है। ... दूरस्थ दिल्ली की घटनाएँ मेरीगंज पहुँचती हैं और मेरीगंज उन पर अपनी प्रतिक्रिया व्यक्त करता है। रेणु स्वाधीनता आंदोलन और सामाजिक परिवर्तन को मेरीगंज के द्वारा देश में देखते हैं। अतः मेरीगंज की कथा कहकर वे देश की ही कथा कहते हैं।"

प्रेमशीला शुक्ल रेणु के प्रख्यात आलोचकों की सम्मतियों पर विचार करती हैं किंतु 'मैला आँचल' के शिल्प की परख अपने ढंग से करती हैं। तीसरे अध्याय में रेणु के सभी छः उपन्यासों के सम्पूर्ण परिदृश्य का सघन परिचय कराया गया है। 'मैला आँचल' 1942 के आंदोलन से शुरू होकर गाँधी की हत्या और उसके बाद वामनदास के माध्यम से गाँधीवादी विचारों की हत्या तक देश की सामान्य जनता के मोह भंग को मूर्त करता है। आदिवासियों के जिस उभार को देश के अन्य अंचलों के लेखकों ने बाद में उठाया उसे रेणु ने संथालों के माध्यम से इस नारे के रूप में उठा दिया कि 'जमीन को जो जोतेगा, फसल वही काटेगा।' आर्थिक-सामाजिक संरचना में जाति तत्त्व को रेणु ने जिस सर्वग्रासी रूप में देखा है, उसकी अच्छी पहचान इस शोध प्रबंध में की गयी है। सामंती और आधुनिक समाज की टकराहट, धर्म की रूढ़ियों और उनके माध्यम से अनाचार के विरुद्ध उभरती चेतना की अच्छी परख की गयी है। इक्कीसवीं सदी के पहले दशक के अंत में उत्तर प्रदेश के गाँवों में स्वच्छताकर्मी की नौकरी के लिए बाभन-ठाकुरों की दौड़ का अनुमान रेणु अपने दूसरे ही उपन्यास 'परती : परिकथा' में कर लेते हैं। "बीस साल पहले गाँव-समाज के सभी सोलकन्ह जाति को राजपुताना से नेपाल तक की पोथियों का हवाला देते। ... आजकल दूसरा ही रंग है। तीन साल तक जो क्षत्रिय अपने को खास मान सिंह का वंशज बतलाते थे अथवा आल्हा-ऊदल की संतान बताकर दंगा फसाद करते थे—देख लीजिए उन्हें, उनके लड़के शिड्यूल कास्ट और एवोर्जिनल कम्युनिटी की फेहरिस्त में अपना नाम लिखवाने के लिए धक्का-मुक्की कर रहे हैं। सोलकन्ह ही नहीं, कुछ बुनियादी बाबुओं ने भी तिकड़म जुगाड़ करके परिगणित जाति में अपनी जाति का नाम दर्ज करवा लिया है। ...गरुड़ धुज झा महापात्र है, महाब्राह्मण। ब्राह्मण लोग भी उसके हाथ का छुआ नहीं खाते। गरुड़ धुज झा ने दो तीन महीने कचहरी की दौड़-धूप की कि किसी तरह हरिजन ब्राह्मण की लिस्ट में नाम लिख जाए।" शोधकर्ती रेणु के नामकरण को रेखांकित करती हैं—'रेणु' इस परिवर्तन को नाम देते हैं—"जनतंत्र कहो, प्रजातंत्र कहो, लेकिन असल में है यह लघुतातंत्र।" इस शोध ग्रन्थ में मेरीगंज (मैला आँचल) और परानपुर (परती : परिकथा) के ही समाज में व्याप्त रूढ़ियों, अंधविश्वासों, अशिक्षा की तुलना नहीं की गयी है। अपितु 'पल्टूबाबू रोड' तक में चित्रित समाज की गहरी जाँच-पड़ताल की गयी है। रेणु ने आजादी मिलने के बाद के ग्रामीण और शहरी समाजों के यथार्थ का जो मूर्त रूप सामने रखा है, शोध प्रबंध उसकी विश्वसनीय पहचान करा देता है।

तीसरे अध्याय के अंत में 'समग्र संक्षिप्त मूल्यांकन' शीर्षक से प्रेमशीला रेणु के यथार्थ चित्रण की अन्यतम विशेषता को रेखांकित करती हैं। "अपर्याप्त होगा यह कहना कि रेणु मिथिला के जीवन को प्रस्तुत करते हैं। रेणु इससे आगे बढ़कर यह जानने की कोशिश करते हैं कि वहाँ जीवन अपने जिस रूप में हैं, वह वैसा ही क्यों हैं? मेरीगंज और परानपुर के वर्तमान को देखने के साथ-साथ रेणु की संवेदना उन दबावों को भी महसूस करती है, जो इतिहास की शक्ति के दबाव हैं, उन संकल्पों की गूँज सुनती है, जो इतिहास को बदल देने की ताकत रखते हैं। इसीलिए रेणु अभावों और रोगों में पलते मनुष्य के होठों पर उतरने वाली हँसी की तरलता को उपन्यास में उतार लेते हैं।" रेणु के परवर्ती उपन्यासों के केन्द्र में स्त्री की मूक पीड़ा, विद्रोह के रूप में उभरने से पहले ही उसका बुझ जाना और 'जुलूस' के दीर्घ काल खंड की लोक संस्कृतिमूलक सामाजिक सत्ता के सपने को गहराई से इस शोध प्रबंध में रेखांकित किया गया है।

चतुर्थ अध्याय 'लोकतत्त्व और रेणु के उपन्यास' में प्रेमशीला 'लोक' को महाकाव्यों एवं शास्त्रों के आलोक में तो परखती ही हैं, आधुनिक विचारकों के विश्लेषण का भी पूरा उपयोग कर लेती हैं। लोक में सृजन का महत्त्व, लोकानुभूति, लोक जीवन में प्रचलित अभिव्यक्ति के विविध रूप और इन सबके परिप्रेक्ष्य में रेणु का अध्ययन करने के उपरांत अपने अध्ययन के मूल्यवान निष्कर्षों तक पहुँचती हैं। अनेक साक्षात्कारों और आत्मकथनों में व्यक्त रेणु के विचारों के आधार पर प्रेमशीला उनकी भूमि, उनके देश और उनके लोक की मर्मस्पर्शी पहचान करती हैं। इसी क्रम में वे अज्ञेय के विचारों को महत्त्वपूर्ण विन्दु पर उद्धृत करती हैं। "हम आज उस परिवेश में रहते हैं जिसे आम आदमी को लेकर भड़कायी गयी एक लंबी धुँधली बहस ने दमघोंटू बना रखा है और जिसमें कभी कभार उठाई गयी हर आदमी की अद्वितीयता की बात भी रुँध जाती है, पर रेणु की कहानियाँ मानो सारी बहस और तर्कों के प्रत्युत्तर को अनावश्यक कर देती हैं, क्योंकि वे एक के बाद एक ऐसे चरित्र को सिरजती चलती हैं, जो आम हैं, मामूली हैं, हमारे आसपास हैं, हमारे अंदर हैं और जो अद्वितीय हैं, एकांत अद्वितीय। ...रेणु सचमुच धरती के धनी थे। वह हाथ बढ़ाते थे और वसुंधरा की सम्पदा आप से आप उनके हाथ आ जाती थी, मिट्टी की ताजा महक को लिए हुए आतुर, रस शिराओं में स्पंदमान, एक साथ ही निरी माटी और एक जीवंत संरचना।" प्रेमशीला अपने तार्किक विश्लेषण से अज्ञेय के निष्कर्ष को रेणु की कृतियों में पाठक तक पहुँचा देती हैं।

भूमि, अंचल, देश, लोक– इन शब्दों में छिपे गहरे भावों को कोशगत नहीं, भावगत आधार पर रेणु की कृतियों में गहराई से पहचानती हुई प्रेमशीला पात्रों के संवादों के माध्यम से उनके हृदयस्थ बिम्बों को पकड़ती हैं, जो उपर्युक्त शब्दों में मूर्त होते हैं। लोक और देश का मर्म 'जुलूस' उपन्यास के पवित्रा-गोपाल पाइन के संवाद (पुस्तक के पृष्ठ 125-126 पर) देखकर समझा जा सकता है। उदाहरण के लिए जुलूस का एक संवाद है–"अरे बाबू! आप देश का जो माने बूझता, आसल में हम लोगों का देश का माने वो नहीं है। देश का माने जैसा बाँग्ला देश, बिहार देश, उड़ीसा देश, वैसा माफिक।"

जो लोग 'आंचलिकता' को अति सीमित 'क्षेत्रीयता' तक ले जाते हैं, उन्हें डॉ. प्रेमशीला की इस स्थापना पर गंभीर विचार करना चाहिए कि "आंचलिकता की रेणु की संकल्पना 'देश' के बहुत समीप है। रेणु के 'लोक' में 'देश' समाहित है। अपनी स्थानीय विशेषताओं को सुरक्षित रखते हुए अंचल यहाँ लोक का हिस्सा बन जाता है। 'मैला आँचल' में मिथिला और संथाल परगना, 'परती : परिकथा' में नेपाल और मिथिला एवं 'जुलूस' में बंगाल और मिथिला–मिलकर लोक का निर्माण करते हैं।"

अगला शीर्षक 'सकल समाज' आरंभ होता है इस तरह, "लोक विभाजन नहीं जानता, समाहार जानता है, संकीर्णता नहीं जानता, व्याप्ति जानता है।" सूक्ष्म और अप्रत्यक्ष ढंग से रेणु अपने उपन्यासों में 'सकल समाज' के तंतुओं की बुनावट करते हैं। प्रेमशीला लिखती हैं, "रेणु भोजपुरी, मैथिली और बंगला के समवेत स्वर से भारत के सुंदर सुभूमि लोक के मर्म को उद्घाटित करते हैं।"

'लोक जीवन में प्रचलित अभिव्यक्ति के माध्यमों का अद्वितीय विनियोजन' शीर्षक देकर कहा गया है कि ऋतुओं के बदलते मिजाज को स्वरों में बाँधते, श्रम से थके तन को प्रमुदित करते और मानवीय संबंधों को सरलता से अभिव्यक्त करते लोक गीत रेणु के उपन्यासों को गीतों की लय में बाँध देते हैं।' लोक गीतों में आ रहे परिवर्तन लोक जीवन में उगने वाले बदलावों के सूचक और प्रमाण हैं। 'जिन्दगी है किरान्ती की, किरान्ती पै लुटाय जा' और 'दाल बंदों, भात बंदों, साग बंदों बथुआ' क्रमशः राजनीतिक चेतना और आर्थिक विपन्नता के प्रति सामान्य जन की प्रतिक्रिया व्यक्त करते हैं। लोक साहित्य का उपयोग रेणु ने लोक संस्कृति की आत्मा की अभिव्यक्ति के साथ परिवर्तन की कामना व्यंजित करने के

लिए किया है। प्रभूत उदाहरणों से शोध ग्रंथ में अपनी स्थापना को प्रमाणित किया गया है। विदापत नाच, लोक कथा, लोक नाट्य, लोक सुभाषित संगृहीत करके उनके माध्यम से लेखिका ने रेणु के लोक तादात्म्य का सूक्ष्म अंकन किया है।

पाँचवे अध्याय में आंचलिकता की अवधारणा पर गंभीर विचार करने के बाद रेणु की विशेष किस्म की आंचलिकता को रेखांकित किया गया है। इस प्रक्रिया में हिन्दी समालोचना में आए आंचलिकता विमर्श के विश्लेषण के उपरांत लेखिका अपने निष्कर्ष प्रस्तुत करती हैं। आंचलिक भाषा की सर्जनात्मकता और उसके नये तेवर कुशलतापूर्वक पहचाने गये हैं। छठे अध्याय में हिंदी उपन्यास की समीक्षा करने वाले विद्वानों की स्थापनाओं का विश्लेषण किया गया है और रेणु के उपन्यासों की संरचनागत विशेषताओं को पहचानते हुए उन विचारों की परख की गयी है। रेणु कल्पना और यथार्थ की कैसी बुनावट करते हैं, इसकी अच्छी पहचान शोध प्रबंध में कराई गयी है। डॉ. प्रेमशीला यशदेव शल्य के मत का यथोचित प्रयोग करती हुई निष्कर्ष निकालती हैं, "पाठक के लिए यह यथार्थ और कल्पना का जमीनी आश्चर्य है, जमीनी इसलिए कि कल्पना यहाँ वायवी नहीं है, उसकी जड़ें हैं भारतीय जीवन की गहराई में गई हुई। कला का और इस प्रकार कथा साहित्य का भी यथार्थ से संबंध या असंबंध उसके समाज की समस्याओं से जुड़े होने या नहीं जुड़े होने से नहीं होता बल्कि अपने साक्षात्कार, अपने अनुभव और दीठ में पैना, गहरा और सच्चा होने से होता है।" आंचलिकता को गाँवों तक ही सीमित रखने की रूढ़ि को तोड़कर शोधकर्ती उसे शहरों और कस्बों तक ले जाकर देखती हैं और रेणु के सभी उपन्यासों में इसके सौन्दर्य की तलाश करती हैं। इसे रेणु के उपन्यासों से सटीक उदाहरण दे देकर लेखिका ने अच्छी तरह समझाया है। रेणु के रिपोर्ताज खूब लोकप्रिय हुए, विशेषतः 'ऋण जल : धन जल'। यहाँ उनकी उस शैली की भी अच्छी परख की गयी है। डायरी और पत्र शैली का भी रेणु ने यथावसर प्रभावपूर्ण प्रयोग किया है। नाटकीयता कथा को आकर्षक बनाने का अनिवार्य उपकरण है, जिसका उपयोग रेणु ने भी किया है। 'लोक सांस्कृतिक तत्त्वों का नया भाष्य' उपशीर्षक से रेणु के उपन्यासों का गहन पाठ करती हुई लेखिका ने उचित निष्कर्ष दिया है कि "रेणु के उपन्यासों में लोक सांस्कृतिक तत्त्वों का कलात्मक उपयोग अनेक स्थलों पर हुआ है। 'परती : परिकथा' इस दृष्टि से सर्वाधिक समृद्ध है।"

रेणु की भाषिक संरचना की विशेषता बताती हुई लेखिका कहती हैं, "आम आदमी की बात को उसी की जुबान में पेश करने के लिए रेणु मानवीय व्यवहार के उस संसार में पहुँचते हैं, जहाँ जाने का रास्ता भाषा देती है और इसके लिए वह कई भेष धारण करती है।' उदाहरण स्वरूप दीर्घतपा में बेला गुप्त के लिए सुखमय घोष का कथन उद्धृत किया गया है, "आगे ऊ क्या है, क्या नेही है, ये भगवान को भी नेही मालूम। बांकीपुर के लोग का साथ में खाँटी बांकीपुरिया बोलती है। भोजपुरे से भी भोजपुरे का माफिक बोलती है। मैथिली ते...।" सुखमय घोष का कथन रेणु की भाषा के विषय में शत प्रतिशत सही है। जिस तरह बेला लोगों के अनुसार अपनी भाषा बदल लेती है, उसी तरह रेणु पात्रों के अनुसार अपनी भाषा का रूप बदल देते हैं। इसके सटीक उदाहरण प्रस्तुत किये गये हैं। रेणु के उपन्यासों में प्रतीकात्मकता का अध्ययन भी बहुत सावधानी के साथ किया गया है। रेणु की अत्यंत तीव्र श्रुति संवेदना को रेखांकित करती हुई प्रेमशीला उनकी भाषा में उभरते ध्वनि बिम्बों की व्याख्या करती हैं। उदाहरणस्वरूप, 'मैला आँचल' में बामनदास की हत्या का पूरा विवरण उद्धृत करने के बाद वे लिखती हैं, "उपर्युक्त प्रसंग में पात्र बोल रहे हैं, पशु-पक्षी बोल रहे हैं, नदी की धारा बोल रही है, बावन की खजड़ी बोल रही है। सब मिलकर वातावरण में व्याप्त आतंक, साहस, भय, जुगुप्सा और करुणा को व्यक्त कर रहे हैं। ध्वनियों के अनेक रूप, अनेक रंग, अनेक अभिप्राय होते हैं। रेणु इन सबको एक साथ पकड़ते हैं और शिल्प की डोरी से बाँध देते हैं। ऐसा समाहार और सार्थक उपयोग अन्यत्र दुर्लभ है। यह किसी एक की आवाज नहीं, आवाजों का गुच्छा है।" प्रेमशीला उदयन वाजपेयी को ठीक विन्दु पर उद्धृत करती हैं। "अनेक स्थानों पर तो एक वाक्य से दूसरे वाक्य तक जाने पर ऐसा लगता है जैसे इन्हें गढ़ने वाली मिट्टी बदल गयी है। जैसे हर बीस कोस पर एक नयी बोली, उसी तरह इन उपन्यासों में लगातार परिवर्तित होती रहती हैं ध्वनि सामग्रियाँ। यह लिखने का ढंग नहीं है। यह दरअसल लिखना है ही नहीं। कुछ और है। आधुनिक साहित्य की यह शायद एक नयी प्रजाति है। यहाँ साहित्य का लेखन नहीं, अभिलेखन (ट्रांस्क्रिप्शन) है। यह सुनने का साहित्य है, अनुश्रुत साहित्य। रेणु की कृतियाँ उनका उस तरह का सृजन नहीं हैं, जैसा कि आमतौर पर उपन्यासकार का होता है। वे रचते नहीं सुनते हैं।"

फणीश्वरनाथ रेणु के दृश्य बिम्बों की परख भी इसी तरल संवेदना के साथ

संप्रेषित की गयी है। रेणु जैसे रचनाकार, उदयन वाजपेयी जैसे समालोचक और प्रेमशीला शुक्ल जैसी शोधकर्ती की त्रयी शोधकार्य को सरस पठनीयता से पूर्ण कर देती है। उपसंहार में अध्ययन के निष्कर्ष सारांश रूप में प्रस्तुत हैं। एक विशेष बात को रेखांकित किया गया है–'आंचलिक उपन्यासों में पात्रों की अपेक्षा परिवेश को प्रधानता मिलती है किन्तु रेणु के उपन्यासों में मनुष्य पात्र और परिवेश दोनों के ऊपर है।'

प्रेमशीला हिंदी और भोजपुरी की कुशल कहानी लेखिका हैं। भोजपुरी, मगही, मैथिली और हिन्दी के भाषिक संस्कार से सम्पन्न हैं। इनकी गवेषणा की भाषा भी नीरस न होकर सर्जनात्मक सरसता से परिपूर्ण है। इन सबका सुफल है पठनीयता और विचारोत्तेजक निष्कर्षों से आपूर्ण यह शोध प्रबंध।

रामदेव शुक्ल

शीतल-सुयश
निकट आरोग्य मन्दिर
गोरखपुर (उ.प्र.)

सोमवार, दशहरा, संवत 2066
28 सितंबर, 2009

अपनी बात

मेरा बचपन मिथिलांचल से सटे गरहरा-बरौनी की रेलवे कॉलोनी में बीता। वहाँ छोटे बच्चे को गोद में लिए औरतें अक्सर भीख माँगने आया करती थीं। बाल्यावस्था का कुतूहल उनसे बातें करने के लिए मुझे उकसाता था। बातें करने से पता चलता कि वे पूर्णियाँ-सहरसा जिले की हैं। 'भीख क्यों माँगती हो?' के जवाब में वे 'दहायगेल' (बह गया)—मैथिली का छोटा सा वाक्य आँखों में आँसू लिए हुए बोल देतीं। उनकी खड़ी फसलें कोशी बहा ले जाती। मेरे मन में उस इलाके के प्रति करुणा मिश्रित उत्सुकता भर जाती। बाद में मुझे वहाँ जाने और वहाँ के लोगों को जानने-समझने का अवसर मिला। कालांतर में मैंने रेणु के उपन्यासों को पढ़ा। उपन्यासों में मिथिलांचल की सांगोपांग उपस्थिति थी। अन्य अनेक लोगों की तरह मैं भी रेणु के उपन्यासों की कायल हो गयी। एक सामाजिक के रूप में मिथिलांचल को जितना जान-समझ सकी थी, उससे अधिक रेणु के उपन्यासों के अध्ययन के बाद उसे जानने-समझने की दृष्टि मिली।

रेणु का कृती व्यक्तित्व अद्भुत है। अपने आस-पास के भीतर-बाहर को रेणु अप्रत्याशित कुशलता से अपनी रचनाओं में उद्घाटित करते हैं। रेणु की लोक संपृक्ति उनके रचना संसार के लिए बेशकीमती नगीने जुटाती है। इन नगीनों का उपयोग रेणु रचना के उपजीव्य एवं अभिव्यक्ति के उपकरण दोनों के लिए करते हैं। इन नगीनों से सजे रेणु के उपन्यास हमें रूप, रस, गन्ध और स्पर्श की ऐसी दुनिया में ले जाते हैं, जहाँ अनुभूतियाँ तीव्र हो जाती हैं। यह जीवनानुभव के कलानुभव में रूपांतरण का जादू है। रेणु के उपन्यासों का कथा रूप अति विशिष्ट है। यह सहृदय के लिए रुचिकर और अध्येता के लिए रुचिकर किन्तु तीखा है। रस ग्रहण के लिए पढ़ा जाए तो पाठक को रेणु के उपन्यास बाँध लेते हैं किन्तु पड़ताल के लिए पढ़ा जाए तो बाँधने में नहीं आते। अध्येता के रूप में इन उपन्यासों को पूरी तरह पकड़ने में मैं सक्षम नहीं हूँ फिर भी साहस करके कुछ

विचार इस पुस्तक के रूप में विद्वत समाज के समक्ष प्रस्तुत कर रही हूँ। इस क्रम में जहाँ तक बात बन सकी है, वह सब श्रेष्ठ जनों का आशीर्वाद एवं विद्वजनों के विचारों से प्राप्त दिशा निर्देश का परिणाम है। शेष सब मेरी त्रुटियों में सम्मिलित है।

यह सर्वसम्मत है कि हिंदी उपन्यास साहित्य में रेणु का आगमन एक बड़ी घटना है। रेणु से पहले उपन्यास सम्राट प्रेमचन्द द्वारा हिन्दी उपन्यास को समाज सापेक्ष स्वरूप प्राप्त हो चुका था। प्रेमचन्द और रेणु दोनों की दृष्टि गाँवों की ओर है लेकिन दोनों में किंचित अन्तर है। जिस समय और जिस तरह रेणु का आगमन हिन्दी उपन्यास साहित्य में होता है, उसे स्पष्ट करने के लिए आवश्यक है कि रेणु से पहले के हिन्दी उपन्यासों की दशा एवं दिशा को पहचानते हुए रेणु के वैशिष्ट्य को रेखांकित किया जाए। साथ ही उन युगीन परिस्थितियों का विश्लेषण किया जाए, जो रेणु की सृजनात्मक मानसिकता के नियामक तत्त्वों के रूप में कार्य कर रही थीं। पुस्तक के प्रथम दो अध्यायों में इन्हीं विचार विन्दुओं को स्थान दिया गया है।

पुस्तक के तृतीय अध्याय में रेणु के उपन्यासों का परिचय एवं परिदृश्य प्रस्तुत किया गया है। रेणु के उपन्यास भारतीय ग्रामीण जीवन के सामाजिक और आर्थिक परिदृश्यों के साथ आते हैं। सामाजिक सम्बन्धों के बनते-बिगड़ते समीकरण एवं उन्हें निर्धारित करने वाली आर्थिक शक्तियों पर रेणु की भरपूर नजर पड़ी है। समाजशास्त्रीय अध्ययन के लिए यहाँ प्रचुर सामग्री है और इनसे प्राप्त निष्कर्ष कई अर्थों में समाज को सजग एवं सचेत करने वाले हैं।

जब कभी रेणु के उपन्यासों की चर्चा की जाती है, अंचल और लोक—ये दो शब्द चर्चा में अवश्य शामिल हो जाते हैं। ऐसा होना स्वाभाविक भी है क्योंकि रेणु ने स्वयं अपने पहले उपन्यास 'मैला आँचल' के लिए आंचलिक विशेषण का प्रयोग किया था। इसके बाद रेणु के उपन्यासों के साथ 'आंचलिक' शब्द ऐसे चस्पा हुआ कि 'दीर्घतपा' की भूमिका में यह लिखने के बावजूद कि "उपन्यास आखिर उपन्यास होता है", रेणु के सभी उपन्यासों में लोक जीवन एवं आंचलिकता की तलाश होती रही। 'दीर्घतपा', 'कितने चौराहे' और 'पल्टू बाबू रोड' में आंचलिकता की तलाश के लिए शहरी आंचलिकता जैसे शब्द गढ़े गए हैं। इतना ही नहीं, अंचल में लोक और लोक में अंचल खोजा जाता रहा है।

रेणु ने जितनी बेबाकी से अपनी रचनाओं एवं रचना प्रक्रिया के बारे में कहा

है उतनी बेबाकी से कम ही लेखक कहते हैं। फिर किसी भी रचना के विषय में निष्कर्ष निकालने के लिए आवश्यक है कि रचनाओं के भीतर उतरा जाए एवं उनमें उपस्थित सूत्रों को ढूँढ़ा जाए।

लोक एवं अंचल दो भिन्न-भिन्न संकल्पनाएँ हैं। लोक अपेक्षाकृत वृहत् संकल्पना है। इसकी परिधि में अंचल भी समाविष्ट है। अंचल एवं अंचलेतर को संयुक्त करके ही लोक की बात की जा सकती है। 'मैला आँचल' के प्रशान्त, 'परती : परिकथा' की रोजउड, 'दीर्घतपा' की 'पवित्रा' को निकाल दें तो इन उपन्यासों का विन्यास बिखर जाएगा। लोक में सब है—अंचल एवं अंचलेतर, मम एवं ममेतर। लोक के लिए मम का, अंचल का उत्सर्ग करना होता है। रेणु के उपन्यास लोक संस्कृतिमूलक समाज की स्थापना की कल्पना लेकर आते हैं। इसमें सन्देह नहीं कि रेणु की चेतना को छूने वाले परिवृत्त का केन्द्र आंचलिकता है किन्तु इसकी व्यापक परिधि लोक तक पहुँचती है। प्रस्तुत पुस्तक में इन दोनों संकल्पनाओं को अलग-अलग दो अध्यायों में रखकर स्पष्ट करने का प्रयास किया गया है।

रेणु के उपन्यास औपन्यासिक कला के नए रूपों की खोज हैं। यहाँ उपन्यास की कथा वाचकता तो है ही नाटकों की दृश्यमयता और कविता की अलंकारमयता भी है। इन उपन्यासों में यत्र-तत्र शिल्पगत बिखराव और भाषा का भदेसपन तो है किन्तु शिल्प में गजब की ताजगी और भाषा में अनूठी झंकार है। रेणु की भाषा चित्र भी है और संगीत भी। पुस्तक के छठे अध्याय 'रेणु के उपन्यासों की संरचना' में उपन्यासों के आन्तरिक विधान को समझने का प्रयास किया गया है।

उपसंहाररूप में रेणु के उपन्यासों के अध्ययन-मनन से प्राप्त निष्कर्षों को प्रस्तुत किया गया है।

सशक्त कथाकार पूज्य डॉ. रामदेव शुक्ल, पूर्व 'इमिरिटस' प्रोफेसर, विश्वविद्यालय अनुदान आयोग, नई दिल्ली ने पुस्तक की भूमिका 'शोधकार्य की सृजनात्मकता' शीर्षक से लिखी है। इससे मुझे एक विशेष आलोक मिला है। मैं अनुगृहीत हुई।

प्रोफेसर अनन्त मिश्र, पूर्व अध्यक्ष, हिन्दी विभाग, दीन दयाल उपाध्याय गोरखपुर विश्वविद्यालय, गोरखपुर, ने मेरे अध्ययन को चिन्तनोन्मुख किया एवं समुचित मार्ग दर्शन किया। गुरु ऋण से उऋण होने की क्षमता मुझमें नहीं है। इस विभाग के प्रोफेसर कृष्ण चन्द्र लाल के प्रति मैं कृतज्ञता ज्ञापित करती हूँ, जिनके

सुझावों ने शोध प्रबन्ध को पुस्तकाकार रूप देने में महत्वपूर्ण भूमिका निभायी।

प्रो. सुरेन्द्र दुबे, अध्यक्ष, हिन्दी विभाग, गोरखपुर विश्वविद्यालय, गोरखपुर सहित विभाग के अन्य सभी बन्धुओं को मैं साधुवाद ज्ञापित करती हूँ। मुझे सबका सराहनीय सहयोग मिला है। इसके साथ ही मैं उन सभी विद्वानों के प्रति भी धन्यवाद ज्ञापित करती हूँ, जिनके लेखकीय विचारों का उपयोग यथास्थान किया गया है।

हिन्दी एवं भोजपुरी के प्रख्यात साहित्यकार एवं समालोचक डॉ. अरुणेश नीरन, पूर्व प्राचार्य, बुद्ध पी.जी. कॉलेज, कुशीनगर से मुझे पग-पग पर सहयोग मिलता रहा है। कृतज्ञता व्यक्त करते हुए उनसे सतत् सहयोग की अपेक्षा करती हूँ।

काशी में शिक्षित-दीक्षित मेरे परम शुभेच्छु बन्धुवर प्रेमप्रकाश जी को मेरा शोध प्रबन्ध रुचिकर लगा। फलतः प्रबन्ध को पुस्तक का स्वरूप देने में उनका मूक-मुखर एवं मूर्त-अमूर्त भरपूर सहयोग मिला। इस अमूल्य सहयोग के लिए उनके अनवरत अभ्युदय की कामना।

बुद्ध पी.जी. कॉलेज, कुशी नगर के हिन्दी विभाग के अवकाश प्राप्त रीडर तथा विद्वान समीक्षक डॉ. माधव प्रसाद पाण्डेय एवं बाबा राघवदास पी.जी. कॉलेज, देवरिया के प्राचार्य डॉ. अजय राय ने मेरा सदैव उत्साहवर्धन करते हुए इस कार्य को परिणति तक पहुँचाने में मेरी मदद की है। आप दोनों महानुभाव साधुवाद के पात्र हैं।

प्रस्तुत पुस्तक में प्रयुक्त सन्दर्भो के लिए साहित्य अकादमी, नई दिल्ली के विशाल एवं समृद्ध पुस्तकालय का सहयोग मिला। यह सहयोग प्रतिष्ठित कवि बन्धुवर श्री ब्रजेन्द्र त्रिपाठी, सम्पादक, समकालीन भारतीय साहित्य द्वारा सुलभ हुआ। आपके प्रति सादर आभार। सन्दर्भों को सुलभ कराने में डॉ. प्रमोद तिवारी एवं डॉ. विनय मोहन त्रिपाठी का योगदान सराहनीय रहा है। आप दोनों को हमारा आशीर्वाद।

स्वतंत्रता संग्राम सेनानी पंडित बाबूराम रामन पुस्तकालय, पिपरा मिश्र, जनपद देवरिया से मुझे प्रभूत मात्रा में सन्दर्भ सामग्री प्राप्त हुई। पुस्तकालय प्रबन्धक श्री मकसूदन मिश्र, पूर्व प्राचार्य, सन्त विनोबा पी.जी. कॉलेज, देवरिया एवं पुस्तकालय से सम्बद्ध स्वर्गीय अशोक तिवारी एवं श्रीमती उषा तिवारी ने बड़ी

तन्मयता एवं आदरपूर्वक अपेक्षित पुस्तकों एवं शोध सामग्री को सुलभ कराया। वे हार्दिक सम्मान के पात्र हैं। इसी क्रम में नागरी प्रचारिणी सभा, देवरिया के समृद्ध पुस्तकालय की ग्रन्थ सम्पदा से ज्ञान लाभ कराने में सभा के मंत्री श्री सुधाकर मणि, अध्यक्ष, राजनीति विज्ञान विभाग, बी.आर.डी.पी.जी. कॉलेज, देवरिया एवं पुस्तकालयाध्यक्ष प्रियवर श्री बृजेन्द्र मिश्र ने विशेष रुचि दिखाई। इसके लिए अनेक साधुवाद। पुस्तक की पाण्डुलिपि तैयार करने में उपेन्द्र तिवारी का योगदान प्रशंसनीय रहा है। इनको मेरा हार्दिक आशीर्वाद।

भारतीय सामाजिक विज्ञान अनुसंधान परिषद, नई दिल्ली ने अपने विशेषज्ञ सलाहकार प्रोफेसर रामेश्वर मिश्र, हिन्दी विभाग, विश्व भारती, शान्ति निकेतन (पश्चिम बंगाल) से मेरे शोध प्रबन्ध का मूल्यांकन कराया एवं प्रकाशन अनुदान प्रदान किया। परिषद एवं प्रोफेसर रामेश्वर मिश्र के प्रति क्रमशः आभार एवं सम्मान प्रकट करती हूँ।

पुस्तक के शीघ्र एवं सुरुचिपूर्ण प्रकाशन के लिए ज्ञान पब्लिशिंग हाउस, धन्यवाद के पात्र हैं।

मिथिलांचल की वे अनाम महिलाएँ सच्चे एवं सात्विक आभार की अधिकारिणी हैं, जिन्होंने मेरे बाल मन की संवेदनाओं को झंकृत किया। उनका मार्मिक रूप ही वह उद्दीपन है, जो आज पुस्तक रूप में साकार हुआ है। उन अनाम महिलाओं को मेरा सादर नमन।

प्रेमशीला शुक्ल

वृहस्पतिवार, प्रबोधिनी एकादशी संवत् 2066
29 अक्टूबर, 2009

प्रथम अध्याय : पृष्ठभूमि

क. हिन्दी के उपन्यासों की प्रारम्भिक स्थिति

ख. प्रेमचन्द के समय का हस्तक्षेप

पृष्ठभूमि

उपन्यास कथा साहित्य की महत्वपूर्ण विधा है। भारतीय साहित्य में कथा पर आधारित प्रबन्ध काव्य और पद्य कथाएँ प्राचीन काल से प्रचलित रही हैं। लोक जीवन में भी वाचिक परम्परा में कथा का कहना-सुनना बहुत पहले से होता रहा है। कथा के ये सभी रूप उपन्यास से भिन्न हैं। कथा साहित्य की विधा के रूप में उपन्यास विस्तृत फलक पर मनुष्य के जीवन और समाज के कार्य व्यापार का उद्‌घाटन करता है और भारतीय साहित्य ही नहीं पश्चिमी साहित्य में भी आधुनिक काल की देन है।

ऐतिहासिक तौर पर पश्चिम में आधुनिक काल का प्रारम्भ 18वीं सदी में हुआ। फ्रांसीसी क्रान्ति ने सामन्तवाद पर निर्णायक प्रहार किया और इसी अर्थ में सन् 1789 को मध्य युग का अन्तिम वर्ष कहा जा सकता है। इसके बाद सामन्तवाद के स्थान पर एक भिन्न सामाजिक व्यवस्था अस्तित्व में आई, जिसे पूँजीवादी व्यवस्था कहा गया। राल्फ़ फॉक्स ने संसार की कल्पनाप्रधान संस्कृति को पूँजीवादी सभ्यता द्वारा दी गई सर्वाधिक महत्त्वपूर्ण भेंट उपन्यास को माना है। *(Novel is the most important gift of bourgeois or capitalist civilization to the world's imaginative culture. (Novel and The People, **Ralph Fox**, page 53).*

इस व्यवस्था का स्पष्ट रूप 18वीं सदी में दिखाई दिया लेकिन इसकी धमक 17 वीं सदी से पहले ही समाज में सुनाई देने लगी थी। इसी समय यूरोप के साहित्य में उपन्यास का आविर्भाव हुआ।

भारत में आधुनिकता का आगमन अंग्रेजों के साथ हुआ। इन्हीं के साथ भारत में औद्योगिक सभ्यता और पूँजीवादी व्यवस्था आई, जिसका उद्‌देश्य होता है— लाभ कमाना। अंग्रेजों ने इस उद्‌देश्य की पूर्ति के लिए अनेक विधियाँ अपनाईं, अनेक कार्य किये, जिनमें से कुछ विधियों और कार्यों का लाभ भारतीय समाज को भी मिला। इन लाभों में सबसे अधिक उल्लेखनीय है-शिक्षा का प्रसार और विज्ञान के आविष्कारों का लाभ।

धार्मिक और प्रशासनिक कारणों से अंग्रेजों ने यहाँ शिक्षा की ओर ध्यान देना शुरू किया। इसाई मिशनरियों ने बाइबिल का भारतीय भाषाओं में अनुवाद कराया

और भारत की आम जनता तक अपने धार्मिक सन्देशों को पहुँचाने के लिए भारतीय भाषाओं के विकास पर जोर दिया। अंग्रेजी हुकूमत ने अपने ढंग से शासन चलाने के लिए अंग्रेजी भाषा की शिक्षा के माध्यम से अंग्रेजीयत की नींव भारतीय समाज में रखी। भारतीयों के हक में इससे यह हुआ कि भारतीय भाषाओं में गद्य के विकास का मार्ग प्रशस्त हुआ और अंग्रेजी भाषा तथा साहित्य से भारतीयों का परिचय हुआ। इसाई मिशनरियों ने बाइबिल के अनुवाद तो कराये ही, भारतीय भाषाओं की लिपि के अनुरूप टाइप भी तैयार करवाये और मुद्रण की व्यवस्था के फलस्वरूप भारत में प्रेस की स्थापना होने लगी। 19 वीं सदी के पूर्वार्द्ध में अनेक प्रेस स्थापित हो गये।

इस समय भारतीय जनमानस दो छोरों से प्रभाव ग्रहण कर रहा था। एक छोर से अंग्रेजी शिक्षा और औद्योगिक सभ्यता के माध्यम से आधुनिकता अपना प्रभाव छोड़ रही थी, दूसरे छोर से भारतीय नवजारण का महा मन्त्र वर्तमान के प्रति सचेत करते हुए अतीत की ओर ले जा रहा था। साहित्य में कविता अपने ढंग से इन प्रभावों को अभिव्यक्त कर रही थी, साथ ही अभिव्यक्ति के नये रूपों की तलाश और नये सन्दर्भों में भाषा के विकास की प्रक्रिया भी जारी थी। भारतीय साहित्य में उपन्यास नामक गद्यात्मक विधा का उद्‌भव इसी प्रक्रिया के बीच हुआ। यह प्रक्रिया पहले मराठी और बंगला भाषा में पूरी हुई अतः इन्हीं भाषाओं में उपन्यास पहले लिखे गये।

हिन्दी में उपन्यासों की रचना उन्नीसवीं सदी में प्रारम्भ हुई। उन्नीसवीं सदी के प्रथम दशक से ही वे परिस्थितियाँ पूरी तरह स्पष्ट हो गई थीं, जो उपन्यास रचना का कारण और सहयोगिनी थीं।

सन् 1800 में विलियम कैरे द्वारा स्थापित श्रीरामपुर के प्रेस से बाइबिल का अनुवाद हिन्दी में प्रकाशित हुआ। सन् 1802 में हिन्दी की पुस्तकें 'बैताल पचीसी', सन् 1803 में 'प्रेम सागर' (अधूरा), सन् 1805 में 'माधोनल' और 'सिंहासन बत्तीसी', सन् 1810 में सम्पूर्ण 'प्रेमसागर', सन् 1811 में 'ब्रजभाषा व्याकरण' और सन् 1817 में 'माधव-विलास' प्रकाशित हुईं। इसके बाद पुस्तकों का प्रकाशन अधिकाधिक होने लगा। प्रकाशित होने वाली पुस्तकों में हिन्दी की नई-पुरानी व अनूदित सभी तरह की पुस्तकें थीं। पुस्तकों के प्रकाशन से पुस्तकों के पढ़े जाने का दायरा बढ़ा। वे लोग भी पुस्तकें पढ़ने लगे, जिनके पास पुस्तकें पहुँच ही नहीं पाती थीं। अनूदित पुस्तकों के माध्यम से हिन्दी भाषी लोगों का

परिचय पाश्चात्य और अन्य भारतीय भाषाओं के साहित्य से हुआ और उनके मन में हिन्दी भाषा में भी उस तरह की पुस्तकें' पढ़ने की रुचि बढ़ी।

उन्नीसवीं सदी के पूर्वार्द्ध तक अंग्रेजों की भाषा नीति पूरी तरह स्पष्ट हो गई थी। अंग्रेज चाहते थे कि सरकारी भाषा के रूप में अंग्रेजी सारे भारत में प्रतिष्ठित हो जाये लेकिन पहले से सरकारी भाषा के रूप में फ़ारसी का प्रयोग होने से ऐसा सम्भव नहीं था। सन् 1837 में अदालती भाषा सम्बन्धी अधिनियम लागू हुआ। इसके बाद हिन्दी भाषा क्षेत्र में हिन्दी को अदालती भाषा के रूप में स्वीकार किया गया। लिपि के रूप में फ़ारसी और नागरी दोनों को मान्यता मिली किन्तु सन् 1840 के आस-पास केवल फारसी लिपि ही अदालती भाषा के लिए स्वीकृत रह पायी, जिसके विरोध में सन् 1860 के बाद नागरी लिपि के पक्ष में जनान्दोलन हुए।

सन् 1850 के बाद हिन्दी के अनेक पत्र प्रकाशित होने लगे। ऐसे पत्रों में 'सामदण्ड मार्तण्ड', 'धर्मप्रकाश', 'तत्त्वबोधिनी पत्रिका', 'बुद्धिप्रकाश', 'लोकमित्र', 'समाचार-सुधा-वर्षण,' 'कवि वचन सुधा' जैसे महत्त्वपूर्ण पत्र हैं, जिनकी लिपि नागरी थी और ये हिन्दी के पत्र थे।

सन् 1800 में स्थापित फोर्ट विलियम कॉलेज की छत्रछाया में सरकार की भाषा नीति और शिक्षा नीति फल-फूल रही थी। प्रारम्भ में इस कॉलेज में हिन्दुस्तानी का बोलबाला रहा। जॉन गिलक्राइस्ट हिन्दुस्तानी के समर्थक थे। सन् 1823 ई. में विलियम प्राइस ने हिन्दुस्तानी के स्थान पर हिन्दी खड़ी बोली (आधुनिक अर्थ में) को मान्यता दी। लल्लूलाल, सदासुख लाल जैसे रचनाकारों ने इसी भाषा को अपनी अभिव्यक्ति का माध्यम बनाया। आगे चलकर चाहे इसाई मिशनरियाँ हों या भारतीय धार्मिक आंदोलन, जन जीवन में उतरने के लिए इन सबके द्वारा खड़ी बोली हिन्दी का ही प्रयोग किया गया। जिस रूप में खड़ी बोली हिन्दी अध्ययन-अध्यापन का माध्यम बन रही थी और धार्मिक आन्दोलनों को जन-जन तक पहुँचा रही थी, वह रूप पद्य का नहीं गद्य का था। हिन्दी साहित्य में नव जागरण के अग्रदूत भारतेन्दु ने कविता के लिए ब्रजभाषा का प्रयोग किया लेकिन नाटकों, निबन्धों, पत्रों आदि के लिए खड़ी हिन्दी का ही प्रयोग किया।

हिन्दी में विभिन्न प्रकार की पुस्तकों, पत्र-पत्रिकाओं के प्रकाशन, अंग्रेजी साहित्य से परिचय और खड़ी बोली हिन्दी गद्य के विकास जैसे सम्मिलित प्रभावों ने हिन्दी साहित्य में उपन्यास नामक कथात्मक विधा के आविर्भाव को संभव

बनाया। सबसे बड़ी बात यह है कि रचनाकारों ने अपने समय के पाठकों की बदलती प्रवृत्तियों और उनकी रुचियों को पहचाना तथा तद्नुरूप साहित्य की रचना की। सन् 1803 में लिखी गई 'रानी केतकी की कहानी' के द्वितीय मुद्रण में, जो सन् 1846 में प्रकाशित हुआ, यह सूचना मुद्रित है कि "बहुत लोगों को ठेठ हिन्दी बोली में कहानी पढ़ने की इन दिनों चाह रहती है।" सन् 1870 में लिखी 'देवरानी-जेठानी की कहानी' की भूमिका में लेखक ने लिखा कि "मैंने इस कहानी को नये रंग-ढंग में लिखा है।"

ठेठ हिन्दी बोली और नये रंग-ढंग में लिखी गई इन कथात्मक पुस्तकों में ही हिन्दी उपन्यास के बीज थे। सन् 1875 में भारतेन्दु ने एक कहानी 'कुछ आपबीती कुछ जग बीती' लिखने के क्रम में पहली बार हिन्दी साहित्य में 'उपन्यास' पद का प्रयोग किया। धीरे-धीरे हिन्दी में अनेक मौलिक गद्य कथाएँ लिखी जाने लगीं और अंग्रेजी तथा बंगला के उपन्यासों के अनूदित रूप भी हिन्दी में आ गए, जिनसे हिन्दी उपन्यास लेखन को गति मिली। उन्नीसवीं सदी के अन्त तक ढेर सारी पुस्तकें इस क्रम में आ गयीं। देखा जाए तो हिन्दी में पहली गद्य कथा 'रानी केतकी की कहानी' 1803 के लगभग लिखी गयी थी। उसके लगभग 70 वर्ष बाद दूसरी मौलिक गद्य कथा गौरीदत्त (सन् 1836) कृत 'देवरानी-जेठानी की कहानी' (1870) प्रकाशित हुई। इसके बाद ही मौलिक गद्य कथाओं का लेखन और मुद्रण सिलसिलेवार शुरू हुआ। ईश्वरी प्रसाद और कल्याण राय लिखित 'वामा शिक्षक' (1872), श्रद्धाराम फुल्लौरी कृत 'भाग्यवती' (1877), राधाकृष्ण दास लिखित 'निःसहाय हिन्दू' (1881), लाला श्रीनिवासदास कृत 'परीक्षा गुरु' (1882) आदि इस सिलसिला की कुछ उल्लेखनीय गद्य कथाएँ हैं।

'हिन्दी साहित्य का इतिहास' लिखते हुए आचार्य रामचन्द्र शुक्ल ने लाला श्रीनिवासदास कृत 'परीक्षा गुरु' को हिन्दी का पहला मौलिक उपन्यास माना है। अधिकांश विद्वान आचार्य शुक्ल के मत से सहमत हैं किन्तु इस विन्दु पर सर्वसम्मति नहीं है, जिसके उदाहरण निम्नलिखित हैं।

(क) 'रानी केतकी की कहानी' यद्यपि हिन्दी की पहली मौलिक लिखित और मुद्रित गद्य कथा है, पर यह उपन्यास नहीं है। ....1870 ई. में 'देवरानी जेठानी की कहानी' (पं. गौरीदत्त) के रूप में एक नया फूल खिला, जो हिन्दी उपन्यास का आरम्भ विन्दु सिद्ध हुआ।

(ख) सन् 1877 में पण्डित श्रद्धाराम फुल्लौरी ने 'भाग्यवती' नामक सामाजिक उपन्यास लिखा था, जिसकी बड़ी प्रशंसा हुई थी। यह अंग्रेजी ढंग का

मौलिक उपन्यास चाहे न हो, किन्तु विषयवस्तु की दृष्टि से, नवीनता की दृष्टि से इसे हिन्दी का प्रथम आधुनिक उपन्यास अवश्य कहा जा सकता है।

(ग) 'परीक्षा गुरु' को ही हिन्दी उपन्यास का आरम्भ विन्दु मानकर उसके प्रकाशन के 100 वर्ष बाद सन् 1982 में हिन्दी उपन्यास के जन्म की शताब्दी तो मनायी ही गयी, हिन्दी के अनेक आलोचकों ने विभिन्न दृष्टियों से इसका मूल्यांकन कर अप्रत्यक्ष रूप से जैसे आचार्य रामचन्द्र शुक्ल की मान्यता पर ही अपनी स्वीकृति की मुहर लगाई है। यदि इस व्यापक स्वीकृति को किसी रचना के महत्त्व और सार्थकता की कसौटी माना जा सकता है तो निर्विवाद रूप से 'परीक्षा गुरु' इस पर खरा उतरता है।

(क) हिन्दी के उपन्यासों की प्रारम्भिक स्थिति

उन्नीसवीं सदी के अन्तिम दो दशकों और बीसवीं सदी के प्रथम दो दशकों में हिन्दी के अनेक उपन्यास लिखे गये। सन् 1918 में प्रेमचन्द का 'सेवासदन' प्रकाशित हुआ। इसके प्रकाशन के साथ ही हिन्दी उपन्यास में युगान्तर आ गया। हिन्दी साहित्य जगत में इस विन्दु पर रंच मात्र भी असहमति नहीं है कि 'सेवासदन' के साथ हिन्दी उपन्यास के कथा संसार में एक बदलाव आया। हिन्दी के पहले मौलिक उपन्यास के सम्बन्ध में आचार्य शुक्ल के मत से सहमत होते हुए 'परीक्षा गुरु' से लेकर 'सेवासदन' के प्रकाशन के पूर्व के उपन्यासों को हिन्दी उपन्यासों की प्रारम्भिक स्थिति के मूल्यांकन हेतु आधार रूप में ग्रहण किया जा सकता है।

'परीक्षा गुरु' के बाद के उल्लेख्य उपन्यासों का क्रम इस प्रकार हैः— रत्नचन्द प्लीडर कृत 'नूतन चरित्र' (1883), बालकृष्ण भट्ट कृत 'नूतन ब्रह्मचारी' (1886) तथा 'सौ अजान एक सुजान' (1892), राधाचरण गोस्वामी तथा देवी प्रसाद शर्मा कृत 'विधवा विपत्ति' (1888), ठाकुर जगमोहन सिंह कृत 'श्यामा स्वप्न' (1888) तथा 'हृदयहारिणी व आदर्श रमणी' (1890), राधाकृष्णदास कृत 'निःसहाय हिन्दू' (1890), देवकी नन्दन खत्री कृत 'चन्द्रकान्ता सन्तति' (1891), गोपालराम गहमरी कृत 'नये बाबू' (1891), बाल कृष्ण भट्ट कृत 'सौ अजान एक सुजान (1892), कार्तिक प्रसाद खत्री कृत 'जया' (1896), गोपाल राम गहमरी कृत 'सास-पतोहू' तथा 'बड़ा भाई' (1898), लज्जाराम मेहता कृत 'धूर्त रसिकलाल' (1899) तथा, 'स्वतन्त्र रमा और परतंत्र लक्ष्मी' (1899), 'हिन्दू गृहस्थ' व 'आदर्श दम्पत्ति' (1904), 'बिगड़े का सुधार' (1907), अयोध्या सिंह उपाध्याय कृत

'अधखिला फूल' (1907), ब्रजनन्दन सहाय कृत 'सौन्दर्योपासक' (1911), लज्जाराम, मेहताकृत 'आदर्श हिन्दू' ब्रजनन्दन सहाय कृत 'लालचीन' (1916), मन्नन द्विवेदी कृत 'रामलाल' (1917) तथा मिश्र बन्धुओं कृत 'वीरमणि' (1917)।

इन उपन्यासों के अध्ययन से निम्नलिखित निष्कर्ष सामने आते हैं :

मनोरंजन और व्यंग्य की सीमा

उपर्युक्त उपन्यासों से हिन्दी उपन्यास की प्रारम्भिक स्थिति स्पष्ट हो जाती है। जिन परिस्थितियों में हिन्दी में उपन्यास लेखन का प्रारम्भ हुआ, वे परिस्थितियाँ यूरोप से भिन्न थीं। यूरोप में आधुनिकता का आगमन औद्योगिक क्रान्ति के साथ हुआ था, जो वहाँ की सभ्यता और समाज की ऐतिहासिक परिणति थी। औद्योगिक क्रान्ति के बाद वहाँ "पुजारी, योद्धा और श्रमिकों के सामन्ती ढाँचे में से ही एक मध्यम वर्ग का जन्म हुआ। सालों-साल तक यह वर्ग अपनी बढ़ती हुई शक्ति प्राप्त करता रहा था। सामन्तवाद के विरुद्ध इसने एक लम्बे कठोर संग्राम का आरम्भ किया।"[4] इस संग्राम के बाद आई पूँजीवादी सामाजिक व्यवस्था में व्यक्ति एवं व्यक्ति तथा समाज एवं व्यक्ति के सम्बन्ध सूत्र सरलता से जटिलता की ओर बढ़ने लगे। जीवन और समाज के बदले हुए स्वरूप की अभिव्यक्ति के लिए रचनाकारों ने 'उपन्यास' विधा की तलाश की । इस नई विधा का स्वागत यूरोप के मध्यम वर्ग ने गर्मजोशी से किया। यह मध्यम वर्ग बौद्धिक दृष्टि से जागरूक था और रचना पर अपनी सार्थक प्रतिक्रिया व्यक्त कर सकता था। इस सन्दर्भ में जब उपर्युक्त उपन्यासों के रचना काल पर दृष्टि डाली जाती है तो स्पष्ट होता है कि भारत में आधुनिकता आयातित थी, औद्योगिक क्रान्ति के कारण यहाँ के समाज में मौजूद नहीं थे, उस क्रान्ति के प्रभाव अवश्य यहाँ अंग्रेजों के साथ आये। यहाँ की समाज व्यवस्था में उस समय वह जटिलता भी नहीं थी, जिसकी अभिव्यक्ति के लिए यूरोप के रचनाकारों ने उपन्यास विधा की तलाश की थी। औद्योगिक सभ्यता के लाभों को भोगता हुआ यहाँ जो मध्यम वर्ग उदित हो रहा था, उसमें बौद्धिक जागरूकता का अभाव था। वह अपने मनोविनोद के लिए उपन्यास पढ़ना चाहता था।

परिणामतः प्रारम्भ में जो हिन्दी उपन्यास लिखे गये उनमें मनोरंजक उपन्यासों को सर्वाधिक महत्व मिला। इस समय उपन्यास की सफलता पाठकों को आकृष्ट करना और प्रतियों के हाथों-हाथ बिक जाने मात्र से मानी जाती थी। इस बात को ध्यान में रखकर अधिकांश लेखक अपने उपन्यास में पाठकों के लिए सुरसिक, रंगीले, मनचले, आनन्दी, प्रेमी, रूपाभिमानी जैसे शब्दों का प्रयोग करते थे। कुछ उपन्यासों में 'रूपाभिमानी पाठिकाओं के मनोविनोदार्थ' जैसे प्रयोग भी होते थे। 'राजकुमारी' उपन्यास के नीचे लिखा है, 'उपन्यास प्रेमियों के मनोविनोदार्थ।'

हिन्दी उपन्यासकारों को प्रेरणा पश्चिम के उपन्यासों से प्राप्त हो रही थी। पश्चिम में प्रारम्भ से ही ऐसे उपन्यास लिखे जा रहे थे, जिनमें सामाजिक यथार्थ अभिव्यक्त हो रहा था लेकिन प्रारम्भ में हिन्दी के उपन्यासकारों ने पश्चिम के सनसनीखेज उपन्यासों की तरफ अपनी रुचि ज्यादा दिखाई। एडगर वैलेस, ओपेनहम जैसे उपन्यासकारों के उपन्यासों ने इन्हें अधिक प्रभावित किया। देवकी नन्दन खत्री, किशोरी लाल गोस्वामी, गोपालराम गहमरी, शिवनारायण द्विवेदी आदि उपन्यासकारों ने ऐसे उपन्यासों की रचना की, जो चमत्कारपूर्ण घटनाओं से पाठकों का खूब मनोरंजन करते थे। इन उपन्यासों की रचना का उद्देश्य ही होता था पाठकों को कोतुहलजन्य आनन्द देना। ऐसे उपन्यासों की दो श्रेणियाँ हैं:– तिलस्मी ऐयारी और जासूसी। तिलस्मी, ऐय्यारी उपन्यास फ़ारसी की प्रेम कथाओं से प्रभावित हैं और जासूसी पश्चिम के अपराध प्रधान जासूसी उपन्यासों से। दोनों तरह के उपन्यासों में चमत्कार और विस्मय से भरी घटनाओं की ऐसी भरमार है कि पाठक कदम-कदम पर अचम्भित होता हुआ उपन्यास के मनोरंजक जादुई संसार में पहुँच जाता है। इस तरह के उपन्यासों में सबसे ज्यादा प्रसिद्धि देवकी नन्दन खत्री और गोपालराम गहमरी के उपन्यासों को मिली। देवकीनन्दन खत्री के 'चन्द्रकान्ता' तथा 'चन्द्रकान्ता सन्तति' उपन्यास तो इस कदर मनोरंजन से भरे थे कि अनेक लोगों ने इन्हें पढ़ने के लिए हिन्दी सीखी। आज के बौद्धिक युग में भी इनका चमत्कारपूर्ण संसार मोहित कर देता है।

विशुद्ध मनोरंजन और चमत्कार की परिधि से परे हटकर बालकृष्ण भट्ट, श्रीनिवासदास, राधाकृष्ण गोस्वामी, लज्जाराम मेहता आदि उपन्यासकारों ने ऐसे उपन्यासों की रचना की, जिनमें सामाजिक समस्याओं को उठाया गया था। इन उपन्यासों में उपदेशात्मकता की प्रवृत्ति की प्रधानता है। 'परीक्षा गुरु' के मुखपृष्ठ पर 'परीक्षा गुरु' नाम विशेष की व्याख्या में "अनुभव द्वारा उपदेश मिलने की संसारी वार्ता" लिखा गया है। किन्तु इन संसारी वार्ताओं में उपदेश अभिधा की सपाटता के कारण प्रभावकारी नहीं बन पाया है। 'विधवा विपत्ति', 'निस्सहाय हिन्दू', 'हिन्दू गृहस्थ', 'आदर्श दम्पति', 'आदर्श हिन्दू' आदि ऐसे ही उपन्यास हैं। साहित्य की विशिष्टता—व्यंग्यात्मकता का यहाँ पूर्णतः अभाव है। उपदेशों को अभिधा से भी अधिक स्पष्टतर बनाने के लिए उपन्यासों के शीर्षक में 'वा' लगाने की प्रवृत्ति एकाधिक उपन्यासों में देखी जा सकती है। उदाहरण के लिए 'त्रिवेणी वा सौभाग्यश्रेणी', 'हृदयहारिणी वा आदर्श रमणी' जैसे उपन्यासों को लिया जा सकता है। "यह हिन्दी उपन्यास का ऐसा अभिधाप्रधान युग है, जिसमें लेखक

सीधे सुधारवाद की वकालत करता है, पाठकों से स्थान-स्थान पर बात करता है। पात्रों-घटनाओं के विषय में सविस्तार मन्तव्य देता है। लेखक घटनावली तथा चरित्रावली से सहज व्यंजित उद्देश्य पर विश्वास नहीं करता, वह पाठकों को निष्कर्ष निकालकर दे देता है।"[5]

सामाजिक आलोचना का अभाव

उन्नीसवीं सदी के उत्तरार्द्ध और बीसवीं सदी के पूर्वार्द्ध में भारतीय समाज अनेक भीतरी और बाहरी दबावों का सामना कर रहा था। अबतक महारानी विक्टोरिया का घोषणापत्र भारत आ चुका था, जिसमें भारतीयों के लिए कुछ लुभावनी घोषणाएँ थीं। विक्टोरिया के शासन को चलाने के लिए अंग्रेज अधिकारी भारत में नियुक्त हो गए थे। अंग्रेजों को ऐसे भारतीयों की आवश्यकता थी, जो इन अधिकारियों और भारत में रहने वाले अंग्रेज परिवारों की रक्षा करते। इस हेतु ब्रिटिश हुकूमत ने भारतीयों के लिए अनेक उपाधियों, पदों, नौकरियों और पट्टे के जमीन आदि की घोषणा की, जिसका लाभ जमीदारों, सामन्तों और कुछ उच्चवर्गीय लोगों को मिला। "ऐसी मेहरबान हुकूमत के अफ़सरों की रक्षा तो इन लोगों ने की ही, इस हुकूमत के प्रशंसक भी बन गये। धीरे-धीरे यह वर्ग अपने ही देश में आम जनता से दूर होता गया। इस काल के उपन्यास में भी आम जनता के दुःख-सुख की कथा नहीं मिलती। इस अवधि का उपन्यास देश के उस विशाल जन समुदाय से कटा हुआ है जो ब्रिटिश औपनिवेशिक शासन के शोषण चक्र में पिस रहा था। यह जन समुदाय किसानों का था, जो मुख्यतः गाँवों में रहता था और विदेशी सरकार, जमींदार, महाजन और पुरोहित, सबका भक्ष्य बना हुआ था। किशोरी लाल गोस्वामी, भुवनेश्वर मिश्र, मेहता लज्जाराम शर्मा आदि कुछ उपन्यासकारों ने जमींदारों के अत्याचार, ग्रामीणों की निर्धनता, अशिक्षा तथा उनकी दीन-हीन स्थिति का यत्र-तत्र चित्रण किया है, किन्तु यथार्थ के इस ज्वलन्त पक्ष पर उनकी सृजनात्मक दृष्टि नहीं पड़ी है।"[6]

तत्कालीन भारतीय समाज नवजागरण के आलोक में अपना स्वरूप गठित कर रहा था। चारो तरफ सांस्कृतिक चेतना की लहर थी। अशिक्षा, रूढ़ियाँ, सामाजिक विकृतियाँ, धार्मिक बाह्याडम्बर के भँवर में फँसे समाज को नये रूप में सँवारने की लालसा मनीषियों-रचनाकारों में थी। इस अवधि के उपन्यासकारों ने इस लालसा की भरपूर अभिव्यक्ति की। ऐसे विषयों को लेकर इतने अधिक उपन्यास लिखे गये कि 'सामाजिक उपन्यास' के रूप में इनके लिए अलग कोटि मानी गयी है। 'परीक्षा-गुरु', 'भाग्यवती', 'निस्सहाय हिन्दू', 'विधवा-विपत्ति', 'श्यामा-स्वप्न' 'लवंग

लतिका', 'एक अजान सौ सुजाान', 'स्वतंत्र रमा और परतंत्र लक्ष्मी', 'धूर्त रसिकलाल', 'नये बाबू' 'लीलावती वा आदर्शसती' आदि महत्वपूर्ण सामाजिक उपन्यास हैं। इन उपन्यासों में न केवल कुरीतियों को छोड़ने का संदेश दिया गया है बल्कि पाश्चात्य प्रभाव से अपने को मुक्त रखने की सीख भी दी गयी है। 'विधवा विपत्ति' जहाँ भारतीय समाज में विधवा की स्थिति का चित्रण करती है, वहीं 'नूतन ब्रह्मचारी', 'एक अजान सौ सुजान', 'स्वतंत्र रमा और परतंत्र लक्ष्मी' ब्रिटिश प्रभाव से दूर रहकर भारतीय आदर्श की प्रतिष्ठा करने की शिक्षा देते हैं। इन उपन्यासों में पात्र के जीवन की विभिन्न स्थितियों का वर्णन करते हुए उसकी सफलता-असफलता का चित्रण किया गया है और यह प्रतिपादित किया गया है कि सन्मार्ग पर चलकर ही व्यक्ति को उन्नति प्राप्त हो सकती है। "वास्तव में इन सामाजिक उपन्यासों में समाज के बुनियादी सत्यों की पकड़ नहीं है। समाज की सतह पर बहती हुई घटनाओं को पकड़ा गया है, उनका निरुपण किया गया है।"[7] इस सन्दर्भ में श्रीनिवासदास कृत 'परीक्षा-गुरु' अवश्य एक ऐसे उपन्यास के रूप में दिखाई देता है, जिसमें लेखक समाज का वास्तविक स्वरूप चित्रित करने की कोशिश करता है और बहुत हद तक उसे सफलता भी मिलती है। जिस अनुभव की आँच की चर्चा बीसवीं सदी के अन्त में रचना जगत में जोरों पर थी, 'परीक्षा-गुरु' में अट्ठारहवीं सदी के अन्त में ही वह उपस्थित है।

'श्यामा-स्पप्न', 'राजेन्द्र मालती', 'सौन्दर्येपासक', 'ठेठ हिन्दी का ठाट', 'अधखिला फूल' आदि उपन्यास मानव ह्रदय के सहज भाव 'प्रेम' को केन्द्र में रखकर लिखे गये हैं, लेकिन यहाँ भी सामाजिक उपन्यासों की भाँति अनुभूति से अधिक उपन्यासकार का ध्यान वाह्य घटनाओं पर है। "विषय चाहे जो भी हो किन्तु इतना सत्य है कि उपन्यासकारों ने सतह पर के सत्य को ही अधिक लिया है, उसी सत्य को व्यक्त करने के लिए घटनाओं और पात्रों की सृष्टि की है।"[8]

विषयवस्तु की दृष्टि से विचार किया जाये तो हिन्दी उपन्यास इस समय विभिन्न विषयों को लेकर लिखे गये। 'चन्द्रकान्ता सन्तति', 'बेकसूर की फाँसी' जैसे जासूसी उपन्यासों ने लोगों का भरपूर मनोरंजन किया। 'विधवा-विपत्ति' जैसे उपन्यासों ने समाज की दारूण स्थिति के प्रति सोचने को विवश किया और 'पृथ्वीराज चौहान' जैसे उपन्यासों ने इतिहास के पृष्ठों की ओर लोगों का ध्यान आकृष्ट किया। किन्तु उपन्यास के इन सभी रूपों में सामाजिक समालोचना का अभाव रहा। उपन्यास विस्तार और पेंचीदगी के साथ जीवन और समाज का चित्रण करता है। विषय-वस्तु के रूप में उपन्यासकार चाहे जो क्षेत्र चुन ले लेकिन उसकी अन्तर्दृष्टि समाज की गहराई में उतरकर ही रचना का कलेवर जुटाती है। हिन्दी

उपन्यासों के प्रारम्भिक चरण में यह दृष्टि गहराई में नहीं उतर सकी है।

शिल्प की स्वाभाविक शिशुता

यह युग अनुवाद, अनुकरण और अनुसरण का युग है। इस समय सर्वाधिक अनुवाद अंग्रेजी और बंगला उपन्यास के हुए। संस्कृत साहित्य के हितोपदेश, पंचतंत्र आदि के अनुवाद हिन्दी में हुए और उर्दू के 'तिलिस्महोशरुबा', 'दास्ताने हमीर हमजा,' के अनुवाद हुए। इन अनुदित पुस्तकों का बहुत अधिक प्रभाव हिन्दी के प्रारम्भिक उपन्यासों पर पड़ा। अंग्रेजी के सम्पर्क से तो हिन्दी में उपन्यास लेखन प्रारम्भ ही हुआ और चूँकि हिन्दी से पहले मराठी और बंगला उपन्यास लिखे जाने लगे थे, अतः इन उपन्यासों के अनूदित रूपों ने भी हिन्दी उपन्यासों को प्रभावित किया। इस काल के महत्वपूर्ण ऐतिहासिक उपन्यासों में 'लालचीन' और 'कुलस्तुम' शेक्सपीयर के 'मैकबेथ' और 'लेडी मैकबेथ' के रुपान्तर हैं। अंग्रेजी के डिटेक्टिव उपन्यासों का प्रभाव गोपाल राम गहमरी के जासूसी उपन्यासों पर स्पष्ट रूप से दिखाई देता है। किशोरी लाल गोस्वामी के उपन्यासों पर बंकिमचन्द्र के उपन्यासों का प्रभाव है और उपदेशात्मक उपन्यासों पर संस्कृत साहित्य का। इसी तरह ऐय्यारी और तिलिस्म से सम्बन्धित उपन्यासों पर 'ठग वृत्तान्तमाला', 'पुलिस वृत्तान्तमाला' का प्रभाव है। प्रभावों की छाया के नीचे लिखे हिन्दी उपन्यासों का मौलिक शिल्प विकसित नहीं हो पाया और ये उपन्यास उसी शैली में लिखे गये जिस शैली में मूल उपन्यास लिखे गये थे। जिस तरह कोई शिशु अपने से बड़े व्यक्ति का स्वाभाविक रूप से अनुकरण-अनुसरण करता है, उसी तरह इस काल के उपन्यासकारों ने दूसरी भाषा के उपन्यासों के शिल्प का अनुसरण किया।

इस समय के उपन्यास कथा प्रधान उपन्यास हैं। कथा के विकास के लिए उपन्यास में चरित्र के गहन विश्लेषण से अधिक घटनाओं पर बल दिया गया है। ऐसी घटनाओं की योजना की गई है, जो आश्चर्यजनक और रहस्यपूर्ण हों, जिनका प्रभाव चमत्कारी हो तथा जो पाठक को विस्मयकारी आनन्द से भर दें। किशोरी लाल गोस्वामी ने 'हृदयहारिणी' में लिखा है कि "उपन्यास पाठक को इस ओर खींचता चला जाता है कि 'आगे क्या हुआ', वह इसका मौका नहीं नहीं चाहता कि ऐसा 'क्यों हुआ'। 'क्यों हुआ' को समय के कन्धे पर डालकर उपन्यास मात्र इतना कहता है कि—यह बात हम कह आये हैं और फिर भी कहते हैं कि समय चाहे जो करे।" इस प्रवृत्ति के कारण उपन्यास में रोचकता और कौतूहल की वृद्धि अवश्य हुई किन्तु शिल्पगत प्रौढ़ता उपन्यासों में नहीं आ पाई। कथा विकास में तर्कसंगति

का अभाव इस समय के उपन्यासों में खटकता है। इन उपन्यासों की कथावस्तु विस्तृत और जटिल है। अतः कथा को परिच्छेद, प्रकरण जैसे खण्डों में बाँटकर प्रस्तुत करने की प्रवृत्ति दिखाई देती है। अपनी-अपनी रुचि और कथा की प्रकृति के अनुकूल उपन्यासकारों ने इसके लिए अलग-अलग शब्दों का प्रयोग किया है। भारतेन्दु ने 'कुछ आप बीती कुछ जग बीती' में इन्हें 'खेल' का नाम दिया है, खत्री और मन्नन द्विवेदी ने 'बयान', हरिओम ने 'पंखुड़ियाँ' तो लाला श्रीनिवासदास ने 'प्रकरण' कहा है। कथा वर्णन की शैलियों में इस समय ऐतिहासिक और आत्मकथात्मक शैली का प्रयोग खूब हुआ है। विशेष रूप से आत्मकथात्मक शैली लोकप्रिय रही है। इस शैली का प्रारम्भ किशोरीलाल गोस्वामी के 'स्वर्गीय कुसुम' से हुआ। आगे चलकर गोस्वामी के 'लखनऊ की कब्र' और 'माधवी-माधव', भुवनेश्वर का 'धराऊ घटना', चन्द्रशेखर का 'वारांगना रहस्य' देवकी नन्दन खत्री का 'भूतनाथ' आदि उपन्यास इसी शैली में लिखे गये। ब्रजनन्दन सहाय के उपन्यास 'राधाकान्त' में तो दो खण्डों में अलग-अलग पात्र अपनी आत्मकथा कहते हैं और दोनों की आत्मकथा को मिलाकर उपन्यास पूरा होता है। किस्सागोई इस अवधि के उपन्यास शिल्प की एक अन्य विशेषता है। उपन्यास लेखन की शुरुआत होने के कारण सम्भवतः लेखकों को पाठकों की ग्राहकता पर सन्देह था अतः बार-बार वे 'सहृदय पाठक', 'रसिक पाठक' के रुप में उन्हें सम्बोधित करके उनकी सहृदयता की याद दिलाते रहते थे और कथा के सूत्र को उन्हें समझाते रहते थे। उपन्यासकारों का यह रूप जहाँ आत्मकथात्मक शैली पर हावी हो जाता था, वहाँ उपन्यास का शिल्प छिन्न-भिन्न हो जाता था। देवकीनन्दन खत्री जैसे प्रमुख उपन्यासकार के उपन्यास 'भूतनाथ' का प्रारम्भ आत्मकथात्मक शैली में होता है किन्तु आगे चलकर किस्सागोई प्रधान बन जाती है।

उपन्यास के विभिन्न तत्त्वों में समायोजन का अभाव इस काल के उपन्यास शिल्प का दुर्बल पक्ष है। कथानक में विस्तार और जटिलता लाकर इस अवधि के उपन्यासकारों ने उपन्यास के स्वरूप को तो विकसित किया किन्तु इसके अनुरूप चरित्र अंकन की जिस सूक्ष्मता और कथोपकथन की जिस स्वाभाविकता की आवश्यकता थी, उसे प्रस्तुत करने में ये उपन्यासकार सफल नहीं हो पाये। यहाँ पात्रों का उपयोग कथा की घटनाओं के लिए किया गया है, घटनाओं का पात्रों के लिए नहीं। संवाद योजना भी कथा के विकास के लिए की गई है, चरित्र के अंकन में उसका कोई सहयोग नहीं है। किशोरी लाल गोस्वामी की दृष्टि इस ओर अवश्य थी। गोस्वामी ने 'परीक्षा गुरु' में 'बातचीत' शीर्षक एक अलग प्रकरण की

रचना की है, जिसमें बातचीत के गुण बताये गये हैं। देश-काल चित्रण के रूप में इन उपन्यासों में उन्नीसवीं सदी के उत्तरार्द्ध के भारत का चित्र दिखाई देता है लेकिन उन परिस्थितियों को उपन्यासकार ने हृदयंगम करके चित्रित नहीं किया है। यहाँ देश-काल और वातावरण स्वतन्त्र वर्णन के रूप में आये हैं, उपन्यास के स्वरूप गठन में उनका कोई योगदान नहीं है। भाषा का सृजनात्मक उपयोग इस युग के लेखकों की बड़ी उपलब्धि है। अब तक खड़ी बोली का विकसित रूप सामने नहीं आया था। लेखक अपने-अपने ढंग से संस्कृतगर्भित शैली और सामान्य व्यवहार की भाषा शैली का प्रयोग कर रहे थे। खत्री जी की भाषा उपन्यास लेखन की परम्परा में रामचरितमानस का कार्य करती है, हिन्दी-उर्दू का मिला-जुला रूप उपस्थित करने में खत्री जी ने उत्कृष्ट प्रतिभा का परिचय दिया है। जिन लेखकों ने संस्कृतगर्भित भाषा का प्रयोग किया, उन्होंने संस्कृत के शब्दों के साथ अरबी-फ़ारसी के शब्द और क्षेत्रीय बोलियों की कहावतों, मुहावरों और सूक्तियों का ऐसा हेल-मेल बनाया कि भाषा सहज बन गई। इस काल के उपन्यासों का उद्देश्य स्पष्ट और सपाट है, वे या तो शुद्ध मनोरंजन के लिए लिखे गये हैं, या उपदेश देने के लिए। उपदेश और मनोरंजन आरम्भ से ही इस तरह रचनाकार के सामने रहते हैं कि वह इन्हीं के लिए पूरे उपन्यास की योजना करता है। रचनाकार सामाजिक प्रगति को आत्मसात कर और जीवन की वास्तविकता में पैठकर उसके यथार्थ का प्रभावात्मक चित्र यहाँ नहीं मिलता।"[9] उपन्यास के सभी तत्त्वों के बीच पारस्परिक सामंजस्य न होने से उपन्यास का कलात्मक सौन्दर्य उभर नहीं पाया है। "शिल्प की दृष्टि से हिन्दी उपन्यासों के प्रारम्भिक चरण में उपन्यास भवन के सारे भाग—कुछ कच्चे (चरित्र चित्रण) और कुछ पक्के (कथा, भाषा शैली)—निर्मित हो चुके थे किन्तु एक तो वह यथार्थ के ठोस धरातल पर प्रतिष्ठित नहीं थे, दूसरे समन्वित सहसत्ता के अभाव में एक सुनिश्चित कला रूप नहीं बन पाये थे।"[10]

हिन्दी उपन्यास लेखन की प्रारम्भिक स्थिति स्पष्ट करती है कि सभी उपन्यास स्वरूप गठन की प्रक्रिया में हैं। बौद्धिक वर्ग का ध्यान आकर्षित करने और उनमें उपन्यास के अध्ययन की रुचि जागृत करने के लिए एक ओर कुछ उपन्यासकार मनोरंजन का कलेवर प्रस्तुत कर रहे हैं तो दूसरी ओर कुछ नवजागरण के सन्देश को उपदेशात्मक कथाओं के माध्यम से समाज में प्रस्तुत कर रहे हैं। उद्‌देश्य से सीधे तौर से बँधे इन लेखकों का ध्यान अधिकांशतः सामाजिक यथार्थ से परे हो गया है और रचना का कलात्मक सौन्दर्य बिखर गया है। विषयगत विविधता होते हुए भी शिल्प का कसाव उपन्यासों में नहीं है, जिस पर विचार करते हुए तिलिस्म

प्रधान उपन्यासों के सन्दर्भ में आचार्य शुक्ल लिखते हैं कि ये "वास्तव में घटना प्रधान कथानक या किस्से हैं, जिनमें जीवन के विभिन्न पक्षों के चित्रण का कोई प्रयत्न नहीं, इससे ये साहित्य की कोटि में नहीं आते।"[11] चमत्कारपूर्ण घटना से अलग जीवन का वास्तविक चित्र प्रस्तुत करने वाले उपन्यास 'परीक्षा गुरु' की आचार्य शुक्ल ने प्रशंसा की और इसे हिन्दी का पहला उपन्यास माना। अतः यह नहीं कहा जा सकता कि हिन्दी उपन्यास अपने प्रारम्भिक चरण में कलात्मक सौन्दर्य से हीन है। वस्तुततः यह प्रारम्भ है, जिसमें संभावनाओं की सूचना सन्निहित है।

प्रेमचन्द के समय का हस्तक्षेप

जिस समय हिन्दी में 'आदर्श दम्पति' (1904), 'बिगड़े का सुधार' (1907), 'अधखिला फूल' (1907), 'अनूठी बेगम' (1905), 'काजर की कोठरी' (1902), 'बेक़सूर की फाँसी' (1901) जैसे उपदेश प्रधान और जासूसी उपन्यास लिखे जा रहे थे, उसी समय इसी क्षेत्र में 'असरारे मआविद', 'उर्फ देवस्थान रहस्य' (1903-1905) 'हमखुर्मा व हमसवाब' (1906), 'किसना' (1908) आदि लिखे जा रहे थे, जिनकी भाषा उर्दू थी और लेखक थे धनपत राय, जिन्होंने आगे चलकर प्रेमचन्द के नाम से हिन्दी उपन्यास लिखे। प्रेमचन्द के इन उपन्यासों में जिस समाज की कथा कही गई थी वह हिन्दीभाषी हिन्दू समाज था। 'असरारे मआविद' मन्दिरों और तीर्थ स्थानों में फैले पाखण्ड का पर्दाफाश करता है और 'हमखुर्मा व हमसबाव' विधवा-विवाह का समर्थन करता है। लगभग एक ही समय में लिखे गये हिन्दी और उर्दू के इन उपन्यासों में अन्तर यह है कि हिन्दी के जो उपन्यास अपराध की कथा से जुड़े थे, वे तिलिस्म और कौतूहल प्रधान थे और जो समाज से जुड़े थे, वे घटना प्रधान थे। जबकि प्रेमचन्द अपने उर्दू उपन्यासों से ही समाज के यथार्थ की ओर देख रहे थे। सन् 1918 में जब प्रेमचन्द हिन्दी में लिखे अपने उपन्यास 'सेवासदन' के साथ हिन्दी जगत में आये तब तक उपन्यास रचना का कौशल शैशवावस्था पार कर चुका था। 'सेवासदन' में प्रेमचन्द वेश्या जीवन से जुड़ी कथा लेकर आते हैं। यह एक ऐसी औरत की कहानी है जो पति से विद्रोह करके वेश्या बन जाती है। "यह ज्ञात होता है कि प्रेमचन्द शुरू से ही सामाजिक समस्याओं को लेकर चले थे। 'सेवासदन' उपन्यास कला और समस्या की पकड़ तथा चित्रण दोनों ही दृष्टियों से पहला परिपक्व उपन्यास है।"[12]

'सेवासदन' के प्रकाशित होते ही युगान्तर हो गया। इसके बाद प्रेमचन्द

'प्रेमाश्रम' (सन् 1921), 'रंगभूमि' (सन् 1925), 'गबन' (सन् 1930), 'कर्मभूमि' (1932) और 'गोदान' (1936) शीर्षक उपन्यासों के द्वारा हिन्दी उपन्यास के विकास के नये द्वार खोलते हैं।

इस समय प्रेमचन्द के अतिरिक्त जिन उपन्यासकारों ने हिन्दी उपन्यास साहित्य की श्री वृद्धि की उनमें विश्वम्भर नाथ शर्मा 'कौशिक', शिवपूजन सहाय, आचार्य चतुरसेन शास्त्री, परिपूर्णानन्द वर्मा, वृन्दावन लाल वर्मा, सियाराम शरण गुप्त, जयशंकर प्रसाद, सूर्यकान्त त्रिपाठी 'निराला', चण्डी प्रसाद शर्मा 'हृदयेश', बेचन शर्मा 'उग्र', राजा राधिका रमण प्रसाद सिंह, भगवती प्रसाद वाजपेयी, भागवत प्रसाद शुक्ल आदि प्रमुख हैं।

उपन्यासों की समाज सापेक्षता

रॉल्फ फॉक्स ने अपनी पुस्तक 'नॉवेल एण्ड दी पिपुल' में उपन्यास के सन्दर्भ में लिखा है कि "उपन्यास व्यक्ति का चित्रण करता है, वह समाज और प्रकृति से व्यक्ति के संघर्ष का महाकाव्य है और यह उस समाज में विकसित हो सकता है, जहाँ मानव-मानव के बीच का सन्तुलन नष्ट हो जाता है, जहाँ मानव अपने लोगों या प्रकृति के साथ अनवरत युद्ध में संलग्न है। ऐसा समाज पूँजीवादी समाज है।"[13] यह पूँजीवादी समाज भारत में आया तो था अंग्रेजों के साथ अठारहवीं शताब्दी में ही लेकिन भारतीय समाज में इसकी जड़ें फैलने में पूरी एक सदी लग गयी। बीसवीं शताब्दी के पूर्वाह्न में इसने भारतीय समाज को अपने पूरे प्रभाव में ले लिया। जीवन कठिन हो गया, अर्थव्यवस्था लाभ केन्द्रित हो गयी। व्यक्ति और समाज के सम्बन्ध सूत्र उलझते गये। अर्थात् रॉल्फ फॉक्स उपन्यास की रचना के लिए जैसे समाज की बात करते हैं, भारतीय समाज में वे विशेषताएँ इस समय स्पष्टतः उभर आयी थीं। इसी समय कुछ अन्य महत्वपूर्ण घटनाएँ घटीं। भारतीय राजनीतिक और सामाजिक जीवन में महात्मा गांधी का आगमन हुआ, जिसने भारतीय जनमानस को व्यापकता और गहराई से प्रभावित किया। प्रथम महायुद्ध के बाद भारत के सामाजिक संगठन की सक्रियता पहले से भी अधिक तीव्र हुई और उनकी दृष्टि भी बदली। समाज में होने वाले इन परिवर्तनों को सभी साहित्यकार महसूस कर रहे थे और अपनी रचनाओं में व्यक्त कर रहे थे लेकिन जैसी धार प्रेमचन्द की रचनाओं की थी, वैसी किसी अन्य की नहीं। प्रेमचन्द जनता के प्रतिनिधि रचनाकार के रूप में हिन्दी उपन्यास के क्षेत्र में आये और अपने अन्तिम उपन्यास 'गोदान' में जीवनद्रष्टा रचनाकार के रूप में दिखाई दिये।

प्रेमचन्द और उनके सभी समकालीन लेखकों के उपन्यासों में समाज सापेक्षता की विशेषता दिखाई देती है। अपने पहले हिन्दी उपन्यास 'सेवा सदन' में प्रेमचन्द घृणा का पात्र मानी जाने वाली वेश्या को रचना का केन्द्र बनाते हैं और उपन्यास की नायिका सुमन के माध्यम से उन कारणों की छानबीन करते हैं, जिनके कारण उसे वेश्या बनना पड़ा। 'प्रेमाश्रम' में प्रेमचन्द की दृष्टि किसान जीवन पर है। यहाँ प्रेमचन्द स्पष्ट करना चाहते हैं कि जमींदारी प्रथा से त्रस्त भारतीय किसान का जीवन समस्याओं से घिरा है। वह सारी जिन्दगी बेगार करता है फिर भी जमींदार उससे खुश नहीं रहता है। प्रभाशंकर जैसे जमींदार तो थोड़ा बहुत मानवीय रिश्ते को समझते हैं, लेकिन ज्ञानशंकर जैसे जमींदार छोटे किसानों का खून चूस लेना चाहते हैं। प्रेमाश्रम में प्रेमचन्द जमींदारों के अत्याचार का वर्णन करते हैं और किसानों में आने वाले उस परिवर्तन को रेखांकित करते हैं, जो जमींदार की बेगारी को न करने के लिए किसान को तैयार करता है। किसान जमींदार को दूध और घी देने से मना कर देते हैं। प्रतिक्रिया में जमींदार दमन की नीति अपनाता है तो सभी किसान संगठित होकर उसका विरोध करते हैं। 'प्रेमाश्रम' समाज में सिर उठाती हुई उस चेतना को व्यक्त करता है, जो अत्याचार का विरोध करती है।

'रंगभूमि' में एक गाँव पाण्डेयपुर की कथा कहते हुए प्रेमचन्द पूँजीवादी सभ्यता की प्रमुख विशेषता औद्योगीकरण का विश्लेषण करते हैं। पाण्डेयपुर में औद्योगीकरण का प्रवेश होता है ज्ञानसेवक के माध्यम से। इसे रोकने के लिए गाँव के लोग अहिंसक विरोध करते हैं, जिनका प्रतिनिधि है सूरदास। सूरदास और ज्ञानसेवक के संघर्ष के द्वारा प्रेमचन्द पूँजीवाद की लाभ आधारित व्यवस्था का पर्दाफाश करते हैं।

'कायाकल्प' का चक्रधर शिक्षित युवक है। वह एम.ए. पास है। अपने जीवन को चक्रधर समाज सेवा में लगाना चाहता है। पिता के कहने पर वह जगदीश के दीवान की बेटी मनोरमा को पढ़ाने जाता है। जगदीशपुर में मजदूरों को भड़काने के आरोप में उसे जेल जाना पड़ता है लेकिन मनोरमा के कहने पर वह छोड़ दिया जाता है। वह साम्प्रदायिक दंगे से प्रभावित शहर आगरा जाता है, जहाँ उसकी मुलाकात यशोदा से होती है, जिसे मुसलमान उठाकर ले जाते हैं और पुनः लौटा देते हैं। चक्रधर यशोदा को लेकर घर आता है। 'कायाकल्प' हिन्दू-मुस्लिम दंगे के सन्दर्भ में चक्रधर के मानवीय गुणों की प्रशंसा करता है।

'निर्मला' शीर्षक उपन्यास की नायिका निर्मला दहेज और अनमेल विवाह की

पीड़ा को झेलने वाली औरत है। पिता द्वारा दहेज की अधिक राशि न जुटा पाने के कारण उसका विवाह एक वृद्ध वकील तोताराम से कर दी जाती है। कलहपूर्ण वातावरण में निर्मला अपना जीवन बिताने लगती है। लेकिन भीषण समस्या तब आती है जब तोताराम अपने बेटे मंशाराम और निर्मला के सम्बन्ध पर सन्देह करने लगता है। आगे चलकर निर्मला की दोस्ती एक औरत से होती है, जिसका पति एक डॉक्टर है, जिससे निर्मला की सगाई उसके पिता ने की थी। एक दिन डॉक्टर निर्मला से दुर्व्यवहार करता है, जिससे दुःखी होकर उसकी पत्नी आत्महत्या कर लेती है और निर्मला भी बीमार होकर मर जाती है।

'गबन' मध्यम वर्ग के जीवन की प्रदर्शनप्रियता और आडम्बर को जीने वाले एक युवक की कथा है, जबकि 'कर्मभूमि' आदर्शवादी युवक की कथा है, जो समाज की सेवा में अपना जीवन अर्पित कर देता है। 'गबन' के रमाकान्त और 'कर्मभूमि' के अमरकान्त की बीवियाँ अपने पति को समझ नहीं पाती हैं लेकिन उपन्यास के उत्तरार्द्ध में 'गबन' की जालपा रमानाथ को सही मार्ग पर लाती है और 'कर्मभूमि' की सुखदा पति के आदर्श का अनुगमन करती है। दोनों उपन्यास के कथानक अपने फैलाव में तत्कालीन भारत के राजनीतिक-सामाजिक परिवेश को लेते हैं।

'गोदान' हिन्दी उपन्यास साहित्य की अद्वितीय उपलब्धि है। 'गोदान' में प्रेमचन्द पुनः किसान जीवन की ओर लौटते हैं। 'गोदान' एक भारतीय किसान होरी की कथा है। होरी के प्राण गाय में बसते हैं। उसकी बस एक साध है कि उसकी एक अपनी गाय हो, उसके दरवाजे पर बँधी, उसके दरवाजे की शोभा। इसी साध को पूरा करने में उसका जीवन तमाशा बन जाता है। होरी एक अन्य किसान भोला से गाय प्राप्त करता है और अधेड़ भोला का विवाह करवाने का वादा करता है। गाय जब होरी के दरवाजे पर आ जाती है तो उसकी खुशी का और गाँव वालों की ईर्ष्या का कोई ठिकाना नहीं रहता। एक दिन होरी की खुशी खत्म हो जाती है—उसका भाई गाय को जहर दे देता है और गाय मर जाती है। गाय की संदिग्ध मृत्यु के कारण होरी के दरवाजे पर थाना पुलिस उतर आती है। गाँव का साहूकार झींगुरी सिंह होरी को कुछ रुपये देता है और सलाह देता है कि वह इसे देकर थानेदार को रफा-दफा करे, लेकिन धनिया होरी को समझा लेती है और ऐसा हो नहीं पाता है। होरी दिनानुदिन शोषण और दमन के चक्र में पिसता जाता है। उसे अपना खेत बेचना पड़ता है, घर गिरवी रखना पड़ता है, फिर भी गाय रखने की

साध के लिए वह जी-जान से परिश्रम करता है, पर साध लिए ही एक दिन दुनिया छोड़ देता है।

प्रेमचन्द के उपन्यास के कथानक स्पष्ट करते हैं कि वे समाज सापेक्ष हैं। अपने समय के समाज के बाहरी और भीतरी तहों को टटोलते हुए प्रेमचन्द अपने उपन्यासों का उपजीव्य प्राप्त करते हैं। यहाँ भारत के किसान की करुण कथा है, मध्यमवर्गीय जीवन के विकार हैं, पूँजीवादी सभ्यता का शोषण है और गाँधी की अहिंसा भी। "लगातार 30 वर्षों के परिश्रमपूर्ण रचना काल में प्रेमचन्द ने कहानी-उपन्यास कुल मिलाकार हजारों पृष्ठों का साहित्य लिखा है, जिसे निःसंकोच आधुनिक भारत का महाभारत कहा जा सकता है। प्रेमचन्द का साहित्य हिन्दी की 'कामेडी ह्यूमन' है, और जैसा कहा जाता है, यह सारा साहित्य तत्कालीन भारत का केवल दर्पण नहीं है बल्कि प्रेमचन्द के ही शब्दों में कहें तो उनका साहित्य हमारे समाज का दीपक है और वह स्वयं हमारे दीप स्तम्भ हैं।"[14]

प्रेमचन्द के समकालीन उपन्यासकारों ने अपनी रचनाओं में तत्कालीन समाज को रचना का आधार बनाया। उग्र जी के 'जीजी जी', निराला के 'अलका', प्रसाद के 'तितली', मन्नन द्विवेदी के 'कल्याणी', 'लगन', प्रतापनारायण के 'विजय', 'गोद' आदि उपन्यासों में प्रताड़ित नारी विषयक समस्याएँ अत्यन्त तल्खी से वर्णित हैं। सियाराम शरण गुप्त का 'गोद' शीर्षक उपन्यास रामलाल के चरित्र के माध्यम से सामाजिक विषमता का प्रभावशाली चित्रण करता है।

हिन्दी उपन्यासों में सामाजिक जीवन के विभिन्न पक्षों के अंकन का प्रवाह प्रेमचन्द और उनके समकालीन लेखकों की रचनाओं में बहुत प्रभावकारी और लोकप्रिय हुआ। अब उपन्यास रईसों की चमत्कारपूर्ण अविश्वसनीय दुनिया से उतरकर सामान्य आदमी के सुख-दुःख से जुड़ गया।

परिप्रेक्ष्य की पूर्णता

हिन्दी साहित्य जगत में प्रेमचन्द के पदार्पण के पहले से युगीन घटनाओं और समस्याओं को लेकर उपन्यास लिखे जा रहे थे लेकिन ये उपन्यास समस्याओं को मात्र आधार रूप में ग्रहण करके अपने निष्कर्षों का पल्लवन कर दिया करते थे। सामाजिक यथार्थ से जुड़ी कथा जल्द ही पाठक को कल्पना लोक में लेकर चली जाती थी और उपन्यास के अन्त में उपन्यासकार के मन्तव्य की जानकारी लेकर पाठक वापस आ जाता था। यहाँ सामाजिक उपन्यासों में भी कुतूहल और मनोरंजन

ही प्रधान थे। प्रेमचन्द के समय पहली बार युगीन यथार्थ परिप्रेक्ष्य की पूर्णता में व्यक्त हुआ और उपन्यास कुतूहल तथा मनोरंजन के घेरे को तोड़कर बाहर आया।

प्रेमचन्द अपने समाज के केन्द्रीय अन्तर्विरोध का अन्वेषण करते हुए उसे पूरे परिवेश से जोड़ देते हैं। प्रेमचन्द के उपन्यास के न तो पात्र अपरिचित लगते हैं और न घटनाएँ असम्भव या अनजानी। आसपास के दिखाई देने वाले पात्रों और रोज-ब-रोज घटने वाली घटनाओं में सही और सहज अन्तः सम्बन्ध जोड़ते हुए प्रेमचन्द पाठक का ध्यान उस तरफ खींचते हैं, जिस तरफ घटनाएँ संकेत करती हैं। इस प्रक्रिया में वह पूरा परिप्रेक्ष्य उजागर हो जाता है, जिसमें व्यक्ति और समाज अपने सम्बन्धों की तलाश करते हैं।

अपने पहले ही उपन्यास 'सेवासदन' में प्रेमचन्द वेश्यावृत्ति की समस्या का अंकन करते हुए "वेश्यावृत्ति की समस्या को अशिक्षा और दहेज से जोड़कर देखते हैं। अशिक्षा और दहेज के कारण समाज में अधिकांश अनमेल विवाह होते हैं, जो स्त्री जीवन को भयानक समस्या में बदल देते हैं। दरोगा कृष्णचन्द पुलिस के महकमें में होने पर भी रिश्वत जैसी बुराई से अपने को प्रयत्नपूर्वक बचाते रहे। लेकिन बेटी के विवाह का अवसर आने पर उनका यह सद्‌गुण ही दुर्गुण बन जाता है। पत्नी की नाराजगी को और अधिक न झेल पाने के कारण वह पहली बार रिश्वत लेने की कोशिश करते हैं और पकड़े जाते हैं। प्रेमचन्द ने अपार धैर्य से और विश्वसनीय रूप में यह दिखाने की कोशिश की है कि स्त्री शिक्षा के अभाव में परिवार के एकमात्र सदस्य के न रहने पर पूरा परिवार कैसे बिखर जाता है। आगे की सारी घटनाएँ, वेश्यावृत्ति जिसकी अन्तिम परिणति है, यहीं से पैदा होती हैं।"[15]

अपने अन्तिम उपन्यास 'गोदान' में प्रेमचन्द एक विस्तृत फलक पर भारतीय समाज में फैले शोषण के अनेक रूपों को खोलते हैं। शोषक कई तरह के हैं। कुछ ऐसे हैं, जो खुले रूप से शोषण करते हैं। कुछ हैं, जो शोषण भी करते हैं और पोषण भी करते हैं, स्वाधीनता संग्राम में हिस्सा लेकर अपने चरित्र को महनीय भी बना लेते हैं। 'गोदान' का राय साहब अमरपाल सिंह ऐसा ही व्यक्ति है। अमरपाल सिंह किसानों से बेगार करवाता है, लगान वसूली और बेदखली से तनिक मुरव्वत नहीं करता, स्वाधीनता आन्दोलन में शामिल होता है तथा कौंसिल की सदस्यता से त्यागपत्र देकर जेल भी जाता है। यह शोषक का बहुरंगी चरित्र है, जो सामन्ती अहंकार और गरीबों के प्रति झूठी सहानुभूति दोनों की रक्षा करता हुआ

अपना जीवन यापन करता है। भारतीय किसान ऐसे अनेक शोषकों से घिरा है। जमींदार के अलावा अफसर, पटवारी, साहूकार, पुलिस सभी उसे अपने-अपने स्तर से, अपने-अपने ढंग से परेशान करते हैं। 'गोदान' का होरी इन शोषक शक्तियों को जानत-पहचानता है किन्तु अपने मन के भीतर बैठे उन शोषक तत्त्वों से वह स्वयं को उबार नहीं पाता है और इसीलिए सामने दिखाई देने वाले शोषकों के विरुद्ध न कुछ कर सकता है, न कुछ सोच सकता है। होरी के मन में बैठी धर्मभीरूता, अन्धविश्वास, सड़ी-गली मान्यतायें, उसे इस बात की आज्ञा नहीं देतीं कि वह अपने आस-पास फैले दमनचक्र से निकलने का साहस कर सके। उपन्यासकार यथार्थ की परत-दर-परत बिछी विसंगतियों को अंकित करते हुए भारतीय किसान की जीवन गाथा प्रस्तुत करता है।

"अपने काल और देश के फलक पर चित्रित भारतीय किसान गोदान में अपनी समूची समस्याओं, राग-विराग, शक्ति-सीमा तथा संक्रान्तियों के साथ उभरा है, इसलिए इसे एक महाकाव्यात्मक उपन्यास कहा गया है।"[16] प्रेमचन्द के अतिरिक्त जिन उपन्यासकारों ने वर्ण्य विषय को सम्पूर्ण परिप्रेक्ष्य के साथ वर्णित किया उनमें प्रसाद, निराला, बेचन शर्मा 'उग्र' आदि के नाम प्रमुख हैं। प्रसाद 'कंकाल' शीर्षक उपन्यास में नारी शोषण को केन्द्र में रखकर धर्म के आडम्बर को सामने लाते हैं। 'बुधुआ की बेटी' में उग्र अछूत जीवन को केन्द्र में रखकर भारतीय जीवन की विद्रूपता का वर्णन करते हैं।

उद्देश्यपरकता की सीमा

जनवरी 1925 के 'समालोचक' में उपन्यास पर विचार करते हुए प्रेमचन्द ने लिखा है कि "साहित्यकार का काम केवल मन बहलाना नहीं है, यह तो भाटों और मदारियों, विदूषकों और मसखरों का काम है। साहित्यकार का पद इससे कहीं ऊँचा होता है। वह हमारा पथ प्रदर्शक होता है। वह हमारे मनुष्यत्व को जगाता है, हममें सद्भाव का संचार करता है, हमारी दृष्टि को फैलाता है।...साहित्य का सबसे ऊँचा आदर्श वह है जबकि उसकी रचना केवल कला की पूर्ति के लिए की जाय। Art for Art's sake के सिद्धान्त पर किसी को आपत्ति नहीं हो सकती। Art for Art's sake का समय वह होता है, जब देश सुखी और सम्पन्न हो। जब हम देखते हैं कि हम भाँति-भाँति के राजनीतिक और सामाजिक बन्धनों में जकड़े हुए हैं, जिधर निगाह उठती है दुःख और दरिद्रता के भीषण दृश्य दिखाई

देते हैं, विपत्ति का करुण क्रन्दन सुनाई देता है तो कैसे सम्भव है कि किसी विचारशील व्यक्ति का दिल न दहल उठे। हाँ, उपन्यासकार को इसका प्रयत्न अवश्य करना चाहिए कि उसके विचार परोक्ष रूप से व्यक्त हों। उपन्यास की स्वाभाविकता में उस विचार के समावेश से कोई विघ्न न पड़ने पावे वरना उपन्यास नीरस हो जायेगा।"[17] प्रेमचन्द ने अपने विचार के अनुरूप उपन्यास के रचनाकार के रूप में हिन्दी उपन्यास को ऐय्यारी और तिलिस्म की दुनिया से बाहर निकाला और सामान्य आदमी की दुनिया से उसका सम्बन्ध जोड़ा। 'सेवा सदन' से लेकर 'गोदान' तक प्रेमचन्द कहीं शहरी जिन्दगी की कथा कहते हैं, कहीं ग्रामीण जीवन की, पर हर जगह उनके पात्र साधारण आदमी हैं। जो विशिष्ट और उच्चवर्गीय पात्र आये हैं, उनको भी प्रेमचन्द इसलिए लाते हैं कि उनके माध्यम से साधारण आदमी की कथा भलीभाँति व्यक्त की जा सके। प्रेमचन्द अपने समाज के दुःख-दर्द से अलग रह ही नहीं सकते थे। अतः 'कला कला के लिए' को उत्तम मानते हुए भी रचना को अपने विचारों से पृथक नहीं रखते। इस क्रम में रचना उद्देश्यपरकता की सीमा में बँध जाती है।

'सेवा सदन' में सुमन के द्वारा प्रेमचन्द भारतीय समाज में व्याप्त अनमेल विवाह, वेश्यावृत्ति, स्त्री की पराधीनता को विश्लेषित करते हैं और इन समस्याओं के समाधान भी प्रस्तुत करते हैं। प्रेमाश्रम में सामन्ती व्यवस्था के दमनचक्र के बहुस्तरीय रूप की बारीक व्याख्या करते हैं किन्तु उपन्यास के अवास्तविक निष्कर्ष उपन्यास के उद्देश्य से इस तरह गले मिलते हैं कि रचना का वास्तविक सौन्दर्य धूमिल हो जाता है 'गबन' में प्रेमचन्द स्त्री की आभूषणप्रियता और दाम्पत्य जीवन के पारस्परिक झूठ और छद्म को दिखाते हैं। रमानाथ पत्नी के सामने अपनी वस्तुस्थिति स्पष्ट नहीं कर पाता और गबन के फेरे में पड़ जाता है। इसके कारण पूरे परिवार को दुःख के थपेड़ों को झेलना पड़ता है। उपन्यास का विकास इस तरह किया गया है कि अनेक स्थल नीति स्थल बन कर रह गये हैं।

प्रेमचन्द अपनी इन रचनाओं में पथ प्रदर्शक की भूमिका में उतरते हैं, मनुष्य के मन में सद्भावना का संचार करना चाहते हैं अतः अपने विचार व्यक्त करते हैं। समाज का यथार्थ प्रस्तुत करते हुए आदर्श को प्रेमचन्द आगे-आगे लेकर चलते हैं, जो प्रत्यक्ष रूप से दिखाई देता है। अपने अन्तिम उपन्यास 'गोदान' में प्रेमचन्द के विचार परोक्ष रूप से प्रस्तुत होते हैं। रचना यात्रा के अन्तिम पड़ाव पर आकर प्रेमचन्द का उपन्यास उद्देश्यपरकता की सीमा को तोड़ता हुआ अपने मूल उद्देश्य

को, रचना के उद्देश्य को सिद्ध करता है। "आदर्श और यथार्थ, घटना और अनुभूति का क्रमशः सन्तुलन प्रेमचन्द अपनी अन्तिम रचनाओं में पाते हैं।......'सेवा सदन' से लेकर 'कर्मभूमि' तक किस्सा और दृष्टि में कोई एक, या कभी-कभी दोनों मुखर हैं। 'गोदान' में पहुँचकर संतुलन पूरा हो जाता है और इसके साथ प्रेमचन्द का जीवन भी।"[18]

प्रेमचन्द के समय लिखे गये अन्य उपन्यासों की रचना भी उद्देश्यपरकता की सीमा में बँधकर हुई है। चण्डी प्रसाद हृदयेश के 'मनोरमा' और 'मंगल प्रभात' हिन्दू समाज में नारी की स्थिति का चित्रण करने वाले उपन्यास हैं लेकिन उपन्यासकार का पूरा ध्यान समाज सुधार की ओर है। प्रसाद और निराला के उपन्यास—'कंकाल', 'तितली', 'अप्सरा', 'अलका' तथा 'निरूपमा'—'नारी केन्द्रित उपन्यास हैं। इन उपन्यासों में लेखकों की सहानुभूति स्त्री जाति के प्रति व्यक्त हुई है। निराला के 'निरूपमा' में एक वेश्या की बेटी का विवाह होना एक क्रान्तिकारी कदम माना जा सकता है लेकिन कथा की योजना कुछ इस प्रकार हुई है कि उपन्यास का प्रयोजन साफ-साफ सामने आ गया है। उग्र ने अपने उपन्यासों में भारतीय समाज के निम्न वर्ग का चित्रण किया। चित्रण को स्वाभाविक बनाने के लिए उग्र ने 'प्राकृतिक शैली' तक का प्रयोग किया है किन्तु उग्र अपनी सुधारवादी दृष्टि के कारण उद्देश्यपरकता को छोड़ नहीं पाये हैं।

समाज की समस्याओं का निरूपण प्रेमचन्द के समकालीन लेखकों का मुख्य विषय रहा है। लेखन के प्रारम्भिक चरण में लगभग सभी लेखकों के उपन्यास समाज के सुख-दुःख से जुड़े रहे हैं। आगे चलकर कुछ उपन्यासकारों की दिशा में परिवर्तन आया है। आचार्य चतुरसेन शास्त्री का पहला उपन्यास 'हृदय की परख' सामाजिक उपन्यास है। बाद में आचार्य चतुरसेन शास्त्री की ख्याति ऐतिहासिक उपन्यास लेखन के क्षेत्र में फैली। वृन्दावन लाल वर्मा ने 'संगम' और 'कुण्डली चक्र' में सामाजिक समस्याओं को उठाया। इन उपन्यासों से अधिक प्रसिद्धि इनके 'गढ़कुण्डार' और 'विराटा की पद्मिनी' शीर्षक उपन्यासों को मिली। वर्ण्य विषय की दृष्टि से भगवती प्रसाद वाजपेयी प्रेमचन्द के समय के ऐसे उपन्यासकार हैं, जो प्रेम की स्वच्छन्द प्रवृत्ति को समाज की मर्यादा के बीच रखकर दोनों के अन्तर्विरोध को स्पष्ट करने का प्रयास करते हैं।

संदर्भ

1. गोपाल राय, हिन्दी उपन्यास का इतिहास राजकमल प्रकाशन, दिल्ली, प्रथम संस्करण की आवृत्ति, 2005, पृष्ठ 23।
2. (क) उपरिवत, पृष्ठ 20-21।
   (ख) रामचन्द्र तिवारी, हिन्दी गद्य साहित्य का इतिहास, विश्वविद्यालय प्रकाशन, वाराणसी, 2007, पृष्ठ 104।
   (ग) मधुरेश, हिन्दी उपन्यासः उद्‌भव और विकास की प्रक्रिया, सुमित प्रकाशन, इलाहाबाद, 2004, पृष्ठ 13।
3. रामदरश मिश्र, हिन्दी उपन्यासः एक अन्तर्यात्रा, राजकमल प्रकाशन, तृतीय संस्करण की आवृत्ति, 2004, पृष्ठ 25।
4. लियो ह्यूबर मैन, मनुष्य की भौतिक सम्पदाएँ, गार्गी प्रकाशन, सहारनपुर, प्रथम संस्करण, 1996, पृष्ठ 183।
5. सत्यपाल चुध, हिन्दी उपन्यास : उदय और उत्कर्ष, साहित्य प्रकाशन, नई दिल्ली, प्रथम संस्करण, पृष्ठ 45।
6. गोपाल राय, हिन्दी उपन्यास का इतिहास, राजकमल प्रकाशन, दिल्ली, प्रथम संस्करण की आवृति, 2005, पृ. 123-124।
7. रामदरश मिश्र, हिन्दी उपन्यास की अन्तर्यात्रा, राजकमल प्रकाशन, दिल्ली, 2004, पृष्ठ 21
8. उपरिवत्।
9. नन्द दुलारे वाजपेयी का लेख, आलोचना का उपन्यास विशेषांक, पृष्ठ 56।
10. सत्यपाल चुध, हिन्दी उपन्यासः उदय और उत्कर्ष, साहित्य प्रकाशन दिल्ली, प्रथम संस्करण, पृष्ठ 52।
11. आचार्य रामचन्द्र शुक्ल, हिन्दी साहित्य का इतिहास, काशी नागरी प्रचारिणी सभा, पृष्ठ 273।
12. रामदरश मिश्र, हिन्दी उपन्यास की अन्तर्यात्रा, राजकमल प्रकाशन, दिल्ली 2004, पृष्ठ 38।
13. विश्वनाथ मिश्र, कला एवं साहित्य, प्रवृत्ति एवं परम्परा, पृष्ठ 144 पर उद्‌धृत।
14. नामवर सिंह, उपन्यास सम्राट प्रेमचन्द में 'प्रेमचन्द की देन' शीर्षक लेख, प्रेमचन्द जन्मशती के अवसर पर सूचना और प्रसारण-मन्त्रालय, भारत सरकार द्वारा प्रकाशित।

15. रामदरश मिश्र, हिन्दी उपन्यास : एक अन्तर्यात्रा, राजकमल प्रकाशन, दिल्ली 2004, पृष्ठ 56।
16. उपरि़वत्।
17. अमृतराय, प्रेमचन्द : विविध प्रसंगः संकलन और रूपान्तर, हंस प्रकाशन, इलाहाबाद, सन् 1978, पृष्ठ 36, 37, 38।
18. रामस्वरूप चतुर्वेदी, हिन्दी साहित्य और सम्वेदना का विकास, लोक भारती प्रकाशन, प्रथम संस्करण की आवृत्ति, 1998, पृष्ठ 140, 142।

द्वितीय अध्याय

उपन्यास साहित्य में रेणु का हस्तक्षेप

उपन्यास साहित्य में रेणु का हस्तक्षेप

प्रेमचन्द के परवर्ती उपन्यासकारों के सामने आधुनिकता चुनौती बनकर आई। आधुनिकता ने जीवन और पुरानी मान्यताओं पर प्रश्नचिह्न लगा दिये। अनेक विषयों पर नये ढंग से सोचने-समझने की जरूरत महसूस होने लगी। आधुनिकता के प्रभाव अचानक बिजली की कौंध की तरह सामने नहीं आये बल्कि इसकी धमक प्रेमचन्द के ही समय में सुनाई देने लगी थी। यह कहना अनुचित नहीं होगा कि हिन्दी कथा साहित्य में प्रेमचन्द पहले साहित्यकार हैं, जिन्होंने कथा साहित्य को समसामयिक बनाया और आधुनिकता की ओर मोड़ा। उसके बाद हिन्दी में कथा साहित्य की प्रभूत रचना हुई और हिन्दी का कथा साहित्य न केवल धनात्मक दृष्टि से समृद्ध हुआ वरन् गुणात्मक दृष्टि से भी।"[1] प्रेमचन्द के परवर्ती रचनाकारों के समय तक आधुनिकता के प्रभाव पूरी तरह से स्पष्ट हो गये थे। इस समय के उपन्यासों के अध्ययन से स्पष्ट होता है कि "आधुनिकता की चुनौती को दो विभिन्न धरातलों पर—सामाजिक तथा वैयक्तिक स्तर पर स्वीकारा तथा आत्मसात किया गया है। सामाजिक उपन्यास समष्टि सत्य की दृष्टि से पुरानी मान्यताओं पर प्रश्नचिह्न लगाते हैं। इनमें आधुनिक संवेदना की भी भिन्नता है। आधुनिक संचेतना में भी मौलिक और सूक्ष्म अन्तर पाया गया है। इसी तरह दूसरी दिशा के वे उपन्यास हैं, जिनमें पुराने मूल्यों पर प्रश्नचिह्न व्यष्टि सत्य की दृष्टि से लगाया गया है।"[2] इस तरह प्रेमचन्द के बाद हिन्दी उपन्यास के विकास की दो दिशाएँ दिखाई देती हैं। पहली को 'सामाजिक विचारधारा की प्रधानता की दिशा' और दूसरी को 'वैयक्तिक विचारधारा की प्रधानता की दिशा' कहा जा सकता है।

हिन्दी उपन्यास को सामाजिक विचारधारा प्रेमचन्द से विरासत के रूप में मिली। प्रेमचन्द के परवर्ती उपन्यासकारों ने इस विरासत का उपयोग करते हुए आधुनिक जीवन की जटिलता को चित्रित किया। इन सामाजिक उपन्यासों में कुछ उपन्यास ऐसे हैं, जिनमें मार्क्सवादी दृष्टिकोण स्पष्ट रूप से दिखायी देता है और कुछ उपन्यास ऐसे हैं, जिनकी दृष्टि मार्क्सवादी तो नहीं है किन्तु मार्क्सवाद का प्रभाव यत्र-तत्र अवश्य दिखायी देता है।

वैयक्तिक विचारधारा ने जीवन को मनोविज्ञान के आलोक में देखने का प्रयास किया। प्रेमचन्द वैसे तो सामाजिक समस्याओं के उपन्यासकार हैं लेकिन 'गबन' में प्रेमचन्द ने मानवीय व्यवहार को परिस्थितियों के भँवर में डालकर

विश्लेषित किया और हिन्दी उपन्यास को मनोविज्ञान के संस्पर्श से युक्त किया। प्रेमचन्द के परवर्ती उपन्यासकारों ने इससे आगे बढ़कर मानवीय व्यवहार को परिस्थितियों के साथ-साथ मन की भीतरी तहों से जोड़कर विश्लेषित किया। वैयक्तिक विचारधारा के उपन्यासों पर पश्चिम के मनोवैज्ञानिक आविष्कारों और दार्शनिक विचारों का स्पष्ट प्रभाव दिखाई देता है।

जिस तरह समाजवादी विचारधारा के उपन्यासों में सामाजिक दृष्टि और गैर मार्क्सवादी दृष्टि वाले उपन्यासों में कोई स्पष्ट विभाजन रेखा नहीं खींची जा सकती, उसी तरह यह नहीं कहा जा सकता कि सामाजिक विचारधारा वाले उपन्यास मनोविज्ञान के आविष्कारों के प्रभाव से पूर्णतः अछूते हैं और वैयक्तिक विचारधारा वाले उपन्यासों पर सामाजिक आन्दोलनों का प्रभाव नहीं पड़ा है।

प्रेमचन्द और उनके समकालीन लेखकों ने हिन्दी उपन्यास साहित्य को अत्यन्त पुष्ट आधार दिया था और उसे ऐसी व्यापक भूमि पर प्रतिष्ठित कर दिया था, जहाँ से वह अनेक दिशाओं की यात्रा कर सकता था। कथ्य और शिल्प दोनों दृष्टियों से उपन्यासों में विविधता इन्हीं लेखकों की देन है। आधुनिकता की विभिन्न प्रवृत्तियों की शुरूआत भी इन लेखकों के उपन्यासों में हो चुकी थी, जो इतने स्पष्ट रूप से इनके बाद के उपन्यासों में दिखाई दी कि प्रेमचन्दोत्तर युग के हिन्दी उपन्यासों को जानने समझने के लिए प्रगतिवादी, समाजवादी, सामाजिक, मनोवैज्ञानिक, ऐतिहासिक जैसी कोटियों में बाँटकर देखा जाता है। अनेक लेखक ऐसे थे जिन्होनें लेखन का कार्य प्रेमचन्द के समय में शुरू कर दिया था लेकिन इनके लेखन का उत्कर्ष काल प्रेमचन्द के बाद आया। उदाहरण के लिए भगवती प्रसाद वाजपेयी, जैनेन्द्र कुमार, इलाचन्द जोशी जैसे लेखकों का नाम लिया जा सकता है। भारत की स्वतन्त्रता प्राप्ति की तिथि को हिन्दी भाषाभाषी सहित सम्पूर्ण भारत के इतिहास की एक महत्वपूर्ण तिथि मानते हुए हिन्दी उपन्यास साहित्य के सन्दर्भ में भी महत्वपूर्ण मानकर कहा जा सकता है कि कथ्य, विजन, शिल्प और भाषा सभी दृष्टियों से प्रेमचन्द ने हिन्दी उपन्यास को प्रौढ़ता प्रदान की थी। प्रौढ़ता की ओर बढ़ती यह यात्रा 1947 तक लगातार जारी रही। इसमें प्रमुख योगदान कमोबेश जैनेन्द्र, अज्ञेय, इलाचन्द्र जोशी, राहुल सांकृत्यायन, हजारी प्रसाद द्विवेदी और यशपाल का माना जा सकता है। जैनेन्द्र, अज्ञेय और इलाचन्द्र जोशी ने हिन्दी उपन्यास के कथ्य को मनोवैज्ञानिक आयाम प्रदान किया जबकि राहुल सांकृत्यायन, यशपाल और हजारी प्रसाद द्विवेदी आदि ने ऐतिहासिक उपन्यास को

नवीन संभावनाओं से संपन्न किया।[3] सन् 1947 के बाद इन वरिष्ठ रचनाकारों ने तो लिखना जारी रखा ही, रांगेय राघव, भैरव प्रसाद गुप्त, नागार्जुन, अमृत लाल नागर, धर्मवीर भारती, देवराज, कृष्ण चन्द्र शर्मा भिक्खु, लक्ष्मीनारायण लाल, विष्णु प्रभाकर, देवेन्द्र सत्यार्थी, राजेन्द्र यादव, अमृत राय, प्रभाकर माचवे, फणीश्वर नाथ रेणु, नरेश मेहता, उदय शंकर भट्ट, कमलेश्वर आदि नये उपन्यासकारों ने हिन्दी उपन्यास जगत में प्रवेश किया। कथ्य और शिल्प की दृष्टि से विविधता अब हिन्दी उपन्यास की सबसे बड़ी विशेषता बन गई।

फणीश्वर नाथ रेणु का 'मैला आँचल' सन् 1954 में प्रकाशित हुआ। 'मैला आँचल' ने पाठकों और समीक्षकों—सबकी नजर अपनी ओर खींचा। प्रशंसा और निंदा की बौछारें उपन्यास को मिलने लगीं। इसकी भाषा को देखकर इसे गालियों का खजाना कहा गया। आचार्य नलिन विलोचन शर्मा ने इसके सन्दर्भ में टिप्पणी करते हुए कहा कि मैं अपने श्रेष्ठ उपन्यासों की सूची से 'गोदान' को छोड़कर किसी रचना को 'मैला आँचल' के लिए अपदस्थ कर सकता हूँ। उपन्यासकार कमलेश्वर ने 'मैला आँचल' के आगमन को 'धूमकेतु का आगमन' कहा। सन् 1955 में प्रकाशित अपनी पुस्तक 'हिन्दी उपन्यास और यथार्थवाद' में डा. त्रिभुवन सिंह ने लिखा कि "रेणु जी का मैला आँचल नामक एक आंचलिक उपन्यास अभी हाल ही में प्रकाशित हुआ, जिसे लेकर साहित्यकारों में बड़ी चर्चा है।....इसमें सन्देह नहीं है कि लेखक को उपन्यासकार की प्रतिभा मिली है। यदि वह इसी प्रकार साधना के पथ पर बढ़ता जायेगा तो भविष्य में अवश्य ही हमें श्रेष्ठतर यथार्थवादी कृतियों के दर्शन होंगे।"[4]

प्रकाशित होते ही 'मैला आँचल' बहस का विषय बन गया और आज भी जब भारतीय उपन्यास के स्वरूप पर विचार करने की जरूरत पड़ती है तो 'मैला आँचल' को छोड़कर विचार की गुंजाइश नहीं बनती। नये-नये प्रश्न इसके सन्दर्भ में उठते रहते हैं, उत्तर पाने का प्रयास होता रहता है। डा. इन्द्रनाथ मदान के अनुसार "रेणु के 'मैला आँचल' (1954) की रचना को हिन्दी उपन्यास में एक घटना माना गया था जो अब पुरानी पड़कर रूढ़ होने की भी गवाही देने लगी है। आंचलिक उपन्यास के नाम से इसे एक नई विधा माना गया था, जिस पर आज प्रश्नचिह्न लगाया जा सकता है। इसके मूल्यांकन पर आलोचकों में गहरा मतभेद है। इसे कृति से लेकर विकृति तक या चित्र से लेकर फोटो चित्र तक का नाम दिया गया है। इन दोनों अतिवादों में 'मैला आँचल' डोलता रहता है। इसी तरह कभी रोमांटिक बोध को आँका गया है तो कभी आधुनिकता के बोध को। इसे कभी नायक विहीन

उपन्यास कहा गया है तो कभी अंचल विशेष को इसका नायक माना गया है।"[5] ऐसे प्रश्नों-प्रतिप्रश्नों के बीच सत्य यह है कि मैला आँचल के प्रकाशित होते ही रेणु हिन्दी के लोकप्रिय और महत्त्वपूर्ण उपन्यासकार बन गये और आज माना यह जाता है कि "फणीश्वर नाथ रेणु निर्विवाद रूप से स्वतंत्रता प्राप्ति के बाद वाले दशक के सर्वश्रेष्ठ उपन्यासकार हैं। रेणु उन उपन्यासकारों में परिगणनीय हैं जो अपनी पहली रचना से ही लोगों के दिल-दिमाग पर छा जाते हैं और लम्बे समय तक चर्चा और आलोचना के विषय बने रहते हैं।"[6]

विशिष्ट उपन्यासकार और कलात्मक आकर्षण का स्वरूप

साहित्य में ऐसे अनेक उदाहरण मिलते हैं, जिसमें लेखक की रचना में कलात्मकता का उत्कर्ष उत्तरोत्तर हुआ है, जिनकी रचना यात्रा में क्रमिक विकास को रेखांकित किया जा सकता है। उपन्यास सम्राट प्रेमचन्द ऐसे उदाहरणों में से एक हैं। प्रेमचन्द का उपन्यास लेखन 'सेवा सदन' से प्रारम्भ होकर 'गोदान' में कलात्मक वैभव प्राप्त करता है। ऐसे उदाहरण कम मिलते हैं जहाँ उपन्यास लेखन का प्रारम्भ ही प्रौढ़ता का परिचायक हो। फणीश्वर नाथ रेणु ऐस विरल उदाहरणों में एक हैं। रेणु अपने उपन्यासों में अपने समय और समाज को उनकी पूरी गूँज और अनुगूँज के साथ प्रस्तुत करते हैं। रेणु की प्रस्तुति की विधि इतनी मौलिक है कि अपने समसामयिकों से ही नहीं, अपने पूर्ववर्तियों से भी रेणु अलग दिखाई देते हैं। हिन्दी उपन्यास साहित्य में रेणु का हस्तक्षेप अपने ढंग का अकेला है। इसे पहचानने के लिए उस परिवेश की पहचान आवश्यक है, जिसकी उपज रेणु थे और साथ ही उन विशेषताओं, मनोवृत्तियों और संवेदनाओं की भी, जो व्यक्ति के रूप में तथा खासतौर से एक रचनाकार के रूप में रेणु को संचालित करती थीं। "महान रचनाकारों की कृतियों, खासकर उपन्यासकारों के सार्थक विश्लेषण में साहित्यिक मानदण्डों के साथ-साथ रचनाकार की मानसिकता तथा व्यक्तित्व, वह कैसा व्यक्ति है– *The writer as a man*, इस पहलू को नजरअंदाज नहीं कर सकते।[7]

4 मार्च, 1921 को बिहार प्रान्त के पूर्णिया जिले में स्थित औराही हींगना नाम के गाँव में फणीश्वर नाथ रेणु का जन्म हुआ। बिहार के शोक के नाम से प्रसिद्ध कोशी नदी अनेक छोटे-छोटे नदी नालों के साथ मिलकर इस इलाके में विनाश लीला रचाती रहती है। रेणु के पिता एक सम्पन्न किसान थे और भारत के

स्वतंत्रता आन्दोलन से जुड़े लोगों से उनका सम्बन्ध रहा करता था। रेणु की प्रारम्भिक शिक्षा पास के कस्बे अररिया, सिमरबनी और फारबिसगंज में पूरी हुई। जब रेणु फारबिसगंज में पढ़ रहे थे, उन्हीं दिनों एक अंग्रेज दरोगा उनके घर में 'चाँद' मासिक पत्रिका के 'फाँसी' अंक और 'हिन्दू पंच' के 'बलिदान' अंक को प्राप्त करने के लिए तलाशी लेने पहुँचा। रेणु के पिता के बिस्तर पर लाल रंग के कपड़े में ये दोनों अंक तथा एक और पुस्तक 'भारत में अंग्रेजीयत राज' बाँधकर रखे हुए थे। रेणु ने मौके की गम्भीरता को देखते हुए उस बँधे बस्ते को उठाया और 'स्कूल की घण्टी हो रही है' कहकर तेज कदमों से घर से बाहर हो लिए। रेणु ने इस घटना का उल्लेख 'बन-तुलसी की गंध' शीर्षक रचना में किया है। यह घटना सन् 1931-1932 की है। इसी समय महात्मा गाँधी को अंग्रेज सरकार ने पकड़ लिया। विरोध में सारे स्कूल-कालेज बन्द हो गये। रेणु अपनी मित्र मण्डली के साथ पिकेटिंग करने में लग गये। स्कूल के मास्टर के द्वारा सजा के रूप में आठ आने जुर्माना और दस-दस बेंत मार का आदेश हुआ। रेणु ने अपने मित्रों के साथ यह सजा कबूल की और 'महात्मा गाँधी की जय, भारत माता की जय' के नारे लगाये।

ये घटनाएँ बताती हैं कि देश की स्वतंत्रता के लिए किशोर रेणु के मन में अपना सब कुछ न्यौछावर कर देने का भाव जग चुका था। प्रारम्भिक शिक्षा पूरी करके रेणु उच्च शिक्षा प्राप्त करने के लिए काशी हिन्दू विश्वविद्यालय आये। सन् 1942 का आन्दोलन पूरे देश में एक साथ असीम उत्साह और एकजुटता के साथ शुरू हुआ। इस आन्दोलन में विद्यार्थियों ने आगे बढ़कर भाग लिया। रेणु अपनी पढ़ाई छोड़कर आन्दोलन में शामिल हो गये। सन् 1942 के जून में रेणु ने मुजफ्फरपुर के किसान कांग्रेस में भाग लिया और दिसम्बर 1942 में गिरफ्तार होकर बिहार की विभिन्न जेलों में बन्दी रहे। जेल रेणु के लिए बन्दीगृह नहीं थी, उनके व्यक्तित्व की निर्माण स्थली थी। रेणु के भीतर प्रखर राजनीतिक और सामाजिक चेतना इन्हीं दिनों विकसित हुई। राजनीति में रेणु की सक्रियता सन् 1939 से ही शुरू हो गई थी। वे सन् 1941 में गाँधी जी के नेतृत्व में सत्याग्रह में भाग ले चुके थे और वाराणसी में आचार्य नरेन्द्र देव, जयप्रकाश नारायण से परिचित हो चुके थे। पूर्णिया जेल में उनका सम्पर्क सतीनाथ भादुड़ी से और भागलपुर जेल में बी.पी. सिन्हा से हुआ। बी.पी. सिन्हा के सम्पर्क ने आचार्य नरेन्द्र देव और जयप्रकाश नारायण के विचारों के प्रभाव को और अधिक गहरा

दिया। यह प्रभाव था समाजवादी विचारधारा का जिसे जेल से बाहर आने के बाद रेणु ने अपने जीवन में उतार लिया। जयप्रकाश नारायण की प्रेरणा से रेणु सोशलिस्ट पार्टी में आये और सक्रिय रूप से पार्टी का कार्य करने लगे। रेणु श्री सतीनाथ भादुड़ी को अपना साहित्यिक गुरु मानते थे। रेणु की समाजवादी विचारधारा ने सतीनाथ भादुड़ी पर अपना ऐसा रंग छोड़ा कि सतीनाथ भादुड़ी भी कांग्रेस छोड़कर सोशलिस्ट पार्टी में शामिल हो गये।

अपने देश के लिए रेणु की आँखें दो सपने संजोने लगीं—भारत को राजनीतिक दासता से मुक्ति मिले और भारत में शोषण रहित समाज की स्थापना हो।

सन् 1950 में नेपाल में राजशाही के खिलाफ नेपाली कांग्रेस का मुक्ति संग्राम छिड़ा। रेणु फौजी वर्दी पहनकर इस सशस्त्र क्रान्ति में एक क्रान्तिकारी के रूप में शामिल हुए। विश्वेश्वर प्रसाद कोइराला, जो इस मुक्ति संग्राम के प्रमुख व्यक्ति थे, के सहयोगी के रूप में रेणु ने अपना तन-मन अर्पित कर दिया। रेणु ने नेपाली कांग्रेस के प्रचार-प्रसार तथा इसके प्रपत्रों के प्रकाशन का उत्तरदायित्व बहुत दिनों तक संभाला।

दरअसल स्वतंत्रता और सुशासन रेणु की दृष्टि में मानव समाज के लिए अत्यन्त आवश्यक थे और इसकी स्थापना के लिए वे सक्रिय रूप से अपनी भूमिका निभाते थे।

15 अगस्त, सन् 1947 को भारत को स्वतंत्रता मिली। यह तारीख भारत की असंख्य जनता के सपनों के सच होने की तारीख थी। स्वतंत्रता मिली किन्तु बँटवारे की भीषण त्रासदी के साथ और सुशासन की स्थापना के पहले ही राजनीति ने सत्ता के सुख का स्वाद पा लिया। परिणाम हुआ— क्रमशः बढ़ती अव्यवस्था और सामाजिक जीवन में व्याप्त भ्रष्टाचार। दलों के भीतर दल बनने लगे, पहली पंक्ति में वे लोग रहने लगे जो जोड़-तोड़ और कतर-ब्यौंत में माहिर थे। इस विन्दु पर हर पार्टी बराबर थी। रेणु कहते हैं कि "राजनीति ने बहुत कुछ मुझे दिया। गाँव-गाँव में मुझे भटकाया और अपने लोगों को पहचानने का अवसर दिया। लेकिन मुझे यह अनुभव हुआ कि सत्ता की होड़ में हमारी पार्टी बी टीम की है। अपनी पार्टी में भी हमने वही तौर-तरीके देखे जो कांग्रेस पार्टी में थे। खास करके बुद्धिजीवियों के साथ जो सुलूक हो रहा था उसमें तो यही बात दिखाई दी।"[8]

सन् 1951-1952 में रेणु के युवा मन ने पाया कि भारत में राजनीति ने अपना रूख मोड़ लिया है, जनता अब उसकी पीठ के पीछे है और आँखे सत्ता की

ओर लगी हैं। जनता देश की आजादी से आन्दोलित है और उसमें अपने सपनों को साकार करने की इच्छाशक्ति बलवती होती जा रही है। जनता और सत्ता में दूरियाँ बढ़ रही हैं। भारत में समाजवादी आन्दोलन की व्यर्थ होती गतिविधियों ने उन्हें निराश किया। इस तरह एक सक्रिय मुक्तिकामी क्रान्तिकारी ने राजनीति से अपने को अलग कर लिया। इसी बीच रेणु गम्भीर रूप से बीमार पड़े और इलाज के लिए पटना के मेडिकल कॉलेज भेज दिये गये। सन् 1951-1952 से सन् 1971 तक रेणु राजनीति से पूर्णतः विरत रहे।

विरत होकर भी रेणु राजनीति से निरपेक्ष नहीं रह सकते थे। समाज और राजनीति की बदलती परिस्थितियों से उनका लगाव टूटा नहीं। सन् 1967 में डॉ. राम मनोहर लोहिया के प्रयास से जब कुछ राज्यों में गैर कांग्रेसी सरकारें बनीं तो रेणु ने इसे स्वातंत्र्योत्तर दशक की महत्वपूर्ण उपलब्धि कहा।

सन् 1972 में जयप्रकाश नारायण की प्रेरणा से राजनीति में रेणु का पुनरागमन हुआ। वे निर्दल प्रत्याशी के रूप में चुनाव मैदान में उतरे। राजनीति में अपने आने के कारण को स्पष्ट करते हुए रेणु ने कहा था—"मैं चुनाव लड़ रहा हूँ, अपने क्षेत्र के साधारण जन के सुख-दुख में सक्रिय रूप से हाथ बँटाने के लिए। अपने लोगों की समस्याओं को मुक्त कण्ठ से प्रस्तुत करने के लिए। सिर्फ वकालत करने के लिए नहीं, अपने क्षेत्र के विषाक्त किये गये सामाजिक-सांस्कृतिक जीवन को फिर से निरामय विशुद्ध करने के लिए और अपने क्षेत्र की नई पीढ़ी, नई पौध, नई फसल की निगरानी करने के लिए।"[9] चुनाव में रेणु हार गये और राजनीति के बाद अपने क्षेत्र के लोगों से भी विश्वास टूटा। फिर भी रेणु थके नहीं।

जयप्रकाश नारायण ने सन् 1974 में सम्पूर्ण क्रान्ति का उद्घोष किया। रेणु पुनः आन्दोलन में सक्रिय हो गये और अबकी बार अपने स्वतंत्र देश की सरकार द्वारा गिरफ्तार किये गये। संयोग से रेणु पूर्णिया की उसी जेल में बन्दी बनाये गये जिसमें 1942 के आन्दोलन में बन्दी बनाये गये थे। इस बार जेल की स्थिति परतन्त्र भारत के जेल से भी बदतर थी। इसका वर्णन करते हुए जयप्रकाश नारायण को लिखे पत्र में रेणु लिखते हैं--"सचमुच पूर्णिया जेल मौजूदा भारत का असली नमूना है, जिसमें आदमी भी जानवर बन जाये। एक हजार एक सौ बारह कैदियों में शायद एक भी स्वस्थ नहीं। शायद नर्क ही ऐसा होगा.....1942 और 1974 में इतना अन्तर।"[10] जेल से छूटने के बाद रेणु बिहार में जनजागरण के लिए कार्य करते रहे। 26 जून, सन् 1975 को देश में आपातकाल की घोषणा हुई,

सारे राजनेता गिरफ्तार कर लिये गये। रेणु भूमिगत हो गये फिर गिरफ्तार कर लिये गये। जब देश में चुनाव की घोषणा हुई उस समय तक रेणु काफी बीमार हो गये फिर भी चुनाव प्रचार में जुटे रहे। डॉक्टरों द्वारा ऑपरेशन की बार-बार सलाह दिये जाने के बाद भी रेणु ने ऑपरेशन तब करवाया जब चुनाव समाप्त हो गये। 20 मार्च, 1977 को ऑपरेशन के पहले रेणु को यह सूचना मिल गई कि चुनाव में कांग्रेस पार्टी हार गई है और जनता पार्टी की सरकार बनने जा रही है। रेणु के लिए यह आह्लादकारी था।

रेणु का बचपन और किशोरावस्था कोशी अंचल में बीता। उच्च शिक्षा के लिए वे काशी गये लेकिन राजनीति में उतरने के बाद उनका अधिकांश समय कोशी अंचल में ही बीता। इस अंचल के प्रति रेणु का वर्णनातीत लगाव था। कोशी की बन्ध्या भूमि, बेर, बबूल, झाड़-झंखाड़, आकाश में उड़ते पंछी उन्हें बरबस आकर्षित करते थे। धान और पाट के खेतों का सौन्दर्य उनके मन में अनगिनत लहरें लहरा देता था। इन खेतों में काम करने वाले मजदूरों की पीड़ा उनकी आँखो को धार-धार आँसू से भर देती थी। रेणु ने उन्हें अपनी मेहनत से उपजाये अन्न से जमींदार के खम्हार को भरते और स्वयं अपने पेट के लिए कमर भर पानी में तालाब में उतरकर कवलगट्टे के फूलों को उतारते देखा था। नीलहे अंग्रेज अफसर और अपने गाँव के सेठ-साहुकार, दोनों के अत्याचारों से इन मजदूरों की पीठ रंगी रहती थी। उस पर प्रकृति का प्रकोप, बाढ़ और कालाजार की विभिषिका सहते-सहते लोग अपनी जिन्दगी व्यतीत कर देते थे। इसके बावजूद होली में ढोलक की थाप इन्हें नाचने को उकसाया करती थी, मेले की रंगीनी बार-बार अपने पास बुलाया करती थी। रेणु ने इन लोगों के सुख-दुःख को बहुत करीब से देखा था। कोशी अंचल का प्राकृतिक परिवेश मनुष्य के परिवेश के साथ रेणु के अन्तर्मन में बसता था। रेणु जब शारीरिक रूप से यहाँ से दूर रहते थे तब भी मानसिक रूप से इसके बहुत करीब रहते थे।

सन् 1935 में रेणु नेपाल के कोइराला परिवार के सम्पर्क में आये। यह परिवार नेपाल का एक प्रतिष्ठित और जनजागरण के प्रति समर्पित नेपाली परिवार था। रेणु इस परिवार के अभिन्न सदस्य थे। इसी परिवार के सानिध्य में रेणु का कुछ समय नेपाल में बीता और विराटनगर के आदर्श विद्यालय से रेणु ने मैट्रिक परीक्षा पास की। कोइराला के परिवार के सभी सदस्यों से रेणु का आत्मीय सम्बन्ध था लेकिन विश्वेशर प्रसाद कोइराला का प्रभाव रेणु पर सबसे अधिक पड़ा।

विश्वेशर प्रसाद कोइराला ने नेपाल की लोकतांत्रिक जन क्रान्ति का नेतृत्व किया था। भारत के स्वतन्त्रता आन्दोलन और समाजवादी आन्दोलन में भी विश्वेशर प्रसाद कोइराला की सक्रिय भूमिका रही। रेणु पर अपने माता-पिता, स्वजन-परिजन, मित्र मण्डली और गार्हस्थ्य जीवन का प्रभाव तो पड़ा ही, इनके अतिरिक्त जिन लोगों का प्रभाव पड़ा, उनमें निश्चित रूप से विश्वेशर प्रसाद कोइराला हैं। इस दृष्टि से दूसरा नाम सतीनाथ भादुड़ी का आता है। ये रेणु के पिता के मित्र थे तथा इन्हें रेणु अपना साहित्यिक गुरु मानते थे।

व्यक्ति रेणु का समाजीकरण गाँव की धरती से प्रारम्भ हुआ। इसमें एक महत्त्वपूर्ण मोड़ तब आया, जब वे कोइराला परिवार के सम्पर्क में आये। जो मनोभूमि रेणु के अपने परिवार में तैयार हो रही थी, उसे कोइराला परिवार ने और अधिक उर्वर बनाया। काशी विश्वविद्यालय से रेणु की सामाजिक और राजनीतिक यात्रा प्रारम्भ हुई। विभिन्न जनान्दोलनों में भाग लेते हुए रेणु पुनः अपने गाँव पहुँचे तथा पूर्णिया और फारबिसगंज के लोगों के साथ रच-बस गये। इन दिनों बचपन में देखे दृश्यों और मानवीय परिवेश के आर्थिक, सामाजिक और सांस्कृतिक सूत्रों की गहन छानबीन रेणु ने की।

पूर्णिया अंचल के सम्पूर्ण वातावरण (ऐतिहासिक, भौगोलिक, सामाजिक, सांस्कृतिक) ने रेणु को गहराई से प्रभावित किया। कालक्रम में रेणु की विकास यात्रा व्यापक परिवेश से जुड़ गई। इस क्रम में रेणु के व्यक्तित्व में जो विशेषता विकसित हुई, उसके प्रमुख तत्त्व बने—स्वाधीनता का प्रबल आग्रह, शोषण मुक्त समाज का स्वप्न और लोक रस का सुस्वाद।

कारयित्री प्रतिभा जन्मजात होती है। जीवन की परिस्थितियाँ उत्प्रेरक का कार्य करती हैं। रेणु के सम्बन्ध में भी यही सच है। रेणु के बाल कण्ठ से कविता के बोल फूटने लगे थे। कथा जगत में रेणु का पदार्पण सन् 1954 में 'विश्वमित्र' में प्रकाशित कहानी 'बट बाबा' से हुआ। सन् 1942 से 1945 तक का दशक भारतीय इतिहास में और रेणु के जीवन में भी बड़े महत्व का है। उन्नीसवीं सदी के उत्तरार्द्ध से भारतीय समाज में उठी हलचल ने अपना परिणाम बीसवीं सदी के इस दशक में दिखाया। भारतीय समाज में इस दशक में बहुआयामी परिवर्तन हुए। आर्थिक, सामाजिक, सांस्कृतिक और नैतिक मूल्यों में होने वाले परिवर्तनों ने भारतीय समाज की दिशा बदल दी। रेणु इन परिवर्तनों के लिए किये जाने वाले आन्दोलनों के कार्यकर्ता थे और परिवर्तनों के भोक्ता भी। इस समय के समाज ने रेणु के अनुभव संसार को खूब समृद्ध किया। रेणु अपने सूक्ष्म अनुवीक्षण शक्ति से

अपने देश और काल को एवं इनमें अन्तर्निहित शक्तियों को देख रहे थे। व्यक्ति रेणु का रचनाकार रेणु के रूप में भावान्तरण अत्यन्त सहज ढंग से हुआ। उनकी प्रत्यक्ष अनुभूतियों ने उन्हें कल्पना का ऐसा खुला आकाश प्रदान किया, जिसमें वे अभीप्सित शब्द फूँक सके।

"वस्तुतः रेणु के अनुभवों, दृष्टियों, प्रत्यक्षानुभूतियों की जड़ें तत्कालीन भारतीय सामाजिक परिवर्तनों के व्यापक सन्दर्भ, पूर्णिया अंचल के स्थानीय समाज तथा अपने युग के सामाजिक, आर्थिक, राजनीतिक आन्दोलनों में थी। यह स्मरण रहे कि वह युग 1942 से 1952 का दशक, युग प्रवर्तक आन्दोलनों का दशक था, जो पिछले दशकों के आन्दोलनों का उत्कर्ष काल था। इसी दशक ने रेणु को आन्दोलन के मैदान में ला दिया था और मैदान में एक बार उतरने के बाद रेणु ने मजदूर-किसान तथा समाजवादी आन्दोलनों में लगातार हिस्सा लेने के लिए अमूल्य अनुभव प्राप्त किये। रेणु की लेखकीय दृष्टि ने उन अनुभवों को अपने क्षेत्र के समाज तथा उस समाज की व्यवस्था तथा संरचना के तथ्यों से जोड़ने का सार्थक प्रयास किया।"[11] इस समाज को, इसकी व्यवस्था और संरचना को कहानी, कविता, रिपोर्ताज में शब्दबद्ध नहीं किया जा सकता था। इसके लिए आवश्यकता थी उस विधा के लेखन की जो यथार्थ को विभिन्न कोणों से देखे और परख सके, समाज के जटिल सूत्रों को, भलीभाँति विश्लेषित कर सके। निश्चित रूप से यह विधा उपन्यास ही हो सकता था। "उपन्यास में समाज का हर पहलू प्रतिबिम्बित होता है। अभिजात या सामन्तिक समाज का विघटन और आधुनिक समाज का आरम्भ, आधुनिक युग की आन्तरिक संघर्ष की बढ़ती हुई तीव्रता और पूँजीवाद के विकास में संयुक्त परिवार प्रथा का ह्रास इत्यादि सभी का प्रतिनिधित्व उपन्यास में मिलेगा।"[12] रेणु अपने उपन्यासों में उपन्यास की मूल प्रकृति के अनुरूप समाज की कथा प्रस्तुत करते हैं। समाज के बदलते स्वरूप, उसकी परम्परा और उसके भविष्य की रूप रेखा को रेणु के उपन्यासों में खुले तौर पर देखा जा सकता है।

रेणु अपने उपन्यास में भारत के पिछड़े गाँव की कथा कहना चाहते थे। इसका पिछड़ापन एक दीर्घकालीन अमानवीय व्यवस्था का परिणाम था, जिसमें श्रम और लाभ का पारस्परिक सम्बन्ध गायब था, जहाँ लाभ को पूँजी खींच लेती थी और उसको दुगुने -चौगुने में बदलने के लिए गुणा-भाग करती रहती थी। अपनी नियति को भोगने वाला यह गाँव कभी रोदन नहीं करता, खुशी और उल्लास को आँगन में उतार लेता है। राष्ट्रीय क्षितिज पर घटने वाली घटनाएँ यहाँ पहुँचती हैं और गाँव उनमें अपने को शामिल कर लेता है। कई पक्ष ऐसे हैं, जहाँ यह गाँव

कुण्डली मारकर बैठा हुआ है, करवट लेने की, बदलाव की बात तो सोच भी नहीं सकता। कई पक्ष ऐसे हैं, जहाँ परिवर्तन की आतुरता साफ दिखाई देती है। रेणु ने इस गाँव का नाम रखा—मेरीगंज—भारत के पिछड़े गाँव का एक प्रतीक।

मेरीगंज भारत की स्वतन्त्रता की आहट को पहचानता है। यहाँ वे सभी दल, क्रियायें और प्रतिक्रियायें विराजमान हैं, जो भारत के किसी बड़े शहर में थीं। सैनिक बनकर अपने सेनापति के पीछे चलने का संकल्प इस गाँव में है, सेनापति गाँधी हों या लाल निशान या काली टोपी। मेरीगंज़ चरख़ा के गीत का अर्थ समझता है, लाल पताका का अर्थ समझता है और इनके पक्ष अथवा विपक्ष में खड़ा होने का अर्थ भी समझता है। अर्थात् अपने दौर की घटनाओं के प्रति खुली आँख रखता है लेकिन जब उससे झाड़-फूँक, टोना-टोटका के फेरे में नहीं पड़ने को कहा जाता है तब वह किसी की नहीं मानता, अपने कान बन्द कर लेता है। शहर इस गाँव में आना चाहता है उसकी बीमारी और जहालत को दूर करने के लिए। मेरीगंज खुली बाहों के साथ शहर का स्वागत करता है किन्तु अपनी ही गोद में खेलने वाले किसी प्राणी के लिए निर्मम बन जाता है। मेरीगंज कहीं ठस् है कहीं फुर्तीला।

यह मेरीगंज का वर्तमान है, जिसमें उसका अतीत अन्तर्निहित है। रेणु इसे अपने लेखकीय कैमरे में कैद करना चाहते हैं। अपने पहले उपन्यास को लिखते समय रेणु ने अपने मित्र को पत्र लिखा—"बड़ी चीज़ के कैनवास पर रेखाएँ खींच रहा हूँ। रंग घोल रहा हूँ। गोपी जी सच कहता हूँ, डर लगता है इतनी बड़ी चीज़ संभाल सकूंगा या नहीं।.......सुनिये, जहाँ तक लिख चुका हूँ उसका सारांश—एक ही साल पटना मेडिकल कॉलेज से तीन डॉक्टर निकलते हैं— डा0 कयूम, रामनाथन और सन्तोष। तीनों अपने-अपने विषय के विशेषज्ञ, तीनों को विदेश जाकर शिक्षा प्राप्त करने की सुविधा मिलती है।

लेकिन डा. कयूम ने (इण्डियन एम्बुलेन्स कोर) को आर्गेनाइज किया। बड़े-बड़े लीडरों से मिला, पत्रकारों से मिला, अपीलें निकलीं, प्रोत्साहन की बातें कहीं गयीं। चन्दा और दान मिले। पण्डित नेहरू ने कश्मीर फ्रण्ट पर सेवा करने की उनकी इच्छा का स्वागत किया। पटने में एक बड़े सामाजिक भोज में उसका आखिरी बयान—जिसमें मानवता, गाँधी जी और विश्वबन्धुत्व पर बहुत-सी पुरानी बाते दुहराई गई थीं और उसके बाद पटना जंक्शन पर अपने जत्थे के साथ दिल्ली की ओर—जनता एक्सप्रेस।

डा. रामनाथन गुमसुम प्रकृति का आदमी एक रात को चुपचाप पटना से गायब हो जाता है। बाद में डा. सन्तोष को खत मिला था एक कुष्ठ सेवाश्रम से रामनाथन ने लिखा था—जीवन भर इन कोढ़ियों की सेवा कर सकूँ, यही इच्छा है। रहे डॉ० सन्तोष। उनसे अनुरोध किया गया कि वे जनरल रेजिडेन्सियल का कार्य सम्भालें लेकिन वे तैयार नहीं हुए। मिनिस्टर साहब ने समझाया, पार्लियामेन्ट के सेक्रेटरी ने सुझाया, वह अपनी जिद पर डटा रहा। वह पूर्णिया या सहरसा के किसी इलाके में रहकर अनुसंधान कार्य करना चाहता था—कालाजार, टायफायड, कोशी। बहुत-सी नई बातों का पता लगाया जा सकता है। पूर्णिया के पूर्वी अंचल में एक अस्थाई कालाजार-मलेरिया सेन्टर खुलने वाला था, डाक्टर सन्तोष को यहीं भेज दिया जाता है— एक ही जगह पर एक मिनिस्टिर साहब सिफारिश कर देते हैं। अनुसंधान कार्य के लिए दो सौ रुपये माहवारी मिलता है। गाँव में वे आते हैं।

अब गाँव शुरू होता है। एकदम पुराना गाँव। वहाँ के लोग। वह अजीब भू-भाग। डा. सन्तोष का एक-एक रोगी अपने साथ बड़ा इतिहास रखता है। इसलिए उसका हर रोगी उसका एक कैरेक्टर। इतने चित्रों के अलग-अलग चित्रण की बात याद आते ही डरने लगता हूँ। रात लिख रहा था, गाँव में रामलीला कम्पनी आई है। दरभंगा के कुछ गरीब ब्राह्मणों का दल।

मैं देखता हूँ कि सब कुछ इसी संसार में समा जाना चाहता है। गाँव की कोई चीज़ छूट न जाये। सोचने की जरूरत नहीं। गाँव के मठ, मठाधीश, सेठ, गोलेदार, छोटे-छोटे ज़मींदार, मुसहर, संथाल। गाँव के नाच, मेले, तमाशे, शादी-ब्याह, बारात, झगड़े, मुकदमें-राजनीतिक चेतना कितनी, स्वास्थ्य—सारे रोगों की जड़ में डा. सन्तोष देखता है—गरीबी, दरिद्रता, भूख, बेहालती। ज्यादातर रोगों के कारण आर्थिक हैं और सभी रोगों की जड़ में पूँजीवादी समाज व्यवस्था है। डा. सन्तोष सिरिञ्ज छूना छोड़ देता है। बाद में वहाँ एक सन्थाल आन्दोलन (बटैया आन्दोलन) के जुर्म में जेल जाता है। दिल की दुनिया और दिल के किस्से भी हैं।

मौजूदा अकाल तक पहुँचा देना है। कहानी का अन्त—इसे मैंने अभी रिजर्व रखा है.........दुनिया के पर्दे पर जल्दी-जल्दी बदलने वाली घटनाओं को देखता हूँ। समझने की चेष्टा करता हूँ। सही समझ पाता हूँ या नहीं यह कह नहीं सकता। लेकिन ये बदलती हुई तस्वीरों के बदलते हुए लोग...। मेरा मन इस बात को मानने के लिए एकदम तैयार नहीं होता कि तीसरी लड़ाई होकर ही रहेगी। मन डरता है, वह लड़ाई नहीं चाहता।...............

.........गाँधी के साथ ही सत्य खत्म। उनकी चिता की ज्वाला में जलकर राख हुए सत्य को–पुड़िये में बन्द कर या सोने के कलश में बैठाकर, फौजों की सलामियाँ देकर, झण्डे झुकाकर या लहराकर हिन्दुस्तान की सभी बड़ी-बड़ी नदियों में विसर्जित कर दिया गया।

जीने का सहारा है मुस्कुराहट। हम उनकी बातों को पढ़ते हैं और हमें उन बातों में छिपी हुई लापरवाह हँसी की झलक दिखाई पड़ती है।.......गाँधी और शॉ की बातें।.....................वे नहीं रहेंगे तो क्या उनकी बातें तो रहेंगी।"[13]

इस पत्र से रचनाकार रेणु की मनोभूमि और उपन्यास रचना का मंतव्य स्पष्ट हो जाता है। रेणु गाँव की कथा कहना चाहते हैं और कुछ भी छूट न जाये इस पर विशेष ध्यान देते हैं। गाँव की कथा को उसके सामाजिक, आर्थिक, सांस्कृतिक और राजनीतिक सन्दर्भों के साथ प्रस्तुत करना चाहते हैं। आधुनिक पूँजीवादी व्यवस्था के सामाजिक परिणामों को भोगने वाले गाँव की नियति और नीयत को अभिव्यक्त करना चाहते हैं। भारत में आधुनिकता की परिकल्पना बिना गाँव की नियति और नीयत को समझे संभव नहीं हो सकती। मेरीगंज को प्रतीक रूप में ग्रहण करके रेणु भारत में आधुनिकता और उसके प्रभावों की गहरी छानबीन करते हैं। भारत की सभ्यता कृषि प्रधान सभ्यता रही है। अंग्रेजों के शासन काल में यहाँ की कृषि का अत्यधिक दोहन किया गया और समाज में सायास असंतुलन पैदा किया गया। फलस्वरूप समाज में आन्तरिक संघर्ष तेज होने लगे। पूँजीवादी सामाजिक व्यवस्था ने समाज के बहुसंख्यक लोगों का जीवन दुःख और दीनता से भर दिया। रेणु अपने पहले और दूसरे उपन्यास में गाँव को सन्दर्भित करते हुए आधुनिकता के यथार्थ के इसी स्वरूप का विश्लेषण कर रहे थे।

यदि रेणु के समकालीन लेखन को देखा जाय तो रेणु का उपन्यास लेखन में हस्तक्षेप उपन्यास की दिशा को परिवर्तित करने वाला सिद्ध होता है। रेणु के समकालीन लेखकों मे धर्मवीर भारती, नरेश मेहता, विष्णु प्रभाकर, लक्ष्मी नारायण लाल, डा. देवराज, राजेन्द्र यादव आदि अपनी रचना यात्रा के प्रथम दौर में स्वयं को प्रेम और नारी विषयक संवेदनाओं पर केन्द्रित कर रहे थे। रेणु कृषि और भूमि से जुड़े किसान विषयक संवेदनाओं को आधार रूप में ग्रहण कर रहे थे। इस समय देवेन्द्र सत्यार्थी के उपन्यासों में जनजातियों के जीवन का चित्रण और अमृत राय के उपन्यासों में साम्यवादी विचारों का प्रकाशन दिखाई देता लेकिन किसान चेतना यहाँ भी नहीं है। अज्ञेय, जैनेन्द्र, यशपाल आदि वरिष्ठ रचनाकार रेणु की ही भांति

स्वतन्त्रता आन्दोलन से प्रत्यक्षतः-अप्रत्यक्षतः जुड़े थे और अपनी-अपनी रुचि के अनुसार उपन्यास लेखन कर रहे थे। अज्ञेय का 'शेखर एक जीवनी', जिसे नव लेखन की दृष्टि से 'पहला प्रयोग' कहा गया है और जिसका प्रारूप जेल की कोठरी में तैयार हुआ, मनुष्य के व्यक्तित्व की परतों और व्यक्ति के अस्तित्व की सार्थकता जैसे प्रश्नों के उत्तर ढूंढ़ता है। जैनेन्द्र 'सुनीता', 'त्यागपत्र' जैसे उपन्यासों से नैतिकता की नई परिभाषा गढ़ने की कोशिश में लग जाते हैं। यशपाल का 'झूठा सच' देश विभाजन की त्रासदी की भयावहता का गवाह है। ऐसे साहित्यिक परिवेश में अपनी आँखों से देखे और कानों से सुने दृश्यों और स्वरों को समायोजित करते हुए रेणु उपन्यास लेखन का नया प्रयोग कर रहे थे, जिसके केन्द्र में किसान चेतना थी और जिसका शिल्प सर्वथा अलग था।

सर्वमान्य है कि भारतीय साहित्य में उपन्यास का उद्भव और विकास पाश्चात्य प्रभाव से हुआ और पाश्चात्य जगत में उपन्यास पूँजीवादी सभ्यता की देन है। पूँजीवादी सामाजिक व्यवस्था के विकास क्रम में मध्य वर्ग उदित हुआ, जो पश्चिम में उपन्यास साहित्य का मुख्य वर्ण्य विषय रहा और भारत में भी शहरों के निर्माण और विकास के साथ पनपने लगा। यह मध्य वर्ग भारतीय सभ्यता का स्वाभाविक परिणाम नहीं था क्योंकि मध्य वर्ग औद्योगिक सभ्यता का परिणाम है, जबकि भारत की मूल सभ्यता कृषि प्रधान रही है। भारतीय उपन्यास की अवधारणा किसान जीवन को छोड़कर नहीं बन सकती। हिन्दी में उपन्यास साहित्य के विकास के द्वितीय चरण में प्रेमचन्द भारतीय उपन्यास की जातीयता को पहचानते हैं, जिसकी परिणति है 'गोदान'। प्रेमचन्द के बाद रेणु के उपन्यासों में किसान चेतना का प्रत्यावर्तन होता है। अपने समय के फैशन से परे हटकर रेणु अपने उपन्यासों के साथ भारत के गाँवों में पहुँचते हैं।

अतः कहा जा सकता है कि भारतीय उपन्यास को अपनी खास स्वायत्त पहचान निर्धारित करने में जिन उपन्यास लेखकों की कृतियों से विशेष प्रेरणा मिली है, उनमें फणीश्वर नाथ रेणु अन्यतम हैं। "भारतीय उपन्यास की भारतीयता को ठीक-ठीक परिभाषित करने के लिए जो प्रमुख स्थापनाएँ की गई हैं, उनमें प्रमुख हैं कि भारतीय उपन्यास यूरोपीय मध्य वर्ग की महागाथा नहीं है बल्कि वह ठेठ भारतीय अर्थ में किसान चेतना का महाकाव्यमय महागाथा है या विशेष सन्दर्भ में स्त्री चेतना की महागाथा है। या जैसा पिछले दिनों नामवर सिंह ने 'प्रेमचन्द और भारतीय उपन्यास' जैसे विषय पर केन्द्रित अपने वक्तव्य में कहा कि ये दोनों

चेतनाएँ भारतीय उपन्यास की अन्तर्वस्तु में अकसर मिले-जुले संश्लिष्ट रूप में दिखाई देती हैं।"[14] रेणु के उपन्यासों में किसान चेतना तो प्रमुख है ही स्त्री चेतना के स्वर भी यत्र-तत्र सुनाई देते हैं। 'मैला आँचल' की संथालिनों के गीतों के बोल स्त्री चेतना के ही प्रतिनिधि हैं।

प्रेमचन्द और रेणु के बीच समय का एक लम्बा अन्तराल है। गाँव रेणु के समय बिलकुल वैसा ही नहीं रहा जैसा प्रेमचन्द के समय था। अब वह अकेला और अपने में लीन नहीं है। देश के स्वतन्त्रता संग्राम में उसकी हिस्सेदारी है। वह नगर संवाद कर सकने की स्थिति में है तथा नगर को अपनी ओर उन्मुख करने का चाव उसके भीतर आ चुका है। राष्ट्रीय और अन्तर्राष्ट्रीय घटनाओं को वह जानता ही नहीं, उन पर टिप्पणियाँ करता है तथा न्यायसंगत का पक्ष लेने की शक्ति रखता है। ऐसा अचानक नहीं हुआ। गाँव के बदलने की प्रक्रिया अन्य किसी भी सामाजिक परिवर्तन की तरह बड़ी धीमी और सूक्ष्म थी। रेणु ने बदलावों के छोटे-छोटे संकेतों को पहचाना और अच्छे-बुरे दोनों परिवर्तनों को साहस के साथ पेश किया। इस बदलाव के अनेक आयाम थे– कुछ भौतिक कुछ मानसिक। भीतर-बाहर कुछ-न-कुछ बदल रहा था। "इस अर्थ में प्रेमचन्द के गाँवों का सरोकार आजादी के बाद के उपन्यासों में नया आयाम ग्रहण करता दिखाई पड़ रहा है। जो लोग इस परिवर्तन को नजरअन्दाज कर रहे थे, वे शायद चरित्र को भी काल सन्दर्भ से विच्छिन्न करके देख रहे थे।"[15] रेणु ऐसे लोगों में नहीं थे। रेणु ने गाँव को समय के साथ जोड़कर पहचानने की कोशिश की है। "रेणु के पहले ही उपन्यास 'मैला आँचल' की सबसे अद्‌भुत विशेषता यह है कि उसमें मिथिला के निरन्तर बदलते हुए आज के जीवन की गाथा है और यह गाँव सर्वथा विशिष्ट होकर भी केवल मिथिला का ही नहीं उत्तर भारत का प्रत्येक गाँव है, जो सदियों से सोते-सोते जागकर अंगड़ाई ले रहा है। भारतीय देहात के मर्म का इतना सरस और भाव प्रवण प्रस्तुतीकरण हिन्दी में सम्भवतः पहले कभी नहीं हुआ।"[16]

आंचलिकता और रेणु

अपने जीवन के वे अनुभव जो सन् 1951 तक रेणु ने प्राप्त किये थे, 'मैला आँचल' में अभिव्यक्ति पाते हैं। व्यक्ति रेणु के सामाजीकरण और सृजनात्मक मानसिकता के निर्माण में जिन घटकों ने महत्वपूर्ण भूमिका निभाई थी, उन घटकों का संकलित, समन्वित और रचनात्मक रूप है–'मैला आँचल'। मिथिला की धूल,

स्वाधीनता आन्दोलन, किसान आन्दोलन और रेणु एक मेल हैं मैला आँचल में। यदि तत्कालीन राष्ट्रीय और सामाजिक घटनाओं और इनमें व्यक्ति रेणु की सहभागिता और 'मैला आँचल' की कथावस्तु के प्रमुख घटना क्रम को अगल-बगल रखकर देखा जाये तो निष्कर्ष निकलता है कि देश का मैला अंचल मेरीगंज स्वाधीनता आन्दोलन में उसी तरह सक्रिय है जिस तरह रेणु। मेरीगंज की सक्रियता में रेणु की सक्रियता है, रेणु की सक्रियता में मेरीगंज की सक्रियता है। रेणु और मेरीगंज एक ही हैं। मेरीगंज एक गाँव—अपनी मिट्टी, लोग, पशु, पक्षी और वनस्पति के साथ रेणु में समाया हुआ है।

रेणु की दृष्टि मेरीगंज के वर्तमान पर है, उन छोटी से छोटी घटनाओं पर, सूक्ष्म से सूक्ष्म परिवर्तनों पर जो मेरीगंज में घटित हो रहे हैं। दूरस्थ दिल्ली की घटनाएँ मेरीगंज पहुँचती हैं और मेरीगंज उन पर अपनी प्रतिक्रिया व्यक्त करता है। रेणु स्वाधीनता आन्दोलन और सामाजिक परिवर्तन को मेरीगंज के द्वारा देश में देखते हैं। अतः मेरीगंज की कथा कहकर ही वे देश की कथा कह सकते हैं। रेणु भारतीय राष्ट्रीय जीवन के अत्यन्त विशिष्ट और महत्वपूर्ण कालखण्ड के वर्तमान को स्थापित करना चाहते हैं, उसी रूप में जैसा उन्होंने देखा है, सुना है, जाना है मानवीयता के अत्यन्त आत्मीय क्षणों में।

इसके लिए रेणु को उपन्यास के ऐसे रूप का गठन करना था, जिसमें समय और स्थान निश्चित है किन्तु कथाविन्यास के तन्तुओं के बीच की बुनावट करनी है। 'मैला आँचल' के प्रारम्भ में ही रेणु स्थान और समय का स्पष्ट उल्लेख कर देते हैं। 'मैला आँचल' के प्रथम संस्करण की भूमिका में रेणु लिखते हैं—"कथानक है पूर्णिया। पूर्णिया बिहार राज्य का जिला है। इसके एक ओर नेपाल है, दूसरी ओर पाकिस्तान और पश्चिम बंगाल।"[17] और उपन्यास के प्रारम्भ होते ही रेणु लिखते हैं— "यद्यपि 1942 के जन आन्दोलन के समय इस गाँव में न तो फौजियों का कोई उत्पात हुआ था और न आन्दोलन की लहर ही यहाँ तक पहुँच पाई थी।"[18] मेरीगंज की कथा आगे बढ़ती है और मेरीगंज के बाहर की घटनाओं को समेटती जाती है। मेरीगंज के लोगों के कार्य-व्यवहार, सुख-दुःख को खोलती जाती है, मेरीगंज का भीतर और बाहर प्रकाशित होता जाता है। एक विशेष भौगोलिक खण्ड के मानवीय और प्राकृतिक परिवेश को पूरी तरह उजागर करना रेणु का मंतव्य है। अपने मंतव्य को पूरा करने के लिए रेणु अपने उपन्यास का जो प्रारूप बनाते हैं, वह अन्य उपन्यासों से भिन्न है।

विशिष्ट भाषा और शिल्प का प्रतिमान

रेणु हस्तांतरित अनुभवों के आधार पर रचना क्षेत्र में नहीं उतरते हैं और रेणु उन अनुभवों की अभिव्यक्ति के लिए किसी हस्तांतरित भाषिक संरचना का उपयोग नहीं करना चाहते। जो कुछ जिस रूप में प्राप्त हुआ है, उसे वैसा ही प्रस्तुत करने के लिए रेणु 'मैला आँचल' की रचना करते हैं। अतः 'मैला आँचल' प्रतिपाद्य और शिल्प दोनों स्तरों पर अपने समय के अन्य उपन्यासों से भिन्न है। मैला आँचल में–"यह है मैला आँचल एक आंचलिक उपन्यास। कथानक है पूर्णिया।"[19] लिखते हुए विशेषण के तुरत बाद कथानक का जिक्र कर देते हैं। 'नया प्रतीक' में आंचलिक उपन्यास के सम्बन्ध में रेणु लिखते हैं कि मैंने जो शब्दों का इस्तेमाल किया, जैसी भाषा लिखी, क्या पता उसको लोग कबूल करेंगे या नहीं करेंगे।–इसलिए मैंने उसे (मैला आँचल को) आंचलिक उपन्यास कह दिया।..............आंचलिक चाहे सफल हो या असफल, चाहे नकल करने वाले, जो भी हो कम से कम आम जनता की एक बात को सामने लाते हैं।"[20]

इस तरह रेणु, आम जनता की बात को अपने उपन्यास के द्वारा सामने लाना चाहते हैं और उपन्यास की भाषा के कारण उसे नाम देते हैं–आंचलिक उपन्यास। यह हिन्दी उपन्यास के क्षेत्र में एक नया प्रयोग है, जिसके विषय में कहा जा सकता है कि "मैला आँचल में अगर उपन्यास के नये मुहावरे खोजने की कोशिश है तो इसकी गवाही इसकी प्रयोगशील रचना प्रक्रिया में मिल जाती है, जो आधुनिकता की चुनौती का परिणाम है।"[21]

वस्तुतः हिन्दी उपन्यास साहित्य में रेणु का आगमन एक बड़ी घटना है। रेणु ग्रामीण जीवन के कथाकार हैं। इस विन्दु पर वे प्रेमचन्द की परम्परा के कथाकार हैं लेकिन दोनों में अन्तर भी है। प्रेमचन्द अपने उपन्यास में भूतकाल की सामाजिक व्यवस्था के परिणामों को भोगने वाले पात्रों की पीड़ा की कथा कहते हैं। रेणु अपने समसामयिक समाज की हलचलों से सीधे जुड़े हैं और उसी जुड़ाव को उपन्यास में सीधे तौर पर प्रस्तुत करते हैं। रेणु के अनुभवों को आँच मिलती है मिथिला के अंचल से। वे उसे ही प्रतीक रूप में ग्रहण करके भारत के गाँवों की कथा कहते हैं। इस प्रक्रिया में उपन्यास के शिल्प और भाषा का ऐसा प्रतिमान प्रस्तुत करते हैं, जिससे एक नयी परम्परा का सूत्रपात होता है। "एक कृति के माध्यम से बैचारिकता और शिल्प दोनों स्तरों पर इतनी नवीनता को संप्रेषित और प्रतिष्ठित करना निश्चित ही एक बड़ी प्रतिभा का कार्य है और हम पाते हैं कि रेणु ने 'मैला आँचल' के माध्यम से वह कर दिखाया है।"[22]

संदर्भ

1. भगवती शरण सिंह, साहित्य पहचान और पहुँच, प्रभा प्रकाशन, नई दिल्ली, प्रथम संस्करण, पृष्ठ 41।
2. इन्द्रनाथ गदान, आज का हिन्दी उपन्यास, राधाकृष्ण प्रकाशन, नई दिल्ली, पृष्ठ 48।
3. गोपाल राय, हिन्दी उपन्यास का इतिहास, राजकमल प्रकाशन, दिल्ली, 2005, पृष्ठ 194।
4. त्रिभुवन सिंह, हिन्दी उपन्यास और यथार्थवाद, हिन्दी प्रचारक पुस्तकालय, वाराणसी, द्वितीय संस्करण, पृष्ठ 277, 278।
5. इन्द्रनाथ मदान, आधुनिकता और हिन्दी उपन्यास, राजकमल प्रकाशन, 2003, पृष्ठ 44, 45।
6. गोपाल राय, हिन्दी उपन्यास का इतिहास, राजकमल प्रकाशन, 2005, पृष्ठ 242।
7. गोपी कृष्ण प्रसाद, फणीश्वरनाथ रेणु : व्यक्तित्व, काल और कृतियाँ, राधाकृष्ण प्रकाशन, 1993, पृष्ठ 04।
8. रेणु का 'हिन्दुस्तान' शीर्षक लेख साप्ताहिक पत्र 'रविवार' में, 28 अगस्त से 03 सितम्बर, 1977।
9. साप्ताहिक पत्र 'दिनमान', 27 फरवरी 1972 के अंक में चुनाव के समय जुगनू शारदेय को दिये गये साक्षात्कार में रेणु का कथन, पृष्ठ 26, नई दिल्ली, सं. अज्ञेय।
10. मासिक पत्रिका 'सारिका', रेणु स्मृति अंक, 01 से 15 अप्रैल 1979 के पृष्ठ 12 पर उद्धृत, बम्बई, सं. धर्मवीर भारती।
11. गोपीकृष्ण प्रसाद, फणीश्वरनाथ रेणु : व्यक्तित्व, काल और कृतियाँ, राधाकृष्ण प्रकाशन 1993, पृष्ठ 89।
12. सच्चिदानन्द वात्स्यायन, आधुनिक हिन्दी साहित्य, नेशनल पब्लिशिंग हाउस, 1976, पृष्ठ 85।
13. गोपीकृष्ण प्रसाद, फणीश्वनाथ रेणु : व्यक्तित्व, काल और कृतियाँ, राधाकृष्ण प्रकाशन, 1993, पृष्ठ 63, 65।
14. परमानन्द श्रीवास्तव, उपन्यास का पुनर्जन्म, वाणी प्रकाशन, 1995, पृष्ठ 52।

15. सुरेन्द्र चौधरी, फणीश्वरनाथ रेणु : भारतीय साहित्य के निर्माता, साहित्य अकादमी, नई दिल्ली, पृष्ठ 66।
16. नेमिचन्द्र जैन, अधूरे साक्षात्कार, अक्षर प्रकाशन, नई दिल्ली, 1966, पृष्ठ 03।
17. रेणु, मैला आँचल, राजकमल प्रकाशन, प्रथम संस्करण की भूमिका।
18. रेणु, मैला आँचल, राजकमल प्रकाशन, पेपर बैक संस्करण, 1983, पृष्ठ 9।
19. रेणु, मैला आँचल, प्रथम संस्करण की भूमिका।
20. नया प्रतीक, जून 1977, सं. अज्ञेय, नई दिल्ली, पृष्ठ 11।
21. इन्द्रनाथ मदान, आधुनिकता और हिन्दी उपन्यास, राजकमल प्रकाशन, दिल्ली, 2003, पृष्ठ 48।
22. देवेश ठाकुर, मैला आँचल की रचना-प्रक्रिया, संकल्प प्रकाशन, बंबई, 1992, पृष्ठ 127।

तृतीय अध्याय
रेणु के उपन्यासों का परिचय और परिदृश्य

रेणु के उपन्यासों का परिचय और परिदृश्य

रेणु ने कुल छः उपन्यास लिखे। इन उपन्यासों के नाम, प्रकाशक एवं प्रकाशन वर्ष निम्नलिखित हैं :

1.	मैला आँचल	राजकमल प्रकाशन, दिल्ली	1954
2.	परती : परिकथा	राजकमल प्रकाशन, दिल्ली	1957
3.	दीर्घतपा	बिहार ग्रन्थ कुटीर, पटना	1963
4.	जुलूस	भारतीय ज्ञानपीठ प्रकाशन, कलकत्ता	1965
5.	कितने चौराहे	अनुपम प्रकाशन, पटना	1966
6.	पल्टू बाबू रोड	अनुपम प्रकाशन, पटना की ओर से राधाकृष्ण प्रकाशन, नई दिल्ली,	1979

उपर्युक्त प्रकाशनों में 'मैला आँचल' और 'परती : परिकथा' को 'महाकाव्यात्मक उपन्यास' के विशेषण से विभूषित किया जाता है। ये उपन्यास वृहत् फलक पर स्वाधीनता आन्दोलन के अन्तिम चरण के वर्षों और स्वाधीनता प्राप्ति के बाद के कुछ वर्षों को सन्दर्भित करते हुए मिथिला अंचल की कथा प्रस्तुत करते हैं। इन दोनों उपन्यासों के प्रकाशन के वर्ष में बहुत कम वर्षों का अन्तराल है। इन उपन्यासों की रचना सामग्री रेणु के मानस में घटनाओं के घटने की अवधि में ही तैयार होती गई थी। स्वतन्त्रता प्राप्ति के बाद के पहले दशक में ये दोनों उपन्यास प्रकाशित हो गये। बाद के चार उपन्यासों का फलक अपेक्षाकृत छोटा है। इन उपन्यासों को 'लघु उपन्यास' के रूप में देखा जाता है। रेणु के यश और प्रसिद्धि के आधार प्रथम दो उपन्यास ही हैं। इन दोनों में भी 'मैला आँचल' की महत्ता इसी से सिद्ध है कि इसके प्रकाशित होते ही न केवल रेणु प्रसिद्ध हो गये वरन् हिन्दी उपन्यास जगत में हचलच सी मच गई और कहा गया कि रेणु यदि कोई अन्य रचना न भी करें तो इस एक उपन्यास से वे अमर रहेंगे।

मैला आँचल

रेणु ने इस उपन्यास का शीर्षक पन्त की प्रसिद्ध कविता 'भारतमाता ग्रामवासिनी' की पंक्ति 'धूल भरा मैला सा आँचल' से लिया। उपन्यास में रेणु भारत के एक गाँव की कथा कहते हैं। गाँव मिथिला अंचल का है। कथा दो खण्डों में कही गई है। प्रथम खण्ड में स्वतन्त्रता प्राप्ति के पहले के कुछ वर्ष हैं और द्वितीय खण्ड में स्वतन्त्रता प्राप्ति के बाद के कुछ वर्ष।

कथावस्तु

मेरीगंज के गाँव में डिस्ट्रिक्ट बोर्ड से कुछ लोग आते हैं। गाँव वाले इससे दहशत में आ जाते हैं। उनका भय तब खत्म हो जाता है, जब डिस्ट्रिक्ट बोर्ड के लोग यह बताते हैं कि मेरीगंज में एक अस्पताल खुलने वाला है। यह बात जानकर सभी खुश हो जाते हैं।

मेरीगंज गाँव के नाम के पीछे एक घटना है। नीलयुग में मार्टिन नाम का एक अंग्रेज नील की खेती करने यहाँ आया था। उसकी बीबी का नाम मेरी था। अपनी बीबी के नाम पर मार्टिन ने इस गाँव का नाम मेरीगंज रख दिया।

एक दिन मेरी मलेरिया की चपेट में आ गई। गाँव में कोई अस्पताल नहीं था, वह समय पर इलाज न होने के कारण मर गई। उसी मार्टिन ने अपनी जमीन मलेरिया सेन्टर के लिए दी जिससे कि भविष्य में इलाज के बिना किसी की मृत्यु न हो। मार्टिन मेरी की याद में पागल हो गया। अंग्रेज अफसरों ने उसे काँके (राँची) के अस्पताल में भेज दिया, जहाँ उसकी मौत हो गई।

मेरीगंज एक बड़ा गाँव है। यहाँ बारहों बरन के लोग रहते हैं। पढ़े लिखे लोग बहुत कम हैं। धान, पाट और खेसारी यहाँ की मुख्य फसलें हैं। रबी की फसल भी कभी-कभी हो जाती है। गाँव में तीन प्रमुख दल हैं—कायस्थ, राजपूत और यादव। ब्राह्मण अभी भी तृतीय शक्ति है। गाँव के अन्य जाति के लोग भी सुविधानुसार इन्हीं जातियों में बँटे हैं। तहसीलदार साहब, विश्वनाथ प्रसाद, राम किरपाल सिंह और खेलावन यादव के पास गाँव की जमीन है। संथाल और गाँव के अन्य मजदूर इन्हीं लोगों की जमीन पर काम करके अपना जीवन व्यतीत करते हैं। संथालों को गाँव वाले बाहर का मानते हैं।

अस्पताल के बन जाने पर गाँव के मठ-महन्थ साहब भण्डारे का आयोजन करते हैं। उन्हें सपने में गुरु का आदेश हुआ कि गाँव में परमारथ का काम हो रहा है अतः वे भोज दें। भण्डारे में पूड़ी-जलेबी और दही-चूड़े का इन्तजाम है। लेकिन मुश्किल यह है कि ब्राह्मण टोली के लोग सबके साथ खाना नहीं चाहते और क्षत्रिय लोग ग्वालों के साथ खाना नहीं चाहते। मठ पर बालदेव सभी दलों के मुखिया लोगों की पंचायत बैठाता है और सबको समझाने की कोशिश करता है। अनेक तरह की बहसें होती हैं, अन्त में मेल मिलाप हो जाता है और भण्डारा सकुशल सम्पन्न हो जाता है।

अस्पताल में काम करने के लिए शहर से डॉ. प्रशान्त को भेजा गया है। प्रशान्त के माता-पिता कौन हैं—यह प्रशान्त भी नहीं जानता। नेपाल के ख्यातिलब्ध उपाध्याय परिवार ने उसे नदी की धारा में एक हंडिया में रखा हुआ पाया था। उन्होंने उसे एक निःसन्तान स्त्री स्नेहमयी बनर्जी को दे दिया। स्नेहमयी ने ही प्रशान्त का पालन-पोषण किया। काशी में शिक्षा ग्रहण करने के बाद प्रशान्त ने पटना मेडिकल कालेज से डॉक्टरी पास की। उसके मन में जन सेवा की प्रबल भावना थी अतः वह पूर्णिया के इस पिछड़े अंचल में आकर दुःखी और गरीब लोगों की सेवा करने का निश्चय् करता है।

मठ के महन्थ साहब नेत्रहीन हैं। वे ब्रह्मचारी हैं, किन्तु माया के वशीभूत हैं। माया की क्षुधा शान्ति के लिए वे लक्ष्मी को दासी के रूप में ग्रहण करते हैं। भण्डारे की रात उनके प्राण पखेरू उड़ जाते हैं। महन्थ साहब के स्वर्ग सिधारने के बाद मठ के महन्थी की टीका रामदास को मिलने वाली है। चादर-टीका देने के लिए आचारज गुरु आने वाले हैं। इसकी खबर नरसिंहदास लाता है और वह इस फेरे में है कि टीका उसे ही मिले। कालीचरन के हस्तक्षेप से टीका रामदास को ही मिलता है।

जमीन बन्दोबस्ती का कानून मेरीगंज तक पहुँच चुका है। गाँव में इस वजह से नई दलबन्दी बन गई है। जिन लोगों की जमीन नीलाम हुई है, दरख्वास्तें खारिज हुई हैं वे एक तरफ हैं। जिन्होंने नई बन्दोबस्ती ली है या जमींदार से माफी माँग ली है, सुपुर्दी लिखकर दे दी है, वे दूसरी तरफ हैं। संथाल एक हो गये हैं। वे 'जो जोतेगा वही काटेगा' के नारे को मानते हैं। उन्हें लगता है कि उनका साथ देने वाला कोई नहीं है। डॉ० प्रशान्त उन्हें समझाता है कि जमीन के असली मालिक वे ही हैं। तहसलीदार विश्वनाथ प्रसाद के दरवाजे पर पंचायत बैठी है। वे कहते हैं कि हम तो इसी में गाँव का कल्याण देखते हैं कि सभी भाई, क्या गरीब, क्या अमीर, सभी एकता से मिलकर रहें। न कोई जमीन छुड़ावे, न कोई गलत दावा करे। जैसे पहले जोतते-आबादते थे, आबाद करें, बाँट दें। न रसीद माँगें, न नकदी के लिए दरख्वास्त दें। ....क्यों हरगौरी बाबू! सुनते हो तो? जाकर अपने मैनेजर से कह देना कि हुजूर अब भी होश करें। यदि इस तरह रैयतों के साथ दुश्मनी करेंगे ....तो फिर बात बिगड़ जायेगी। .... यदि बाहर वाले इस गाँव पर हमला करें तो सबों को सहायता करनी पड़ेगी।" गाँव वाले तहसीलदार साहब की बात मान जाते हैं। संथाल गाँव की जमीन के लिए संघर्ष करते हैं। एक तरफ गाँव वाले दूसरी तरफ संथाल। संघर्ष में हरगौरी मारा

जाता है। दोनों ओर के कई लोग घायल होते हैं। उन्हें पूर्णिया अस्पताल में भर्ती कराया जाता है। नौ आसामी का चालान हो जाता है और मामला कोर्ट-कचहरी तक पहुँच जाता है।

देश के स्वाधीनता संग्राम में मेरीगंज की सक्रिय भागीदारी है। पूर्णिया तक यहाँ के लोग कांग्रेसी बालदेव के नेतृत्व में झण्डा-पताका के साथ पहुँचते हैं। बामनदास तो पक्का गांधीवादी है। सन् 1942 के आन्दोलन में कचहरी चढ़ाई के समय सीना तानकर खड़ा था, शान से तिरंगा फहराता था। गाँव में कांग्रेस के अलावा सोशलिस्ट पार्टी का भी प्रभाव है। कालीचरण सोशलिस्ट है। बासुदेव, सेमा, सुन्दर उसके साथी हैं।

मेरीगंज में गरीबी और अशिक्षा का जोर है। लोग दिनभर साग-पात खाकर रह जाते हैं, गन्दगी में जीते हैं। डॉ० प्रशान्त सबकी सेवा करता है। वह गाँव की अशिक्षा और गरीबी से दुःखी है तो उनके उल्लास और मानवीयता को देखकर संतुष्ट भी। अनेक मरीजों से उनका आत्मीय सम्बन्ध है। गनेश उनमें से एक है। उसकी एक मरीज कमली है, जिस पर वह अनुरक्त है।

उन सबके बीच गाँव के कार्यकलाप चलते रहते हैं। चरखा सेन्टर में एक मास्टरनी मंगला देवी आ जाती है, जो औरतों को चरखा चलाना, सूत बनाना सिखाती है। कालीचरण और मंगला देवी के बीच रागात्मक सम्बन्ध हैं। गाँव में होली, सिरवा पर्व धूमधाम से मनाये जाते हैं, विदापत नाच होता है, सुराजी कीर्तन होता है। फुलिया, सहदेव मिसिर, मुस्मात सुनरी, खेलावन यादव, रमपियरिया, खलासी जैसे अनेक लोग अपने-अपने ढंग से जीवनयापन करते हैं। मेरीगंज घटनाओं और खबरों से भरा एक जीवन्त गाँव है।

भारत की स्वतन्त्रता प्राप्ति के दिन मेरीगंज के सभी लोग उत्सव मनाते हैं। इस दिन सारे आपसी मतभेद भुला दिये गये हैं। संथाल और गाँव के लोग साथ मिलकर गाते-बजाते हैं।

संथालों वाले झगड़े में संथालों को आजीवन कारावास की सजा मिल जाती है। संथालों को भड़काने के आरोप में डॉ. प्रशान्त को गिरफ्तार कर लिया जाता है। गांधी के आदर्श से कांग्रेस के लोग ही दूर होते जा रहे हैं। आजादी तो मिली है लेकिन बँटवारे के कारण बहुत लोग मारे गये हैं। बामनदास देश की स्थिति से बहुत दुःखी है। वह क्या करे, समझ नहीं पा रहा है। अनिर्णय की स्थिति में वह मेरीगंज से रामकिशुन आश्रम चला जाता है। उसे गाँधी के अलावा अब किसी पर विश्वास नहीं है।

गाँव के मठ का महन्थ रामप्यारी को दासी बना लेता है। लक्ष्मी मठ छोड़ देती है और बालदेव के साथ रहने लगती है। चरखा सेन्टर टूट जाता है। मास्टरनी मंगला देवी अपने गाँव चली जाती है। कालीचरन, वासुदेव, सुन्नरा आदि को भी गिरफ्तार कर लिया गया है। कमली डॉ. प्रशान्त के पुत्र की माँ बनने वाली है। उसे विश्वास है कि प्रशान्त एक दिन अवश्य आयेगा।

31 जनवरी 1948 को गांधीजी की हत्या की खबर से सारे देश के साथ मेरीगंज रोता है। बामनदास के दुःख की कोई सीमा नहीं है। एक दिन रामकिशुन आश्रम से वह मेरीगंज वापस आता है। वह गांधीजी के पत्रों को बालदेव को सौंपता है कि यह सब गांगुलीजी को दे दे और स्वयं कोदलिया स्टेशन से गाड़ी पकड़कर खगड़ा स्टेशन पहुँचता है। यहाँ से वह कलीमुद्दींपुर घाट के लिए प्रस्थान करता है। माघ की ठण्डी ठिठुरती रात में बागनदास नागर नदी के किनारे चला जाता है। उसे खबर मिली है कि कटहा थाना कांग्रेस के सेक्रेटरी दुलारचन्द कापरा की पचासों गाड़ियाँ आने वाली हैं। गाड़ियों में कपड़ा, चीनी और सीमेन्ट लदा है। ये सब नदी पार पाकिस्तान जाना है। इस पार और उस पार के साहबों के हिस्से तय हैं। चोर रास्ते गाड़ी आयेगी और रातों रात सारा मामला फिट हो जायेगा। बामनदास ऐसा नहीं होने देगा। जैसे ही गाड़ियाँ आती हैं, वह बीच रास्ते में खड़ा हो जाता है। गाड़ियाँ उसके ऊपर से गुजर जाती हैं। उसकी लाश नागर नदी के उस पार पहुँचा दी जाती है, जहाँ गश्त लगाती घाट की पुलिस लाश को नदी में फेंक देती है और उसकी झोली दरख्त पर लटका दी जाती है।

उपन्यास के अन्त में प्रशान्त जेल से छूटकर मेरीगंज आ गया है। उसके पुत्र नीलोत्पल की बरही का आयोजन हो रहा है। उसके साथ उसकी मित्र ममता है। प्रशान्त अपना संकल्प दुहराता है—“ममता, मैं फिर काम शुरू करूँगा, यहीं इसी गाँव में। मैं प्यार की खेती करना चाहता हूँ। आँसू से भीगी धरती पर प्यार के पौधे लहलहायेंगे। मैं साधना करूँगा, ग्रामवासिनी भारत माता के मैले आँचल तले।”[2] वह अपनी पत्नी कमला, ममता, प्यारू और अपने पुत्र के साथ पटना जा रहा है।

पात्र

‘मैला आँचल’ में पात्रों की भीड़ है। सौ से भी अधिक पात्रों के नामों का उल्लेख उपन्यास में हुआ है। ऐसे पात्र जिन पर उपन्यासकार ने विशेष बल दिया है, कम हैं। ऐसे पुरुष पात्रों में डॉ. प्रशान्त, बालदेव, बामनदास, कालीचरन, विश्वनाथ प्रसाद, रामकिरपाल सिंह, खेलावन सिंह यादव, जोतखीजी और महन्थ

सेवादास के नाम लिये जा सकते हैं। स्त्री पात्रों में लक्ष्मी, कमला, ममता और मंगला के चरित्र महत्वपूर्ण हैं।

पुरुष पात्र

डॉ. प्रशान्त 'मैला आँचल' के पात्रों में अकेला ऐसा पात्र है, जो पूर्णिया अंचल का रहने वाला नहीं है। गरीबों के प्रति करुणा और सेवा भाव ने उसे खींचकर पूर्णिया अंचल में ला दिया है। पेशे से वह डॉक्टर है और स्वभाव से मानवतावादी। प्रशान्त संवेदनशील युवक है। सौन्दर्यबोधी है, अनुरागी है। वह राजकमल सदृश कमली का प्रेमी है, प्रेम के समर्पण को स्वीकार करने का साहस उसमें है। जेल से लौटकर आने पर वह कमली और नीलोत्पल को स्वीकार करके अपने जीवन का सफर शुरू करता है।

प्रशान्त जाग्रत सामाजिक चेतना का युवक है, वह संथालों को वस्तुस्थिति से अवगत कराता है और उन्हें आश्वस्त करता है कि जमीन से उन्हें कोई बेदखल नहीं कर सकता। प्रशान्त के रूप में रेणु ने नवयुग के युवक का चरित्र प्रस्तुत किया है।

बालदेव, बामनदास और कालीचरन राजनीति से जुड़े चरित्र हैं। बालदेव कांग्रेस का कार्यकर्ता है। उसके चरित्र में समाज सेवा और अहिंसा की विशेषता है। वह गाँव में चरखा सेन्टर खुलवाता है, कोंटे का कपड़ा बाँटता है। उसमें संगठन की क्षमता है। गाँव की मीटिंग वही सँभालता है और पूर्णिया के जुलूस में गाँव के लोगों को लेकर वही जाता है। कोठारिन लक्ष्मी के लिए उसके मन में प्रेम है।

बामनदास सच्चा गांधीवादी है। वह कर्तव्यनिष्ठ है, देश का सच्चा सिपाही है। अवसर चाहे स्वाधीनता आन्दोलन में झण्डा फहराने का हो, या बदरिया घाट पर रात में गुजरती गाड़ियों के नीचे आ जाने का, वह कर्तव्य की राह पर डटा रहता है।

कालीचरन समाजवादी दल का नेता है। वह अन्याय का विरोधी है। उसे न तो संथालों के साथ गाँव वालों का व्यवहार अच्छा लगता है, न ही मठ में नरसिंहदास को टीका दिया जाना। उसी की सक्रियता से रामदास को टीका दिया जाता है। कालीचरन का चरित्र व्यवस्था विरोधी चरित्र है। विश्वनाथ प्रसाद, रामकृपाल सिंह, जोतखीजी राम खेलावन यादव और रामदास मेरीगंज के जीवन की आर्थिक और सामाजिक रूपरेखा को मूर्तिमान करने वाले चरित्र हैं। विश्वनाथ

प्रसाद, रामकृपाल सिंह और रामखेलावन यादव क्रमशः कायस्थ, ठाकुर और यादव जाति के अगुआ हैं। जोतखीजी ब्राह्मण हैं। गाँव में डॉक्टर का आना इन्हें पसन्द नहीं। इनका मानना है कि डॉक्टर सबका धर्म भ्रष्ट कर रहा है। रामदास मठ का नया महन्थ है, आकण्ठ वासना में डूबा हुआ। रामदास मेरीगंज के धर्मक्षेत्र के आडम्बर और भ्रष्टाचार का जीवन्त रूप है।

अन्य पुरुष पात्रों में हरगौरी, सुमिरतदास, प्यारू, सतदेव मिसिर, बासुदेव, मार्टिन, चरितर, कर्मकार आदि के नाम लिये जा सकते हैं।

स्त्री पात्र

'मैला आँचल' के स्त्री पात्रों में सर्वाधिक विस्तार लक्ष्मी के चरित्र में है। उसका चरित्र अनेक खम-पेंचों वाला है। वह मठ की कोठारिन है, महन्थ सेवादास की दासिन है। अनिच्छा से वह सेवादास की हर तरह से सेवा करती है और जब सेवादास की मृत्यु हो जाती है तो वह स्वयं को अनेक तरह से दोषी पाती है। 'जीवन में तुम्हारी कोई सेवा नहीं कर सकी, प्रभु, छिमा करो' कहकर वह दुःखी होती है। इसी लक्ष्मी पर रामदास अपना हाथ बढ़ाता है तो वह उसे थप्पड़ मार देती है। लक्ष्मी का वास्तविक अनुराग बालदेव के प्रति है। लक्ष्मी मेरीगंज और मठ के बीच एक कड़ी की तरह है। मठ के धार्मिक जीवन और गाँव के सामाजिक जीवन—दोनों जगह उसकी सक्रियता है।

कमला तहसीलदार विश्वनाथ प्रसाद की बेटी है। वह सम्पन्न घर की एक सुकुमार सुन्दर लड़की है, लेकिन तन-मन दोनों से रोगी है। डॉक्टर प्रशान्त उसकी दवा बनकर मेरीगंज आता है। औषधि से उसके शरीर का रोग दूर करता है और स्नेह तथा प्रेम से मन का। डॉक्टर प्रशान्त के प्रति एकनिष्ठ प्रेम और दृढ़ विश्वास कमला के चरित्र की एकमात्र पूँजी है।

'मैला आँचल' की ममता एक बौद्धिक नारी है, वह पटना में रहती है। ममता डॉक्टर प्रशान्त की अत्यन्त आत्मीय है। मेरीगंज पहुँचकर डॉक्टर प्रशान्त ममता के पास लिखे पत्रों में अपने मन को खोलता है। ममता के मन में प्रशान्त के प्रति आकर्षण तो है लेकिन प्रशान्त की मानवीय संवेदनाओं के कारण वह उसके प्रति श्रद्धावनत अधिक है। वह प्रशान्त की प्रेमिका नहीं, सच्ची मित्र है। वह एक सम्पन्न परिवार की सुख-सुविधा छोड़कर पटना के गरीब मुहल्ले में हेल्थकेयर यूनिट की स्थापना करती है। वह पटना की महिला समाज सेविका दल में सबसे

अधिक प्रभावशाली स्त्री है। ममता के चरित्र में विवेक, प्रेम और करुणा की त्रिधारा बहती है। यह शरत्चन्द्र के उपन्यासों की स्त्री पात्रों की तरह है।

मंगला एक सामाजिक कार्यकर्त्री है। वह पटना में 'गाँव तरक्की सेन्टर' में ट्रेनिंग लेती है। यहाँ उसके सम्पर्क में विभिन्न तरह के लोग आते हैं। वह एक निर्भीक चरित्र की औरत है। वासना प्रधान पुरुषों के बीच रहकर भी वह स्वयं को सुरक्षित रख लेने का कौशल जानती है। पटना से वह मेरीगंज के चरखा सेन्टर में काम करने आती है। मेरीगंज में महामारी फैलने के समय वह पूरे गाँव की निःस्वार्थ सेवा करती है। मंगला को कालीचरन पर विश्वास रहता है। मंगला में सेवा भाव की प्रधानता है।

परती : परिकथा

इस उपन्यास में रेणु स्वाधीन भारत की जनतांत्रिक चेतना को सन्दर्भित करते हुए धरती के नव निर्माण की कथा कहते हैं। कथा दो परिवर्तों में पूरी हुई है।

कथावस्तु

उपन्यास के शीर्षक से स्पष्ट है कि यह परती की कथा है। उपन्यास में धरती की भी कथा है और धरती पर रहने वाले लोगों की भी। बिना लोगों के धरती की कथा पूरी हो भी कैसे सकती है? यह पंडुकी, जीतू और बन्ध्या रानी की कहानी है। इसे पंडुकी सुनाती है। आज भी कार्तिक से माघ तक प्रति रात्रि पिछले पहर में इसे सुना जा सकता है। एक परिकथा बूढ़ा भैंसवार कहता है। यह कोशी मैया की कथा है। सास-ननद से प्रताड़ित भागती हुई कोशी मैया ने आवाज दी - कोई एक दीप जला दो कहीं। आवाज सुनकर बरदिया घाट पर कोशी मैया की सबसे छोटी सौतेली बहन ने दीपक जला दिया। कोशी मैया ने दुलारी दाय को वरदान दिया - तुम्हारे इलाके में एक प्राणी न भूख से मरेगा न दुःख से रोयेगा, न खेती जरेगी न अन्न असमय झरेंगे।

इसके बाद परती और इसके लोगों की कथा एक साथ आती है। दुलारी दाय के आँचल में एक गाँव है परानपुर। यह इस अंचल का प्राण है। सन् 1880 में मि. बुकानन ने अपनी रिपोर्ट में इस गाँव के बारे में लिखा है—"पुरातन ग्राम परानपुर।" गाँव की आबादी है सात-आठ हजार। विभिन्न जातियों के तेरह टोले हैं। मुसलमानों का एक छोटा टोला है। सभी मिलकर गाँव की प्रतिष्ठा की रक्षा

करते हैं। गाँव में स्कूल है, अस्पताल है। नाटक खेला जाता है। व्रत, त्यौहार मनाये जाते हैं। आपस में बैर भी है और मेल भी।

परानपुर गाँव के पश्चिमी छोर पर परानपुर इस्टेट की हवेली है। हवेली के मालिक जितेन्द्र मिश्र दस-पन्द्रह वर्ष बाद गाँव लौटे हैं। वे गाँव में नये ढंग से खेती करना चाहते हैं। गाँव में सर्वे सेटलमेण्ट का काम जोरों पर है। घर-घर के लोग अपनी जमीन के लिए चौकन्ने हैं। कांग्रेस, कम्नयुनिस्ट, सोशलिस्ट - सभी पार्टी के नेता लगे हुए हैं। लुत्तो कांग्रेस का लीडर है और थाना कमिटी के सभापति का प्रिय पात्र भी। वह खुला ऐलान करता है कि जिन लोगों का काम कम्युनिस्ट और सोशलिस्ट पार्टी के लोग कर रहे हैं, उनका काम नहीं हो पायेगा। जितेन्द्र का काम जलधारी लाल और सुरपति राय देखते हैं। लैण्ड सर्वे सेटलमेण्ट के अनुसार यदि बँटैयादार साबित कर दे कि जमीन वहीं जोतता रहा है तो जमीन पर उसका सर्वाधिकार हो जायेगा। जितेन्द्र के गाँव आने का मुख्य कारण लैण्ड सर्वे सेटलमेण्ट ही है। साठ-सत्तर साल बाद जमीन की नये सिरे से पैमाइश हो रही है। परानपुर की कोई जमीन ऐसी नहीं है, जो बेदाग हो। जब से जमीन की पैमाइश शुरू हुई है, भाई-भाई, बाप-बेटा, पड़ोसी-पड़ोसी में लड़ाई और मुकदमेबाजी शुरू हो गई है।

जितेन्द्र परती को जोतकर नये ढंग की खेती करना चाहता है, वृक्षारोपण करना चाहता है। वह प्रयत्न करके सरकारी योजनाओं को गाँव में लाता है। वह सबको समझाना चाहता है कि यदि कोशी की धारा सूखी धरती की ओर मोड़ दी जाये तो दुलारी दाय की सूखी धारा में पानी आ जायेगा और हजारों एकड़ जमीन हरी-भरी हो जायेगी लेकिन गाँव वाले अपनी पुरानी रुढ़ियों के कारण उसका घोर विरोध करते हैं। उनका मानना है कि परती जोतने से परमादेव नाराज हो जायेंगे। विरोध करने वालों में सबसे प्रमुख है लुत्तो। मकबूल जैसे एकाध लोग भी गाँव में हैं, जो जितेन्द्र की बात समझते हैं।

दिल बहादुर जितेन्द्र का नौकर है। वह पूरे गाँव में घूमकर जान लेता है कि ताजमनी के अलावा इस गाँव में जित्तन को प्यार करने वाला कोई नहीं है। ताजमनी नट्टिन की बेटी है। उसकी माँ जितेन्द्र के पिता शिवेन्द्र मिश्र के गुरु भाई की रक्षिता थी। ताजमनी का पालन-पोषण इस्टेट की हवेली में हुआ है। वह मनोयोग से जितेन्द्र की माँ की सेवा करती थी। मरने के समय ताजमनी को जितेन्द्र की माँ ने एक पिटारी जितेन्द्र को देने के लिए सौंपी थी। जितेन्द्र अब

जब गाँव में आया है तो ताजमनी वह पिटारी उसे सौंप देती है। पिटारी में भोजपत्र पर अंकित श्रीचक्र और पंचचक्र हैं। जित्तन के मन में इन चक्रों के प्रति जिज्ञासा है, वह इन्हें समझने की कोशिश करता है।

गाँव में जिला मजिस्ट्रेट परती जमीन दखल करने के लिए आते हैं। भिम्मल मामा, लुत्तो आदि मिलकर मिटिंग करते हैं कि बाग, पोखरा, कमलबाग, पिछवाड़े की फुलवारी सभी पर दावे किये जायेंगे। मजिस्ट्रेट के सामने गाँव के सारे लोग एकत्र हैं। जितेन्द्र सबके सामने अपनी योजना रखता है कि वह डेढ़ सौ एकड़ परती तोड़कर जंगल लगाने की बात सोच रहा है। भोजपत्र पर अंकित चक्र का रहस्य समझाते हुए वह मजिस्ट्रेट से कहता है कि - संभव है यह कथा आनुमानिक ही हो लेकिन कथा के अनुसार इस भूमि पर बिरजा होम किया गया होगा। पंचभूत शुद्धि के लिए इस कच्छप सदृश भूमि पर पंचकोश का निर्माण किया गया होगा। मजिस्ट्रट को चक्रों के रहस्य में कोई रुचि नहीं है, वह वृक्षों को लगाने से सहमत है। एक दरोगा भिम्मल मामा को पागल कह देता है, जिसका विरोध जित्तन करता है। इससे गाँव वालों में उसके लिए थोड़ा सम्मान का भाव आता है।

गाँव आने से पहले जितेन्द्र प्रगतिशील समाजवादी दल का कार्यकर्ता था। उसे झूठे आरोपों में फँसाकर दल से निष्कासित कर दिया गया। वह गाँव में रहकर गाँव को नये सिरे से सँवारना चाहता है। इरावती उसकी मित्र है और उसकी सच्चाई से अच्छी तरह से अवगत है। परानपुर में कोशी प्रोजेक्ट को पूरा करने के लिए आने वाले अफसरों में इरावती के मामा भी हैं। वह इन्हीं के साथ परानपुर आकर जितेन्द्र से मिलती है।

गरुड़धुज झा, रोशन बिस्वा, लुत्तो सबकी अपनी अलग-अलग चाल है। इन लोगों ने गाँव वालों को कोशी प्रोजेक्ट के खिलाफ भड़का दिया। एक दिन सारा परानपुर नारों से गूँजने लगता है - नहर का फैसला करो। गाँव वाले कोशी प्रोजेक्ट के पार्टी नं. 10 पर हमला बोल देते हैं। डॉ० राय चौधरी, इरावती सबको चोट लगती है। गाँव वालों के जुलूस के सामने जितेन्द्र उन्हें समझाने आता है तो लोग उसे भी मारते हैं लेकिन जितेन्द्र घबराता नहीं, सबको समझाता है। वह बताता है कि यह प्रोजेक्ट उनके भले के लिए है। वह कहता है कि इतना बड़ा काम हो रहा है पर आप नावाकिफ हैं कि यह किसके लिए हो रहा है, क्या हो रहा है। वह राजनीतिक पार्टी के कार्यकर्ताओं से आग्रह करता है कि जनता की सरलता का दुरुपयोग अपने स्वार्थ के लिए न करें। जुलूस के लोग जितेन्द्र की बात समझ लेते हैं और शान्त हो जाते हैं।

कोशी प्रोजेक्ट पर पार्टी नं. 10 की रिपोर्ट से स्पष्ट होता है कि परानपुर की परती पर कई किस्म की मिट्‌टी है और इस पर वृक्ष ही नहीं, धान, पाट, दलहन, तिलहन की खेती हो सकती है।

द्वितीय परिवर्त की कथा का आरम्भ गीतवास हाट के पास रजौड़ गाँव में पुरानी पाण्डुलिपि के मिलने से होता है। यह पाण्डुलिपि सुरपतिराय को मिली है। अस्पष्ट लिखावट और दीमकभुक्त दशा की पाण्डुलिपि को सुरपति ने निराश होकर रख दिया था। एक दिन यत्र-तत्र स्पष्ट पंक्तियों को देखकर वे विस्मित हुए। भवेश जो एम.ए. करने के बाद गाँव में परती के विभिन्न रूपों का अध्ययन करने आया है, पाण्डुलिपि की इन्फ्रारेड फोटोग्राफी कराकर लाता है। पाण्डुलिपि की बातें स्पष्ट हो जाती हैं। पाण्डुलिपि में मिसेज रोजउड ने अपनी बातें लिख दी हैं।

पाण्डुलिपि के अनुसार रोजउड एक अंग्रेज बाला थी। उसे पूरब और विशेष रूप से भारत से विशेष प्यार था। उसने पूरब आने के लिए एक बूढ़े अंग्रेज से शादी की। बूढ़ा पूरब आते समय मलय में आकर स्वर्ग सिधार गया। रोजउड अपनी माँ के साथ भारत आई। यहाँ आकर उसने पूर्णिया जिले के रानीगंज थाना में ब्लैकस्टोन का इस्टेट खरीद लिया। यहाँ उसका परिचय शिवेन्द्र मिश्र से हुआ। रोजउड ने शिवेन्द्र मिश्र से विवाह कर लिया और हिन्दू धर्म ग्रहण कर लिया। उसने अपना नाम रखा गीता और अपनी कोठी को नाम दिया – गीतावास। शिवेन्द्र मिश्र शक्ति के उपासक थे। तन्त्र विद्या में निपुण थे। उनके पास एक भोजपत्र था जिस पर पाँच चक्र रखे हुए थे। गीता ने इसे देखा था लेकिन पाँच चक्रों के बारे में कुछ समझ नहीं पाई थी। शिवेन्द्र ने गीता के मिलने सें पहले एक पुरोहित की बेटी से विवाह किया था। जितेन्द्र गीता और शिवेन्द्र मिश्र का पुत्र था। जितेन्द्र के जन्मदिन के अवसर पर गीता ने दुलारी दाय के तीन कुण्ड जितेन्द्र को उपहार में दिये थे। गीता की एक बेटी भी हुई। उसने उसका नाम दुलारी रखा। शिवेन्द्र मिश्र किसी दस्तावेज की जालसाजी के कारण मुकदमे में फँस गये।

सुरपति पाण्डुलिपि के कागजों को लेकर हवेली की ओर चला गया। उसने पाण्डुलिपि जितेन्द्र को सौंप दी। जितेन्द्र ने अपनी जननी की हस्तलिपि पहचान ली। उसका पालन-पोषण रानी माँ ने किया था किन्तु माँ की छवि को वह भूला नहीं था।

जितेन्द्र अपने गाँव को देखकर दुःखी है। स्वतन्त्रता के बाद जैसे अन्य गाँव टूट रहे हैं वैसे ही उसका गाँव भी टूट रहा है। वह देख रहा है कि गाँव के लोगों

में प्रीति का बन्धन कमजोर पड़ने लगा है, राजनीति गाँव के सांस्कृतिक जीवन को प्रभावित कर रही है। जितेन्द्र अकेलेपन के अन्धकार से बाहर निकलना चाहता है। वह अपने को फिर से युक्त करेगा चक्र में। इस प्रक्रिया में उसकी सहचरी है ताजमनी, मित्र है इरा। वह सबको फिर से समझाने की कोशिश करता है। परानपुर की जनता जितेन्द्र के मनोभावों को समझ जाती है। गाँव में पंच चक्र के पाँच दृश्यों को आधार बनाकर लोक नाट्य का मंचन होता है। "सेमलबनी के आकाश में अबीर गुलाल उड़ रहा है। आसन्न प्रसवा परती हँसकर करवट लेती है।"[3]

पात्र

'परती:परिकथा' में स्वातंत्रयोत्तर भारत की कहानी है इसके पात्र स्वातंत्रयोत्तर भारत के ग्रामीण जीवन के प्रतिनिधि हैं। परानपुर को चित्रित करने के लिए रेणु ने अनेक पात्रों की योजना की है, जिनमें पुरुष पात्र के रूप में जितेन्द्र, शिवेन्द्र, लुत्तो एवं सुरपति राय और स्त्री पात्र के रूप में ताजमनी, गीता मिश्र, इरावती, मलारी मुख्य पात्र हैं।

पुरुष पात्र

जितेन्द्र 'परती:परिकथा' के पात्रों में सर्वाधिक प्रमुख पात्र है। वह परानपुर के पतनीदार स्व. शिवेन्द्र मिश्र और अंग्रेज महिला रोजउड का पुत्र है। दूसरों का विरोध पाना जितेन्द्र के व्यक्तित्व की पहली पहचान है। मातृसत्तात्मक संसार से कुढ़ा जितेन्द्र जब कुबेर सिंह से दोस्ती करता है और घर छोड़ देता है तो उसकी माँ उसका विरोध करती है। बाघिन की तरह गुर्राती हुई उसकी माँ के हुंकार से हवेली की अँगनाई दलमला जाती है। "चला जाये, चला जाये' कहते हुए वह पुत्र को हवेली से विदा कर देती है। प्रगतिशील समाजवादी पार्टी का गठन जितेन्द्र के बल पर कुबेर सिंह करता है लेकिन राजनीति में जितेन्द्र के बढ़ते प्रभाव को देखकर वही जितेन्द्र का प्रबल विरोधी हो जाता है तथा षडयन्त्र करके उसे चरित्रभ्रष्ट तक सिद्ध कर देता है। जितेन्द्र पार्टी से निष्कासित हो जाता है। वह सन् 1943 के आन्दोलन में जेल जाता है। जेल से छूटकर पत्रकारिता करता है। कुबेर सिंह उसे अब भी परेशान करता है। "तब वह भागा-भागा अपने गाँव आया। .... गाँव के लोग पहचानते ही नहीं मानो।"[4] बावजूद इसके जितेन्द्र टूटता नहीं है।

गाँव आकर वह गाँव की परती के साथ लोगों के मन की परती को भी तोड़ता है। अपने गाँव समाज को समझने की विवेकशील दृष्टि उसके पास है। वह भोज पत्र पर अंकित पंचचक्रों के रहस्य को जान लेता है। अकेलेपन के अन्धकार से निकलकर गाँव के लोगों के साथ मिलकर नये तरह के जीवन की शुरूआत करता है। गाँव के लोग अन्ततः उसे समझ जाते हैं। एक दिन ऐसा आता है कि पंच चक्र के पाँच दृश्यों के ताल तरंग लोक मंच के कलाकारों के प्राण में समा जाते हैं। सहज सुर में बँधे हुए लोग एक विशेष ताल पर चलते हैं। यह जितेन्द्र की लोक यात्रा का ही परिणाम है। जितेन्द्र के रूप में रेणु ने नव युग की नूतन दृष्टि को रूपायित किया है।

शिवेन्द्र मिश्र 'परती : परिकथा' के दूसरे महत्वपूर्ण पुरुष पात्र हैं। शिवेन्द्र विद्रोही किन्तु सामन्ती प्रवृत्ति के पुरुष हैं। वे एक पुरोहित की बेटी से विवाह करते हैं, एक अंग्रेज महिला रोजउड से प्रेम विवाह करते हैं और अपने गुरु भाई की रक्षिता बेटी ताजमनी का पालन-पोषण अपनी हवेली में पूरी सुख-सुविधा के साथ करवाते हैं। वे किसी जाति धर्म को नहीं मानते। उनके अनुसार जीवित धर्म है प्रेम, बाकी सब आडम्बर है।" शिवेन्द्र मिश्र के चरित्र में प्रगतिशीलता और अहं का अनमेल संयोग है। वह जाली दस्तावेज़ बनाता है, अपने सिपाही से स्त्री हत्या करवाता है। अपनी पत्नी गीता से वह स्वयं कहता है–"राजा खिताब मिलने के बाद तो दिन दहाड़े डकैती करने का लाइसेंस मिल जाता है।......... हमारे इस्टेट के सिपाहियों को क्या समझती हो तुम? सुल्तानपुर से हवेली परगना तक शिवेन्द्र मिश्र के डर से लोग खाँसी तक नहीं करते।[5]

लुत्तो एक प्रतिशोधी प्रकृति का युवक है। वह शिवेन्द्र मिश्र के विश्वासपात्र खवास नारायण का बेटा है। लुत्तो तब छोटा था जब शिवेन्द्र ने उसके पिता की पीठ पर सजा के तौर पर 'दगाबाज' दगवाया था। लुत्तो आज तक उस घटना को नहीं भूल पाया है। वह सोचता है–"लुत्तो भी दागेगा, शिवेन्द्र मिश्र की सन्तान को दागेगा–पटककर।"[6] लुत्तो ऐसा कोई भी मौका नहीं चूकता जहाँ जितेन्द्र को परेशान किया जा सकता है। वह राजनीति के दाँव पेंच खूब जानता है। गाँव के बँटैयादारों को एकत्रित करके जितेन्द्र के विरोध में दलबन्दी करना उसका सबसे प्रिय काम है।

सुरपति साहित्यिक अभिरुचि का पात्र है। वह अपनी भूमि के प्रति समर्पित है। वह मैथिल ब्राह्मण है। लोकगीतों एवं लोकजीवन में उसकी गहरी अभिरुचि

है। रोजउड की डायरी उसे ही मिलती है, जिसे वह बड़े चाव से पढ़ने और समझने की कोशिश करता है।

अन्य पुरुष पात्रों में गरुड़धुज झा, मुंशी जलधारीलाल, समसुद्दीन मीर, मनमोहन बाबू, रघ्घू आदि के माध्यम से रेणु ने परानपुर के जीवन के विभिन्न पक्षों को दर्शाया है। दिल बहादुर जितेन्द्र का पहाड़ी नौकर है। परानपुर के अधिकांश पात्र जितेन्द्र से नाराज रहते हैं। उपन्यास के अन्त तक सबका गुस्सा शान्त हो जाता है।

स्त्री पात्र

'परती : परिकथा' की स्त्री पात्र योजना विलक्षण है। उसमें मानव पात्र ही नहीं प्रकृति के अन्य मादा रूप भी हैं। पण्डुकी है, बंध्या रानी हैं और परानपुर की परती है। मनुष्य के संसार में नारी की विभिन्न दशाओं के जितने सन्दर्भ हो सकते हैं, उनको प्रस्तुत कृति में उठाने का संकल्प रेणु का है और उसे गहरे रंग में प्रस्तुत करते हुए लेखक ने 'कोशी मैया के महा विनाश लीला' क्षेत्र के रूप में परानपुर धरती को लिया है।"[7] पण्डुकी और कोशी का मानवीकरण करते हुए उन्हें प्रतीक रूप में ग्रहण करके रेणु ने स्त्री जाति की करुण कहानी कही है। परती : परिकथा में स्त्री ममतामयी है, प्रेममयी है, भाव प्रवण है, बुद्धि सम्पन्न है।

ताजमनी उपन्यास की सम्पूर्ण पात्र योजना का ताज है। वह अद्वितीय सुन्दरी है। सुडौल शरीर और सुघर बनावट। चम्पई रंग और बालिका सुलभ चेहरा। मेघवर्ण कुंचित केशपाश। आँखों में परिपूर्ण प्राण की गम्भीर छाया।[8] उपन्यास में उसकी आँखों में बसा परिपूर्ण प्राण की गम्भीर छाया सर्वत्र छायी हुई है। वह तन से जितनी सुन्दर है, मन से कहीं उससे अधिक सुन्दर है। जितेन्द्र के प्रति वह मन-प्राण से प्रेम भाव से भरी है। देवी के सामने वह जितेन्द्र के कल्याण की कामना करती है, वह जितेन्द्र को पूर्णतः सूखी देखना चाहती है—"क्या हुकुम देती हो माँ! तुम्हारे सामने मैं झूठ कैसे बोलूँ, मेरा मन भी अब थिर नहीं। मैं अपने जित्तन को सम्पूर्ण सुखी देखना चाहती हूँ।"[9] अकेलेपन के अन्धकार से जितेन्द्र को निकालने में ताजमनी का महत्वपूर्ण योगदान है। ताजमनी संस्कृतिनिष्ठ है। वह गाना जानती है, पाक कला में माहिर है और लोक संस्कृति को आँचल में बाँधे रहती है। उपन्यास के अन्त में लोकमंच पर कलाकार के रूप में आती है। ताजमनी एक भावना प्रधान सबल चरित्र है।

मिसेज गीता मिश्र का असली नाम रोजउड है। उनके पूरब प्रेम ने उन्हें भारत पहुँचा दिया है। यहाँ आकर वे इस्टेट खरीदती हैं और परानपुर के पतनीदार शिवेन्द्र

मिश्र की दूसरी पत्नी बन जाती हैं। इन्होंने हिन्दू धर्म ग्रहण कर लिया है। इस कारण अंग्रेज समुदाय इनसे खफा हैं। रोजउड ने अपनी डायरी में लिखा है–प्यार की परिभाषा मैंने अपने धर्मग्रन्थों से ही सीखी है। जिसे जो जी में आये, कहे, किन्तु दुहाई! मेरे प्यार को भला बुरा न कहे कोई।...... एक हिन्दू को मैंने अपने गुरु, स्वामी अथवा पति के रूप में प्राप्त किया।"[10] मिसेज गीता मिश्र की डायरी से सामन्ती समाज के अनेक रहस्य खुलते हैं। स्वयं गीता का चरित्र एक कोमल कविता की तरह है।

'परती : परिकथा' की इरावती एक पढ़ी-लिखी युवती है। वह भी अपने स्वतंत्र देश के सुन्दर स्वरूप का स्वप्न वैसे ही देखती है जैसे दूसरे पढ़े-लिखे देशप्रेमी। देश के बँटवारे के दौरान वह दिल्ली से लेकर बिहार के शरणार्थी कैम्प तक भटकती रहती है। इस दौरान उसे अनेक कटु अनुभव होते हैं। मनुष्यता पर से उसका विश्वास उठता जाता है। उसमें विश्वास जगता है जितेन्द्र के चरित्र से। जितेन्द्र और इरावती के परस्पर सहयोग को रेणु ने आदर्श रूप में प्रस्तुत किया है। दोनों एक दूसरे को समझते हुए बिना अनावश्यक हस्तक्षेप किये अपनी-अपनी पहचान बनाए रखते हैं।

सामबत्ती पीसी और मलारी 'परती : परिकथा' की गौण नारी पात्र हैं। सामबत्ती एक घरघूमनी औरत है। वह तर्कशील, बातूनी और व्यावहारिक है। मलारी सिरचन रैदास की बेटी है और सुन्दरता में कुछ-कुछ ताजमनी जैसी है। मलारी अपने अधिकारों के प्रति जाग्रत युवती है। उसे जो उचित लगता है, उसे करने के लिए वह तत्पर रहती है।

उपर्युक्त स्त्री पात्रों के अतिरिक्त गेंदाबाई, गंगा काकी, जयवन्ती, बिठौलीवाली, लल्लन बाई, बालगोबिन की स्त्री आदि पात्र उपन्यास में हैं।

दीर्घतपा

रेणु ने 'पंचकन्या' नाम से पंचकन्याओं को अलग-अलग चित्रित करने के लिए अलबमनुमा उपन्यास रचने की योजना बनाई थी। अलबमनुमा अर्थात् ऐसी रचना जिसमें पूरा व्यक्तित्व उभरकर सामने आ जाये। इस क्रम की पहली प्रस्तुति थी 'दीर्घतपा'।

बेला एक स्कूल के व्यायाम शिक्षक की बेटी है। वह पूर्णिया जिले के इस्लामपुर की रहने वाली है। वह एक तेजस्विनी लड़की है। वह अध्ययन और

खेल दोनों में प्रथम आती है और जब अपने गीतों में कुँवर सिंह की वीरता का बखान करती है तब सुनने वालों के मन में भी वीर भाव जाग्रत हो जाते हैं। उसके मन में समाज सेवा और देश प्रेम की भावना कूट-कूट कर भरी है।

बेला के गाँव का एक युवक बाँके बिहारी क्रान्तिकारी दल का नेता है। बेला से वह बहुत प्रभावित है। उसके कहने पर बेला क्रांन्तिकारी दल में शामिल हो जाती हैं उनके लिए देश सेवा और समाज सेवा दल की सेवा का रूप ले लेती है, वह अपना पूरा जीवन दल के लिए समर्पित कर देती है। अपने सामने महान लक्ष्य रखकर वह बाँकेबिहारी के साथ घर छोड़कर निकल जाती है और पेशावर पहुँच जाती है। पेशावर पहुँचकर वह बाँके बिहारी के असली चरित्र को समझ पाती है। बाँके बिहारी बेला को अपनी वासना का शिकार बना लेता है।

बेला के घर छोड़कर जाने के बाद उसके पिता दुःख और लज्जा से आत्महत्या कर लेते हैं और माँ की दशा पागलों की हो जाती है। वह घर छोड़कर जाने कहाँ चली जाती है।

बेला किसी तरह अपने को बाँके बिहारी के जाल से छुड़ाती है। वह बनारस की गलियों में भटकती हुई कलकत्ता के मातृ कल्याण संघ के सम्पर्क में आती है। बाद में उसका सम्पर्क यूथिका से होता है और उसके साथ बेला नर्स की ट्रेनिंग के लिए बाँकीपुर मेडिकल कॉलेज आ जाती है। यहाँ वह अस्पताल के प्रिजनर पेशेन्ट रमाकान्त के प्रेमपाश में बँध जाती है। एक दिन रमाकान्त अस्पताल से फरार हो जाता है। बेला को इस काम में सहयोगी मानकर वर्किंग वीमेन्स हॉस्टल से निकाल दिया जाता है।

संयोग से रमला बनर्जी नाम की एक प्रभावशाली महिला आती हैं। वे बेला के चरित्र के तेज को पहचान जाती हैं और उसे वर्किंग वीमेन्स वेलफेयर बोर्ड के फील्ड आर्गेनाइजर के पद पर नियुक्त करवा देती हैं। यही से बेला के चरित्र का समाजसेवी रूप उभरता है। वह गयारह वर्षों तक रमला बनर्जी के सानिध्य में रहती है और मन-प्राण से समाज की सेवा करती है। दुर्भाग्य से रमला का स्वर्गवास हो जाता है। नयी सेक्रेटरी श्रीमती ज्योत्सना आनन्द दूसरे मिजाज की हैं। वे बोर्ड में अनेक तरह की अनियमितताएँ करती हैं और सबकी जिम्मेदारी बेला पर डाल देती हैं। बेला संघर्षों में इतना तप चुकी है कि वह अपनी सफाई तक नहीं देना चाहती। उसके लिए इन चीज़ों का अब कोई महत्व नहीं है। उसके मन में माता-पिता की स्मृति अब भी है। उसे लगता है कि माता-पिता के दुःख के लिए

वही जिम्मेदार है। वह अपने भीतर पलते पाप बोध को जलाकर मिटा देना चाहती है। वह सारे अभियोगों को इसलिए स्वीकार कर लेती है कि उसे जेल जाने में गंगा स्नान का फल दिखाई देता है।

बेला 'दीर्घतपा' है। जीवन का संघर्ष उसे समाज के असली रूप को दिखाता है। वह पहचान पाती है कि यहाँ बाँके बिहारी जैस छद्म क्रान्तिकारी हैं श्रीमती आनन्द जैसी छद्म समाजसेविका है तो रमला जैसी आदर्श नारी भी। झूठ और स्वार्थ से भरे समाज में रमला जैसे एकाध लोग ही हैं, जो 'दीर्घतपा' को पहचान पाते हैं।

उपन्यास की नायिका दीर्घतपा बेला है। रेणु ने एक आदर्श परायण नारी के रूप में उसे चित्रित किया है। उपन्यास के अन्त में 'जेल जाने में गंगा लाभ का फल' पाने का निर्णय उसके चरित्र को कमजोर सिद्ध करता है। मिसेज आनन्द, रमला बनर्जी, विभावती, रामरती, मुनिया, सुखमय घोष, बाँके बिहारी आदि अन्य महत्त्वपूर्ण पात्र हैं। रमला बनर्जी का चरित्र अनुकरणीय चरित्र है।

जुलूस

देश विभाजन के कारण जो रक्तपात देश में हुआ। उसने सबको आहत कर दिया। शरणार्थियों की भीड़ शिविरों में लग गई। उन्हें जगह-जगह बसाया गया, अपनी भूमि से उजड़े लोगों में से कुछ ने नई भूमि को अपना मान लिया, कुछ के मन में अपनी भूमि से बिछुड़ने की कसक बनी रही। स्वतंत्रता के चौदह वर्षों के बाद भी उन्हें लगता है—स्वराज्य में वनवास की पीड़ा झेलने वाले कुछ लोग नहीं हैं, एक बड़ी भीड़ है। ऐसे लोगों का एक लम्बा जुलूस है, जो स्वतन्त्रता की खुशी के नारों को दुहराता आगे बढ़ता जा रहा है, मन में अपनी मूल भूमि से विछोह का दुःख लिए हुए। रेणु इसी विछोह के दुःख को, जुलूस के दुःख को प्रस्तुत उपन्यास में व्यक्त करते हैं।

देश के बँटवारे के बाद बंगाल का एक हिस्सा पाकिस्तान बन गया है। वहाँ से अनेक लोग अपना घर छोड़कर भारत के हिस्से में आ गये हैं। ऐसे ही कुछ लोगों को भारत के एक गाँव गोड़ियर के पास बसाया जाता है। उनके लिए अलग से एक कॉलोनी बनाई जाती है, जिसका नाम रखा जाता है—नबीनगर। नबीनगर के लोग गोड़ियर गाँव के बिलकुल करीब रहते हैं। समीपता के कारण दोनों जगह के लोगों में सम्बन्ध बन जाता है। लेकिन गोड़ियर के लोगों को यह बात हरदम

याद रहती है कि नबीनगर के लोग बाहर के हैं। और नबीनगर के लोगों को यह बात सालती रहती है कि वे पराई जगह आकर बसे हैं। अपना देश फिर अपना देश।.......पर भूमि कैसी भी हो आखिर पर भूमि ही है।[12]" देश का अर्थ उनके लिए है– उनका बंगाल देश, भले ही वह प्रान्त हो । वे हिन्दुस्तान में अपने बंगाल देश को ढूढ़ते रहते हैं। पवित्रा नबीनगर की नेत्री है। वह सबको समझाती रहती है।

गोड़ियर गाँव में गोढ़ीहार लोगों की संख्या अधिक हैं अन्य लोगों में मैथिल, राजपूत, ग्वाला और धानुक हैं। गाँव में गोढ़ीहार जाति के अगुवा तालेवर गोढ़ी की ही चलती है। वही सबसे सम्पन्न और प्रभावशाली व्यक्ति है। गोड़ियर के लोगों को यह शिकायत रहती है कि मूल निवासी वे हैं यहाँ के, लेकिन कोई भी नया और अच्छा काम नबीनगर में होता है। स्कूल खुलना हो या ईंट का घर बनना हो, सारी सुविधा नबीनगर के लोगों को दी जाती है। ये लोग नबीनगर को पाकिस्तनिया टोला कहा करते हैं। अपने से अलग मानते हैं लेकिन सम्पर्क बढ़ाने का चाव इनके मन में बना रहता है।

पवित्रा अविभाजित भारत के मैमन सिंह जिला के जुमापुर गाँव की रहने वाली है। उसके पिता काशीनाथ चटर्जी जुमापुर के जमींदार थे। गाँव के लोग उनके आचरण और व्यवहार से इतना खुश रहते थे कि वे चाहे हिन्दू हों या मुसलमान सभी उन्हें पिता ठाकुर कहा करते थे। पवित्रा का विवाह लखीमपुर के विनोद मुखर्जी से हुआ था। कासिम ने विनोद को मार डाला। पूरे इलाके में दंगा फैल गया था। दंगे में पवित्रा के माँ-बाप भी मारे गये। पवित्रा कटिहार के एक शरणार्थी कैम्प में आ गई। यहीं से वह नबीनगर आई। नबीनगर में उसके गाँव के बहुत लोग हैं। पवित्रा को इस बात का गहरा दुःख रहता है कि नबीनगर के लोगों का यहाँ की मिट्टी से मोह नहीं हो रहा है।

वह इसके लिए अनेक यत्न करती है। गोड़ियर के लोगों से सम्पर्क बढ़ाती है। नबीनगर में कीर्तन बैठक आदि का आयोजन करती है। वह जिला कॉलोनी कमेटी में कॉलोनी मेम्बर है। बैठकों में वह कॉलोनी की समस्याएँ उठाती रहती है। वह चाहती है कि नबीनगर के लोग देश की मुख्य धारा में शामिल हों। शिविरों से आये लोगों और गाँव के लोगों में कोई वैमनस्य न हो, सब एक रहें। इसके लिए वह कॉलोनी के लोगों को भी समझाती है और गाँव के लोगों को भी। वह स्वयं तालेवर गोढ़ी के घर जाती है और कहती है कि कॉलोनी की पाठशाला सिर्फ

कॉलोनी के लिए ही नहीं है, वह गोड़ियर के लिए भी है। तालेवर इस बात से प्रभावित भी होता है और सबको भोज देता है लेकिन इस सहभोज से न तो गोड़ियर के सभी लोग खुश होते हैं न नबीनगर के।

कॉलोनी के लोग गाँव के लोगों को अपने यहाँ आने नहीं देना चाहते हैं। वे पवित्रा का विरोध करते हैं, उन्हें लगता है कि पवित्रा के कारण ही गाँव वालों का आना जाना बढ़ रहा है। वे जिला कॉलोनी कमिटी में पवित्रा के खिलाफ शिकायत करते हैं और माँग करते हैं कि पवित्रा कॉलोनी मेम्बर से इस्तीफा दे दे। पवित्रा लोगों की बात मान लेती है। परिणाम होता है कि नबीनगर के सारे सामूहिक कार्यकलाप बन्द हो जाते हैं। न कीर्तन होता है और न गोष्ठी। गाँव में अराजकता फैल जाती है। फेरीवाले अपना अलग संगठन बनाते हैं और तय करते हैं कि पवित्रा, काला चाँद और उसकी माँ को कालोनी से निकाल दिया जायेगा। पवित्रा कालोनी की दशा से बहुत दुःखी होती है।

गोड़ियर गाँव में समय–सयम पर नाच गाना होते रहते हैं। तीर्थयात्रा के लिए लोग निकलते रहते हैं, लेकिन जो प्रवृत्ति सबसे ज्यादा इधर के वर्षों में बढ़ी है, वह है धन कमाने की होड़। जैसे भी हो रुपया आना चाहिए। चाहे सही रास्ते चाहे गलत रास्ते। तालेवर गोढ़ी, कामदेव, रनवीर सिंह सबको रुपये की भूख है।

नबीनगर और गोड़ियर गाँव के लोगों में साथ–साथ रहते हुए एक रिश्ता स्थापित हो जाता है। दुश्मनी और ईर्ष्या का भाव इन लोगों के बीच जगता रहता है। नबीनगर की अच्छी फसल देखकर गोड़ियर के लोगों को अच्छा नहीं लगता है। फिर भी एक हेलमेल बढ़ा है। पवित्रा चाहती है कि सभी लोगों में आत्मीयता के रिश्ते हो जायें। वह इसके लिए कोशिश भी करती है, जिससे कॉलोनी के लोग नाराज हो जाते हैं। पवित्रा से सभी असन्तुष्ट हैं किन्तु पवित्रा के जोड़े हुए नये रिश्ते के अनुसार सभी तालेवर गोढ़ी को ताले काका कहने लगे हैं और कॉलोनी के सैकड़े पन्चानबे प्राणी ताले काका की कृपा अपनी ओर फेरने में लगे रहते हैं। काला चाँद की दोस्ती हरि प्रसाद यादव से अब बहुत गहरी हो गई है।"[13]

आसिन महीने की एक रात इस इलाके के दस गाँवों पर 'काल बैशाखी' को दैवी प्रकोप हो जाता है। ऐसा आँधी-तूफान आता है, जैसे प्रलय। धान और पाट के पौधे पूरी तरह नष्ट हो जाते हैं। चारो ओर सिर्फ पानी। गोड़ियर गाँव के सैकड़े पंचानबे झोपड़े उजड़ गये हैं। कॉलोनी के नये स्कूल घर के सभी टीन उजड़ गये। पन्द्रह आदमी मर गये। इस महाविनाश में भी पैसेवाले फायदे में रहते हैं सिर्फ

पैसेवाले ही नहीं, इन दैवी प्रकोपों में और भी एक वर्ग के लोग फायदे में रहते हैं—पब्लिक वर्कर अर्थात् देश सेवा करने वाले। ऐसी विपत्तियों के समय उन्हें सरकारी रिलीफ और सार्वजनिक चन्दे के रुपये, कपड़े, अनाज, तेल, दवा आदि बाँटने का मौका मिलता है बाँट-बँटवारा में नकद लाभ होता ही है।"[14]

प्रशासन की ओर से जिला मजिस्ट्रेट आते हैं और बताते हैं कि रिलीफ फण्ड में अभी एक भी पैसा नहीं है, मिनिस्टर से बात करने के बाद ही कुछ हो सकता है। छोटन बाबू तालेवर के दरवाजे पर अनशन करने जा रहे हैं।........गाँव के लोग मर रहे हैं और आपकी मिल चालू है। निकालिए एक हजार रुपया—छोटन कहता है, लेकिन तालेवर किसी धमकी से डरने वाला नहीं है। तालेवर के दरवाजे पर दुःख और भूख से कातर लोगों की भीड़ लग जाती है। भीड़ में पवित्रा भी है वह आँचल पसार कर खड़ी है। वह पवित्रा के आँचल में, अपनी बेटी के आँचल में पाँच हजार रुपये डाल देता है। पवित्रा को लगता है—मैं अकेली नहीं, मैं एक विशाल परिवार की बेटी हूँ।.....

लोक सांस्कृतिकमूलक समाज के गठन के लिए पवित्रा स्वयं को उत्सर्ग कर देती है।

रेणु ने अपने उपन्यासों में जितने स्त्री पात्रों की सृष्टि की है। उन सब में पवित्रा सबसे उज्ज्वल नक्षत्र है। उसमें ममता का त्याग, इरावती की प्रगतिशीलता, बेला की तपस्या का समन्वित रूप है। सांस्कृतिक विरासत की सुरक्षा और सामाजिक सौहार्द्र की स्थापना उसके चरित्र को नयी ऊँचाई देते हैं। दरअसल पवित्रा का चरित्र रेणु के उपन्यासों के आदर्श पुरुष पात्रों के समकक्ष है। उपन्यास मे सन्ध्या, तालेवर गोढ़ी, हरि प्रसाद यादव, कासिम, रामचन्द्र, खुदोबाबू आदि अन्य पात्र हैं।

कितने चौराहे

'कितने चौराहे' शीर्षक उपन्यास किशोर शहीद ध्रुव कुण्डू को समर्पित है। ध्रुव कुण्डू सरकारी कचहरी पर तिरंगा फहराते हुए शहीद हुआ था।

प्रस्तुत उपन्यास में रेणु ने मनमोहन नामक किशोर की भावनाओं के माध्यम से भारत के स्वाधीनता आन्दोलन से प्रभावित किशोरों की मानसिकता का गहरा बोध कराया है। उपन्यास की विषयवस्तु राष्ट्र प्रेम और विद्यार्थी जीवन की निष्कलुष शुचिता से जुड़ी है। यह रेणु का सबसे लघु उपन्यास है।

मनमोहन नामक किशोर अपने साथियों के साथ देश के लिए अपने को समर्पित कर देने का निश्चय करता है। मन मोहन के पिता जब उसे अररिया के

हाई स्कूल में पढ़ने के लिए भेजते हैं तो अनेक तरह की सीख देते हैं। बीड़ी-सिगरेट से दूर रहना, शहरी हवा से अपने को बचाये रखना—जैसी बातों को बार-बार समझाते हुए उसे पिता विदा करते हैं। अररिया शहर में मनमोहन के मामा मोहरिल रहते हैं। वे एक शहरी नागरिक हैं। मन मोहन उन्हीं के घर रहता है। मनमोहन को अपने पिता की सीख याद रहती है। वह अपने को हर प्रकार के दुर्गुणों से दूर रखता है और पढ़ने में मन लगाता है। मनमोहन देश प्रेम से भरा किशोर है। वह देश में छिड़े स्वाधीनता संग्राम से बहुत प्रभावित है। वह खादी पहनता है, देश भक्ति के गीत गाता है।

मनमोहन के किशोर मन पर रामकृष्ण मिशन के संन्यासियों और अपने एक सीनियर प्रियोदा का गहरा प्रभाव है। प्रियोदा स्वाधीनता आन्दोलन से जुड़े हैं। मनमोहन भी आन्दोलन से जुड़ जाता है। वह एक मेधावी छात्र है किन्तु उसे लगता है कि उसकी आवश्यकता उसके देश को है। उसके लिए देश सेवा उसके जीवन का लक्ष्य बन जाता है। स्कूल के छात्रों की एक टोली आन्दोलन का समर्थन करने के लिए हड़ताल करती है तो मनमोहन भी उसमें शामिल हो जाता है। उसके पिता को पता चलता है तो वे अररिया उसे घर ले जाने के लिए आते हैं लेकिन वह जाने का तैयार नहीं होता है। पिता प्रियोदा का साथ छोड़ने की सलाह देते हैं लेकिन मनमोहन किसी भी तरह इस बात के लिए राजी नहीं होता हैं। वह किशोर क्लब का सदस्य बन जाता है और अपनी गतिविधियाँ जारी रखता है। लोग उसे वीर बालक कहते हैं।

सन् 1934 में प्रलयंकारी भूकम्प आता है। मुंगेर, मुजफ्फरपुर नगर, दरभंगा में हजारों लाशें बिछ जाती हैं। मनमोहन सेवा दल में शामिल हो जाता है और अस्पताल में पीड़ितों की सेवा करने लगता है।

प्रियोदा का कहना है कि विद्यार्थियों को पढ़ाई नहीं छोड़नी चाहिए। मनमोहन को प्रियोदा की बात अच्छी लगती है। वह पढ़ाई जारी रखता है। वह मोहरिल मामा का घर छोड़कर स्टूडेन्टस् होम आ जाता है। वह सोचता है—मनमोहन अभी इधर-उधर नहीं देखेगा। सीधा चलता जायेगा। किसी चौराहे पर मुड़ेगा नहीं—न दाहिने, न बायें।

सन् 1936 में उसके विद्यालय में कांग्रेसी मंत्रिमण्डल के शिक्षा मन्त्री का आगमन होता है तो सारा प्रबन्ध मनमोहन करता है। कार्यक्रम में शहीद बालिका विद्यालय का शिलान्यास मंत्री के हाथों होना है लेकिन मनमोहन प्रस्ताव रखता है

कि इसके लिए सबसे उपयुक्त एक शहीद की विधवा पत्नी श्रीमती सरबती सहाय हैं। मनमोहन की बात शिक्षा मन्त्री भी मान लेते हैं और शिलान्यास सरबती ही करती है।

"गर्मी आती है, बरसात होती है, जाड़ा पड़ता है......पुराने कैलेण्डरों को समेटकर नया शाल दुशाले को ओढ़कर मुस्कुराते हुए उपस्थित होता है, नये साल का अभिवादन।....मनमोहन परीक्षा देने के लिए जा रहा है। अररिया कोर्ट कस्बे को, स्टूडेन्ट्स होम को, अपने प्यारे स्कूल को छोड़कर जाने का मन नहीं करता।"[16] चार साल बाद स्टूडेन्टस् होम में अतिथि बनकर वह प्रियोदा के बुलाने पर आता है देश में भारत छोड़ो आन्दोलन' का ज्वार है। स्कूल के ट्रेनिंग ग्राउण्ड में हजारों विद्यार्थी जमा हैं, चारो ओर से छात्रों का जुलूस आ रहा है। ट्रेजरी पर तिरंगा फहराना है। सबकी ड्यूटी पहले से तय है। प्रियोदा, कृत्यानन्द, अशर्फी, भोला और तपू—एक गिरता, दूसरा आगे बढ़कर झण्डा हाथ में ले लेता। मनमोहन का नम्बर अशर्फी के बाद था। चौथे ने गिरने से पहले मनमोहन को अवाज दी लेकिन नीलू ने मनमोहन को पकड़ लिया, जाने नहीं दिया। मनमोहन को छोड़कर सभी शहीद हुए। मनमोहन ने सबका दाह संस्कार किया। उसे श्मशान में ही गिरफ्तार कर लिया गया।

इस घटना के बाद वह आत्मग्लानि की ज्वाला में दिन रात चलने लगा। उसने अपने पिता को पत्र लिखा—"अब लौटकर नहीं आना है।....मैं अपना नाम, गोत्र, जाति, संस्कार सबकुछ परित्याग कर दूसरी बार जन्म लेने जा रहा हूँ।[17] मनमोहन ने संन्यास ले लिया और देहरादून में स्वामी सच्चिदानन्द के रूप में रहने लगा। यहीं उसने स्टूडेन्टस होम की स्थापना की।

उपन्यास का अंत सन् 1965 की सितंबर माह के एक दिन से होता है। स्वामी सच्चिदानन्द साप्ताहिक पत्रिका में भारत-पाक युद्ध में वीर गति पाये अपने भाई की तस्वीर देखते हैं। और दुःखी होते हैं। फिर उन्हें लगता है, यह उनके झुलसे हृदय पर चन्दन का लेप है, उनके प्रायश्चित का पुरस्कार है और वे प्रसन्नमुख बालकों को कहानी सुनाने चले जाते हैं।

'कितने चौराहे' में मनमोहन के रूप में रेणु ने कैशोर्य में स्वाधीनता आन्दोलन में कूद जाने वाले व्यक्ति को प्रस्तुत किया है। जीवन के पथ पर उसे अनेक चौराहे मिलते हैं। अन्त में जो पथ उसे दिखाई देता है, वह वैराग्य और सेवा का है। मोहरिल मामा, प्रियोदा, सरबतिया, इब्राहिम, हफीज, सूर्यनारायण, आदि अनेक पात्र उपन्यास में आये हैं।

पल्टू बाबू रोड

'पल्टू बाबू रोड' की रचना 'परती : परिकथा' के बाद हुई थी। इस दृष्टि से यह 'दीर्घतपा' के पहले का उपन्यास है लेकिन इसका प्रकाशन रेणु की मृत्यु के बाद हुआ।

'पल्टू बाबू रोड' में रेणु ने मैला आँचल' और 'परती : परिकथा' से अलग कस्बाई जीवन को उपन्यास का आधार बनाया। बैरगाछी नामक कस्बे में एक राय परिवार रहता है। राय परिवार के बारे में कुछ जानने से पहले यह जान लेना आवश्यक है कि इस बैरगाछी कस्बे की उम्र सिर्फ आठ साल की है और जिस दिन इस कस्बे की पहली ईंट गड़ी, राय परिवार की बुनियाद भी उसी दिन डाली गई। इसलिए राय परिवार को बुनियादी परिवार मानना होगा।"[18] राय परिवार के मुखिया अमलेन्दु राय हैं। इन्हें लट्टू बाबू कहा जाता है। राय परिवार की कोठी का नाम 'फूल बागान' है।

लट्टू बाबू के पिता कमल बाबू थे। वे बैरगाछी कस्बे के संस्थापक सदस्य थे। कमल बाबू ओवरसियर थे। कमल बाबू के दो बेटे हुए—विमलेन्दु और अमलेन्दु। विमलेन्दु और उनकी पत्नी का स्वर्गवास युवावस्था में हो गया। उनकी एकमात्र सन्तान है बिजली। बिजली का पालन पोषण अमलेन्दु राय ने किया है।

राय परिवार का सीमेन्ट, चूना, लोहा आदि का व्यापार चलता है। उनके प्रतिष्ठान का नाम है 'राय एण्ड ब्रदर्स कन्ट्रैक्टर एण्ड ऑर्डर सप्लायर'। इस प्रतिष्ठान के स्वामी लट्टू बाबू अर्थात् अमलेन्दु राय हैं। लट्टू बाबू ने बिजली को पर्सनल असिस्टेन्ट रखा है। बिजली अपने व्यापार को चलाने के लिए अनके बूरे भले काम करती है। छोगमल, मुरलीमनोहर जैस, उसके अनेक प्रेमी हैं।

बैरगाछी कस्बे के एक अन्य प्रतिष्ठित व्यक्ति हैं पल्टू बाबू। पल्टू बाबू को लोग आदर से गुरू दादू कहते हैं। पल्टू बाबू राजनेता नहीं हैं, लेकिन राजनीति के मंजे खिलाड़ी हैं। बैरगाछी की पूरी राजनीति उन्हीं के इशारे पर चलती है। बड़े राजनेता तक उनका दरबार करते हैं। फूलबागान सहित समूचा कस्बा पल्टू बाबू के इशारे पर चलता है। पल्टू बाबू का कहना है कि अंतर्मन छिपा रहता है, सामने रहता है बाहरी स्वरूप। इसलिए बाहरी स्वरूप सुन्दर हाना चाहिए अंतर्मन बुरा भी हो तो चल सकता है। अतः पल्टू बाबू खादी का कुर्ता पहनना जरूरी समझते हैं, बण्डी सूती रहे तो भी चल सकता है।

बैरगाछी के एक अन्य प्रतिष्ठित व्यक्ति हैं वकील भोला सहाय। भोला सहाय की बेटी कुन्तला भी वकील हैं। उसकी शिक्षा कलकत्ते में हुई है। कुन्तला सहाय का प्रेमी है गोधन लाल। कुन्तला से शादी न होने के कारण उसने एक तवायफ से शादी कर ली है। बिजली की छोटी बहन छवि भी गोधन से प्रेम करती है। गोधन छवि के साथ-साथ बिजली को भी अपनी काम वासना का शिकार बनाना चाहता है।

कस्बे की कांग्रेस पार्टी का मन्त्री है मुरली मनोहर। मुरली मनोहर बिजली को कांग्रेस की संयोजिका बनाता है। पल्टू बाबू के कहने से गोधन, छवि और घण्टा सोशलिस्ट ज्वाइन कर लेते है।

कुन्तला सहाय अपने परिवार से नाखुश है, वह पल्टू बाबू के जाल में फँसकर उनसे विवाह कर लेती है। शादी की रात ही पल्टू बाबू की हत्या हो जाती है।

'पल्टू बाबू रोड' में पल्टू बाबू सर्व प्रमुख चरित्र हैं। वे पुरानी पीढ़ी के ऐसे व्यक्ति हैं, जिन्हें दूसरों पर शासन करना अच्छा लगता है और जिनके लिए स्वार्थ सर्वोपरि है। लट्टू बाबू जैसे अनेक खिलौने वे बनाते व बिगाड़ते रहते हैं। छोगमल, गोधन, बिजली, कुन्तला आदि उपन्यास के अन्य महत्वपूर्ण पात्र हैं।

परिदृश्य

सन् 1924 से 1977 तक के कालखण्ड को रेणु ने अपने उपन्यासों में अलग-अलग ढंग से ग्रहण किया। इन उपन्यासों के रचनाक्रम में यदि थोड़ा सा परिवर्तन करके 'कितने चौराहे' को मैला 'आँचल' के पहले तथा 'जुलूस' को 'मैला आँचल' के तुरत बाद रख दिया जाये तो स्वाधीनता आन्दोलन, उसकी प्राप्ति और उसकी अन्तिम परिणति को भोगनेवाले भारतीय समाज की सीधी-सच्ची तस्वीर सामने आ जाती है।

"मनुष्य अपनी उद्देश्यपूर्ति के हेतु साधन जुटाने में प्रत्यक्ष अथवा अप्रत्यक्ष रूप से क्रियारत रहता है। मनुष्य के इस कार्यकलाप के फलस्वरूप विकसित मानव सम्बन्धों का संकुल रूप समाज है।"[19] ऐसे विकसित मानव सम्बन्ध सरल और इकहरे नहीं होते। विशेष रूप से भारतीय समाज में तो मानव सम्बन्धों की जटिलता और संश्लिष्टता बहुत अधिक है तथा इसके अनेक रूप हैं। रेणु के उपन्यासों ने भारतीय समाज के जटिल और संश्लिष्ट स्वरूप की तह में जाने की सफल कोशिश की है, दृश्यों-परिदृश्यों को जाना, पहचाना और खोला है।

अध्ययन की सुविधा के लिए इसे निम्नलिखित रूप में वर्गीकृत करके देखा

जा सकता है:

(क) राजनीतिक परिदृश्य

(ख) आर्थिक परिदृश्य

(ग) सामाजिक परिदृश्य

राजनीतिक परिदृश्य

कितने चौराहे' का किशोर मनमोहन अररिया के स्कूल में पढ़ने जाता है। उसने एक दिन सीनियर क्लास के एक लड़के को तकली पर सूत कातते देखा। उसने खद्दर की कमीज पहन रखी थी। मनमोहन के आगे बहुत देर तक 'प्रियोदा' के कुर्ते पर टंकी हुई जंजीर में जकड़ी भारत माता की तस्वीर छायी रही मनमोहन की आँखों के आगे से जब यह तस्वीर हटी तब उसके मानसपटल पर जाकर बैठ गई। उसने अपना जीवन देवी की जंजीर को काटने के लिए होम कर देने का निश्चय किया। रेणु का मनमोहन अकेला एक किशोर नहीं है, उस जैसे अनेक किशोर तत्कालीन भारत में थे। यह समय है सन् 1924 के आसपास का। भारतीय जनजीवन में महात्मा गाँधी का आगमन हो चुका है। मनमोहन से प्रियोदा ने प्रश्न किया—भारतवर्ष के एक ऐसे आदमी का नाम लो, जिसे लोग भगवान का अवतार समझते है। मनमोहन का उत्तर होता है— महात्मा गाँधी।"[20] गाँधी ने भारतीय जनमानस पर अमिट छाप छोड़ी। "एक दिन छोड़ि के भरथवा तोहरा जाये के पड़ी। सात समंदर पार तोहरा जाये के पड़ी और गाँधी बाबा कहे प्रेम से, तु न सुने कुछ बतिया उनकी—घन घन। घन घन चरखा जब चलि है— लन्दन के लुटिया डुबोये के पड़ी।"[21] जैसे लोकगीत भारतीयों की जुबान पर चढ़ गये। गाँधी जी ने भारतीयों को सत्य और अहिंसा का पाठ पढ़ाया। तिरंगा फहराने का साहस छात्रों और शिक्षकों में आ गया—यह बड़ी बात नहीं थी। बड़ी बात यह थी कि छात्र कहने लगे—"हम चुराकर कुछ नहीं करेंगे, जिस दिन झण्डा फहराना होगा खुलेआम विधिपूर्वक फहरायेंगे।" और शिक्षक कहने लगा—हेड मास्टर साहब (अंग्रेज) झण्डा मैंने फहराया है, जो सजा देनी हो मुझे दीजिए।"[22]

गाँधी की अहिंसा नीति के साथ-साथ भारतीय समाज पर क्रान्तिकारियों का प्रभाव भी पड़ रहा था। किशोर और युवावर्ग का झुकाव खासतौर से क्रान्तिकारियों की ओर था। "इब्राहीम और सूर्यनारायण के बारे में खबर मिली है कि वे क्रान्तिकारी दल में चले गये हैं, उन पर वारण्ट है और वे दोनों फरार हैं.....कुर्की और जब्ती हुई है।"[23] मनमोहन भारतमाता और महात्मा गाँधी के जयकारे के साथ

नया नारा जोड़ता है—अमर शहीद यतीनदास जिन्दाबाद! अमर बलिदानी भगत सिंह—जिन्दाबाद!"[24] समय आगे बढ़ता है और सन् 1942 में पूरा देश अंग्रेजों भारत छोड़ो के नारे से गूँजने लगता है। गाँधीजी, नेहरू अनके बड़े नेताओं के साथ गिरफ्तार हो जाते हैं। बम्बई में गोली चलती है, अंग्रेजों का दमन अपने चरम पर है और भारतीयों का प्रतिरोध उफान पर। रेल-तार काटे जाते हैं, पोस्ट ऑफिस पर, ट्रेजरी पर, स्टेशन पर देश के कई हिस्से में जनता कब्जा कर लेती है। बम्बई से आयी आवाज! करो या मरो! ....ट्रेजरी पर झण्डा फहराना है—"ऐ अंग्रेजो भारत छोड़ो"[25]

'मैला आँचल' का प्रारम्भ सन् 1942 के आन्दोलन के जिक्र से होता है। बालदेव को बियालिस मोमेन्ट की याद आती है। बामनदास सन् 42 का सक्रिय कार्यकर्ता है। कहते हैं, सन् 42 के मोमेण्ट में लोग कचहरी पर झण्डा फहराने जा रहे थे तो मलेटरी ने घेर लिया था। बौनदास एक मलेटरी के फैले हुए पैर के बीच से उस पार चला गया और कचहरी के हाता में झण्डा फहरा दिया।"[26]

उन्नीसवीं सदी के पाँचवे दशक के मध्य तक भारत के राजनीतिक परिदृश्य पर कांग्रेस, मुस्लिम लीग, समाजवादी दल और राष्ट्रीय स्वयं सेवक संघ की आपसी खींचतान की आकांक्षा पूरी तरह स्पष्ट हो गयी। स्वाधीनता आन्दोलन अनेक धाराओं का पहले ही हो गया था। सभी अपनी-अपनी राह से देश को स्वाधीनता के लक्ष्य तक ले जाने के प्रयत्न में थे। स्वाधीनता के प्रति निष्ठा सबकी थी लेकिन आगे राजनीति का जो स्वरूप सामने आने वाला था, उसकी पृष्ठभूमि बनाने की जल्दी सबको थी। मैला आँचल के जोतखीजी कहते हैं—कांग्रेस और सुसलिंग आपस में लड़ रहा है। दोनों अपना-अपना मेम्बर बनाना चाहता है। चक्की के दो पाट में गरीब ही पीसे जायेंगे।[27] टोपी वाले संयोजक जी का कहना है कि इस आर्यावर्त में केवल आर्य अर्थात् शुद्ध हिन्दू ही रह सकते हैं।"[28] एक बार पूर्णिया की मीटिंग में कांग्रेसी खुशाय बाबू ने हाकिम से कहा—पब्लिक बहुत शिकायत करती है। कमरुद्दी बाबू ने हँसते हुए पूछा हिन्दू पब्लिक या मुसलमान? हाकिम भी समझ गये—कमरुद्दी बाबू लीगी हैं।"[29] यहाँ तक कि स्वयं को प्रगतिशील और गरीबों का मसीहा मानने वाला समाजवादी कार्यकर्ता संगठन को मजबूत बनाने के लिए जाति को ध्यान से रखकर बासदेव से कहता है मेरीगंज में सबसे ज्यादा आबादी यादवों की है। वहाँ आपका जाना ही ठीक होगा।"[30]

अर्थात् स्वराज का बिरवा अभी अंखुवाया तक नहीं और जड़ के आस-पास की मिट्टी में कीड़े लग गये। जातिवादी राजनीति की शुरूआत हो गई। कार्यकर्ताओं

का चारित्रिक पतन होने लगा। तारीफ यह कि कार्यकर्ता इसे समझ रहा है किन्तु उबरने की कोशिश नहीं करता। अपने पक्ष में तर्क अवश्य ढूँढ़ लेता है मैला आँचल के गांधीवादी बालदेव का स्वकथन इसका प्रमाण है—"बड़ी मुश्किल है! रिजरब में थोड़ा कपड़ा है। सो सादी बिआह और सराध के लिए। कैसे दिया जाये? ओ! आचाराज जी महन्थ साहब के साथ में ही आये हैं, तब ठीक है।"[31] और इस तरह बालदेव जी को अब रोज दस-पन्द्रह बार से ज्यादे झूठ बोलना पड़ता है। क्या किया जाये बड़ा संकट का काम है।"[22]

15 अगस्त सन् 1947 को स्वतंत्र भारत का जन्म हुआ। कांग्रेस की सरकार बनी। जनता का राज हुआ दिल्ली के साथ मेरीगंज ने भी स्वराज की खुशी मनाई। खुशी में पार्टी का भेदभाव समाप्त हो गया। कांग्रेसी बालदेव और समाजवादी कालीचरन ने लोगों को साथ लेकर एक साथ उत्सव का जुलूस निकाला। लेकिन देश विभाजन और इसके कारण भड़के दंगों ने लोगों के मन में घाव कर दिया।

स्वतंत्रता के बाद भारतीय राजनीति पर छाने वाला धुंधलका क्रमशः गहराता चला गया। गांधीवादियों का आश्रम, आश्रम नहीं रह गया। बालदेव को लगता है .... एकदम बदल गया है आश्रम, लोग भी बदल गये हैं। थोड़ा चाल-चलन भी बिगड़ गया है आश्रम का अब तो लोग मछली और अण्डा भी चौका में ही बैठकर खाते हैं। अमीन बाबू सिकरेटरी हुए हैं, कहते हैं मछली-मांस आश्रम में न तो बनाया जाता है, न चूल्हे पर पकता ही है। लोग शहर से पका पकाया ले आते हैं, खाते हैं। इसमें हर्ज भी क्या है।"[33] 31 जनवरी 1948 को गांधी जी की हत्या से सारा देश शोक में डूब गया।

राजनीति के लुके-छिपे विकार खुलकर सामने आ गये। मैला आँचल के गांधीवादी बामनदास जैसे लोगों के लिए ये दिन मर्मान्तक पीड़ा के हो गये। राजनीति सत्ता के सुख का स्वाद पाकर जनता को भूल बैठी। सोसलिस? सोसलिस? ...... सब पार्टी समान। उस पार्टी में भी जितने बड़े लोग हैं, मन्तरी बनने के लिए मार कर रहे हैं। सब मेले मन्तरी होना चाहते हैं।........देश का काम, गरीबों का काम, चाहे मजूरों का काम, जो भी करते हैं बस एक लोभ से।"[34] इस लोभ के कारण भूमिहार, राजपूत, कायथ, जादव, हरिजन सब लड़ रहे हैं। अगले चुनाव में तिगुना मेले चुने जायेंगे। किसका आदमी ज्यादा चुना जाये, इसी की लड़ाई है। यदि राजपूत पार्टी के लोग ज्यादा आयें तो सबसे बड़ा मनतरी भी राजपूत होगा।[35] पार्टी पावर में आये जातीयता फूलेगी।

........रूलिंग पार्टी का अदना कार्यकर्ता जिला के कलेक्टर की कलम पकड़ने

का साहस तब भी करेगा।"[36] सत्ता के जोड़-घटाव में जो निपुण है, वही पद पाता है और पद पाते ही एन-केन-प्रकारेण अपनी झोली भरने में लग जाता है। उसे किसी सच्चे देश भक्त की हत्या करनी हो तो भी उसे झिझक नहीं होती। कटहा थाना कांग्रेस का सेक्रेटरी दुलारचन्द कापरा ऐसा ही पदधारी है। स्वतंत्र भारत में 'बावन की परतीत' टूटती है। वह राम बुझावन को चुनौती देता है—आज खेल खुलकर ही खेला जाना चाहिए, मुँह छिपाने की जरूरत नहीं। खेल खुलकर खेला जाता है और बावन के ऊपर से ब्लैक का माल लिए हुए गाड़ी गुजर जाती है। गांधीवादी की हत्या हो जाती है। "स्वतंत्र भारत का राजनीतिक परिदृश्य अनेक-अनेक कुचक्रों को रचनेवाले षडयन्त्रों से भरा है। स्वातंत्रयोत्तर भारत के गाँवों में किस तरह राजनीतिक चेतना और अन्तर्विरोध का जन्म हुआ, रेणु ने ऐसी स्थितियों को गहराई से परखा है।"[37]

'परती : परिकथा' गणतंत्र भारत की कथा कहती है। यहाँ पार्टी के भीतर पार्टी है, चोरों के बीच चोरी के माल के बँटवारे का झगड़ा है। सोशलिस्ट पार्टी के जयदेव सिंह और रामनिहोरा दास का आपसी मतभेद इतना बढ़ गया है कि भरी बैठक में ही दोनों के दल वाले लड़ पड़े।....... जयदेव सिंह को विश्वासियों से पता चला कि रामनिहोरा दास के पास पार्टी की पुरानी रसीद बही है, जिस पर वह चुपचाप पैसा वसूलता है और खाता है।"[38] राजनीति में मिली सफलता में इतनी शक्ति है कि मनुष्य के सारे कुकर्म उसमें छिप जाते हैं। वह एक आदर्श चरित्र बनकर सीधे संवेदनशील लोगों के चरित्र पर टिप्पणी करने के लिए आप्त पुरुष बन जाता है। 'परती : परिकथा' का कुबेर सिंह ऐसा ही सफल चरित्र है जो जितेन्द्र नाथ मिश्र को नरक के द्वार दिखला देता है।

राजनीतिक परिदृश्य पर 'परिकथा' में एक नया संकेत उभरता है। यहाँ राजनीति का वर्चस्व धनाढ्य लोगों के हाथ से खिसकता दिखाई देता है। पंचवर्षीय योजनाएँ देश में लागू हो चुकी हैं और स्थानीय स्वशासन की नींव पड़ चुकी है। अब चुनाव केवल एम.पी. एम.एल.ए. के ही नहीं होते, पंचायतों के भी होते हैं। लूत्तो जैसे साधारण लोगों का राजनीति में दखल है। लूत्तो गाँववालों को सावधान करता है—पंचायत का मुखिया यदि अपनी पार्टी के आदमी को चुनोगे तो समझो कि गई हुई जमीन फिर मिलकर रहेगी। ग्राम पंचायत चुनाव की तैयारी करो।"[39] दुखद यह है कि ये साधारण लोग भी शुचिता और ईमानदारी को महत्व नहीं देते। अन्ततः बड़े लोगों के पीछे हो लेते हैं। लूत्तो को गुरुड़धुज झा ने कानूनी दाँव पेंच

के उदाहरण देकर समझा दिया—ग्राम पंचायत के लिए कांग्रेस की ओर से रौशन बिस्वा को खड़ा किया जाये। नाम रहेगा रौशन बिस्वा का, काम तो सभी लूत्तो के मन के होंगे। ग्राम पंचायत के मार्फत गाँव में पूरी तरह जड़ जमा कर, लूत्तो विधान सभा के लिए नाम पेश करेगा।"[40]

उपरी तौर से देखा जाये तो राजनीति का सामान्य लोगों की पहुँच में आ जाना एक शुभ लक्षण है, लेकिन यह प्रक्रिया स्वतन्त्र भारत में कुछ इस तरह से घटित हुई कि गंभीरता, ईमानदारी, आचरण की पवित्रता जैसे तत्त्व राजनीति में रह हीं नहीं गये। जुलूस में रेणु लिखते हैं—"चौदह वर्ष हुए स्वराज के। ....दो-दो बार आम चुनाव हो चुके हैं। देश में बड़े-बड़े काम हो रहे हैं। .... हर मैट्रिक फेल नौजवान राजनीति में दाखिल हो गया है और प्रत्येक मिडिल पास कन्ट्रैक्टरी के सपने देखता है—सोते जागते उठते बैठते किसी कांग्रेसी बाबू का गुणगान करता है। .... आम चुनाव सामने है प्रत्येक खद्दरधारी उम्मीदवार है और टिकट की पैरवी के लिए देश के कोने-कोने में पैंतरे बाँधे जा रहे हैं।"[41] एक तरफ राजनीति में सभी सम्मिलित होने लगते हैं दूसरी तरफ राजनीति के केन्द्र में कुछ लोग रह जाते हैं। पल्टू बाबू रोड' के एक ही परिवार में कई पार्टी के सदस्य हैं, जबकि पल्टू बाबू राजनेता नहीं होते हुए भी पूरी बैरगाछी को अपने इशारे पर चलाते हैं।

आर्थिक परिदृश्य

'मैला आँचल' में देश की स्वाधीनता के उपलक्ष्य में मनाये जाने वाले उत्सव में अनेक नारे लगते हैं—महात्मा गांधी की जै, जवाहिरलाल नेहरू की जै, रजिन्नर बाबू की जै, जय परगास जिन्दाबाद। इन नारों में एक नया नारा लगता है—यह आजादी झूठी है, देश की जनता भूखी है।"[42] रेणु मानते हैं कि राजनीतिक स्वतंत्रता का सार्थक उपयोग भूखे पेट का नागरिक नहीं कर सकता। रेणु के उपन्यासों में भारतीय जनता की तंगहाल जिन्दगी का वर्णन बार-बार मिलता है। मानव जीवन के लिए तीन आवश्यक आवश्यकताएँ मानी गई हैं:—भोजन, वस्त्र और आवास। भारत का अधिसंख्य जनसमुदाय इन तीन आवश्यकताओं की पूर्ति भी नहीं कर पाता है। "मेरीगंज एक बड़ा गाँव है। यहाँ मजदूरों को सवा रुपये मजदूरी मिलती है लेकिन एक आदमी का भी पेट नहीं भरता। .... कपड़े के बिना सारे गाँव के लोग अर्धनग्न है।"[43] गरीबी-गन्दगी और जहालन से भरी है

यहाँ की जिन्दगी। झोपड़ियों में टंगी हाड़ियाँ खाली पड़ी रहती हैं। सात महीने के बच्चे को बथुआ और पाट के साग पर पाला जाता है। वस्त्र और आवास को यदि क्षण भर को भूलकर मनुष्य की आदिम अवस्था की कल्पना की जाये तब भी भोजन को कैसे छोड़ा और भूला जा सकता है।"[44] असल चीज़ है यह बेटा पेट।....... ई साला पेट के वास्ते जो कुछ बोलना पड़े करना पड़े।"[45] जानवर तो घास खाता है लेकिन आदमी तो घास खाकर नहीं रह सकता।"[46] आदमी होने की मजबूरी से रेणु के अधिसंख्य पात्र पीड़ित हैं। मैला आँचल का गनेस, फुलिया, मेरीगंज के रैयत, संथाल, परानपुर के नट, बालगोविन, सामबत्ती, पीसी; जुलूस का छिदाम दास, गोपाल पाइन, धानुक, हरेराम, हरिधन जैसे अनेक नाम इस फेहरिश्त में शामिल हैं। स्थिति कभी-कभी यह भी आती है कि मनुष्य और जानवर में कोई भेद नहीं रह जाता। गरीब और बेजमीन लोगों की हालत भी खम्हार के बैलों जैसी है।.......मुँह में जाली का जाब।"[47] न घास न अन्न, जाली से मुँह बन्द, खटना अनवरत। खेती-मजदूरी के अलावा क्या कर सकते हैं, बेचारे! किसी के पास एक धुर जमीन नहीं।"[48]

भारतीय जनता की विवश स्थिति की परती में कुछ शस्य श्यामला उर्वर स्थितियाँ भी हैं। 'मैला आँचल' के तहसीलदार साहब, ठाकुर राम किरपाल सिंह, परतीःपरिकथा के जितेन्द्र मिश्र, जुलूस के तालेवर गोढ़ी उर्वर स्थितियों की उपज हैं। तहसीलदार साहब के खम्भार के साथ ही गाँव के किसानों का खम्भार खुलता हैं तहसीलदार साहब का खम्भर बड़ा खम्भर कहलाता है। जरी दहाड़ से बचकर भी दो हजार मन धान होता है।"[49] तहसीलदार साहब एक हजार बीघे के बड़े काश्तकार हैं। रामकिरपाल सिंह तीन सौ बिघे के काश्तकार हैं। खेलावन यादव की डेढ़ सौ बीघे की जोत है। जितेन्द्र मिश्र के पिता शिवेन्द्र मिश्र के पास डेढ़-डेढ़ सौ एकड़ के पाँच चक हैं। तालेवर गोढ़ी के यहाँ रुपया गन्ध करता है, अर्थात् सूखी हुई मछलियों (सुगंठी) की तरह जमे हुए रुपये से गन्ध निकलती है।"[50] तालेवर के अतिरिक्त ये सभी लोग किसानी से वैभव भोगते हैं। तालेवर गोड़ियर गाँव का सबसे सुखी सम्पन्न परिवार है। उसके यहाँ पाट का कारोबार हुआ करता था, अब उसके यहाँ आटा घानी का इंजिन चलता है, जल्दी ही वह अररिया कोर्ट में भी मिल बैठायेगा।

रेणु के उपन्यासों का आर्थिक परिदृश्य उपर्युक्त दो स्थितियों की आड़ी-तिरछी रेखाओं से बना है, जो कहीं एक दूसरे को काटती/जुड़ती हैं, कहीं अगल-बगल से चुपचाप गुज़र जाती हैं। वह विन्दु जहाँ ये रेखाएँ जुड़ती हैं, वह है लक्ष्मी/अर्थ का।

लक्ष्मी मुद्रा भी हो सकती है, अनाज भी। गोड़ियर गाँव की लक्ष्मी तालेवर गोढ़ी के घर विराजती है। इसलिए उसके दलान पर गाँव भर के लोग 'मुँह लगुआगिरी' करने के लिए जमा होते हैं।"[51] 'मैला आँचल' में लक्ष्मी का निवास खम्हार में है। "खम्हार! साल भर की कमाई का लेखा जोखा खम्हार में ही होता है। दो महीने की कटनी, एक महीना मड़नी, फिर साल भर की खटनी। दबनी मुड़नी करके जमा करो, साल भर के खाये हुए कर्ज का हिसाब करके चुकाओ। बाकी यदि रह जाये तो फिर सादा कागज पर अंगूठे की टीप लगाओ। सफाई करनी है तो बैल गाय भरना रखो या हलवाहा चरवाहा दो। फिर कर्ज खाओ खम्हार का चक्र चलता रहता है।"[52]

रेणु के उपन्यासों का अर्थ चक्र खम्हार चक्र का पर्याय है। भारतीय जीवन कृषि पर आधारित है और ग्रामीण जीवन की अर्थव्यवस्था तो पूर्णतः कृषि पर केन्द्रित है। किसान मजदूर साल भर मेहनत-मजदूरी करते हैं, कर्ज में डूबे रहते हैं। रोज के खान-पान का भात हो या होली पर्व का पूड़ी-पूवा–कर्ज का ही आसरा है। अर्थशास्त्र की पुस्तक का प्रसिद्ध वाक्य–भारतीय किसान कर्ज में जन्म लेता है, कर्ज में जीता है और कर्ज में ही मर जाता है–रेणु के उपन्यासों के आर्थिक परिदृश्य की रेखांकित विशेषता है। रेणु इसके कारणरूप में भूमि के असमान वितरण और अंग्रेजों के निलहे युग तथा जमींदारी प्रथा को मानते हैं। मैला आँचल में रेणु पूर्णिया जिले के निलहे अंग्रेजों के अत्याचार को झेलने वाले अनेक गाँवों का उल्लेख करते हैं। किसानों के हिस्से में भूख और अत्याचार ही आते हैं, कभी अंग्रेजों के कभी जमींदारों के। रेणु के उपन्यासों के इस आर्थिक परिदृश्य को प्रेमचन्द के कथा साहित्य में भी देखा जा सकता है। प्रेमचन्द के कथा साहित्य में सेठ साहुकार गरीबों को कर्ज देते हैं, माल दबा लेते हैं, भाव चढ़ा देते हैं। रेणु के 'मैला आँचल' में अनाज के ऊँचे दर से गाँव के तीन ही व्यक्तियों ने फायदा उठाया है, तहसीलदार साहब ने, सिंह जी ने और खेलावन यादव नें। छोटे-छोटे किसानों की जमीनें कौड़ियों के मोल बिक रही हैं।"[53] जुलूस में तालेवर गोढ़ी का मिल चल रहा है। आजकल वह अपने गोदाम में जमें हुए धानों को कूट रहा है। दूने दाम में चावल बिक्री करने का यही समय है।

रेणु के उपन्यासों का आर्थिक परिदृश्य दो हिस्सों में बंटा है। एक ओर तहसीलदार साहब, राम किरपाल सिंह, रामखेलावन, तालेवर हैं; दूसरी ओर मेरीगंज और गोड़ियर गाँव के लोग।

इसके आगे रेणु नये रंग भरते हैं। 'मैला आँचल' में संथाल "जाहिरे जोतिबे

ताहिरे काटिबे' का नारा ढूँढ़ लेते हैं। जवाब में तहसीलदार साहब उन्हें बाहर का आदमी घोषित कर देते हैं। इस आधार पर संथालों जैसे जो गरीब लोग मेरीगंज के हैं, वे तहसीलदार साहब के अपने हैं। उनके लिए संथालों के पक्ष में उतरना अनैतिक है, नैतिकता और औचित्य की मांग है कि गाँव के गरीब लोग भी तहसीलदार साहब, रामकिरपाल सिंह की ओर से संथालों से लड़ें। तहसीलदार विश्वनाथ प्रसाद के दरवाजे पर पंचायत बैठती है। हर टोले के लोग छुआछूत भूलकर एक साथ बैठते हैं। ऊँच-नीच का भेदभाव समाप्त हो जाता हैं तहसीलदार सबको समझाते हैं, "भीषण अकाल पड़ने वाला है। सबके लिए उचित यही है कि मिल जुलकर ज्यादा अन्न उपजाएँ। यदि खेतों पर दफा 144 लग गया तो जमीन में धान हीं रोपा जायेगा। खेत परती रहेगा और अन्न होगा नहीं। इसके बाद मालिक लोगों से ही यदि धन मांगोगे तो कहाँ से देंगे मालिक लोग?"[54] यह तर्क गरीबों की समझ में आ जाता है और वे मान जाते हैं कि हाँ, हाँ, तहसीलदार काका आप ही जो कहिए। तहसीलदार साहब सीधी बात कहते हैं—"सभी भाई सुन लीजिए। यदि गाँव के बाहर का कोई बाहरी हम पर हमला करे तो इसका मुकाबला सभी को मिलकर करना होगा। हाँ, यदि बाहरवाले इस गाँव के जमीन वालों पर हमला करें तो सबों को सहायता करनी होगी। गाँव की जमीन गाँव में रहेगी। बाहरवाले क्यों लेंगे?"[55] तहसीलदार साहब का तर्क कालीचरन जैसा समाजवादी भी मान लेता है और संथालों का विद्रोह सजा पाकर वापस अपनी खोह में चला जाता है।

'मैला आँचल' के किसानों में जागरण के चिह्न हैं। आर्थिक परिदृश्य पर परिवर्तन का रंग उभरना चाहता है किन्तु परिवर्तन की शक्ति एकसूत्र में बँध नहीं पाई है। यथास्थितिवादी ताकतें परिवर्तन के विरोधियों पर भारी पड़ जाती हैं और परिवर्तन परिणाम तक नहीं पहुँच पाता है। 'जुलूस' का जयराम सिंह बिहार के लोगों के स्वभाव में गुंथी प्रवृत्ति को स्पष्ट करते हुए कहता है कि हमारे देश में लोग गंगा स्नान भी करने जाते हैं और सुंगठी का व्यापार भी। 'आप लोगों की तरह अकिलज्ञान' और संगठन यदि इस देश में रहता तो फिर..........?"[56] 'अकिल ज्ञान और संगठन' के अभाव में शोषण और अन्याय के विरुद्ध होने वाले आन्दोलन अपनी मंजिल तय नहीं कर पा रहे हैं लेकिन उपन्यासों में ऐसे अनेक संकेत हैं, जो बताते हैं कि अन्ततः जीत भूमिहीनों की होगी और समाज शोषणमुक्त होगा। रेणु की दृष्टि में वह आर्थिक व्यवस्था समाजवाद की होगी। "जिस तरह सूरज का डूबना एक महान सच है, पूँजीवाद का नाश होना भी उतना ही सच है।

मिलों की चिमनियाँ आग उगलेंगी और उन पर मजदूरों का कब्जा होगा। जमीनों पर किसानों का कब्जा होगा।"[57]

सामाजिक परिदृश्य

"समाज के दो आधार होते हैंः

1. समाज का निर्माण एवं निर्देशित करनेवाला कारक
2. सामाजिक दृष्टिकोण एवं रीतिरिवाज, परम्परायें, प्रथायें तथा सामाजिक मान्यताओं के रूप में अभिव्यक्तियाँ।"[58]

भारतीय सामाजिक व्यवस्था का निर्माण जाति व्यवस्था के आधार पर हुआ है। रेणु अपने उपन्यासों में गाँव का परिचय देते हुए जाति का उल्लेख अवश्य करते हैं। मेरीगंज एक बड़ा गाँव है बारहों बरन के लोग रहते हैं। परानपुर में विभिन्न जातियों के तेरह टोले हैं। गोड़ियर गाँव के बाबू टोले में पन्द्रह घर मैथिल, चार घर राजपूत और गोढ़ी टोले में बीस घर ग्वाला, आठ धानुक और तेरह घर गोढ़ी के हैं। "समाज में जाति की जड़ अत्यन्त गहराई तक गई है। जाति बहुत बड़ी चीज है। जाति पाँति नहीं मानने वालों की भी जाति होती है। सिर्फ हिन्दू कहने से पिण्ड नहीं छूट सकता। ब्राह्मण है?...........कौन ब्राह्मण। गोत्र क्या है? मूल कौन है? शहर में कोई किसी से जाति नहीं पूछता। शहर के लोगों की जाति का क्या ठिकाना? लेकिन गाँव में तो बिना जाति के आपका पानी नहीं चल सकता।"[59] इसका यह अर्थ निकाला जा सकता है कि शहरी सभ्यता के प्रचार और शिक्षा के प्रसार से जाति की महत्ता कम हो जायेगी लेकिन प्रशान्त के आत्मचिन्तन से स्पष्ट हो जाता है कि जाति और भारतीय समाज का रिश्ता क्या है? "प्रशान्त अपनी जाति को छिपाता है, सच्ची बात यह है कि वह खुद अपनी जाति नहीं जानता। यदि उसे अपनी जाति का पता होता तो शायद उसे अपनी जाति बताने में झिझक नहीं होती। तब शायद जाति-पाँति के भेद पर से उसका भी पूर्ण विश्वास नहीं उठता। तब शायद ब्राह्मण कहने में गर्व अनुभव करता।"[60] जातिगत श्रेष्ठता का भाव भारतीय समाज को जकड़े हुए है। डॉ. प्रशान्त एक शिक्षित और सेवा के लिए समर्पित युवक है, उसके आदर्श ऊँचे हैं, फिर भी ब्राह्मण होने के गर्व का भाव उसके अवचेतन में बैठा है। जो जाति से निम्न है, वह अपने निम्न होने से दुखी है। 'परती : परिकथा' का लुत्तो 'खवास' जाति का होने के कारण दुखी है। "मर्मस्थल में चोट लगती है उसके, जब कोई उसे खवास कह बैठता है। अपने

पुरखे, पीढ़ी के पुराने लोगों पर गुस्सा होता है। दुनिया में इतने नाम रहते जाति का नाम खवास रखने की क्या जरूरत थी और लगता है खवासी के सिवा और कोई काम ही नहीं था, पुराने जमाने में। आज किसके मुँह में ताला लगावे लुत्तो।"[61]

गाँधीवादी बालदेव भी जाति के चक्कर से स्वयं को मुक्त नहीं रख पाता है। वह परेशान होकर मेरीगंज वापस चले जाने की बात सोचता है और कहता है कि जाति बड़ी चीज है।

भारतीय समाज में जाति व्यक्ति के सामाजिक अस्तित्व का सबसे बड़ा प्रभावकारी कारक है। इससे न केवल व्यक्ति को सामाजिक स्वीकृति मिलती है। वरन् व्यक्ति-व्यक्ति के बीच सामाजिक सम्बन्ध यहाँ तक कि खान-पान तक जाति से निर्धारित होते हैं। भोज में कुछ लोगों के लिए पूड़ी जलेबी का इन्तजाम होता है तो कुछ के लिए दही-चूड़े का। आदमी पूड़ी तो दूसरी जाति का खा सकता है लेकिन दूसरी जाति का भात खाना किसी हाल में उचित नहीं है। समाज में शक्ति सन्तुलन जाति के द्वारा होता है। मेरीगंज में तीन प्रमुख दल हैं—"कायस्थ, राजपूत और यादव। ब्राह्मण लोग अभी भी तृतीय शक्ति हैं। गाँव के अन्य जाति के लोग भी सुविधानुसार इन्हीं तीन दलों में बंटे हुए हैं।"[62] परती : परिकथा का लूत्तो जाति के आधार पर दलबन्दी करता है।

विचित्र यह है कि जाति से समाज में सद्भाव और समरसता पैदा नहीं होती फिर भी इससे मुक्त होने का कोई मार्ग समाज नहीं ढूँढ़ता। स्वतंत्र भारत में आधुनिकता के आगमन एवं शिक्षा के प्रचार-प्रसार से जातिवादी संकीर्णता से भारतीय जनमानस को उबरना चाहिए था। किन्तु जातिवादियों ने नये ढंग से भारतीय समाज को जकड़ना प्रारम्भ कर दिया। राजनीतिक दलों ने वोट की राजनीति को ऐसे भुनाया कि समाज जाति के आधार पर टुकड़ों-टुकड़ों में बँटने लगा। स्वतन्त्रता के बाद की स्थिति के सम्बन्ध में बालदेव कहता है कि—जाति की बात ऐसी है कि सभी बड़े-बड़े लीडर अपने जाति की पार्टी में है।"[63] बामनदास जैसा सात्विक अहिंसक यह सब देखता है और दुःखी होता है—भूमिहार, राजपूत, कैथ, हरिजन, सब लड़ रहे हैं।..........."अगले चुनाव में तिगुना चुने जायेंगे। किसका आदमी ज्यादा चुना जाये इसी की लड़ाई है। यदि राजपूत पार्टी के लोग ज्यादा आये तो सबसे बड़ा मंतरी भी राजपूत होगा।"[64] राजनीति से शुरू जातिवादी हवा ने समाज के दूसरे पक्षों को भी नहीं छोड़ा। व्यावहारिक स्तर पर लोगों ने यहाँ तक देखना शुरू किया कि बीमा किससे करवायें, हेड मास्टर किसे

रखें। जब हर जात के अलग-अलग लीडर होते हैं तो अपनी जाति का एजेण्ट होगा जरूर।"[65] "कॉलोनी मेम्बर होकर जो यह भी न देखे कि उसके स्कूल में किस जाति का हेडमास्टर बहाल होता है।"[66] "जाति में बंटा समाज बैर और वैमनस्य का समाज होता है। "जातिवाद के दीमकों का मुख्य आहार है मनुष्य का हृदय।"[67] जातिवादिता के दलदल में धसें भारतीय समाज में सुवंश जैसे चरित्रों का उभरना आशा की किरण जैसा ही है। सुवंश छुआछूत नहीं मानता। वह हरिजन मलारी से विवाह करता है। जाति के विषय में सोचते हुए उसका कथन है—"जाति की बात! जातिवाद! जाति का सवाल—जात पांत।....प्रेमी की जाति?"[68]

भारतीय सामाजिक परिदृश्य पर जाति सम्बन्धी एक नई प्रवृत्ति सिर उठा रही है। रेणु 'मैला आँचल' और 'परतीःपरिकथा' दोनों उपन्यासों में इस प्रवृत्ति का उल्लेख करते हैं। लोग राजनीतिक परिदृश्य के परिवर्तन से हुए जाति सम्बन्धी लाभ लेना चाहते हैं, सामाजिक प्रतिष्ठा का लोभ उनके मन में जीवित रहता है किन्तु लाभ इसके ऊपर है। भिम्मल मामा की बात ठीक है—"गिरगिटिया जमाना है। रंग बदलने में देर नहीं लगती। बीस साल पहले गाँव समाज के सभी सोलकन्ह जाति को रजपुताई बीमारी लग गई थी। सब अपने को राजपूत प्रमाणित करने के लिए राजपुताना से नेपाल तक की पोथियों का हवाला देते।"......... "आजकल दूसरा ही रंग हैं तीन साल तक जो क्षत्रिय अपने को खास मानसिंह का वंशज बतलाते थे अथवा आल्हा उदल की सन्तान बताकर दंगा फसाद करते थे—देख लीजिए उन्हें, उनके लड़के शिड्यूल्ड कास्ट और एबोर्जिनल कम्युनिटी की फेहरिश्त में अपना नाम लिखवाने के लिए धक्का-मुक्की कर रहे हैं। सोलकन्ह ही नहीं कुछ बुनियादी बाबुओं ने भी तिकड़म जुगाड़ करके परिगणित जाति में अपनी जाति का नाम दर्ज करवा लिया है।".........."गरुड़धुज झा महापात्र है। महाब्राह्मण। ब्राह्मण लोग भी उसके हाथ का छुआ नहीं खाते। गरुड़धुज झा ने दो तीन महीने तक कचहरी की दौड़ धूप की कि किसी तरह हरिजन ब्राह्मण की लिस्ट में नाम लिख जाये।"[69] रेणु इस परिवर्तन को नाम देते हैं—जनतंत्र कहो, प्रजातंत्र कहो, लेकिन असल में है यह लघुजातंत्र।

समाज को निर्देशित और संचालित करने वाला दूसरा महत्वपूर्ण कारक है पंचायत। रेणु के उपन्यासों के सामाजिक परिदृश्य में पंचायत का प्रभाव व्यक्ति-व्यक्ति के सम्बन्ध, व्यक्ति-समाज के सम्बन्ध दोनों स्तरों पर है। मामला लेन-देन का हो, धर्म का हो, अनाचार या अत्याचार का हो, पंचायत की राय सर्वमान्य होती है। यह

और बात है कि यहाँ पंचो के दिल प्रेमचन्द के अलगू और जुम्मन की तरह नहीं होते। पंचों की राय में अन्य अनेक बातें शामिल होने लगी हैं।

रात को तंत्रिमाटोली में सहदेव मिसिर पकड़े गये।..............."पंचायत होनी चाहिए। राजपूतों ने यदि इस पंचायत में ब्राह्मणों का पक्ष नहीं लिया तो ब्राह्मण लोग ग्वालों को राजपूत मान लेंगे।"[70] ब्राह्मण कहते हैं कि यह सब खलासी की बदमाशी है, वही झूठी तोहमत सहदेव मिसिर पर लगा रहा है। यही हालत रही तो छोटे लोगों के टोले में जाना मुश्किल हो जायेगा। कौन जाने किस पर झूठ-मूठ कौन सी तोहमत लग जाये।"........."पंचायत में गाँव भर के छोटे-बड़े लोग जमा हैं। तहसीलदार साहब पुरैनियाँ गये हैं। पंचायत में अकेले सिंह जी बोल रहे हैं। कालीटोपी वाले संयोजक जी भी हैं, बालदेव जी भी हैं। कालीचरन बिना बुलाये ही आया है।" गवाही के समय पीड़ित पक्ष सच बोलना नहीं चाहता। बिन बुलाया कालीचरन उन्हें समझाता हैः "देखो, यह पंचायत है। पंचायत में परमेसर रहते हैं। पंचायत में झूठ बोलने से हाथों हाथ इसका फल मिलता है। सच-सच बताओ।" अनेक तरह के पेंच के बाद कालीचरन ही फैसला सुनाता है–"पंचायत का यह फैसला है कि महंगूदास अपनी बेटी फुलिया का चुमौना खलासी के साथ करा दे और आज से सभी टोले के लोग बाबू लोगों पर नजर रखें। पंचायत के सभी सदस्य एक स्वर से कालीचरन की राय का समर्थन करते हैं।"[71]

यही स्थिति उस समय हुई थी, जब मठ में महन्थ को टीका देने के लिए आचारज गुरु आये थे। नरसिंह दास चालें चलकर महन्थी पर कब्जा करना चाहता है। नागा साधु नरसिंहा दास के पक्ष में है। आचारज जी का मुन्शी दलील पढ़ता है। "लिखित नरसिंघ दास चेले गोबरधनदास मोतफा जात बैरागी फिरके...। अब आप लोग इस पर दस्तखत कर दीजिए।" लक्ष्मी फूट-फूट कर रोने लगती है।.....बालदेव जी ने भी दस्तखत कर दिया।......कालीचरन दलील हाथ में लेकर उठाता है–आचारज जी! आप कहते हैं, महन्थ सेवादास बिना चेले के मरा है। क्या आप गाँव के लोगों को उल्लू ही समझते हैं?"......"पंचों को लकवा मार गया है, साधुओं की हालत खराब है। पंचों के मुँह पर हवाइयाँ उड़ रही हैं और सबों के बीच में कालीचरन दलील लेकर सिकन्नर शाह बादशाह की तरह खड़ा है। ......
...आचारज जी आपसे हम अरज करते हैं कि सूरतहाल पर रामदासजी का नाम चढ़ाकर महन्थी का टीका दे दीजिए।"[72]

एक पंचायत तहसीलदार साहब के दरवाजे पर बैठती है। एक ही ऊँचे सफरे

पर बामन, राजपूत, यादव, मोची, नाई, रजक, डोम सभी बैठते हैं। प्रसंग है जमीन बन्दोबस्ती का। कालीचरन भी यहाँ पंचायत के वास्तविक मंतव्य को नहीं समझ पाता है और एक व्यक्ति तहसलीदार साहब का स्वार्थ पंचायत का निर्णय बन जाता है—"हम अपने गाँव की बात जानते हैं, आप भला तो जग भला। हम तो इसी में गाँव का कल्याण देखते हैं कि सभी भाई, क्या गरीब, क्या अमीर, सब भाई मिलकर एकता से रहें। न कोई जमीन छुड़ावे न कोई गलत दावा करे। जैसे पहले जोतते, अबादते थे, आबाद करें, बांट दें। न रसीद मांगे न नकदी के लिए दर्खास्त दें।"[73]

भारतीय समाज के महत्वपूर्ण निर्देशक कारक पंचायत की जमीन खिसक रही है। उसमें अब न पुराना तेज रहा न विवेक।

समाज के दूसरे आधार पर रेणु के उपन्यासों का सामाजिक परिदृश्य मैला और बदरंग हैं यहाँ अशिक्षा है, गन्दगी है, अन्धविश्वास है, व्यर्थ की रूढ़िया हैं। "सारे मेरीगंज में दस आदमी पढ़े-लिखे हैं—पढ़े लिखे का मतलब है अपना दस्तखत करने से लेकर तहसीलदारी करने तक की पढ़ाई। नये पढ़ने वालों की संख्या है पन्द्रह।"[74] इस दृष्टि से परानपुर एक उन्नत गाँव है। "यहाँ आठ ग्रेजुएट, दो एम.ए., एक शास्त्री, पचास मैट्रिकुलेट, एक सौ मिडिल पास।........ ...लड़कियाँ भी पढ़ी लिखी है।"[75] गोड़ियर गाँव का एक लड़का डाक्टरी पढ़ता है। बाकी लोग यजमानी, पहलवानी, गाड़ीवानी, घोड़ा लदाई, दुकान, नौकरी, खेती, मजदूरी और चोरी करके जीवन यापन करते हैं।"[76] 'कितने चौराहे', 'दीर्घतपा' और पल्टू बाबू रोड' इस दृष्टि से शिक्षित सामाजिक वातावरण के उपन्यास हैं। गणेश की मौसी को डायन माना जाता है। खलासी गाँव के बीमार लोगों की झाड़ फूँक करते हैं। गोड़ियर गाँव में तन्त्र-मन्त्र का खूब प्रभाव है। 'मैला आँचल' में जोतखीजी गाँववालों को समझाते हैं कि डाक्टर ने ही गाँव में हैजा फैलाया। वह जो दवा की सुई लगाता है उससे लोग कमजोर हो जाते हैं। परानपुर के लोग जित्तन को परती जोतने नहीं देते। ग्रामीणों के अनुसार परती जोतने से परमादेव कोप करेंगे। परती तोड़कर जित्तन गोमाता के पेट पर छूरी चला रहा है। इससे उसे गो हत्या का पाप लगेगा और वह पागल हो जायेगा। धर्म के असली स्वरूप को लोग भूल गये हैं। गाँव में मठ अनीति का अड्डा हो गया है, शहर में वीमेन्स हास्टल। 'मैला आँचल' के महन्थ को दासी चाहिए, 'दीर्घतपा' के शहरी पात्र को देहाती माल, और 'जुलूस' के तालेवर गोढ़ी को रोज नई-नई भैरवी।

कलह और वैमनस्य में जीने वाले ये लोग पर्व मनाते हैं, मेले जाते हैं, कथायें

कहते-सुनते हैं और गीत गाते हैं। भले ही कर्ज लेकर गेहूँ मिले, होली शान से मनाई जाती है, सिरवा पर्व खुशी-खुशी मनाया जाता है। गरीबी और जहालत में जीने वाले रेणु के पात्र उत्साह और उल्लास से भरे हैं।

स्वतंत्रता प्राप्ति के बाद रेणु के उपन्यासों का सामाजिक परिदृश्य बदलता है।

स्वतंत्र भारत की सरकार पंचवर्षीय योजनाओं को लागू करके देश के विकास का मार्ग प्रशस्त करती है। शिक्षा का प्रचार-प्रसार बढ़ता है। नारी समाज में जागृति आती है, समाज का प्रत्येक वर्ग अपनी उन्नति के लिए सजग हो जाता है जनता के गीत "सबसे बढ़के तोहरे बन्दौं मालिक बाबू के जुतवा" न रहकर "जाहिरे जोतिबे ताहिरे काटिबे' बन जाते हैं।" 'मैला आँचल' की फुलिया के चुमौने का निर्णय पंचायत लेती है, जबकि 'परती : परिकथा' की मलारी स्वयं सुवंश से विवाह कर लेती है। इन सुखद परिवर्तनों के साथ कुछ विसंगतियाँ स्वतंत्र भारत में ऐसी उभरीं, जिनसे सामाजिक जीवन दूषित हुआ। शिक्षा प्रणाली में उचित और आवश्यक परिवर्तन नहीं करने के कारण युवा वर्ग में बेकारी बढ़ने लगी। युवाशक्ति सृजनात्मक कार्यों में न लगकर दिशाहीनता की शिकार बन गई। सरकार द्वारा अहीर, धोबी, चमार आदि हरिजन जाति को पढ़ने के लिए पैसे दिये गये। अतः इतर जातियों को ऐसा लगने लगा कि सरकार उनके लिए कुछ नहीं करती। फलतः जातिगत विद्वेष गहराने लगा। "जमींदारी उन्मूलन के बाद भी हर साल फसल कटने के समय एक डेढ़ सौ लड़ाई दंगे और चालीस पचास कतल होते रहे तो फिर से जमीन बन्दोबस्ती की व्यवस्था की गई।"[77] भूमि सर्वेक्षण का काम शुरू होते ही गृह कलह बढ़ गया। 'परती : परिकथा' की पंक्तियाँ हैं–"पाँच दीवानी मुकदमें दायर हो चुके हैं। एक से एक रंगीले मुकदमें। परिवार का एक प्राणी दूसरे को निगलने की तैयारी कर रहा है। लड़के ने अरजी दी है–विधवा माँ परिवार को नेस्तनाबूंद करने पर तुली हुई है। पारिवारिक सम्पत्ति को बरबाद कर रही है। माननीय जज साहब तुरन्त इंजक्शन की कारवाई को मंजूर करें। बाप ने प्रार्थना की है वह सम्मिलित परिवार का कर्ता-धर्ता होकर अभी जीवित है, सम्मिलित परिवार की आमदनी के पैसे से उसके लड़के ने जमीन खरीदी.......सब अपने नाम से। अब एक धुर जमीन भी देना नहीं चाहता उसका बेटा। गुजारिश है.......... ।"[78]

सामाजिक जीवन में बढ़ते भ्रष्टाचार और नैतिक मूल्यों के दिनानुदिन क्षय से जीवन में मधुरता घटती जा रही है। 'कितने चौराहे' एक आदर्शवादी स्वतंत्रता सेनानी की कथा है इसलिए इस उपन्यास में ह्रासोन्मुखी जीवनशैली दिखाई नहीं

देती। अलावा इसके 'मैला आँचल' से लेकर 'पल्टू बाबू रोड' तक सामाजिक जीवन के निरन्तर होने वाले ह्रास का चित्रण रेणु ने किया है। राजनेता से लेकर जनता तक और इन दोनों को जोड़ने वाले नौकरशाह तक इस ह्रास की व्याप्ति है। विवेकी राय का यह कथन रेणु के उपन्यासों के सामाजिक परिदृश्य पर अक्षरशः लागू होता है—"सन् 1950 ई. के बाद वाले हिन्दी उपन्यासों को देश के बहुस्तरीय आमुख परिवर्तनों ने, विशेषकर देश के इतिहास-भूगोल के बदले जाने की स्थितियों, चुनावों और लोकतंत्र, व्यापक रूप से विकास चक्र प्रवर्तन, जनजीवन की राजनीति-केन्द्रीयता और नेतावाद, कमरतोड़ महंगाई के साथ बेकारी की मार, आबादी के बढ़ते बोझ और भ्रष्टाचार के दबाव आदि ने ऐसे जबरदस्त रूप से प्रभावित किया कि उनमें जीवन के स्वरूप-वैविध्य की कोई सीमा न रही। इस नये दौर के कृतिकारों ने प्राचीन मूल्यों और मान्यताओं के टकराने तथा टूटने की स्थितियों के साथ अचानक तीव्र गति से उपजी सामाजिक जीवन की गिरावट को विशेष रूप से चित्रित किया है।"[79]

समग्र संक्षिप्त मूल्यांकन

रेणु के उपन्यासों का अध्ययन इस निष्कर्ष की ओर ले जाता है कि 'मैला आँचल' और 'परती : परिकथा' की प्रकृति बहुत कुछ एक जैसी है और बाकी उपन्यासों की कुछ-कुछ दूसरे तरह की। 'परती : परिकथा' में रेणु मिथिला के जन-जीवन की अनेक अच्छी-बुरी प्रवृत्तियों को जाँचते परखते हैं। यह कहना अपर्याप्त होगा कि रेणु मिथिला के जन जीवन को प्रस्तुत करते हैं। रेणु इससे आगे बढ़कर यह जानने की कोशिश करते हैं कि वहाँ जीवन अपने जिस रूप में है, वह वैसा ही क्यों है। मेरीगंज और परानपुर के वर्तमान को देखने के साथ-साथ रेणु की संवेदना उन दबावों को महसूस करती है, जो इतिहास की शक्तियों के दबाव हैं, उन संकल्पों की गूँज सुनती है, जो इतिहास को बदल देने की ताकत रखते हैं। इसीलिए रेणु अभावों और रोगों में पलते मनुष्य के होठों पर उतरने वाली हँसी की तरलता को उपन्यास में उतारते हैं। सैकड़ों वर्षों की परतन्त्रता, सामन्ती और जमींदारी शासन के कुपरिणामों को कोशी अंचल झेलता रहा है। उसके ऊपर प्रकृति की मार, बाढ़ का प्रकोप, कालाजार की बीमारी फिर भी जन-जवीन हारता नहीं। स्वतंत्रता और जमींदारी प्रथा के अन्त से यहाँ आशा की नई किरण फूटती है। विज्ञान के निर्माणकारी आविष्कारों और सुविधाओं को स्वतंत्र भारत के गणतन्त्रात्मक शासन द्वारा जन-जन तक पहुँचाने का प्रयास हो रहा है। रेणु 'मैला

आँचल' में प्रशान्त और 'परती : परिकथा' में जित्तन के माध्यम से विज्ञान के सुफलदायी स्वरूप को गाँवों तक पहुँचाते हैं लेकिन रेणु एक पल को भी भूलते नहीं कि जिस परिवेश में विज्ञान की नयी रोशनी जाने वाली है, वह किन विन्दुओं पर निराश और किन विन्दुओं पर उल्लासपूर्ण है। फागुन की मीठी बयार के स्पर्श के साथ फगुआ के मालपुये का यथार्थ रेणु को याद रहता है। रेणु मिथिला अंचल के यथार्थ को राष्ट्रीय यथार्थ से जोड़ते हैं। इस जोड़ में मिथिला की विशिष्टता लुप्त नहीं होती। अपनी विशिष्टता कायम रखते हुए मेरीगंज और परानपुर की धरती बाहर के परिवर्तनों से प्रभावित होती है। 'मैला आँचल' के सम्बन्ध में इसके प्रकाशन के कुछ ही वर्ष बाद लिखा गया कि "पिछले महायुद्ध और बाद की घटनाओं ने विशेषकर स्वतंत्रता प्राप्ति ने, हमारे देश को बहुत गहराई से झकझोर दिया है, उसमें ऐसी उथल पुथल मचा दी है कि जीवन की अनगिनत नई पर्तें उखड़कर सामने आ रही हैं। इस गति के कारण होने वाले परिवर्तनों का चित्र हिन्दी के और भी कई रचनाओं में मिलता है पर मैला आँचल में उसके फलस्वरूप देहातों की आत्मा में होने वाले आंदोलन और विक्षोभ की झांकी है।"[80] परती : परिकथा का कथा-समय आजादी के तुरत बाद वाले पहले दशक का है, जब देश नव निर्माण की पंचवर्षीय योजनाओं का आशापूर्ण कार्यक्रम बना रहा था। "परती : परिकथा एक महान जनतांत्रिक देश द्वारा समाजवाद की दिशा में किये जाने वाले प्रयत्नों की, इस राह पर बाधा और षडयन्त्रों की, देश की जनता के संघर्ष, उसकी पराजय की और सबके बावजूद विजय में दृढ़ आस्था की महागाथा है।"[81]

'मैला आँचल' और 'परती : परिकथा' में रेणु मेरीगंज और परानपुर के माध्यम से सामाजिक जीवन की महागाथा प्रस्तुत करते हैं। बाद के उपन्यासों में रेणु व्यक्ति के जीवन-संघर्ष को प्रस्तुत करते हैं। 'मैला आँचल' और 'परती : परिकथा' की रचना के बाद रेणु की रचना-यात्रा का एक चरण पूरा होता है। यह चरण ग्रामीण परिवेश की भावमयी यात्रा का था। इसके बाद रेणु की रचना-यात्रा एक मोड़ लेती है। अब रेणु के पास शहरी अनुभव हैं, व्यक्ति केन्द्रित कथानक है और रचनाओं के लिए दूसरा ढाँचा है।

'दीर्घतपा' और 'पल्टू बाबू रोड' में रेणु ने स्त्री को केन्द्र में रखकर शहरी जीवन की नैतिकता की परतों को उघाड़ा है। 'दीर्घतपा' में एक ओर मिसेज आनन्द और एक खास तरह का चालक तंत्र है; दूसरी ओर बेला, रमा, रेखा और वर्षा जैसी संकल्पशील किन्तु समझौते के लिए विवश लड़कियाँ हैं। रेणु इनके

संकल्प को विद्रोह तक नहीं ले जाते हैं। अनेक दुःस्वप्नों से गुजरने वाली बेला अपने ऊपर लगाये गये आरोपों को स्वीकार कर लेती है। स्वयं रेणु इससे आहत हैं। वे मानते हैं कि "कुहरे, धुंध में दीप कली की तरह खिली बेला गुप्त अचानक बुझ गयी।"[82] 'पल्टू बाबू रोड' बैरगाछी में रहने वाले लोगों की जीवनचर्या का खुला ब्यौरा है। यह रेणु का ऐसा अकेला उपन्यास है, जिसमें कोई आदर्श पात्र नहीं है। निरन्तर क्षरित होने वाले लोगों की समस्यायें यहाँ एक दूसरे पर हावी हैं। 'दीर्घतपा' और 'पल्टू बाबू रोड' में रेणु कामकाजी स्त्री जीवन के उतार-चढ़ाव पर प्रकाश डालते हैं। स्त्री विमर्श के विभिन्न पहलुओं का आकलन इन उपन्यासों की विशेषता है। 'जुलूस' देश के बँटवारे के कारण विस्थापित लोगों की करुण कथा है। लेखक ने इस उपन्यास में दो अलग-अलग तरह की जीवन पद्धतियों वाले समाज को आस-पास रखकर नये समाज की संरचना के सूत्रों की तलाश की है। पवित्रा इस उपन्यास की प्रमुख पात्र है। 'दीर्घतपा' की रचना के समय रेणु अपने सिर पर सवार पंच कन्याओं की बात करते हैं। 'दीर्घतपा' की बेला उनमें से एक है और 'जुलूस' की पवित्रा दूसरी। 'जुलूस' में रेणु 'लोक संस्कृति मूलक समाज' की स्थापना पर बल देते हैं। यहाँ अंचल अपनी अलग सत्ता को लोक संस्कृति मूलक समाज की सत्ता में विलीन कर देता है।

रेणु के उपन्यासों में 'कितने चौराहे' का स्वर सबसे अलग है। इसका फैलाव एक लम्बे काल खण्ड तक है। इस काल खण्ड में राष्ट्रीय क्रान्ति का बिगुल बजता है, अनेक आन्दोलन होते हैं, स्वतंत्रता मिलती है एवं देश पर चीन और पाकिस्तान का आक्रमण होता है। इन हलचलभरी और परिवर्तनकारी घटनाओं को एक व्यक्ति के जीवन से जोड़ते हुए रेणु ने इस उपन्यास की रचना की है। उपन्यास के प्रारम्भ का किशोर छात्र उपन्यास के अन्त में एक प्रौढ़ संन्यासी के रूप में दिखाई देता है। व्यक्ति और राष्ट्र के जीवन के अनेक मोड़ों को रेणु यहाँ दर्शाते हैं। लम्बे कालखण्ड को लेकर भी रेणु ने यहाँ अपेक्षित विस्तार नहीं दिया है। लम्बे कालखण्ड को लेकर लिखा गया यह एक छोटा उपन्यास है।

उपन्यासकार के रूप में रेणु की ख्याति और यश के आधार 'मैला आँचल' और 'परती : परिकथा' हैं किन्तु इसका यह अर्थ नहीं कि बाद के उपन्यास महत्वहीन हैं। इन उपन्यासों में उठाई गई समस्यायें महत्वपूर्ण और अनुपेक्षणीय हैं।

संदर्भ

1. रेणु, मैला आँचल, राजकमल प्रकाशन, पेपर बैक संस्करण, 1954, पृष्ठ 127।
2. उपरिवत्, पृष्ठ 250।
3. रेणु, परती : परिकथा, राजकमल प्रकाशन, 1998, पृष्ठ 339।
4. उपरिवत्, पृष्ठ 309।
5. उपरिवत्, पृष्ठ 264।
6. उपरिवत्, पृष्ठ 36।
7. अल्पना तिवारी, रेणु की नारी सृष्टि, राधाकृष्ण प्रकाशन, नई दिल्ली, 1994, पृष्ठ 66।
8. रेणु, परती : परिकथा, राजकमल प्रकाशन, 1998, पृष्ठ 57।
9. उपरिवत्, पृष्ठ 286।
10. उपरिवत्, पृष्ठ 182।
11. रेणु, 'जुलूस', भारतीय ज्ञानपीठ प्रकाशन, 1997, पृष्ठ 9।
12. उपरिवत्, पृष्ठ 9।
13. उपरिवत्, पृष्ठ 9।
14. उपरिवत्, पृष्ठ 8, 9।
15. रेणु, 'कितने चौराहे', अनुपम प्रकाशन पटना, पेपर बैक संस्करण, 1999, पृष्ठ 107।
16. उपरिवत्, पृष्ठ 134।
17. उपरिवत्, पृष्ठ 141।
18. रेणु, 'पल्टू बाबू रोड', राधाकृष्ण प्रकाशन, 1979, पृष्ठ 18।
19. इनसाइक्लोपीडिया ऑफ द सोशल सांइसेजः ए.आर.ए. सेलिगमैन (प्रधान सम्पादक) खण्ड 13 पृष्ठ 231 (हिन्दी उपन्यासों में सामाजिक चेतनाः लाल साहब सिंह, नमन प्रकाशन, नई दिल्ली, 1998, पृष्ठ 6 पर उद्धृत)।
20. रेणु 'कितने चौराहे', अनुपम प्रकाशन, पटना, पेपर बैक संस्करण, पृष्ठ 41।
21. उपरिवत्, पृष्ठ 122।
22. उपरिवत्, पृष्ठ 122।
23. उपरिवत्, पृष्ठ 107।

24. उपरिवत्, पृष्ठ 126।
25. उपरिवत्, पृष्ठ 138।
26. रेणु, मैला आँचल, पेपर बैक संस्करण, 1954, पृष्ठ 96।
27. उपरिवत्, पृष्ठ 99।
28. उपरिवत्, पृष्ठ 97।
29. उपरिवत्, पृष्ठ 62।
30. उपरिवत्, पृष्ठ 73।
31. उपरिवत्, पृष्ठ 70।
32. उपरिवत्, पृष्ठ 70।
33. उपरिवत्, पृष्ठ 211।
34. उपरिवत्, पृष्ठ 232।
35. उपरिवत्, पृष्ठ 232।
36. रेणु, दीर्घतपा, बिहार ग्रन्थ कुटीर, 1963, पृष्ठ 90।
37. हिन्दी अनुशीलन- दिसम्बर-मार्च 2005 में डॉ. लालकेश्वर सिंह का लेखः हिन्दी के आंचलिक उपन्यास साहित्य में बिहार के आंचलिक उपन्यासकारों की देन।
38. रेणु, परती : परिकथा, राजकमल प्रकाशन, 1998, पृष्ठ 52।
39. उपरिवत्, पृष्ठ 147।
40. उपरिवत्, पृष्ठ 273।
41. रेणु, 'जुलूस', भारतीय ज्ञानपीठ प्रकाशन, 1997, पृष्ठ 74।
42. रेणु, 'मैला आँचल', पेपर बैक संस्करण, 1954, पृष्ठ 181।
43. उपरिवत्, पृष्ठ 96।
44. उपरिवत्, पृष्ठ 117।
45. रेणु, 'जुलूस', भारतीय ज्ञानपीठ प्रकाशन, 1997, पृष्ठ 11।
46. रेणु, 'मैला आँचल' पेपर बैक संस्करण 1954, पृष्ठ 134।
47. उपरिवत्, पृष्ठ 61।
48. रेणु, जुलूस, भारतीय ज्ञानपीठ प्रकाशन, 1997, पृष्ठ 19।
49. रेणु, मैला आँचल, पेपर बैक संस्करण 1983, पृष्ठ 61।
50. रेणु, 'जुलूस' भारतीय ज्ञानपीठ प्रकाशन, 1997, पृष्ठ 17।

51. उपरिवत्, पृष्ठ 19।
52. रेणु, 'मैला आँचल', पेपर बैक संस्करण 1954, पृष्ठ 61।
53. उपरिवत्, पृष्ठ 96।
54. उपरिवत्, पृष्ठ 144।
55. उपरिवत्, पृष्ठ 145।
56. रेणु, 'जुलूस', भारतीय ज्ञानपीठ प्रकाशन, 1997, पृष्ठ 30।
57. रेणु, 'मैला आँचल', पेपर बैक संस्करण 1954, पृष्ठ 84।
58. कोणदेव शर्मा, 'आधुनिक हिन्दी उपन्यास और वर्ग संघर्ष', 'राधा पब्लिकेशन्स' नई दिल्ली, 1991, पृष्ठ 78।
59. रेणु, 'मैला आँचल', पेपर बैक संस्करण 1954, पृष्ठ 41।
60. उपरिवत्, पृष्ठ 41।
61. रेणु, 'परती : परिकथा', राजकमल प्रकाशन 1998, पृष्ठ 31।
62. रेणु, 'मैला आँचल', पेपर बैक संस्करण, राजकमल प्रकाशन, 1954, पृष्ठ 14।
63. उपरिवत्, पृष्ठ 242।
64. उपरिवत्, पृष्ठ 232।
65. रेणु, 'परती : परिकथा', राजकमल प्रकाशन, 1998, पृष्ठ 137।
66. रेणु, 'जुलूस', भारतीय ज्ञानपीठ प्रकाशन, 1997, पृष्ठ 115।
67. रेणु, 'परती : परिकथा' राजकमल प्रकाशन, 1998, पृष्ठ 27।
68. उपरिवत्, पृष्ठ 95।
69. उपरिवत्, पृष्ठ 99।
70. रेणु, 'मैला आँचल', पेपर बैक संस्करण, राजकमल प्रकाशन, पृष्ठ 89।
71. उपरिवत्, पृष्ठ 92।
72. उपरिवत्, पृष्ठ 77।
73. उपरिवत्, पृष्ठ 145।
74. उपरिवत्, पृष्ठ 15।
75. रेणु, 'परती : परिकथा', राजकमल प्रकाशन, 1998, पृष्ठ 20।
76. रेणु, 'जुलूस' भारतीय ज्ञानपीठ प्रकाशन, 1997, पृष्ठ 18।

77. रेणु, 'परती : परिकथा', राजकमल प्रकाशन, 1998, पृष्ठ 24।
78. उपरिवत्, पृष्ठ 285।
79. आलोचना, 76 (मार्च 1986 नई दिल्ली) में विवेकी राय का लेख, 'आज के हिन्दी उपन्यासों में चित्रित जीवन का स्वरूप और दर्शन'।
80. कल्पना, फरवरी, 1956, हैदराबाद, सं. बदरी विशाल पुत्ती।
81. 'फणीश्वर नाथ रेणु अर्थात मृदंगिये का मर्म' (सम्पादक, भारत यायावर) में सुवास कुमार का लेख, विपक्ष प्रकाशन, कदमा, हजारी बाग, 1991, पृष्ठ 207।
82. 'दीर्घतपा' की भूमिका में रेणु, बिहार ग्रंथ कुटीर, 1963।

चतुर्थ अध्याय
लोक तत्त्व और रेणु के उपन्यास

लोक तत्त्व और रेणु के उपन्यास

लोक का सृजन में महत्व

साहित्य और लोक एक दूसरे से घनिष्ठ रूप से जुड़े हैं। साहित्य लोक पर आधारित है, लोक के भीतर से उद्‌भूत होता है और लोक साहित्य का आधार बनकर धन्य होता है, अमरत्व को प्राप्त करता है। 'जैमनीय उपनिषद' में लोक के विषय में कहा गया है कि लोक अत्यन्त विशद है, प्रत्येक वस्तु में व्याप्त है और इसे प्रयत्न करने पर भी पूरा नहीं जाना जा सकता है।"[1] सिवाय ईश्वर के जो लोक के कण-कण में व्याप्त है और जिसकी सत्ता लोक से अलग भी है, कुछ भी ऐसा नहीं है जो लोक में समाविष्ट नहीं है। अथर्व वेद में इस अत्यन्त विशद लोक की कल्पना दो रूपों में की गई है—पार्थिव लोक और दिव्य लोक। पार्थिव लोक इन्द्रियगोचर है, दिव्य लोक इन्द्रियों की पहुँच से परे है। साहित्य अपने 'सहित भाव' के बल पर पार्थिव और दिव्य दोनों लोकों की यात्रा करता है, यहाँ तक कि 'लोकोत्तर महत् तत्त्व' को भी शब्दों में रूपायित कर लेता है। यह अवश्य है कि लोकोत्तर भी साहित्य में लोक के माध्यम से रूपायित होता है।

विशद व्यापक लोक में साहित्यकार अपनी जमीन, अपना विषय आप ही चुनता है। साहित्कार वास्तव में प्रजापति है। उसकी जैसी मंशा होती है, वैसा ही रचता है। इस क्रम में वह लोक की यात्रा करता है, लोक को प्रत्यक्षतः देखता है। लोक को अपनी आँखों से स्वतः देखने वाला ही अच्छी तरह देख सकता है। इस सम्बन्ध में महर्षि व्यास कहते हैं—

पुराणां चैव दिव्यानां कल्पानां युद्ध कौशलम्।
वाक्य जाति विशेषाश्च लोक यात्रा क्रमश्चयः।

"इस लोक में मनुष्यों का समूह ही नहीं, सृष्टि के चर-अचर सभी सम्मिलित हैं। पशु-पक्षी, नदी-पर्वत सब लोक हैं और सबके साथ साझेदारी की भावना ही लोक दृष्टि है। सबको साथ लेकर चलना ही लोक संग्रह है और इन सबके बीच में जीना ही लोक यात्रा है।"[2] साहित्य इसी लोक यात्रा का समय-समय पर अभिलेख प्रस्तुत करता है।"[3]

साहित्य अपना उपजीव्य लोक से ग्रहण करता है। लोक चेतना अपने सम्पूर्ण वैभव के साथ साहित्य की सामग्री बनती है और सहित्यकार को प्रेरणा देती है। साहित्यकार स्वयं लोक का अंश है। परम्पराएँ, स्मृतियाँ उसे धरोहर के रूप में प्राप्त होती हैं। उसका जाग्रत युगबोध उसे समय और समाज से जोड़ता है। वह

अपने समय के प्रश्नों के उत्तर समकालीन समाज में ढूंढ़ता है और इसी क्रम में इतिहास की नब्ज भी टटोलता है। बीते समय की शिला पर पड़े चिह्नों को पहचान कर वह आगे आने वाले समय के लिए अपने चिह्न छोड़ता है। इन सभी स्थितियों में वह लोक से जुड़ता है। लोक उसके रचना संसार का निर्माण करता है।

अपने मनोभावों की अभिव्यक्ति के लिए रचनाकार माध्यम रूप में जिस भाषा को ग्रहण करता है, वह समाज की दीर्घकालीन सामूहिक साधना का परिणाम है। अभिव्यक्ति के क्षणों में रचनाकार परम्परा से प्राप्त भाषा का प्रयोजन के अनुरूप प्रयोग करता है, शब्दों में नई अर्थ-छवियाँ भरता है एवं पूर्ववर्ती रचनाकारों की तरह साधना के मार्ग पर अपनी यात्रा प्रारम्भ करता है। साहित्य लोक-विच्छिन्न कभी नहीं होता। "साहित्य की विशेषता यह है कि वह हमारे आस-पास को हमारे सामने नये रूप में लाता है, हमारे अतिशय चीन्हे सौंदर्य को उद्घाटित करता है। साहित्यिक कृति भी उपलब्ध संसार के विभिन्न अवयवों से ही गढ़ी जाती है। इन्हीं के संयोग से सृष्टि हमारी आँखों के सामने खुल जाती है। विभिन्न जीव और जगत के बीच बिल्कुल ही नये और अप्रत्याशित लेकिन नितान्त स्वाभाविक सम्बन्ध हमारे देखते ही देखते उद्घाटित होने लगते हैं।"[4]

साहित्य लोक के लिए है। आत्म को अभिव्यक्त करते हुए साहित्यकार सबसे जुड़ना चाहता है, सब तक संप्रेषित होना चाहता है। साहित्य आत्म और अनात्म के साथ होता है। इसमें सत्-असत्, शिव-अशिव, सुन्दर-असुन्दर सबका समावेश है। सबको साथ लेकर चलते हुए साहित्य लोक की चित्तवृत्ति का शोधन करता है और लोकहित की साधना करता है। यदि यह कहा जाये कि साहित्य लोक को लोक से ग्रहण करता है ओर लोक को ही दान करता है तो कोई अतिशयोक्ति नहीं होगी। विषयवस्तु और अभिव्यक्ति के माध्यम के चयन के लिए साहित्य लोक पर निर्भर है एवं लोक दिशा निर्देश के लिए, मूल्यों की स्थापना के लिए साहित्य की बाट जोहता है।

लोकानुभूति

महर्षि व्यास ने लोक के प्रत्यक्ष दर्शन की बात कही है। साहित्यकार के लिए लोक का प्रत्यक्ष दर्शन चेतना के स्तर पर उसका अनुमूल्यात्मक ग्रहण है, लोक का सहभागी बन जाना है, लोक को अपना सहभागी बना लेना है। लोक का अर्थ है-"इन्द्रिय गोचर संसार जो इन्द्रियों द्वारा अनुभूत होता हो। इस लोक में केवल मनुष्य समाज नहीं रहता, प्रकृति भी आती है, व्यवहार भी आता है, भाषा भी आती है।"[5] रचना के स्तर पर संपूर्ण इन्द्रिय गोचर संसार का प्रत्यक्षीकरण संभव नहीं

रचनाकार के रचना संसार में संपूर्ण इन्द्रिय गोचर संसार का उतना ही हिस्सा आता है, जिससे रचनाकार का रागात्मक सम्बन्ध होता है। यह हिस्सा जितना ही बड़ा होता है, साहित्यकार का लोक दर्शन अर्थात् उसकी रचनात्मक क्षमता उतनी ही विस्तृत, व्यापक और उदात्त होती है और इस हिस्से से रचनाकार की जितनी ही सघन संपृक्ति होती है, रचना में उतनी ही गहनता और त्वरा होती है। इस विन्दु पर 'लोक' किचिंत सीमित और विशिष्ट अर्थ का वाचक बन जाता है। वह स्थिति, जिससे रचनाकार का रागात्मक सम्बन्ध है, रचनाकार का लोक है और उससे प्राप्त अनुभूतियाँ उसकी लोकानुभूति। "मानव समुदाय के साथ, विशेष रूप से उस मानव समुदाय के साथ, जो भाषा-व्यवहार और संस्कृति-व्यवहार में सहभागी हैं, हम कुछ अधिक जुड़े होते हैं। इसका यह अर्थ नहीं कि हम मनुष्य से इतर को कम महत्व देते हैं। मनुष्य होने का अर्थ ही है, इतर को अपना बनाना, किसी को इतर या पराया न मानना। इस लोक में इसी भाव से जीना, सही माने में लोक यात्रा है।[6] रचनाकार की लोकानुभूति लोक यात्रा के दौरान प्राप्त होने वाली सारकृत केसर है।

रचनाकार स्थानीय, राष्ट्रीय, अन्तर्राष्ट्रीय, वैयक्तिक, सामाजिक सभी तरह के विषयों पर अपनी कलम चलाने के लिए स्वतंत्र है लेकिन उसकी श्रेष्ठ रचना वही होती है, जो उसकी सच्ची अनुभूति से जुड़ी है, जिससे उसकी चेतना ने तादात्मय स्थापित किया है। रचना के लिए विषय की नहीं अनुभूति की और अनुभूति को उसकी समग्रता में तथा उसके प्रत्येक आयाम में ग्रहण करने की जरूरत होती है। इसके लिए रचनाकार को अपने मन को स्वच्छ एवं निर्मल बनाना होता है, वैयक्तिकता के दुराग्रह से मुक्त करना पड़ता है। "ग्रहण करने वाले मन की अपनी सलवटें और पर्दे उस अनुभव को एक आयामी या विकृत कर सकते हैं इसलिए साहित्यकार—कलाकार मात्र के लिए साधना का पहला चरण यही होता है कि वह अपने मन को, अपने संवेदन-यंत्र में आ रही सलवटों और परतों को इस प्रकार हटावे कि कोई भी मानवीय अनुभव अपनी समग्र संश्लिष्टता के साथ उसमें इस प्रकार बिम्बित हो कि उसमें निहित सभी आयाम और स्तर एक साथ उद्घाटित हो सकें।"[7]

सृजन के लिए साहित्यकार साधना करता है। अपने राग भाव का विस्तार करते हुए वह मन के निर्मल दर्पण में लोक का दुःख—सुख उतार लेता है। उसकी संवेदनाएँ वैयक्तिकता की सीमा का अतिक्रमण कर जाती हैं। उसका समय और समाज उसी की वाणी में बोलने लगता है। सृजन की प्राथमिक आवश्यकता

अनुभूति है और पराकाष्ठा लोकानुभूति।

डा0 हजारी प्रसाद द्विवेदी ने लोक के सम्बन्ध में अपने विचार प्रकट करते हुए लिखा है कि लोक शब्द का अर्थ 'जनपद' या ग्राम्य नहीं है बल्कि नगरों और गाँवों में फैली हुई वह समूची जनता है, जिनके व्यावहारिक ज्ञान का आधार पोथियाँ नही हैं। ये लोग नगर में परिष्कृत रूचि सम्पन्न तथा सुसंस्कृत समझे जाने वाले लोगों की अपेक्षा अधिक सरल और अकृत्रिम जीवन के अभ्यस्त होते हैं और परिष्कृत रुचि वाले लोगों की समूची विलासिता और सुकुमारता को जीवित रखने के लिए जो भी वस्तुएँ आवश्यक होती हैं, उनको उत्पन्न करते हैं।[8] विशाल भारत की अधिसंख्य जनता इस दृष्टि से 'लोक' की श्रेणी में आती है। व्यावहारिक भाषा में कहा जाये तो यह भारत की ग्रामीण जनता है, आम जनता है। इस सन्दर्भ में लोकानुभूति का अर्थ है- आम जनता के जीवन के विभिन्न पक्षों का सूक्ष्म पर्यवेक्षण, उनकी जीवन पद्धति के वाह्य और आन्तरिक पक्षों का आत्मीय उद्घाटन और उनके शोक और उल्लास, दुःख और सुख से रचनाकार का तादात्म्यीकरण। भारतीय जीवन के यथार्थ को साहित्य में प्रस्तुत करने के लिए लोक जीवन के यथार्थ की पहचान आवश्यक है। इस पहचान को लोकानुभूति संभव बनाती है।

लोक जीवन में प्रचलित अभिव्यक्ति के विविध रूप

लोक जीवन सहज, स्वच्छन्द और अकुण्ठ होता है। इसकी अपनी गति-मति, विश्वास-आग्रह होते हैं। तर्क और बुद्धि की कसौटी पर इनके विश्वास खरे नहीं उतरते लेकिन लोक संस्कृति में इनका बहुत अधिक महत्व होता है। अपने मनोभावों को व्यक्त करना मनुष्य की प्रवृत्ति है। लोक जीवन में भी यह प्रवृत्ति होती है। लोक जीवन की अभिव्यक्ति लोक-चित्त से सीधे निकलती है और सभी सामान्य जन को रस धारा से स्नात करने में समर्थ होती है। इसका लिखित रूप प्राप्त नहीं होता। यह परम्परागत रूप से लोक जीवन में चलता रहता है। आमोद-प्रमोद और मनोरंजन इसका उद्देश्य होता है और अकृत्रिमता तथा सहजता पहली विशेषता। लोक की जीवन पद्धति की झाँकी इसमें मिलती है। डॉ० धीरेन्द्र वर्मा ने "ऐसी मौलिक अभिव्यक्ति (कृति) को, जो लोक की युग-युगीन वाणी-साधना में समाहित रहती हो तथा जिसमें लोक मानस प्रतितिम्बित रहता हो, लोक साहित्य माना है।"[9]

लोक साहित्य का क्षेत्र अत्यन्त व्यापक है। लोक जीवन के सुख-दुःख, आशा-निराशा, उतार-चढाव लोक साहित्य में अभिव्यक्त होते हैं। साधारण जनता जिन शब्दों में गाती है, रोती है, हँसती है, खेलती है, उन सबको लोक साहित्य के

अन्तर्गत रखा जा सकता है।.........विभिन्न ऋतुओं में जो परिवर्तन दिखायी पड़ता है, उसका प्रभाव जन साधारण के हदय पर पड़े बिना नहीं रहता। अतः वाह्य जगत में इस परिवर्तन को देखकर जो उल्लास या आनन्द की अनुभुति होती है, वह लोक गीतों में प्रकट होती है। खेतों की बोआई, निराई, लुनाई आदि के समय भी गीत गाये जाते हैं। जनता अपने पूर्व पुरूषों के शौर्यपूर्ण कार्यों को गाकर आनन्द प्राप्त करती है। उनका यशोगान कर श्रोताओं के हृदय में वीर रस का संचार करती है। ये गीत लोक कथाओं की कोटि में रखे जा सकते हैं। ...."गाँव के बूढ़े जाड़े के दिनों में आग के पास बैठकर कहानियाँ सुनाया करते हैं।....जन मन के अनुरंजन के लिए गाँवों में स्वांग या नाटक भी खेले जाते हैं। ये लोक नाट्य ग्रामीण जनों के मनोविनोद के अन्यतम साधन हैं। गाँव के लोग अपने दैनिक व्यवहार में सैकड़ों मुहावरों तथा कहावतों का प्रयोग करते हैं। छोटे-छोटे बच्चे खेलते समय अनेक प्रकार के हास्य जनक गीत गाते हैं। ये सभी गीत तथा कथाएँ लोक साहित्य के अन्तर्गत आती हैं।[10]

लोक जीवन में अभिव्यक्ति (लोक साहित्य) के निम्नलिखित रूप माने जाते हैं।[11]

1. लोक गीत
2. लोक गाथा
3. लोक नाट्य
4. लोक कथा
5. लोक सुभाषित

उक्त परिप्रेक्ष्य में रेणु का अध्ययन और समीक्षात्मक निष्कर्ष

रेणु के उपन्यासों में लोक जीवन की आत्मा बसती है। रेणु के लिए रचना अपने आप को खोजना है, अपने दुःख-दर्द को सबके साथ बाँट लेना है। रेणु मानते हैं कि अपने आप को लोक में, अपनी मिट्टी में ही खोजा जा सकता है, बिना उससे तादात्म्य स्थापित किये रचनाकार अपनी पहचान नहीं कर पाता है। पहचान के अभाव में रागात्मकता से सूनी रचना प्राणवान नहीं हो सकती। सामान्यतः प्रत्येक व्यक्ति अपने परिवेश से अनेक अनुभव प्राप्त करता है लेकिन सभी अनुभव रचना की भावभूमि नहीं बनते हैं। "जब हम अनुभव की बात करते हैं। तो हमारा तात्पर्य एंन्द्रिक संवेदन से नहीं होता है। ऐन्द्रिक संवेदन अनुभव का माध्यम हो सकता है लेकिन अनुभव वह तभी है जब, उसमें मानवीय चेतना

संपृक्त हो।"[12] मानवीय चेतना की संपृक्ति अनुभूति को भाव संसार का अंश बना देती है। वास्तविकता मन से सम्बद्ध होकर अनुभव का रूप ग्रहण करती है और अनुभव भावना के रूप में रचनाकार को आन्दोलित करता है। मानवीय चेतना से संपृक्त अनुभव और तथाकथित भोगे हुए यथार्थ में अंतर है। रेणु अपने रचना कर्म के सन्दर्भ में स्पष्ट कहते हैं- "भोगे हुए साहित्य जैसे लिटरेरी जागरण में मेरा विश्वास नहीं। पर लिखता मैं भी वही हूँ, जो सोचता हूँ, अनुभव करता हूँ।... खास बात तो मैं नहीं जानता, पर हाँ, इतना जरूर जानता हूँ कि जब तक लिखने के लिए मजबूर नहीं हो जाता, मैं नहीं लिखता।"[13]

किन कारणों से रेणु लिखने के लिए मजबूर होते हैं, कौन उन्हें लिखे बिना जीने नहीं देता, इसके बारे में रेणु का कथन है- "मैं तो इन खेतों में बराबर टहला करता हूँ। सुबह कोहरे में उठते हुए खेतों का सलेटी वर्ण, दोपहर धानी रंग और शाम को ढलते हुए सूरज की किरणों से निखरी हुई इन खेतों की स्वर्णाभा दर्शनीय होती है। अलग-अलग समय में खेतों का अलग-अलग रंग वर्ण ही नहीं, अलग-अलग गंध भी सहज ग्राह्य हैं। इस फसल के लहलहाने में तो अब पात्र भी लहलहा रहे हैं। लिखने को मेरा मन कुलबुला रहा है। यहाँ से पटना लौटकर कुछ न कुछ लिखूँगा[14] ....गाँव के किसान-मजदूर ही मुझसे लिखवाते थे, ठीक उसी प्रकार जैसे भूख लगने पर आदमी एक्शन और तनाव दोनों महसूस करता है। "[15] प्रकृति और गाँव के किसान-मजदूर रेणु के लिए सृजन के कारण हैं। लोक का सुख-दुःख रेणु का सुख-दुःख है। लोक ही रेणु के रचना संसार का निर्माण करता है। लोक से प्राप्त अनुभूतियाँ रेणु के साहित्य में अभिव्यक्ति पाती हैं। रेणु की लोकानुभूति की निम्नलिखित विशेषताएँ मानी जा सकती हैं।

अपनी भूमि

भारत यायावर से बात करते हुए रेणु कहते हैं—"अपने आपको हम अपनी भूमि में खोज सकते हैं।"[16] भूमि अर्थात पार्थिव लोक, प्राकृतिक सम्पदा और मानवीय सम्पदा का कोश। रेणु भूमि के लिए विशेषण देते हैं 'अपनी'। रेणु की 'अपनी भूमि' पार्थिव लोक का वह हिस्सा है, जो रेणु की चेतना का संस्पर्श करता है। इस भूमि पर मेरीगंज, परानपुर, बाँकीपुर, गोड़ियर गाँव जैसी जगहें हैं, कोशी है, बालूचर हैं, पण्डुकी है, हल्दी चिरैया है और भले-बुरे बहुत से लोग हैं। रेणु की लोंकानुभूति में ये सभी सम्मिलित हैं।

भूमि की प्राकृतिक सम्पदा रेणु की लोकानुभूति की अमूल्य निधि है। प्रकृति रेणु के उपन्यासों का परिवेश भी है और वह माध्यम भी, जिसके द्वारा वे उपन्यास

का कथ्य प्रकट करते हैं। 'मैला आँचल' में कमला नदी, कोशी, तड़बन्ना, 'परती: परिकथा' में कोशी और उसके किनारे उड़ते बालूचर, हजारों जोड़े पखेरू, हिमाचल के परदेशी पंछी, हिमालय की चोटी पर डूबते सूरज की रोशनी, 'जुलूस' में अछीमुद्दीनपुर हाट का काला जंगल, 'कितने चौराहे' में शहतूत के पेड़ और भूआ कीड़ों को छोड़कर उपन्यास का रस नहीं ग्रहण किया जा सकता। उपन्यास तो उपन्यास रेणु अपनी बात भी प्रकृति को छोड़कर नहीं कह पाते हैं। 'ईश्वर ने मेरे बेचारे' शीर्षक प्रसिद्ध आत्म संस्मरण में रेणु लिखते हैं कि अपने सम्बन्ध में कुछ लिखने की बात आते ही मन के पर्दे पर एक छवि 'फेड इन' हो जाया करती है, एक महान महीरूह....ऋषि तुल्य विराट वनस्पति। फिर इस छवि के ऊपर 'सुपर इम्पोज' होती है, दूसरी तस्वीर : जटा जूट धारी बाबा जी की गोद में किलकता एक नन्हा शिशु और तब अपने बारे में कुछ लिखने की बात मन से दूर हो जाती है, क्योंकि इस वृक्ष को बाद देकर अपनी कहानी लिख पाना मेरे लिए असंभव है।"[17]

रेणु के लोक में किसिम-किसिम के लोग हैं। खड़ी बोली का लोग 'लोक' शब्द से बना है, जिसका अर्थ है एक से अधिक व्यक्ति। बङ्गला और मैथिली में 'लोक' का प्रयोग एक और एकाधिक व्यक्ति—दोनों अर्थों में होता है। संख्या स्पष्ट करने के लिए एक, दो, अनेक जैसे संख्या वाचक विशेषण और टा, ठो जैसे प्रत्यय का प्रयोग लोक के साथ होता है। 'जुलूस' में पवित्रा बङ्गला में इस शब्द का प्रयोग करते हुए कहती है—ओ लोकटा के देखे आमार भीषण भय कोरे।"[18] रेणु के अनुभव संसार में भयंकर-प्रीतिकर, शिष्ट-अशिष्ट लोगों की भरमार है। इनमें अनेक और स्पष्ट अन्तर हैं। कमली और मलारी में, सहदेव मिसिर और सुवंश में बहुत अन्तर है लेकिन रेणु के रचना संसार के लोगों में जो समानता है, वह है, सामान्य आदमी होने की समानता। रेणु की लोकानुभूति – उनका सुख-दुख सामान्य जन से जुड़ा है। 'मैला आँचल' से लेकर 'पल्टू बाबू रोड' तक रेणु सामान्य जन की बात करते हैं। शहर हो या देहात रेणु की दृष्टि सदैव सामान्य जन को ढूँढ़ती है। 'मैला आँचल' के बालदेव, काली चरण, बावनदास, 'परती : परिकथा' के लुत्तो, मलारी, ताजमनी, 'जुलूस' की पवित्रा, काला चांद, 'दीर्घतपा' की बेला, 'कितने चौराहे' का मनमोहन और 'पल्टू बाबू रोड' की बिजली – सभी सामान्य जन हैं। 'मैला आँचल' का प्रशान्त और 'परती : परिकथा' का जितेन्द्र 'भद्रलोक' से हैं तो जरूर लेकिन ये दोनों सामान्य जन से जुड़कर ही अपनी सार्थकता प्राप्त करते हैं। अज्ञेय ने रेणु की कहानियों के विषय में टिप्पणी करते हुए लिखा है—"हम आज उस परिवेश में रहते हैं, जिसे आम आदमी को लेकर

भड़कायी गयी एक लम्बी धुँधली बहस ने दमघोटूँ बना रखा है और जिसमें कभी कभार उठायी गयी हर आदमी की अद्वितीयता की बात भी रूँध जाती है, पर रेणु की कहानियाँ मानो सारी बहस और तर्कों के प्रत्युत्तर को अनावश्यक कर देती हैं, क्योंकि वे एक के बाद एक ऐसे चरित्र को सिरजती चलती हैं, जो आम है, मामूली है, हमारे आस-पास है, हमारे अन्दर है और जो अद्वितीय है, एकान्त अद्वितीय। ... रेणु सचमुच धरती के धनी थे। वह हाथ बढ़ाते थे और वसुन्धरा की सम्पदा आप से आप उनके हाथ आ जाती थी, मिट्टी की ताजा महक लिये हुए आतुर रस शिराओं से स्पन्दमान, एक साथ ही निरी माटी और एक जीवन्त संरचना।"[19] अज्ञेय की यह टिप्पणी रेणु के उपन्यासों के लिए भी अक्षरशः सत्य है।

रेणु लेखकीय तटस्थता का आवरण ओढ़कर लोक में प्रवेश नहीं करते हैं। रेणु के उपन्यासों में लोक के प्रति उनकी संलग्नता स्पष्ट दिखायी देती है। 'मैला आँचल' की भूमिका में वे स्वीकार करते हैं कि इसमें फूल भी हैं, शूल भी हैं, गुलाल भी, कीचड़ भी है, चन्दन भी, सुन्दरता भी है, कुरूपता भी – मैं किसी से दामन बचाकर निकल नहीं पाया।"[20] रेणु की प्रतिबद्धता लोक के प्रति है, मेरीगंज के प्रति है, फूल अथवा शूल के प्रति नहीं इसलिए उनकी संलग्नता इन दोनों के प्रति है। 'जुलूस' में रेणु विशाल जुलूस के साथ अविराम चलते हैं। भीड़ से निकलर अलग खड़ा होकर जुलूस को देखना चाहते हैं, लेकिन मानते हैं कि इस भीड़ से अलग होने की सामर्थ्य मुझमें नहीं है।"[21] 'परती : परिकथा' में संलग्नता इतनी बढ़ जाती है कि रेणु की 'भूमि', उनका 'लोक' साक्षात उपस्थित हो जाते हैं और रेणु लिखते हैं– "पतिता भूमि, परती जमीन, बन्ध्या धरती ....।...... कथा होगी अवश्य इस परती की भी, व्यथा भरी कथा वन्ध्या धरती की।"[22]

लोक और देश

'जुलूस' में हल्दी चिरैया को देखकर पवित्रा कहती है—यही एक पखेरू है जो उसके देश में नहीं होता।..... इस देश में कुछ भी नहीं जो पवित्रा के देश में नहीं था। पेड़, फल, फूल, फसल, जानवर, पंछी सिर्फ इस हल्दी पाखी को छोड़कर।"[23] एक दिन वह नबीनगर में गोल पार्क के दक्षिण में कटहल के नये पेड़ के पास खड़ी होकर एक दृश्य देखती है। वह गोपाल पाइन को बुलाकर उस दृश्य को दिखलाती है–"देख रहे हैं? अब उससे भी दूर वह काला जंगल दिखलाई पड़ रहा है। टाइल खपड़े के वे घर। खजूर के दोनों पेड़ों के उस पार देखा?...... अच्छा बोलिए तो पाइन मास्टर, अछिम्मुदीनपुर हाट हम लोगों के जुमापुर जैसा दिखलाई

पड़ता था।..... मान लीजिये आप जुमापुर के ठाकुर पोखरे पर पूरब मुँह खड़े हैं और दूर दिखलाई पड़ रहा हैं अछिम्मुदीनपुर हाट का काला जंगल। वह पेड़, ठीक इसी तरह टेढ़ा पेड़ उस रास्ते में भी था। आप को याद है? देखिये तो बोलिये तो।"[24] गोपाल पाइन आँखों के ऊपर तलहथी डालकर दूर तक दृष्टि फेरता है और अवाक् हो जाता है, कहता है—ये की लीला?" पाइन को नबीनगर में रहकर जुमापुर में होने का भान होने लगता है। हूबहू एक ही दृश्य, पेड़, जंगल। वह नबीनगर के लोगों को समझाने की कोशिश करती है कि यहाँ धान और पाट की खेती होती है, हम भी अपने देश में धान और पाट की खेती करते थे। यहाँ के लोग भी मछली भात खाते हैं। गाँव-घर, बाग-बगीचे, पोखरे और नदी, सब कुछ अपने देश जैसा....।"[25] हरलाल साहा तीखी आवाज में विरोध करता है—"सी हुति पारे ना।.....कहाँ अपना देश और अपने देश की मिट्टी और अपने देश का चावल, और कहाँ इस अद्भुत देश का आजगुबी व्यापार'।....यहाँ की मछली में क्या वही स्वाद है जो पद्दा के इलिच में.....?"[26] हरलाल साहा की बात पर सभी मुस्कुराते हैं मानो वह सबके दिल की बात कह रहा हो। पवित्रा के दिल की भी बात यही है। वह अपने को संतोष देने के लिए तरह-तरह के तर्क प्रस्तुत करती है।

'जुलूस' का पात्र 'देश' शब्द के प्रयोग के विषय में कहता है—"अरे बाबू! आप देश का जो माने बूझता है, आसल में हम लोगों का देश का माने वो नहीं है। देश का माने जैसे बंग्लादेश, बिहार देश, उड़ीसा देश वैसे माफिक।"[27]

एक अन्य प्रसंग में कामदेव देश शब्द का प्रयोग करते हुए कहता है—"पाँच-पाँच देश के पत्रे हैं उसके पास—बंगला देश का—नदिया—शान्तिपुरी, बिहार का तिरहुता और काशीजी का पाँजी।"[28] रेणु की आंचलिकता सम्बन्धी संकल्पना 'देश' के बहुत समीप है।

जिस तरह एक ही प्रदेश बंगला में नदिया और शान्तिपुरी दो पत्रे मौजूद हैं उसी तरह बिहार में तिरहुता और मैथिल, उ.प्र. में बनारसी (काशी) और कान्यकुब्जी। काला चाँद की भाषा में कहें तो देश में देश और उसमें भी जाने कितने देश हैं। ऐसे देश में देश का आधार है स्थानिकता। लोक-व्यवहार में आज भी एक क्षेत्र का व्यक्ति दूसरे क्षेत्र में जाकर अपने क्षेत्र को 'देश' के रूप में याद करता है। 'जुलूस' में पवित्रा को नबीनगर के लोग एड़ी तक लोटते हुए 'केशवाली बंगला मुलुक' की भैरवी कहते हैं।"[29] एक देश दूसरे से अलग पहचान रखता है अपनी स्थानीय

विशेषताओं के कारण। 'जुलूस' में इसे 'आजगुबी व्यापार' कहा गया है, चीजों का स्वाद कहा गया है। पेड़, फल-फूल, जानवर, पंछी जुमापुर और नबीनगर में एक जैसे हैं लेकिन हल्दी चिरैया जुमापुर और नबीनगर को अलग कर देती है। गाँव-घर, पोखरा-नदी दोनों जगह एक से हैं लेकिन जुमापुर के पद्दा के इलिच का स्वाद नबीनगर की मछली में कहाँ? लोगों के नाम एक से हो सकते हैं लेकिन नाम के माफिक चेहरा भी होना होगा। रेणु लोक जीवन में गहरे पैठे रचनाकार हैं। वे लोक व्यवहार में प्रयुक्त शब्द 'देश' से आंचलिकता को अभिव्यक्त करते हैं।

रेणु के 'लोक' में 'देश' समाहित है। अपनी स्थानीय विशेषताओं को सुरक्षित रखते हुए अंचल यहाँ लोक का हिस्सा बन जाता है। 'मैला आँचल' में मिथिला और संथाल परगना 'परती : परिकथा' में नेपाल और मिथिला एवं 'जुलूस' में बंगाल और मिथिला मिलकर लोक का निर्माण करते हैं। इस सम्मिलन से अंचल की जड़ता टूट रही है। वह भारत की स्वतंत्रता का जश्न मनाता है। पिछड़ेपन को पिछवाड़े करके अपने मुख्य द्वार को नये युग के स्वागत के लिए खोल लेता है, जिससे दिमाकृषि (डेमोक्रेसी) और कलेक्तिव (कलेक्टिव) का प्रवेश हो सके। वह राष्ट्र की मुख्य धारा में शामिल होने की तैयारी में है। "दूर दिल्ली में बैठा नदी घाटी योजना का एक नौजवान विशेषज्ञ परानपुर की तकदीर को फिर से लिख रहा है।"[30] "नये युग के एक डॉक्टर ने आस-पास के पन्द्रह गाँवों का परिचय प्राप्त किया है, भयातुर इन्सानों को देखा है, बीमार और निराश लोगों की आँखों की भाषा को समझने की चेष्टा की है।"[31] रेणु के साहित्य में नगर ग्रामोन्मुख है। रेणु की लोक दृष्टि देखती है कि नगर और ग्राम के सह सम्बन्ध से लोक चेतना का विकास होने वाला है। 'जुलूस' के नये बसाये गये गाँव का नाम राज्य के पुनर्वास उपमन्त्री मुहम्मद इस्माइल नबी के नाम पर 'नबीनगर' रखा जाता है, गाँव के लोग 'नबीनगर' न कहकर 'नोबीन नगर' कहते हैं। नवीन को बंगला में नोबीन कहा जाता है। छिदाम दास नबीनगर को नोबीन नगर ग्राम' कहता है।"[32] रेणु छिदाम दास के नबीन नगर 'ग्राम' के द्वारा नगर और ग्राम की समन्वित नई लोक चेतना की सम्भावना को व्यक्त करते हैं।

सकल समाज

लोक विभाजन नहीं जानता, समाहार जानता है। संकीर्णता नहीं जानता, व्याप्ति जानता है। 'मैला आँचल' में रेणु सूक्ष्म और अप्रत्यक्ष ढंग से इसे प्रस्तुत करते हैं। उपन्यास के अन्त में प्रशान्त की मित्र ममता प्रशान्त और कमली के पुत्र

नीलोत्पल को सम्बोधित करके कहती है—रोओ मत! अब रोने की क्या बात है, प्यारे?"[33] वह नीलोत्पल को अपनी ममता की छाँव देती है। 'जुलूस' के अन्त में यह बहुत स्पष्ट रूप से व्यक्त हुआ है। रात भर की वर्षा के बाद गोड़ियर गाँव के सैकड़े पचहत्तर झोपड़े उजड़ गये। कॉलनी के नये स्कूल, घर के सभी टिन उड़ गये। पन्द्रह लोगों की मौत हुई। इस दैवी प्रकोप की चपेट में दस गाँव के लोग पड़े। एक चुटकी भी धान इस साल मयस्सर नहीं होगा। काला चाँद की कीर्तन पार्टी के लोग सहायता प्राप्त करने के लिए समूह बना कर निकलते हैं। तालेवर गोढ़ी जैसा कठोर व्यक्ति खुलकर दान देता है। भिखारियों का दल गाँव से शहर की ओर निकलता है। इस समूह को देखकर शहर के आत्म केन्द्रित लोगों की देह सिहर उठती है। पूर्णिया शहर में पीड़ितों के सहायतार्थ चैरिटी शो का आयोजन होता है। यहाँ मैथिली, बंगला और भोजपुरी तीनों भाषा के लोकगीत एक मंच से गाये जाते हैं। किश्न लीला के 'गीरी गोबरधन पाला' में "कहाँ किशन नन्देरे दुलारे (मैथिली), रॅक्खा कॅर-रॅक्खा कॅर मदन मुरारे (बंगला) और एक रे सहारा बस किशना तोरे नाम (भोजपुरी) की स्वर लिपियाँ एक साथ सकल समाज की रक्षा के लिए प्रार्थना करती हैं। सकल समाज ही लोक है। इसके हित के लिए व्यक्ति और समुदाय की भावना को विलीन करना पड़ता है। पवित्रा के शब्द हैं—लोक संस्कृतिमूलक समाज के गठन के लिए आमि आमा के उत्सर्ग कोरलाम। वह रवीन्द्र नाथ ठाकुर का गीत गाती है—आमी दॉड़ाते चाइ सभार तले ....सबार साथे।"[34] 'परतीः परिकथा' में परानपुर की परती धरती और परती मन को जितेन्द्र वैज्ञानिक खेती और लोक उत्सव से जोड़ता है। वह भूमि को सिंचित करने के लिए बांध की योजना की पहल करता है और मन को सिंचित करने के लिए लोक मंच की। लोक मंच पर वाद्य-वृन्द और पार्श्वगीत को भेदकर उद्घोषक का नम्र स्वर, ध्वनि विस्तारक यन्त्र पर प्रतिध्वनित होता है—"पूर्णिया के जन जीवन में जिनकी स्मृति आज भी गुनगुना रही है—बटोहिया गीत के अमर गायक स्वर्गीय रघुवीर नारायण को निवेदित—......गंगा जमुनवाँ के निरमल पनियाँ से ये .... दर्शकों की आँखों में तरल तरंग ....कोशिका महारानी! ......रेशमी पटोर मैया फाड़िके फेकाउली, सोना के गहनवाँ मैया गाँव में बँटाउली। ....धीरे-धीरे ध्वनियाँ विलीन हुईं। मंच पर अंधकार छाया रहता है। ....डी.डी.टी. की बांसुरी मटियाली धुन छेड़ती है, अकेली .....नदीर धारेर काछे पासे......"[35] रेणु भोजपुरी, मैथिली और बंगला के समवेत स्वर से भारत की सुन्दर सूभूमि लोक के मर्म को उद्घाटित करते हैं।

रेणु की लोकानुभूति आंचलिकता की सीमा का अतिक्रमण करती है। मिथिलांचल अभेद्य दीवारों से घिरा नहीं है। यहाँ बंगाल, नेपाल, भोजपुर, तिरहुत की हवा का आना-जाना है। रचनाकार रेणु का सरोकार सकल समाज से है, लोक से है।

लोक जीवन में प्रचलित अभिव्यक्ति के माध्यमों का अद्वितीय विनियोग

लोक जीवन में सदियों से प्रचलित अभिव्यक्ति के माध्यमों का रेणु अपने कथा साहित्य में अद्वितीय विनियोग करते हैं। इन माध्यमों के सभी रूपों का उपयोग रेणु ने किया है। ऋतुओं के बदलते मिजाज को स्वरों में बाँधते, श्रम से थके तन को प्रमुदित करते और मानवीय सम्बन्धों को सरलता से अभिव्यक्त करते लोक गीत रेणु के उपन्यासों को गीतों की लय में बाँध देते हैं। लोक कथाओं और लोक गाथा में लोक जीवन के आदिम विश्वास निहित हैं। लोक नाट्य लोक जीवन के यथार्थ के संवाहक हैं तो लोक सुभाषित लोक में प्रचलित भाषा व्यवहार को स्पष्ट करते हैं। अभिव्यक्ति के इन माध्यमों के द्वारा रेणु लोक जीवन को उपन्यासों में रूपायित करते हैं। लोक जीवन का आचार-विचार, पर्व-त्योहार, रहन-सहन इनमें सहजतः प्रतिबिम्बित होता गया है। ये लोक संस्कृति के चित्रण के अत्यन्त सशक्त माध्यम के रूप में आये हैं।

रेणु का कलात्मक कौशल इनके तनिक भिन्न उपयोग में है। रेणु यहाँ लोक गीतों के माध्यम से लोक जीवन में आने वाले बदलावों को व्यक्त करते हैं। पारम्परिक मठियाली संकीर्तन, श्यामा संकीर्तन के साथ सुराजी कीर्तन का गाया जाना लोक जीवन में संचरित होने वाली नयी भावना को द्योतित करता है। इसी तरह "जिन्दगी है किरान्ती की किरान्ती पे लुटाये जा"[36] राजनीतिक चेतना की सुगबुगाहट को संकेतित करती है। "दाल बन्दों, भात बन्दों, साग बन्दों बथुआ"[37] लोक जीवन की सामाजिक और आर्थिक विसंगति की सच्चाई का बयान है। "सुरंगा सदाबृज"[38] पारम्परिक लोक नाट्य है लेकिन इसके माध्यम से आज के लोक जीवन में व्याप्त व्यभिचार पर रोशनी डाली गयी है।

लोक साहित्य का उपयोग रेणु ने सपाट ढंग से नहीं किया है। रेणु ने इसके द्वारा लोक संस्कृति की आत्मा को व्यक्त करने की कोशिश की है, जो सदियों से रूढ़ि में जकड़े लोक जीवन को परिवर्तनकामी बना रही है और गरीबी तथा जहालत से भरी जिन्दगी को आशा तथा उल्लास से आगे बढ़ने का पाठ पढ़ाती है। इतना ही नहीं परिवर्तन के साथ आने वाले खतरों से सावधान करने के लिए भी रेणु लोक साहित्य को माध्यम के रूप में अपनाते हैं।

शहरों के अमानवीकरण ने लोक जीवन को त्रस्त किया है। अनेक आदिम विश्वासों के बोझ से दबे लोक जीवन में आधुनिकता का बोध जग रहा है—रेणु का खुर्दबीनी पर्यवेक्षण इसे पहचान लेता है। किन्तु आधुनिकता के साथ आने वाली पिशाची अमानवीयता से वे बेखबर नहीं है। 'परती : परिकथा' में इसका गहन विश्लेषण सरस कथात्मकता के साथ किया गया है। रेणु के ही शब्दों में— "क्या शहर, क्या देहात, हर जगह चीजें अवमूल्यित हुई है। देखिये आपने जब चर्चा छेड़ ही दी है तो मैं 'परती : परिकथा' की ओर आपका ध्यान ले जाना चाहूँगा। उसमें व्यक्ति के टूटते हुए सम्बन्धों पर विचार किया गया था। सर्वे के समय परिवार टूटा। जैसे लड्डू से बुनिया झरता है न, उसी तरह झर-झर झरते लोग-समाज से और परिवार से। मैंने लिखा था—कोई घर साबुत नहीं, क्या गरीब, क्या अमीर। अब परिवार का एक-एक प्राणी दूसरे को संदेह की निगाह से देख रहा है। एक-एक आदमी अपने को किला बना रहा है। सब कड़ुए होते जा रहे हैं।"[39] रेणु की लोकानुभूति का यह सजग वास्तविक रागात्मक पक्ष है। रेणु पुरातन लोक जीवन और आधुनिक लोक जीवन, दोनों को देखते हैं और पुरातन विश्वास को ऐसा आधुनिक सन्दर्भ देते हैं कि वह समस्या का समाधान बन जाता है।

वर्तमान में लोक जीवन व्यक्ति की टूटन और सामुदायिक भाव के क्षरण से आहत है। रेणु कोशी मैया से जुड़ी लोक गाथा के माध्यम से इसका कारण और समाधान प्रस्तुत करते हैं। कोशी मैया की सास-ननदों ने कोशी मैया के पुनीत सम्बन्धों पिता-पुत्री और भाई-बहन को निरादृत किया, उसके कुल का अपमान किया। कोशी मैया क्रुद्ध होकर सास-ननद को मूर्छित कर नैहर की ओर भागी। कोशी मैया को रोकने के लिए सास-ननद ने कुल्हड़िया आँधी और पहड़िया पानी को भेजा। कुल्हड़िया आँधी के साथ एक हजार कुल्हाड़े वाले राक्षस रहते हैं। पहड़िया पानी तो पहाड़ को भी डुबा दे। कोशी मैया थर-थर काँपने लगी। मैया ने वंश का नाम ले लेकर सबको पुकारा—भइया रे ए ए ए, बहिनी की इजतिया तोहरे हाथ। भउजी से अनुनय विनय की—भइया के भेजी तनि दे ए। लेकिन कहीं से कोई जवाब नहीं आया तो गला फाड़कर कोशी गौर पर दीप जलाने के लिए कहने लगी। किसी ने उसकी पुकार नहीं सुनी। दुनूँ रे बहिनियाँ रामा गला जोड़ि बिलखय, नयना से ढरे झर-झर लोर। दुलारी दाय ने कोशी को धरती की दुर्दशा दिखायी और क्रोध त्यागने का आग्रह किया लेकिन कोशी का क्रोध शान्त नहीं हुआ। कोशी ने कहा—मरें, मरें सब मरे। मेरे पिता के टुकड़े पर पलने वाले ऐसे

आत्मीय सम्बन्धियों का न जीना ही अच्छा, जो अपने वंश की एक अभागिन कन्या की पुकार पर घर की खिड़की भी न खोल सके। कोशी मैया ने दुलारी दाय को आशीर्वाद दिया—तुम्हारे इलाके का एक प्राणी न भूख से मरेगा, न दुख से रोयेगा।

कोशी मैया से जुड़ी यह लोक गाथा कहती है कि पावनता के तिरस्कार के कारण ही धरती बन्ध्या बनी। जिसने पावनता की रक्षा के लिए स्वयं को प्रस्तुत किया, उसे वरदान मिला। लोक जीवन की अधोगति का कारण पावनता का तिरस्कार है। रेणु लोक जीवन में समृद्धि और समरसता के लिए लोक संस्कृतिमूलक समाज की स्थापना पर बल देते हैं। 'परती : परिकथा' और 'जुलूस' का अन्त इसी विचार से होता है।

लोक जीवन उत्सवधर्मी होता है। रेणु के सभी उपन्यासों में पर्व-त्योहारों, गीतों, नाट्य रूपों के माध्यम से लोक जीवन की उत्सवधर्मिता दिखायी गयी है। 'परती : परिकथा' में लड़कियाँ धूमधाम से शामा-चकेवा मनाने की तैयारी करती हैं। मिट्टी का शामा और मिट्टी का चकेवा बनाया जाता है। धान के चावल का पिठार घोला जाता है और तैयार पुतलों पर इससे रंग टिपकारी की जाती है। फिर लड़कियाँ बाहों में बाँह डाल कर मूलगैन के साथ गीत की कड़ी जोड़ती हैं—

"देखे में जे आवे सखिया, बागरे बगैचवा कि पोखिरी भंडिलवा,
रम्मा ऊँची रे हवेलिया, देखु-देखुना।
कहाँ बाग रखवलवा से पूछि लेहू ना,
हमरा शामा के परतीतिया से नेति देहूना।"[40]

इस तरह लोक साहित्य का बहुविधि प्रयोग करते हुए रेणु उपन्यासों के निहितार्थ को व्यक्त करते हैं और लोक जीवन का समग्र चित्रण करते हैं।

रेणु ने लोक साहित्य के लगभग सभी रूपों और लोक जीवन में प्रचलित भिन्न-भिन्न भाषाओं, बोलियों के लोक साहित्य का यथोचित प्रयोग किया है। कतिपय उदाहरण अग्रलिखित हैं—

लोक गीत

रेणु के उपन्यास लोकगीतों से भरे हैं। संस्कार गीत, श्रम गीत, ऋतु गीत, देश भक्ति गीत, भक्ति गीत—सब के उदाहरण यहाँ मिलते हैं। उदाहरण के लिए निम्नलिखित गीतों को लिया जा सकता है—

संस्कार गीत

1. माइ गे हम ना बिआहब अपना गौरा के[41]—मैथिल विवाह गीत
2. एक बेर गेली तोहरो नइहरवा[42]—मैथिल विवाह गीत
3. बड़ा रे जतन कइ सुगा एक हो पोसल—मैथिल शोक गीत
4. आरे कांचही बांस के खाट हो खटोलना[43]—भोजपुरी शोक गीत

ऋतु गीत

1. जोगीजी ताल न टूटे,
   तीनताल पर ढोलक बाजे[44]—भोजपुरी होली गीत
2. आई रे होलिया आई फिर से[45]—भोजपुरी होली गीत
3. सब दिन बोले कोयली भोर भिनसरवा[46]—भोजपुरी चैता
4. सावन हे सखी सबद सुहावन—मैथिल बारहमासा

श्रम गीत

1. छोटी-मोटी पोखरी, चरकुलिया पिण्ड रे[47, 48]—संथाली श्रम गीत
2. बड़ा जुलुम कइलक अकलवारे,
   बंगला मुलुकवा में[49]—मगही चरवाहा गीत

सुराजी गीत

1. भारत का डंका लंका में,
   बजवाया बीर जमाहीर ने[50]
2. का करें गाँधी जी अकेले, तिलक परलोक बसे[51]
3. अरे देसवा के सब धन-धान बिदेसवा में जाये रहे[52]
4. सुनहु-सुनहु भइया गाँधी जी के बतिया[53]
5. नी रखनी—नी रखनी सरकार जालिम नी रखनी।

भक्ति गीत

1. मनहीं में राखब भूवन मोहनी माँ के,
   करिं सब बन्द दुआरे[54]—श्यामा संकीर्तन
2. जागरनथिया रोमाय[55]—जागरनथिया गीत
3. राम रहीम ना जुदा करो भाई,
   दिल को सच्चा रखना जी।[56] नये तर्ज का भक्ति गीत
4. भोर भयो भव भरम भयानक भानु देखकर भागा जी,

ज्ञान नैन साहब के खुलि गया, थर-थर काँपत माया जी।[57]—निर्गुण

5. जय-जय भामिनी, असुर भयावनि[58]—देवी कीर्तन

स्वांग गीत 1. आहे! उत्तर ही राज से आयेल हे नटुकवा कि आहे मैया[59]—नटुआ गीत

2. आहे दामिन ऊपर उगलक चान हे[60]—मैथिल विदापत नाच

3. आरे केना के बाँधबै रे धीरजा[61]—विकटा गीत

4. अरे हो बुड़बक बभना[62]—भड़ौआ गीत

अन्य 1. चाँद बयरि भेल बादल, मछरि बयरि महा जाल—शृंगार प्रधान मैथिल गीत

2. अजी बेटा हम मादरे वतन भारथ का—वीर भाव प्रधान गीत

3. सुमिरि भवानी जगदम्बा को और काली को सीस नवाय—आल्हा गीत

इस तरह रेणु के उपन्यासों में भोजपुरी, मैथिली, बंगला, मगही के विभिन्न प्रकार के लोक गीतों का उपयोग हुआ है।

लोक गाथा

लोक गाथा वे प्रबन्धात्मक लोक गीत हैं, जो आकार में किसी महाकाव्य को चुनौती दे सकते हैं और जिनमें प्रधान तत्त्व कथा है। लोक गाथा में प्रबन्धात्मकता होती है और यह कथा प्रधान होती है।"[63]

रेणु ने 'मैला आँचल' और 'परतीः परिकथा' में लोक गाथा का उपयोग किया है। सुरंगा-सदाबृज, कुमार विजैभान, बिहुला-बाला लखिन्दर की गाथाएँ 'मैला आँचल' में वर्णित हैं। 'मैला आँचल' की गाथाओं में शृंगार और शौर्य भाव गूंथे गये हैं। सुरंगा सदाबृज की कथा—"नाही तोरे आहे प्यारी तेग तरबरिया से" शुरू होती है। यह सुरंगा और सदाबृज की प्रेम कथा है। बिज्जेभान या लोरिक की कथा 'अरे राम राम रे दैवा रे ईसर रे महादेव' से शुरू होकर विजभान की वीरता का बखान करती है। बिहुला-बाला लखिन्दर का प्रारम्भ लखिन्दर (बनिया साजिलो बारात, दुल्हा बना लखिन्दर) की बारात से होता है—यह स्वकीय प्रेम की पवित्रता से जुड़ी गाथा है। इसमें बिहुला के सतीत्व का यशोगान है।

'परती : परिकथा' में परती की कथा बूढ़ा भैंसवार सुनाता है। इस लोक गाथा में कोशी और दुलारी नदी की कथा वर्णित है। सास और ननद से प्रताड़ित कोशिका अपने नइहर की ओर भागती है। बहन दुलारी दाय से मिलकर उसकी

आँखों से आँसू झरने लगते हैं। दुलारी दाय ने कोशिका की पुकार सुनकर उसके लिए दीप जलाया। दूनूँ रे बहिनियाँ रामा गला जोड़ि बिलखय, नयना से झरे झर-झर लोर।" कोशी मइया ने दुलारी दाय को वरदान दिया—तुम्हारे इलाके का एक प्राणी न भूख से मरेगा, न दुख से रोयगा। रेणु लिखते हैं—"आज भी देखिये—दुलारी दाय के आँचल तले पतले जनपद को, गाँवों को, गाँव के लोगों को। उनकी एक परम्परा है।"[64]

लोक नाट्य

लोक नाट्य गीतों का प्रयोग करते हुए प्रस्तुत किया जाता है। यह ग्रामीणों के मनोरंजन का मुख्य साधन है। रेणु ने जाट-जटिन, सावित्री, सिरवा पर्व, बिकटा आदि लोक नाट्य रूपों का उल्लेख अपने उपन्यासों में किया है। रेणु के पात्र पूरी तल्लीनता से इन नाट्य रूपों को देखते और खेलते हैं"[65] रेणु अपने मंतव्य को सिद्ध करने के लिए कुछ नये लोक नाट्य की रचना और उनका मंचन अपने उपन्यासों में कराते हैं। 'परतीः परिकथा' में 'चमरौंधे' और 'सामाजिक न्याय' इसी तरह के नाटक हैं।

लोक कथा

रेणु ने अपने उपन्यासों में लोक कथाओं का भरपूर उपयोग किया है। अनेक छोटी-बड़ी लोक कथाएँ यहाँ मन को लुभाती हैं। मेरीगंज की कथा, कमला नदी की कथा, रानी डूबी घाट की कथा, ब्रह्म-पिशाच की कथा, पण्डुकी की कथा, कोहबर रांडी की कथा, परमा देव की कथा, पंच चक्र की कथा, बकर चरवाहा की कथा आदि ऐसी लोक कथाएँ हैं, जो श्रोता के मन में रस संचार करती हैं। रेणु के उपन्यासों में इन कथाओं को पढ़ते समय ऐसा लगता है जैसे व्यावहारिक जीवन में किसी वक्ता के द्वारा कथा सुनी जा रही हो।

लोक सुभाषित

लोक सुभाषित के रूप में रेणु ने लोक जीवन में प्रचलित लोकोक्तियों, मुहावरों और सूक्तियों का सुन्दर उपयोग अपने उपन्यासों में किया है। कुछ उदाहरण निम्नलिखित हैं—

1. सब धान ढाई पसेरी, पहले जान तब जहान, चलनी कहे सूई से कि तेरी पेंदी में छेद, बाप काटे घोड़ा-घास बेटा का नाम दुर्गादास, नौ दो ग्यारह होना, मिट्टी का महादेव, कूप का बेंग होना—'मैला आँचल'।

2. कहला से बेटा गधा पर नहीं चढ़ता, बकरी करे जुगाली, बूढी डायन समझे उसी की चर्चा हो रही है, पेट में छुछुन्दर घुघुवाना, डगडरिन से पेट छिपाना–'परती : परिकथा'।

3. चूड़ा की गवाही दही से देना, गंगा स्नान और सुंगठी का व्यापार साथ करना, जब संग में ही जाल तो मछली का क्या अकाल, धन धरावे तीन नाम-धन्नू, धनूआ, धनेसरराम, घोड़ा न दुम, करेला चढ़ा नीम पर, ये नागनाथ वे साँपनाथ–'जुलूस'।

4. साँप भी मर जाये लाठी भी न टूटे, सत्तर चूहे खाकर बिल्ली हज को चली, चट मंगनी पट ब्याह, दस मिलकर करो राज हारो जीतो क्या है लाज–'दीर्घतपा'।

सन्दर्भ

1. महाभारत, आदि पर्व, अनुक्रमणिका पर्व, 140, 169, गीताप्रेस गोरखपुर, संस्करण संवत् 2053 पृष्ठ 06।
2. विद्यानिवास मिश्र, लोक और लोक का स्वर', प्रभात प्रकाशन, नई दिल्ली, प्रथम संस्करण, पृष्ठ 19।
3. विद्यानिवास मिश्र, साहित्य का खुला आकाश, प्रभात प्रकाशन, नई दिल्ली प्रथम संस्करण, पृष्ठ 35।
4. उदयन वाजपेयी का लेख (साहित्य और सामाजिक परिवर्तनः सम्पादक बदरी नारायण एवं अनन्त राम मिश्र), वाणी प्रकाशन, नई दिल्ली, 1997 पृष्ठ 110।
5. विद्यानिवास मिश्र, लोक और लोक का स्वर, प्रभात प्रकाशन, नई दिल्ली, प्रथम संस्करण पृष्ठ 21।
6. विद्यानिवास मिश्र, साहित्य का खुला आकाश, प्रभात प्रकाशन, नई दिल्ली, प्रथम संस्करण, पृष्ठ 35।
7. नन्द किशोर आचार्य, 'रचना का सच', वाग्देवी प्रकाशन, बीकानेर, 1986, पृष्ठ 13।
8. जनपद (वर्ष 01, अंक 01) पृष्ठ 65।
9. श्री रामशर्मा, लोक साहित्यः सिद्धान्त और प्रयोग' के पृष्ठ 17 पर उद्घृत, विनोद पुस्तक मन्दिर, आगरा, 1992।
10. हिन्दी साहित्य का वृहद इतिहास, षोडस भाग, प्रस्तावना, काशी नागरी प्रचारिणी सभा, प्रथम संस्करण, पृष्ठ 15।

11. उपरिवत्, पृष्ठ 51।
12. नन्द किशोर आचार्य, रचना का सच, वाग्देवी प्रकाशन, बीकानेर, 1986, पृष्ठ 27।
13. रेणु से भेंटः भारत यायावर, वाणी प्रकाशन, नई दिल्ली, 1987, पृष्ठ 115।
14. उपरिवत्, पृष्ठ 22, 23।
15. उपरिवत्, पृष्ठ 50, 51।
16. उपरिवत्, पृष्ठ 78।
17. सम्पादक भारत यायावर, प्राणों में धुले हुए रंग, पृष्ठ 10 पर उद्घृत, वाणी प्रकाशन, नई दिल्ली, 1993।
18. उपरिवत्, पृष्ठ 10।
19. सम्पादक, भारत यायावर, मृंदगिए का मर्म, में अज्ञेय का लेख[6] धरती का धनी, विपक्ष प्रकाशन, कदमा हजारी बाग, वितरक वाणी प्रकाशन, 1991, पृष्ठ 119।
20. मैला आँचल की भूमिका में रेणु, राजकमल प्रकाशन, पेपर बैक संस्करण, 1954।
21. रेणु, जुलूस, भूमिका से भारतीय ज्ञानपीठ प्रकाशन, 1997।
22. रेणु, परती : परिकथा, राजकमल प्रकाशन, 1998, पृष्ठ 9।
23. रेणु, 'जुलूस' भारतीय ज्ञानपीठ प्रकाशन, 1997।
24. उपरिवत्, पृष्ठ 52।
25. उपरिवत्, पृष्ठ 9।
26. उपरिवत्, पृष्ठ 10।
27. उपरिवत्, पृष्ठ 10।
28. उपरिवत्, पृष्ठ 47।
29. उपरिवत्, पृष्ठ 40।
30. रेणु, परती : परिकथा, राजकमल प्रकाशन, 1998, पृष्ठ 312।
31. रेणु, 'मैला आंचल,' राजकमल प्रकाशन, पेपर बैक संस्करण, 1954 पृष्ठ 34।
32. रेणु, जुलूस, भारतीय ज्ञानपीठ प्रकाशन, 1997, पृष्ठ 10।
33. रेणु, 'मैला आँचल, राजकमल प्रकाशन, पेपर बैक संस्करण, 1954 पृष्ठ 245।
34. रेणु, जुलूस, भारतीय ज्ञानपीठ प्रकाशन, 1997, पृष्ठ 135।

35. रेणु, परती : परिकथा, राजकमल प्रकाशन, 1998, पृष्ठ 338, 339।
36. रेणु, मैला आंचल, राजकमल प्रकाशन, पेपर बैक संस्करण, 1954 पृष्ठ 131।
37. उपरिवत्, पृष्ठ 64।
38. उपरिवत्, पृष्ठ 79।
39. भारत यायावर, रेणु से भेंट, वाणी प्रकाशन, 1987, पृष्ठ 114।
40. रेणु, परती : परिकथा, राजकमल प्रकाशन, 1998, पृष्ठ 171।
41. उपरिवत्, पृष्ठ 46।
42. उपरिवत्, पृष्ठ 47।
43. रेणु, मैला आँचल, राजकमल प्रकाशन, पेपर बैक संस्करण, 1954, पृष्ठ 230।
44. उपरिवत्, पृष्ठ 102।
45. उपरिवत्, पृष्ठ 102।
46. उपरिवत्, पृष्ठ 113।
47. उपरिवत्, पृष्ठ 149।
48. उपरिवत्, पृष्ठ 125, 144।
49. उपरिवत्, पृष्ठ 161।
50. उपरिवत्, पृष्ठ 105।
51. उपरिवत्, पृष्ठ 105।
52. रेणु, जुलूस, भारतीय ज्ञानपीठ प्रकाशन, 1997, पृष्ठ 77।
53. रेणु, परती : परिकथा 1997, पृष्ठ 120।
54. रेणु, जुलूस, भारतीय ज्ञानपीठ प्रकाशन, 1997, पृष्ठ 120।
55. उपरिवत्, पृष्ठ 133।
56. रेणु, मैला आँचल, राजकमल प्रकाशन, पेपर बैक संस्करण, 1954, पृष्ठ 20।
57. रेणु, जुलूस, भारतीय ज्ञानपीठ प्रकाशन, 1997, पृष्ठ 35।
58. रेणु, मैला आँचल, पेपर बैक संस्करण, राजकमल प्रकाशन, 1954, 64, 67।
59. उपरिवत्, पृष्ठ 68।
60. उपरिवत्, पृष्ठ 103।

61. उपरिवत्, पृष्ठ 89।

62. रेणु, परती : परिकथा, राजकमल प्रकाशन, 1998, पृष्ठ 323।

63. कृष्ण देव उपाध्याय, लोक साहित्य की रूप रेखा, साहित्य भवन, इलाहाबाद, 1957, पृष्ठ 282, 83।

64. रेणु, परती : परिकथा, राजकमल प्रकाशन, 1998, पृष्ठ 14।

65. रेणु, मैला ऑचल, पेपर बैक संस्करण, राजकमल प्रकाशन, 1954, पृष्ठ 146, 147।

पंचम अध्याय
आंचलिकता और रेणु के उपन्यास

आंचलिकता और रेणु के उपन्यास

'मैला आँचल' की भूमिका में रेणु ने लिखा– "यह है, "मैला आँचल, एक आंचलिक उपन्यास।" हिन्दी के साहित्य संसार में उपन्यास के लिए यह नया विशेषण था, वह भी समीक्षक द्वारा नहीं, स्वयं रचनाकार द्वारा दिया गया। उपन्यास को अपार ख्याति मिली और इसी के साथ बहस और विवाद का सिलसिला भी शुरू हुआ। कुछ विद्वानों ने आंचलिक उपन्यास को एक नये औपन्यासिक प्रकार के रूप में स्वीकार किया, कुछ ने नहीं। पहली बार स्पष्ट रूप से नन्द दुलारे वाजपेयी ने आंचलिक उपन्यास को स्वीकृति देते हुए लिखा–"वस्तुतः आंचलिक उपन्यास आज के उपन्यासों की एक शक्तिशाली परिणत पद्धति है, वह हिन्दी उपन्यास का नया विकास है।[1] वे विद्वान जो इस मत से सहमत नहीं थे, उनमें एक नाम इन्द्रनाथ मदान का है। इन्द्रनाथ मदान के अनुसार–"आंचलिक उपन्यास को एक स्वतंत्र प्रवृत्ति के रूप में मान्यता देना उसी तरह असंगत है जिस तरह ऐतिहासिक उपन्यास को।[2] अब भी ऐसे प्रश्न उठते रहते हैं कि 'झूठा सच' आंचलिक उपन्यास होगा या शहरी? ....'मैला आँचल' क्यों आंचलिक है और 'सेठ बाँकेमल' क्यों नहीं है? 'आधा गाँव' ही क्यों आंचलिक है, विभूति भूषण का 'अरण्यक' क्यों नहीं?"[3] आंचलिक उपन्यास के स्वरूप को समझने के लिए हिन्दी उपन्यास साहित्य के अतीत के पृष्ठों को पलटते हुए मन्नन द्विवेदी के उपन्यास 'रामलाल' (1914) और आ. शिवपूजन सहाय के 'देहाती दुनिया' (1926) तक की यात्रा की गई है और इन्हें हिन्दी के प्रारम्भिक आंचलिक उपन्यास के रूप में समादृत किया गया है। डॉ० बदरी प्रसाद ने अपने शोध प्रबन्ध 'हिन्दी उपन्यास : पृष्ठभूमि और परम्परा' में आंचलिक उपन्यास को प्रादेशिक उपन्यास नाम देते हुए सन् 1893 में प्रकाशित भुनेश्वर मिश्र के 'धराउ घटना' को आंचलिक उपन्यासों की परम्परा से जोड़ा है। अनेक विद्वान हिन्दी उपन्यास के विकास के भीतर ही आंचलिक उपन्यासों का विकास मानते हैं और आंचलिक उपन्यास को हिन्दी उपन्यास के विकास के प्रथम चरण से लेकर द्विवेदीयुगीन उपन्यासों से होते हुए इसका पूर्ण विकास स्वतंत्रता प्राप्ति के बाद के उपन्यासों में देखते हैं।

आंचलिक उपन्यास साहित्य में रेणु के स्थान एवं महत्व पर भी मतैक्य नहीं है। डॉ. विवेकी राय ने 'धराउ घटना', 'बलवन्त भूमिहर', 'भूमिहर बसन्त', 'मालती', 'अधखिला फूल', 'भोजपुरी ठगी', 'बन विहंगिनी', 'अरण्यबाला', 'रामलाल' आदि उपन्यासों का उल्लेख करते हुए लिखा है कि "इन कृतियों में शिल्प का प्राचीन, अनगढ़, परम्परित और जो स्थूल रूप दिखाई देता है, उसे तराश कर चुस्त,

चुटीला और आधुनिक सूक्ष्म शिल्प भंगिमाओं से जोड़कर स्वातंत्र्योत्तर कालावधि में रेणु ने उसे स्वतंत्र, प्रासंगिक और प्रभावशाली उपन्यास शिल्प के रूप में प्रतिष्ठित कर दिया।"[4] डॉ. पूर्ण देव स्वतंत्रता प्राप्ति के पूर्व एवं उत्तर में लिखे गये उपन्यासों का सन्दर्भ लेते हुए लिखते हैं कि "वस्तुस्थिति यह है कि प्रेमचन्द से लेकर नागार्जुन तक आंचलिक चित्रण क्रमशः अन्य तत्वों की अपेक्षा अधिक विवरणधर्मी, यथार्थ और प्रमुख होता गया है लेकिन आंचलिक उपन्यास जैसी स्वतंत्र औपन्यासिक विधा का जन्म और स्वीकरण रेणु के मैला आँचल (1954) के प्रकाशन के बाद हुआ है।" डॉ. ज्ञानचन्द गुप्त तो यहाँ तक कहते हैं कि "फणीश्वरनाथ रेणु का 'मैला आँचल' उपन्यास आंचलिक उपन्यासों की सृजन यात्रा का प्रारम्भ है। यह ऐसा विशिष्ट प्रारम्भ है, जिसने एक तो नई विधा का नामकरण किया और दूसरा उसी विधा में ऐसी कृति साहित्य को दी जिसने अछूती दुनिया का कोना उजागर ही नहीं किया अपितु नये प्रश्नों, नयी सम्भावनाओं एवं नई दिशाओं का सन्धान किया।[5]

इस तरह के मत और कथन चाहे जितने भी हों, यह निर्विवाद है कि 'मैला आँचल' के प्रकाशन के बाद ही कथा साहित्य की समीक्षा के क्रम में अंचल, आंचलिक, आंचलिकता जैसे शब्द महत्वपूर्ण हो गये। रेणु के उपन्यासों के अध्ययन और विश्लेषण में तो इन शब्दों का असंदिग्ध महत्व है। अतः इन शब्दों पर गौर करना आवश्यक है।

शब्द रूप

अंचल

अंचल संस्कृत भाषा का शब्द है। यह शब्द अञ्च धातु में 'अलच्' प्रत्यय लगाने से निष्पन्न होता है। अञ्च धातु पाणिनीय धातु के प्रमुख दस गणों में से पहला 'भ्वादि' गण के प्रयोग में आया है तथा उभयपदी है। अलच् प्रत्यय कृदन्त प्रत्यय के एक भाग अणादि प्रत्यय में प्राप्य है।"[6] डॉ. आदर्श सक्सेना मानते हैं कि उणादि प्रकरण में कहीं इस प्रकार का विशेष विधान नहीं है, जिसके आधार पर 'अञ्च' धातु में अलच् प्रत्यय का योग करके अंचल शब्द की व्युत्पत्ति की जा सके लेकिन तीन आधारों पर इस प्रकार की व्युत्पत्ति की जा सकती है।

1. यह शब्द संस्कृत भाषा में प्रयुक्त होता रहा है।

2. पाणिनीय व्याकरण का एक सूत्र है—मङ्गेरलच्' यहाँ 'मंग' धातु में अलच् प्रत्यय का योग कर मंगल शब्द का निर्माण किया गया है। इसी शब्द के साम्य पर अंचल, चंचल आदि शब्द बने हैं।

3. महर्षि पाणिनि ने उणादि प्रकरण के अन्त में इस प्रकार के शब्द निर्माण के लिए आधार प्रस्तुत कर रखा है। संज्ञाञ्च धातु रूपाणि प्रत्ययाश्चततः परे। कार्यात् विद्यात् अनुबन्ध मेतच्छास्त्र मुणादिषु।"[7] अञ्च धातु के दो अर्थ हैं–गति एवं पूजा। अच्चु गति पूजार्थकयोः।"[8]

विभिन्न शब्दकोशों में अंचल शब्द का अर्थ भिन्न-भिन्न दिया हुआ है, जिनमें कुछ प्रमुख अर्थ निम्नलिखित हैं–

1. अंचलः पुः अंचति प्रान्त भागं गच्छति। (अंच + अलच्)
   वस्त्रं प्रांत भागः। आंचल इति भाषा।

   –हलायुध कोश, जयशंकर जोशी, पृ. 111

2. अंचल शब्द वस्त्र के कोना या पल्ला के अर्थ में आता है।

   –पद्म चन्द्र कोश, पं. गणेश दत्त शास्त्री, पृ. 08

3. पदान्त वस्त्रापान्तः, प्रान्तः भाग।

   –आदर्श हिन्दी कोश, राम स्वरूप शास्त्री, पृ. 41

4. अंचल–संज्ञा, पुलिंग (संस्कृत) आँचल, पल्ला, साड़ी का छोर, देश का वह भाग जो सीमा के पास हो, नदी के किनारे की भूमि, तट या किनारा क्षेत्र आदि।

   –हिन्दी राष्ट्रभाषा कोश–सं. श्रीवास्तव एवं चतुर्वेदी, पृ. 08

5. साड़ी का छोर जो सामने रहता है, पल्ला, आँचर या अँचरा, किनारा एवं सीमा का समीपवर्ती भाग।

   –भाषा शब्दकोश, पं. रमाशंकर रसाल, पृ. 08

उपर्युक्त मतों के आलोक में अंचल का एक अभिप्रेत अर्थ माना जा सकता है–"कोई स्थान विशेष अर्थात् भौगोलिक आदि सीमाओं से घिरा हुआ कोई जनपद या क्षेत्र।"[9] उपन्यास के सन्दर्भ में अंचल शब्द का यही अर्थ माना जाता है। अंग्रेजी में अंचल के इस अर्थ में रीजनल शब्द का प्रयोग होता है। रीजन का अर्थ भूमि का एक टुकड़ा, राष्ट्र, किसी सीमा तक निश्चित भू-भाग, जिसमें कुछ विशेष प्राकृतिक रूपों, जलवायु सम्बन्धी दशाओं, जीव, वनस्पति आदि के कारण विशिष्टता रखता है।"[10]

आक्सफोर्ड इंगलिश डिक्शनरी में लिखा गया है–

> *A realm or kingdom obs. (13) a large tract of land, a country, a more or less defined portion of earth's surface, now esp. As distinguished by certain natural features climatic conditions, special fauna or flora or a like–The Oxford Dictionary.*

दी अमेरिकन कॉलेज इनसाइक्लोपेडिक डिक्शनरी के अनुसार–

रीजन शब्द का अर्थ, "शहर या राज्य का एक प्रशासनिक विभाग है।"[11]

> *Region—Anymore or less extensive, continuous part of a surface or space...an administrative division of a city or territory.*

ध्यातव्य है कि हिन्दी में अंचल के अर्थ में प्रदेश और अंचल दोनों समाहित हैं किन्तु प्रदेश और अंचल दो अलग-अलग भावबोधों को व्यक्त करने वाले शब्द है। अंचल को प्रदेश कहा जा सकता है, प्रदेश को अंचल नहीं। "यदि प्रदेश का शाब्दिक अर्थ मात्र ही लिया जाये तो अंचल अवश्य ही उसकी परिधि में आ जायेगा। परन्तु प्रदेश का एक अर्थ अपने विशिष्ट प्रयोग के कारण रूढ़ हो गया है और उसकी परिभाषा अंचल से भिन्न है।"[12]

आंचलिक

आंचलिक अंचल संज्ञा से बना विशेषण शब्द है। अंचल में 'इक' तद्धित प्रत्यय लगाकर यह शब्द बना है। हिन्दी कथा साहित्य में यह एक विशिष्ट शब्द बन गया है। एक विशेष अर्थ में अंचल की कथा कहने वाले उपन्यास के लिए आंचलिक विशेषण का प्रयोग होता है। क्षेत्र या अंचल उस भौगोलिक खण्ड को कहते हैं, जो सामाजिक और सांस्कृतिक रूप सै सुगठित और विशिष्ट एक ऐसी इकाई हो, जिसके निवासियों के रहन-सहन, प्रथाएँ, उत्सव आदि आदर्श और आस्थाएँ, भौगोलिक मान्यताओं तथा मनोवैज्ञानिक विशेषताएँ परस्पर समान और दूसरे क्षेत्र के निवासियों से इतनी भिन्न हों कि इनके आधार पर यह क्षेत्र या अंचल विशेष इसी प्रकार के दूसरे क्षेत्रों से एकदम अलग प्रतीत हों। इस प्रकार के अंचल या क्षेत्र के जीवन को अभिव्यक्त करने वाली रचना को आंचलिक कह सकते हैं।"[13] आंचलिक शब्द की तुलना अंग्रेजी समीक्षा शास्त्र के रीजनल शब्द से की जा सकती है। जिस तरह रीजनल शब्द से वहाँ एक विशेष प्रकार के उपन्यास के शिल्प और शैली को प्रकट किया जाता है, उसी तरह हिन्दी समीक्षा शास्त्र में आंचलिक शब्द से भी एक विशेष तरह की रचना का बोध होता है।

आंचलिकता

आंचलिकता एक भाववाचक संज्ञा शब्द है। अंचल के विशेषण 'आंचलिक' में 'ता' प्रत्यय के संयोग से यह शब्द बना है। भाववाचक संज्ञा की प्रकृति के अनुरूप आंचलिकता अंचल के कार्य (जीवन), अवस्था और गुण को प्रकट करता है। आंचलिक शब्द की तरह आंचलिकता भी हिन्दी समीक्षा शास्त्र में एक विशिष्ट शब्द बन गया है। इस विशिष्ट अर्थ में आंचलिकता से आंचलिक रचनाओं की विशिष्ट अभिव्यक्ति का बोध होता है।

आंचलिकता की अवधारणा

बीसवीं शताब्दी के छठे दशक से आज तक आंचलिकता पर गम्भीर विचार-विमर्श होता रहा है। अनेक तरह के वाद-विवाद इस पर होते रहे हैं किन्तु इतना सभी विद्वान मानते हैं कि "आंचलिकता किसी अंचल विशेष के सांगोपांग जीवन में पैठकर उसकी आत्मा की झलक पाने का एक सबसे सार्थक प्रयत्न या साधन है।"[14] विवाद इस पर है कि अंचल विशेष गाँव ही हो सकता है या शहर भी।

राजेन्द्र अवस्थी, कान्ति वर्मा, महेन्द्र चतुर्वेदी, सुरेश सिन्हा आदि विद्वान आंचलिकता के लिए क्षेत्र विशेष के रूप में शहर और देहात जैसा वर्गीकरण नहीं करना चाहते। राजेन्द्र अवस्थी ने अपना मत सन् 1961 में सारिका के सम्पादक के रूप में आंचलिक उपन्यासों पर आयोजित परिसंवाद में शब्द को व्यापक अर्थ में ग्रहण करते हुए रखा था। महेन्द्र चतुर्वेदी का मत भी राजेन्द्र अवस्थी के मत से मिलता है। महेन्द्र चतुर्वेदी के अनुसार "आंचलिक उपन्यास की वर्ण्य वस्तु विशुद्ध रूप से ग्रामीण हो यह अनिवार्य नहीं है। किसी शहर को भी कथाक्षेत्र के रूप में ग्रहण किया जा सकता है। यह भी हो सकता है कि कथांचल का एक रूख गाँव की ओर हो और दूसरा शहर की ओर।"[15] डॉ. कान्ति वर्मा ने आंचलिक शब्द के अर्थ को स्पष्ट करते हुए लिखा है कि "आंचलिक शब्द का तात्विक अर्थ यह नहीं है कि केवल ग्रामीण कथाएँ ही इसके क्षेत्र में आयें बल्कि किसी छोटे शहर की विशेषता को उभारने वाला क्षेत्र भी आंचलिकता की सीमा में आ जाता है। हिन्दी में कितने ही उपन्यास इस प्रकार के लिखे गये हैं, जिनमें छोटे शहरों की सांस्कृतिक, राजनीतिक, सामाजिक, आर्थिक स्थितियों का चित्रण हुआ है और उनमें आंचलिकता के तत्त्व भी पाये जाते हैं।"[16]

विद्वानों का एक वर्ग ऐसा है, जो आंचलिकता को ग्रामीण अंचलों से ही

जोड़कर देखता है। इस वर्ग में नन्ददुलारे वाजपेयी, शिव प्रसाद सिंह, राम दरश मिश्र, ज्ञानचन्द गुप्त आदि विद्वानों के नाम प्रमुख हैं। हिन्दी उपन्यास पर विस्तार से विचार करते हुए आ. नन्द दुलारे वाजपेयी ने आंचलिक उपन्यास की प्रकृति को स्पष्ट करते हुए लिखा है–"उपन्यास के ऐतिहासिक विकास को देखते हुए और आंचलिक उपन्यास के सीमित और पारिभाषिक अर्थ का ध्यान रखते हुए नगर से सम्बन्धित उपन्यासों को आंचलिक नहीं कहा जा सकता। वह वैचित्र्य, वह स्वच्छन्द व्यवहार, दोषों से रहित वह आदिम मानव प्रकृति जो आंचलिक उपन्यासों की केन्द्र वस्तु है, नागरिक चित्रण में नहीं आ सकती।"[17] डॉ. शिव प्रसाद सिंह ने मार्च 1965 की कल्पना में अपने आलेख "आंचलिकता और आधुनिक परिवेश" में लिखा है कि "आंचलिकता का सम्बन्ध ग्राम जीवन से होता है, आंचलिक कथा ग्राम कथा का एक हिस्सा है।" डॉ. ज्ञानचन्द गुप्त के अनुसार "आंचलिकता में नगर की खींचतान व्यर्थ है, आंचलिक जीवन मुख्यतः ग्रामीण ही होता है। आंचलिक उपन्यास इस स्थानिक यथार्थ की सघनता एवं समग्रता के साथ अनुभव की प्रामाणिकता को लेकर प्रस्तुत हुए हैं।"[18] डॉ. आदर्श सक्सेना का मत है कि "कहने को शहरी परिवेश को भले ही अंचल कह दिया जाये, परन्तु उसमें वह पवित्रता, लालसा, प्रेम, उपलब्ध नहीं होता जो वस्तुतः ग्राम्य अंचल की विशेषता है।"[19]

यदि आंचलिकता और नगरबोध की प्रकृति पर विचार किया जाये तो स्पष्ट होता है कि इन दोनों की प्रकृति अलग-अलग होती है। "आंचलिकता भावना प्रधान होती है, जबकि नगर बोध बुद्धिप्रधान। आंचलिकता और नगरबोध मूल की प्रवृत्तियाँ एक दूसरे के विरोध में पड़ती हैं। आंचलिकता की सांस्कृतिक पृष्ठभूमि, धरती के रसगन्धों से जुड़ी संवेदनशीलता आधुनिकता को पसन्द नहीं। उसकी कटी-छंटी और चकाचौंध भरी बुद्धिवादी यथार्थ की नगरभूमि अपने को संस्कृति से नहीं, राजनीति से दृढ़तापूर्वक जोड़कर चलती है।"[20] यद्यपि यह कथन किंचित अतिवादी है क्योंकि नगरबोध को संस्कृतिविहीन नहीं कहा जा सकता। किन्तु निःसन्देह आधुनिकता और आंचलिकता की प्रकृति साथ-साथ रहने की नहीं है। आंचलिकता की भावात्मकता का आधुनिकता की बुद्धिवादिता से तालमेल बना पाना कठिन होता है। जिन विद्वानों ने आंचलिकता को नगरक्षेत्र से जोड़कर देखा, उन्होंने भी विश्लेषण के क्रम में पाया कि "आंचलिक उपन्यास की भावी समृद्धियों की ओर इंगित करने वाली कृतियां वे ही हैं, जिन्होंने गाँव को कथानक के रूप में ग्रहण किया है।"[21] और यह भी कि "हमारे देश के विभिन्न अंचल ही हमारी

संस्कृति के प्रतीक हैं। गाँवों की सहज और उन्मुक्त प्रवृत्तियों की भोंडी नकल अवश्य ही शहरों में हुई लेकिन उससे सांस्कृतिक विकास की दिशा में किसी तरह का बल नहीं मिला।......शहर नकली संस्कृतियों के केन्द्र हो सकते हैं, संस्कृतियों का उद्‌गम वहाँ नहीं होता। इसलिए ये आंचलिक उपन्यास हमारे सांस्कृतिक उपन्यास है।"[22]

अतः कहा जा सकता है कि आंचलिकता ग्रामीण आँचल से जुड़ी होती है। यह ग्रामीण अंचल कोई भी सामान्य अंचल नहीं होता वरन् कई अर्थों में विशिष्ट होता है। यह अंचल सभ्यता की दौड़ में पीछे होता है। इस अंचल की अपनी मान्यताएँ और विश्वास होते हैं। ये मान्यताएँ और विश्वास ही उस अंचल के जीवन को संचालित करते हैं। भौगोलक दृष्टि से यह अंचल किसी दूसरे अंचल से अलग होता है। इसकी अपनी सांस्कृतिक पहचान होती है। अंचल में रहने वाले लोगों के जीवन और रहन सहन में अंचल की विशिष्टता अभिव्यक्त होती है। आंचलिकता अंचल के लोगों की जीवन पद्धति के भीतरी और बाहरी दोनों पहलुओं से जुड़ी होती है। जिस उपन्यास में आचंलिकता का यह स्वरूप विन्यस्त होता है उसे आंचलिक उपन्यास कहते हैं।. डॉ. शिव प्रसाद सिंह लिखते हैं–"जैसा कि इस शब्द से स्पष्ट है यह भाव संज्ञा किसी क्षेत्र या अंचल से सम्बद्ध है।"[23]

आंचलिकता के सम्बन्ध में कुछ महत्वपूर्ण अभिमत निम्नलिखित हैं:

1. आंचलिकता एक विशेष दृष्टिकोण (औपन्यासिक दृष्टिकोण ही) है, जो अंचल या क्षेत्र विशेष की सम्पूर्ण जीवन प्रणाली की ऐतिहासिक तथा वैज्ञानिक धारणा प्रस्तुत करता है, किसी भी काल में किसी क्षेत्र विशेष की सम्पूर्ण भौगोलिक संस्कृति का निदर्शन कर उसके सामान्य सत्य का उद्‌घाटन करता है जहाँ हर घटना, हर पात्र, हर प्रक्रिया, ऐतिहासिक प्रक्रिया से विच्छिन्न रहकर एक सामान्य सत्य भौगोलिक सीमान्त का संकेत करती है।

   —महेन्द्र चतुर्वेदी, हिन्दी उपन्यास एक सर्वेक्षण, पृ. 189

2. आंचलिकता का अर्थ है क्षेत्र विशेष के सत्य का उद्‌घाटन करता हुआ जीवन, जो किसी एक परिवेश विशेष नहीं वरन् उस खण्ड की समस्त क्षेत्रीयता का प्रतीक है।.....अंचल विशेष की एक विशिष्ट भौगोलिक (संस्कृति भी जिसकी जड़ें जनमानस में गहरी जमी होती हैं) खोज का नाम है आंचलिकता।"

—डॉ० नगीना जैन, आंचलिकता और हिन्दी उपन्यास, पृ. 05

3. आंचलिकता से आशय अनुभव की सीमा में आने वाले अंचल विशेष के पात्रों, समस्याओं, संस्कृति, प्रगति आदि को रेखांकित करने की प्रवृत्ति है।

—डॉ० वेद प्रकाश अमिताभ, हिन्दी के आंचलिक उपन्यासों में मूल्य संक्रमण, पृ. 15

4. आंचलिकता स्वातंत्रयोत्तर हिन्दुस्तान की एक सांस्कृतिक प्रवृत्ति है, जिसके भीतर भारतीयता को अन्वेषित करने की सूक्ष्म अन्तःधारणा काम कर रही थी।

—डॉ. शिव प्रसाद सिंह : आधुनिक परिवेश और नवलेखन, पृ. 129

5. आंचलिकता नये-नये अंचलों के जीवन को उत्सुक, अपरिचित भूमियों को कौतूहलपूर्वक उजागर करने को लालायित, रुग्ण या पिछड़े जीवन को स्वस्थ जीवन बनाने की आकांक्षी, सांस्कृतिक चेतना को खोजने की अभिलाषी, व्यक्तिवादी साहित्यिक अवधारणा के खिलाफ प्रतिक्रियात्मक दृष्टिकोण वाली, नयी मानसिक संरचना के जरिये अंचल को पहचानने और रचने वाली साहित्यिक दृष्टि है।

—डॉ. ज्ञानचन्द गुप्त, आंचलिक उपन्यास : अनुभव और दृष्टि, पृ. 18

6. आंचलिकता एक प्रवृत्ति है, जिसमें लेखक अपनी कृति को एक अंचल विशेष की आधार भूमि पर निर्मित करता है तथा वहाँ के निवासियों के जीवन और उनकी प्रगति को विस्तार के साथ चित्रित करता है।

—डॉ० विश्वनाथ प्रसाद तिवारी, हिन्दी के आंचलिक उपन्यास, सं., डॉ० रामदरश मिश्र एवं डॉ. ज्ञानचन्द गुप्त, पृ. 23,

रेणु की दृष्टि में आंचलिकता

रेणु ने समीक्षक के रूप में 'आंचलिकता' पर विचार नहीं किया है। विद्वान समीक्षक लोठार लुत्से से बातचीत करते हुए रेणु ने एक बार कहा था कि जब 'मैला आँचल' मैंने लिखा और जब उसका भीतर का टाइटल छपने जा रहा था—तब मैंने लिखा 'मैला आँचल' और फिर मैंने उसके नीचे लिख दिया—'एक आंचलिक उपन्यास'। मैंने यह यही सोचकर किया मैंने जो शब्द इस्तेमाल किया,

जैसी भाषा लिखी—क्या पता उसको लोग कबूल करेंगे या नहीं करेंगे। इसलिए मैंने उसको आंचलिक कह दिया।" रेणु का शक सही निकला। आंचलिक विशेषण देने के बाद भी 'मैला आँचल' की भाषा को गाली-गलौज की भाषा, दूसरी भाषा में अनुवाद के लिए अयोग्य भाषा आदि कहा गया। इतना अवश्य हुआ कि उपन्यास के एक नये और भिन्न रूप को मान्यता मिल गई। रेणु के इस कथन से यह पूर्णतः स्पष्ट है कि रेणु आंचलिकता का सर्वाधिक महत्वपूर्ण तत्त्व भाषा को मानते हैं। रेणु की दृष्टि में भाषा के अतिरिक्त आंचलिकता के नियामक तत्त्व क्या हैं, इसे समझने के लिए 'मैला आँचल' की भूमिका पर ध्यान देना आवश्यक है। 'मैला आँचल' की भूमिका में रेणु लिखते हैं—"यह है मैला आँचल, एक आंचलिक उपन्यास।" कथानक है पूर्णिया। पूर्णिया बिहार का एक जिला है, इसके एक ओर है नेपाल और दूसरी ओर पाकिस्तान और पश्चिम बंगाल। विभिन्न सीमा रेखाओं से इसकी बनावट मुक्कमल हो जाती है, जब हम दक्षिण में संथाल परगना और पश्चिम में मिथिला की सीमा रेखाएँ खींच देते हैं। मैंने इसके एक हिस्से के एक ही गाँव को—पिछड़े गाँवों का प्रतीक मानकर—इस उपन्यास का कथा क्षेत्र बनाया है।

इसमें फूल भी हैं, शूल भी; धूल भी है, गुलाल भी। कीचड़ भी है, चन्दन भी, सुन्दरता भी है, कुरुपता भी—मैं किसी से दामन बचाकर निकल नहीं पाया।

कथा की सारी अच्छाइयों और बुराइयों के साथ साहित्य की दहलीज पर आ खड़ा हुआ हूँ, पता नहीं अच्छा किया या बुरा। जो भी हो, अपनी निष्ठा में कमी महसूस नहीं करता।"[24]

रेणु ने भूमिका में कथा क्षेत्र का उल्लेख किया है। उपन्यास का कथा क्षेत्र एक गाँव है किन्तु वह गाँव उस हिस्से के गाँवों का प्रतीक है। प्रतीकात्मक स्तर पर वह पूरा हिस्सा कथा क्षेत्र है। यह हिस्सा स्वतंत्र भारत के बिहार राज्य के पूर्णिया जिले का है लेकिन रेणु इसके साथ यह भी बताते हैं कि यह मिथिला की सीमा के अन्तर्गत है। रेणु की दृष्टि में भारत के राजनीतिक प्रदेश और जिला से कम महत्वपूर्ण मिथिला, तिरहुत, संथाल परगना, भोजपुर जैसे शब्द नहीं हैं, जो राज्य के नाम तो नहीं, अंचल के नाम अवश्य हैं और आज भी लोक जीवन में प्रचलित हैं। बहुत संभव है कि रेणु को आंचलिक शब्द ग्रहण करने की प्रेरणा यहीं से मिली हो। रेणु ने गाँव के विशेषण 'पिछड़े' के द्वारा कथा क्षेत्र के पिछड़ेपन—आर्थिक बदहाली, अशिक्षा, अंधविश्वास को व्यक्त किया है। रेणु कथा क्षेत्र के फूल-शूल,

धूल-गुलाल, कीचड़-चन्दन, सुन्दरता-कुरुपता से– कथा क्षेत्र की समग्रता को व्यक्त करते हैं, जो किसी भी रचनाकर की थाती होती है और जिसे रेणु ने अपने कथा क्षेत्र की मिट्टी से एकरस होकर प्राप्त किया है।

कह सकते हैं कि रेणु निष्ठा के साथ 'मैला आँचल' में 'पिछड़े मिथिला अंचल' को उसकी समग्रता में प्रस्तुत करते हैं और इसके लिए नयी तरह की भाषा और शिल्प का संधान करते हैं। इस प्रक्रिया से जो रचना रचती है, वह है–एक आंचलिक उपन्यास–'मैला आँचल'।

रेणु और लोठार लुत्से की बातचीत तथा 'मैला आँचल' की भूमिका के आधार पर रेणु की दृष्टि में आंचलिकता के नियामक तत्व माने जा सकते हैं–अंचल की कथा, उसका पिछड़ापन, उसकी समग्रता और कथा प्रस्तुत करने की विशिष्ट भाषा।

डॉ. ज्ञानचन्द गुप्त के अनुसार आंचलिकता के विशेष नियामक तत्त्वों में अंचल विशेष की भौगोलिक स्थिति एवं प्राकृतिक परिवेशजन्य समस्याएँ, समस्याओं के कारण उत्पन्न पिछड़ापन तथा पिछड़ेपन के कारण वहाँ के जन जीवन की मान्यताएँ एवं विश्वास हैं। एक तरह से ये चारों नियामक तत्त्व कारण-कार्य भाव से जुड़े हुए अंचल की समग्रता को भीतरी-बाहरी दृष्टि से उजागर करने का प्रयत्न करते हैं।"[25]

रेणु के उपन्यासों में आंचलिकता का स्वरूप और वैशिष्ट्य

'मैला आँचल' में रेणु मिथिला अंचल की कथा को मेरीगंज के माध्यम से उठाते हैं। मेरीगंज भौतिक प्रगति से बहुत दूर है, पिछड़ा गाँव है। यह प्रतीक है मिथिला अंचल के पिछड़े गाँवों का अर्थात् उपन्यासकार इस गाँव के पिछड़ेपन के माध्यम से मिथिला अंचल के पिछड़ेपन की बात करता है। इस अंचल की भौगोलिक सीमा-रेखा को रेणु भूमिका में खींच देते हैं। पुनः उपन्यास में लिखते हैं–बूढ़ी कोशी के किनारे-किनारे बहुत दूर तक ताड़ और खजूरे के पेड़ों से भरा हुआ जंगल है। इस अंचल के लोग इसे नबाबी तड़बन्ना कहते हैं।......तड़बन्ना के बाद ही एक बड़ा मैदान है, जो नेपाल की तराई से शुरू होकर गंगा जी के किनारे खत्म हुआ है। लाखों एकड़ जमीन, वन्ध्या धरती का विशाल अंचल।"[26] उपन्यास का महत्वपूर्ण पात्र प्रशान्त अपने मित्र को पत्र लिखते हुए इस अंचल का जिक्र करता है–मिथिला और बंगाल के बीच का हिस्सा वास्तव में मनोहर है।"[27]

रेणु मनोहर किन्तु पिछड़े हिस्से की कथा कहने के लिए मेरीगंज को चुनते हैं, जो कोस भर मैदान पार करने के बाद पूरब की ओर पड़ता है। रेणु के दृष्टि पथ में वह मैदान है, अंचल है न कि सिर्फ एक गाँव। अपनी सभी अच्छाई-बुराई, लोग-बाग को लेकर अंचल उपन्यास में उतरता है। यह अंचल न संथाल परगना है न बंगाल, इसकी अपनी अलग पहचान है, जो यहाँ के लोगों की जीवन पद्धति में दिखाई देती है। भारतीय स्वतन्त्रता आन्दोलन को सन्दर्भित करते हुए रेणु राष्ट्रीय क्षितिज पर होने वाले परिवर्तनों की बात करते हैं लेकिन ये परिवर्तन भी अंचल के भूत और भविष्य के आयामों का स्पर्श करते हुए उसी के वर्तमान की कथा कहते हैं।

'परती : परिकथा' में रेणु मिथिला अंचल की कथा को परानपुर के माध्यम से उठाते हैं। "पुरातन ग्राम परानपुर। इस इलाके के लोग परानपुर को सारे अंचल का प्राण कहते हैं।" प्राण की कथा होगी तो शरीर की कथा होगी ही, परानपुर की कथा होगी तो अंचल की कथा होगी ही। रेणु लिखते हैं—धूसर, वीरान, अन्तहीन प्रान्तर!.....उत्तर नेपाल से शुरू होकर, दक्षिण गंगातट तक, पूर्णिया जिले के नक्शे को दो असम भागों में विभक्त करता हुआ—फैला-फैला यह भू-भाग। लाखों एकड़ भूमि, जिन पर बरसात में क्षणिक आशा की तरह दूब हरी हो जाती है। सम्भवतः तीन-चार सौ वर्ष पहले इस अंचल में कोशी मैया की यह विनाश लीला हुई होगी।"[28] रेणु वन्ध्या धरती की कथा कहते हुए धरती पर रहने वाले मनुष्य, पक्षी सबको उतारते हैं। यहाँ स्वतंत्र भारत में लागू की जाने वाली पंचवर्षीय योजनाओं से होने वाले विकास को परती कथा से जोड़ा गया है। परानपुर देश के विकास से अलग और अछूता नहीं है लेकिन इसके साथ उसकी अपनी रूढ़ियाँ, विश्वास और आचार-विचार भी हैं।

रेणु इन दोनों उपन्यासों में गाँव की कथा कहते हैं, अंचल की कथा कहने के लिए। दोनों उपन्यासों में काल के विशेष खण्ड उपस्थित हैं। इन विशेष खण्डों में देश में होने वाली घटनाओं की गूँज और अनुगूँज अंचल में आती रहती है। अंचल उससे प्रभवित होता रहता है, बिना अपनी पहचान खोये। उपन्यासकार के लिए देश में घटने वाली घटनाएँ महत्वपूर्ण हैं किन्तु अंचल के आगोश में ही उनकी अर्थवत्ता सिद्ध होती है। उपन्यास में रेणु अंचल का सीमांकन करते हैं और एकाधिक बार अंचल शब्द का प्रयोग करते हुए उपन्यास की प्रकृति/स्वरूप को ष्ट करते हैं। 'परती : परिकथा' के लिए अलग से आंचलिक विशेषण का प्रयोग ीं हुआ है लेकिन उपन्यास के भीतर मौजूद 'अंचल' शब्द और इसके ने वाली दृष्टि बताती है कि यह उपन्यास भी 'मैला आँचल' के क्रम

में लिखा गया रेणु का एक आंचलिक उपन्यास है। 'मैला आँचल' और 'परती : परिकथा' में वर्णित अंचल एक ऐसी पूर्ण इकाई है, जिसकी अपनी सामाजिक परम्परा और सांस्कृतिक विरासत हैं। डा. शिव प्रसाद सिंह के शब्दों को उद्धृत करते हुए आंचलिक उपन्यास के रूप में 'मैला आँचल" और 'परतीः परिकथा' को लिया जा सकता है। डा. शिव प्रसाद सिंह के अनुसार "क्षेत्र या अंचल उस भौगोलिक खण्ड को कहते हैं, जो सामाजिक और सांस्कृतिक रूप से सुगठित और विशिष्ट एक ऐसी इकाई हो, जिसके निवासियों के रहन सहन, प्रथाएँ, उत्सव आदि आदर्श और आस्थाएँ, मौलिक मान्यताएँ तथा मनोवैज्ञानिक विशेषताएँ परस्पर समान और दूसरे क्षेत्र के निवासियों से इतनी भिन्न हों कि इनके आधार पर यह क्षेत्र या अंचल के जीवन को अभिव्यक्त करने वाली रचना को हम आंचलिक कह सकते हैं।"[29] स्वयं रेणु की स्वीकारोक्ति और संकेतों तथा परवर्ती प्रतिष्ठित रचनाकार के कथन के आधार पर 'मैला आँचल' और 'परती : परिकथा' आंचलिक उपन्यास हैं।

'दीर्घतपा' बाँकीपुर के वीमेन्स वेलफेयर बोर्ड द्वारा संचालित वर्किंग बीमेन्स हॉस्टल को केन्द्र में रखकर लिखा गया है। 'मैला आँचल' और 'परती : परिकथा' के कथानक ग्रामीण जीवन से जुड़े थे। इस उपन्यास में रेणु शहरी जीवन और उसमें व्याप्त असंगतियों-विसंगतियों का चित्रण करते हैं। उपन्यास की सभी घटनाएँ बाँकीपुर, वर्किंग वीमेन्स हॉस्टल से जुड़ी हैं। घटनाओं के वर्णन के क्रम में स्थानीय जीवन शैली, भाषा, विचार वर्णित होते गये हैं। आंचलिक उपन्यासों के सन्दर्भ में ग्रामीण और शहरी अंचल की चर्चा विद्वानों में खूब हुई है। नन्द दुलारे वाजपेयी के अनुसार "आंचलिक उपन्यास वह होता है, जिसमें भूमियों और अज्ञात जातियों का वैविध्यपूर्ण चित्रण हो।"[30] वाजपेयी जी आंचलिक उपन्यास को ग्रामीण अंचल ही नहीं अज्ञात जाति और अपरिचित भूमि से जोड़ते हैं। राजेन्द्र अवस्थी ऐसा नहीं मानते अवस्थी जी के अनुसार "अंचल देहात हो सकता है, एक भारी शहर भी, शहर का एक मोहल्ला भी और इन सबसे दूर सघन वनों की उपत्यका भी।"[31] इसी मत से सहमत होते हुए डा. कांति वर्मा का मत है कि "हिन्दी में कितने ही उपन्यास इस प्रकार के लिखे गये हैं, जिनमें छोटे शहरों की सांस्कृतिक, राजनीतिक, आर्थिक स्थितियों का चित्रण हुआ है और उनमें आंचलिकता के अन्य तत्त्व भी पाये जाते हैं।"[32] इस आधार पर 'दीर्घतपा' एक आंचलिक उपन्यास है। उपन्यास में बाँकीपुर के रहन-सहन, बोली, आहार-विहार का सांगोपांग चित्रण किया गया है।

बेला ने अपनी चार सहेलियों के साथ नर्सेस क्वार्टर को वहाँ की घृणित व्यवस्था के विरोध में छोड़ा है उसे जीवन में अनेक बुरे अनुभवों से गुजरना पड़ता है। अंत में वह तप कर कुन्दन बन जाती है। रेणु के इस उपन्यास में बेला का चरित्र एक सशक्त चरित्र बनकर आया है। उसके चरित्र के आगे बाँकीपुर की आंचलिकता पीछे हो जाती है। रेणु उपन्यास का नामकरण बेला को केन्द्र में रखते हुए दीर्घतपा रखते हैं। दरअसल रेणु पाँच स्त्रियों की कथा को संक्षिप्त वक्तव्यों के साथ 'पंचकन्या' के नाम से एक उपन्यास में लिखना चाहते थे। सम्भव है, इस उपन्यास के द्वारा रेणु 'मैला आँचल' की तरह उपन्यास के किसी नये स्वरूप को हिन्दी जगत के सामने लाते लेकिन रेणु की यह योजना पूरी नहीं हो पाई, न ही उन पाँच स्त्रियों की कथा ही लिखी गई। उन्हीं स्त्रियों में से एक बेला की कथा 'दीर्घतपा' के रूप में सामने आई। 'दीर्घतपा' को रेणु किस तरह का उपन्यास मानें स्वयं निश्चित नहीं कर पाते हैं। वे लिखते हैं—"यह उपन्यास....नहीं आंचलिक नहीं...हाँ आंचलिक ही....किन्तुं अर्थात् यह उपन्यास, उपन्यास है।"[33] जिस भाषा को आधार बनाकर रेणु 'मैला आँचल' को आंचलिक उपन्यास कहते हैं, वह 'दीर्घतपा' में परिमार्जित होकर प्रयुक्त होती है और रेणु स्पष्ट करते हैं—"और मैं कहता हूँ कि मैने इस उपन्यास में जान-बूझकर किसी ऐसे शब्द का अर्थ नहीं दिया है ताकि इसी बात पर फिर एक बार आंचलिक और अनांचलिक लेखन पर बहस हो जाये और यदि आवश्यक समझा जाये तो आंचलिक की परिभाषा में संशोधन......परिमार्जन...(प्रतिबन्ध) क्योंकि उपन्यास, उपन्यास है और उपन्यास होता है।"[34]

'जुलूस' में रेणु विस्थापितों की कथा कहते हैं। पूर्वी बंगाल से भारत विभाजन के बाद आये हुए लोगों को सरकार द्वारा नई बनाई गयी कॉलोनी नबीनगर में बसाया जाता है। नबीनगर कॉलोनी गोड़ियर गाँव के पास है। जहाँ पन्द्रह घर मैथिल है। गोड़ियर मिथिला का एक गाँव है। नबीनगर में रहने वाले गोड़ियर के लोगों को अपना नहीं मानते और गोड़ियर के लोग नबीनगर को पाकिस्तानी टोला बोलते हैं। नबीनगर वालों में अकेली पवित्रा ऐसी है जो माँछ रौगा और मछलोकनी तथा पंचा और उल्लू में अंतर नहीं होने से नबीनगर को अपना मानती है। लेकिन इसी नबीनगर के सैकड़े—निन्नाबे लोग ऐसे हैं, जो पवित्रा की राय से सहमत नहीं है।....अपना देश फिर अपना देश।.......परभूमि कैसी भी हो आखिर परभूमि ही है। ....कहाँ अपना देश और अपने देश की मिट्टी और अपने देश का चावल और कहाँ इस अद्भुत देश का आजुगबी व्यापार।"[35] नाम बदलने से बहुत

कुछ बदलता है इन लोगों की दृष्टि में। नाम के माफिक चेहरा भी होना चाहिए। गोड़ियर की मछली में वह स्वाद नहीं जो पद्दा के इलिच में। शाद (स्वाद) तो शाद ही है अपने देश की चीज़ों का।"[36] इसलिए गोड़ियर और नबीनगर पास-पास होकर भी दूर हैं। पेट के कारण वे किसी तरह मान पाते हैं "जहाँ बसे सोइ सुन्दर देसू जो प्रतिपाले सोइ नरेसू।" 'पर देस' सुन्दर हो सकता है पर अपने देश से ज्यादा नहीं।

अतः 'जुलूस' एक अंचल की कथा नहीं है। यहाँ दो अंचल वाह्य कारणों से पास-पास आ जाते हैं। यहाँ गोड़ियर और अररिया के साथ नबीनगर है और जुमापुर जैसे अनेक अन्य गाँवों की स्मृतियाँ हैं। रेणु यहाँ विस्थापितों के जुलूस के साथ हैं। इनके प्रति रेणु के मन में माया-ममता है। वे तटस्थ होकर राजपथ के किनारे खड़ा हो 'जुलूस' देखने की चेष्टा करते हैं किन्तु हो नहीं पाते। अलग होने की चेष्टा और अलग न हो पाने की असमर्थता 'जुलूस' को आंचलिक उपन्यास बनने से रोकती है। 'मैला आँचल' और 'जुलूस' की भूमिका का अन्तर दोनों उपन्यासों के स्वरूप की भिन्नता को स्पष्ट करने के लिए पर्याप्त है। 'जुलूस' की भूमिका में रेणु लिखते हैं— पिछले कुछ वर्षों से मैं एक अद्भुत भ्रम में पड़ा हुआ हूँ। दिन-रात, सोते-बैठते, खाते-पीते मुझे लगता है कि एक विशाल जुलूस के साथ चल रहा हूँ, अविराम। यह जुलूस कहाँ जा रहा है, ये लोग कौन हैं, कहाँ जा रहे हैं, क्या चाहते हैं— मैं कुछ नहीं जानता।...इस भीड़ से निकलकर, राजपथ के किनारे सुसज्जित बालकनी में खड़ा होकर 'जुलूस' को देखने की चेष्टा की है, किन्तु इस भीड़ से अलग होने की सामर्थ्य मुझमें नहीं है। इस 'जुलूस' में चलने वाले नर-नारियों से—अपने आसपास के लोगों से मेरा परिचय नहीं है। लेकिन उनकी माया....ममता से छिटककर अलग नहीं हो सकता।"[37] 'मैला आँचल' के फूल और शूल से, धूल और चन्दन से, रेणु का परिचय था, वह उनका प्रत्यक्ष सच था, 'जुलूस' उनकी ममता का सच है। "आंचलिक उपन्यासकार जनपद विशेष के जीवन के बीच जिया होता है या कम से कम समीपी द्रष्टा होता है।"[38] 'मैला आँचल' 'जनपद के जीवन के बीच जिया' आंचलिक उपन्यास है जबकि 'जुलूस' 'समीपी दर्शन' का।

'कितने चौराहे' किशोर मनमोहन से स्वामी सच्चिदानन्द बन जाने की कथा है। अपने पैतृक गाँव सिमरबनी से निकलकर मनमोहन पढ़ने के लिए अररिया शहर जाता है और अपने जीवन के अन्तिम चरण में देहरादून में स्टूडेन्ट्स होम का सेक्रेटरी बन जाता है। अररिया में वह प्रियव्रत, सूर्यनाराण, हफीज साहब, हरेन्द्र

आदि लोगों के संपर्क में आता है। यहाँ वह स्वतंत्रता आन्दोलन में सक्रिय हो जाता है। मनमोहन की जिन्दगी की राहों का वर्णन करते हुए रेणु सिमरबनी और अररिया की बातें करते हैं किन्तु प्रमुख है मनमोहन का जीवन न कि सिमरबनी और अररिया क्षेत्र। मनमोहन के जीवन में घटने वाली घटनाएँ सिमरबनी और अररिया की सीमा का अतिक्रमण कर जाती हैं। "इन घटनाओं को किसी अंचल की सीमा में बाँधा नहीं जा सकता। ये गाँव की घटनाएँ हैं, शहर की घटनाएँ हैं, राज्य की हैं तथा समस्त राष्ट्र की हैं। कितने चौराहे की आंचलिकता और रेणु के अन्य आंचलिक कथा साहित्य की आधार भूमि में अन्तर सा है।"[39] घटनाओं की ही तरह 'कितने चौराहे' की भाषा भी सिमरबनी की सीमा से बँधी नहीं है। 'मैला आँचल के गन्ही महात्मा 'कितने चौराहे' में महात्मा गाँधी बन गये हैं। घटनाओं के परिवेश और भाषा दोनों स्तर पर 'कितने चौराहे' और 'मैला आँचल' की आंचलिकता में भिन्नता है।

'पल्टू बाबू रोड' में रेणु अंचल की नहीं एक रोड विशेष की बात करते हैं। इस रोड पर परिवार अनेक हैं, परिवार में सदस्य अनेक हैं लेकिन इन 'अनेक' पर राज चलता है सिर्फ एक का और वे हैं पल्टू बाबू। अतः आंचलिकता, जो सम्पूर्ण परिवेश को लिये बिना एकदम नहीं चलती, यहाँ व्यंगात्मक स्तर पर भले ही मान ली जाये, प्रत्यक्ष स्तर पर दिखाई नहीं देती।

रेणु के सभी उपन्यासों में आंचलिकता के सूत्रों की तलाश की गई है। डॉ. विवेकी राय लिखते हैं कि "अपने प्रथम उपन्यास 'मैला आँचल' (1954) में कथाकार इतिहास की ठीक संक्रान्तिकालीन सीमा पर दिखाई देता है।....गाँव और नगर को छोड़कर युग परिवर्तन की स्थितियों की यथावत पकड़ के लिए रेणु ने आंचलिक इकाई का चुनाव किया है। यह आंचलिक शिल्प 'परती : परिकथा' (1957) में पूर्णता के शिखर पर पहुँचता है....रेणु के तीसरे उपन्यास 'दीर्घतपा' (1963) और चौथे 'जुलूस' में आंचलिकता के सूत्र खिसककर नगर और कालोनियों से जुड़े प्रतीत होते हैं किन्तु मरणोत्तर प्रकाशित अपने उपन्यास 'पल्टू बाबू रोड' (1979) में पुनः कथाकार अपने पूर्णिया अंचल से जुड़ता प्रतीत होता है।"[40] अपने तीसरे उपन्यास 'दीर्घतपा' की भूमिका में रेणु 'आंचलिक' शब्द पर पुनर्विचार की बात करते हुए इसमें परिमार्जन/संशोधन/प्रतिबन्ध की बात करते हैं, 'दीर्घतपा' से रेणु की रचना यात्रा मोड़ लेती है। "अपने दो वृहत् उपन्यासों को समाप्त करने के बाद रेणु ने ऐसी दुनिया में प्रवेश करने की चेष्टा की है, जो कई अर्थों में परस्पर विरोधी यथार्थ से जुड़ी है। यह दुनिया उपेक्षित समुदाय की विडम्बनापूर्ण पहचान,

शहरी मध्यवर्ग और उसमें स्त्रियों की स्थिति, कामकाज की एक नई दुनिया में प्रवेश करनेवाली नारी कामगारों, श्रमिकों और अपवाद रूप में निकटतम अतीत के स्वतंत्रता संग्राम की समस्याओं से परिभाषित होती है।......'दीर्घतपा', 'जूलूस', कितने चौराहे' और 'पल्टू बाबू रोड' ऐसे ही लघु उपन्यास है। लगता है अपने इन उपन्यासों में प्रयोग के लिए रेणु नये अनुभवों की संभ्रमपूर्ण स्थिति से गुजर रहे थे।"[41] यह प्रयोग आंचलिक उपन्यास 'मैला आँचल' और 'परती : परिकथा' से अलग रहा होगा। डा. विवेकी राय भी इन उपन्यासों में नये प्रयोग की बात स्वीकार करते हैं, लेकिन डा. विवेकी राय की दृष्टि में यह प्रयोग आंचलिकता से अलग नहीं है। डा. राय लिखते हैं कि "इतना अवश्य है कि "परिवर्तित स्थितियों के अनुरूप उसने आंचलिकता की नई जमीन का इसमें अन्वेषण किया है।"[42] इन उपन्यासों के विषय में जो भी कहा जाये 'मैला आँचल' और 'परती : परिकथा' आंचलिक उपन्यासों के सिरमौर हैं।

आंचलिकता के कारण आगत साहित्यिक सौंदर्य का मूल्यांकन

आंचलिकता के सन्निवेश से रेणु के उपन्यासों को अद्वितीय साहित्यिक सौंदर्य प्राप्त हुआ। इसे निम्नलिखित रूप में स्पष्ट किया जा सकता है–

1. अंचल के समग्र जन जीवन का चित्रण : परिवेश का नायकत्व
2. अनुभव की प्रामाणिकता
3. भाषा की विशिष्टता

अंचल के समग्र जीवन का चित्रणः परिवेश का नायकत्व

आंचलिकता की पहली माँग होती है कि कथाकार अपने कथांचल के सर्वांग में पैठकर उसकी आत्मा का साक्षात्कार करे। इस प्रक्रिया में लेखक अनेक पात्रों और स्थितियों का अनुवीक्षण करते हुए अपनी रचना यात्रा पूरी करता है। उसके सामने जीवन और समाज के विभिन्न पहलू होते हैं–छोटे-बड़े, उचित-अनुचित, नैतिक-अनैतिक। वह सबका सम्मान करता हुआ उन्हें अपनी कथा का उपजीव्य बनाता है। ये पात्र और पहलू उसके लिए माध्यम होते हैं अपने कथांचल को अभिव्यक्त करने के लिए। उसकी मंजिल अंचल की कथा है न कि पात्र विशेष या स्थिति विशेष की कथा "आंचलिक उपन्यास का विलोम है व्यक्तिपरक उपन्यास। व्यक्तिपरक उपन्यास में चाहे उसका प्रतिपाद्य नगर जीवन हो, चाहे ग्राम्य जीवन, कथा का केन्द्र होता है कोई व्यक्ति, जिसे शास्त्रीय भाषा में नायक

कहते हैं। व्यक्तिपरक उपन्यास में नायक के जीवन को ही इतनी समग्रता और सूक्ष्मता के साथ चित्रित किया जाता है कि वह अपने क्षेत्र के सामान्य जन जीवन को प्रतिच्छवित कर देता है। इसके विपरीत आंचलिक उपन्यासों में अंचल विशेष के जीवन को चित्रित करना ही एकमात्र उद्देश्य होता है और इसके लिए वह सम्बद्ध अंचल से विविध पात्रों का चयन करता है, जिनके माध्यम से उस अंचल के पूर्ण जीवन को रूपायित किया जा सके।"[43] इस स्थिति में उपन्यास में कथानक और पात्र से अधिक महत्वपूर्ण अंचल का परिवेश हो जाता है। नायकत्व किसी पात्र का नहीं परिवेश का होता है।

'मैला आँचल' में रेणु संक्रमणकालीन भारत के एक पिछड़े अंचल पूर्णिया जिले के गाँव मेरीगंज को प्रस्तुत करते हैं। शहरवालों के लिए यह एक नई दुनिया है, इसे बज्र देहात कहा जा सकता है। यहाँ का वर्णन करते हुए डॉ. प्रशान्त अपनी मित्र ममता को लिखता है—गाँव के लोग बड़े सीधे दीखते हैं, सीधे का अर्थ यदि अपढ़, अज्ञानी और अन्धविश्वास हो तो वास्तव में सीधे हैं वे। जहाँ तक सांसारिक बुद्धि का सवाल है, वे हमारे और तुम्हारे जैसे लोगों को दिन में पांच बार ठग लेंगे और तारीफ यह है कि तुम ठगी जाकर भी उनकी सरलता पर मुग्ध होने के लिए मजबूर हो जाओगी।.....मिथिला और बंगाल के बीच का यह हिस्सा वास्तव में मनोहर है। औरतें साधारणतः सुन्दर होती हैं, उनके स्वास्थ्य भी बुरे नहीं....।"[44] धान और पाट यहाँ की मुख्य फसल है।

मेरीगंज के लोग खेती करते हैं। इनके सालभर की कमाई का लेखा खम्हार में होता है। "दो महीने की कटनी, एक महीना मड़नी, फिर साल भर की खटनी। दबनी-मड़नी करके जमा करो, साल भर के खाये हुए कर्ज़ का हिसाब करके चुकाओ, बाकी यदि रह जाये तो फिर सादा कागज पर अँगूठे की टीप लगाओ। सफाई करनी है तो बैल, गाय भरना रखो या हलवाहा, चरवाहा दो फिर कर्ज़ खाओ। खम्हार का चक्र चलता रहता है। खम्हार में बैलों के झुण्ड से दबनी-मड़नी होती है। बैलों के मुँह में जाली का जाब लगा दिया जाता है गरीब और बेजमीन लोगों की हालत भी खम्हार के बैलों जैसी है।.....मुँह में जाली का जाब।.....लेकिन खम्हार का मोह! यह नहीं टूट सकता।"[45] खम्हार का मोह मेरीगंज के जीवन में बहुत महत्व रखता है। गरीबी और जहालत की जिन्दगी को वे इसी मोह के कारण काट पाते हैं। जीवन का बाहरी दुःख उनके आन्तरिक बल से हार जाता हैं। वे वसन्त की हवा के मादक स्पर्श को महसूस करते हैं और होली के मालपुये का

भरपूर स्वाद लेते हैं। बावजूद इसके कि मालपुये का प्रबन्ध कर्ज़ लेकर होता है।

खाज में खुजली का कार्य करती है, इस इलाके में फैलने वाली बीमारियाँ—मलेरिया और कालाजार। इसके अतिरिक्त टी.बी. है, पिल्ही है, आँख की बीमारी है, जब किसी की मौत होती है तो यहां के लोग कारण के रूप में किसी बीमारी को नहीं खोजते डायन के झरका बान को खोजते हैं। रोग और गरीबी को झेलनेवाले मेरीगंज के अधिसंख्य लोग हैं। गनेश, निरमला, सनिच्चर महतो, सेबी महतो, तेतरी, रामेसर का बच्चा जैसे अनेक लोग इस श्रेणी में हैं। रोग वहाँ भी है, जहाँ सम्पदा है। "हजारों बीघे जोतनेवाले तहसीलदार की बेटी कमली को मिरगी आती है। लोग कहते हैं कि कमला मैया नहीं चाहती कि कमली की शादी हो, कमला मैया भी कुमारी ही थी न।"[46] मेरीगंज के दुःख को सुमिरत दास यहाँ की बात वहाँ पहुँचाकर कम करता है और विकटा नाच-गाकर मेरीगंज गरीबी और रोग को झेलता रहता है पर मौका मिलने पर मस्ती से नहीं चूकता।

यहाँ स्त्री-पुरुष के सम्बन्धों के कई रूप हैं। कहीं व्यभिचार की सारी हदें तोड़ देने वाले सम्बन्ध हैं तो कहीं शुद्ध सात्विक प्रेम के सम्बन्ध। प्रेम यहाँ गमकौआ तेल की खुशबू के रूप में प्रकट होता है। फुलिया, सहदेव मिसिर, खलासी जी, रामरती, बालदेव, लछमी, मंगला, कालीचरन, सुभरित दास, लरसिंघ दास, कमली, प्रशान्त आदि के अपने-अपने प्रसंग है, जो टेढ़े-मेढ़े रास्तों से चलते हैं।

मेरीगंज भारत की स्वतंत्रता की पदचाप सुनता है और उसके स्वागत में बढ़-चढ़कर हिस्सा लेता है। कालीचरन, बालदेव, बावनदास, चिनगारीजी, अपनी-अपनी रुचि के मार्ग—अहिंसा, लाल निशान या काली टोपी से चलते हुए स्वतन्त्रता की वेदी पर अपनी पुष्पांजिल अर्पित करते हैं। ये लोग समाज को अपनी-अपनी दृष्टि और सिद्धान्त से समझने का प्रयत्न करते हैं तथा अपने दल का प्रचार और प्रसार करते हैं। मेरीगंज में भारत की स्वतन्तत्रता के परिणाम दिखाई देते हैं। विभिन्न दलों की सक्रियता और मेरीगंज की जागरूकता से मेरीगंज की जड़ता टूटती है तथा शोषण के विरोध में आवाज उठने लगती है। संथालियों का विद्रोह ऐसी ही आवाज है।

बरसों पुराना मठ मेरीगंज की आस्था का केन्द्र है। अतीत में यह बीजक और रमैनी के शब्दों की पवित्रता को संजोकर रखनेवाला रहा होगा किन्तु आज इसके शब्द उच्चारण तक सीमित रह गये हैं, आचरण से उनका जुड़ाव नहीं है।

भूख, गरीबी, अशिक्षा, बेकारी, रूढ़ि आडम्बर की धूल में सना मेरीगंज 'मैला आँचल' है। यह आँचल जाना-पहचाना है। इसकी कथा कहने को रेणु इसे एक

बड़े कैनवास पर खोलते हैं तो पाते हैं कि इसकी सलवटों में इसका अतीत छुपा है और इसका विस्तार भविष्य की कढ़ाईदार झालरों को छू रहा है। रेणु मेरीगंज के वर्तमान को पूरी ईमानदारी से देखते हैं इसीलिए इसके अतीत और भविष्य को भी पूरी तरह देख पाते हैं। खेत-खम्हार की बातें, मलेरिया सेन्टर, चरखा सेन्टर की चर्चा, मठ और सहर पुरनियाँ के किस्से मेरीगंज के ही किस्से हैं। राम किरपाल सिंह, शिवशंकर, विश्वनाथ प्रसाद, बालदेव, कालीचरन, फुलिया, चिचाय की माय, लछमीदासी जैसे अनेक पात्रों के माध्यम से रेणु मेरीगंज को उलट-पुलट कर देखते हैं। प्रसंग और कथाएँ यहाँ उतना ही और उतने तक ही महत्वपूर्ण हैं, जहाँ तक मेरीगंज की कथा कहने में वे सहायक हैं। मेरीगंज की सुन्दरता और धड़कन को समझनेवाला पात्र प्रशान्त भी इसी कोटि में आता है। अतः 'मैला आँचल' में न कोई एक प्रधान कथा है न कोई पात्र नायक या नायिका। 'मैला आँचल' मेरीगंज की ही एक कथा है और नायक भी मेरीगंज ही है। मेरीगंज की कथा को प्रधान अथवा आनुषंगिक कथा के रूप में वर्गीकृत करके नहीं देखा जा सकता क्योंकि सभी छोटी-बड़ी कथाएँ एक साथ मिलकर मेरीगंज की पूरी कथा बनाती हैं।

मेरीगंज की कथा के कुछ वाह्य सूत्र हैं, कुछ आन्तरिक। जो कथा ऊपर से दिखाई देती है, उसका कारण कहीं भीतर छिपा हुआ है। मेरीगंज नहीं जानता कि उसके समाज में घटने वाली किन-किन घटनाओं में कारण-कार्य सम्बन्ध है, वह केवल परिणाम भोगता है। रेणु कथाकार के रूप में घटनाओं का खुर्दबीनी निरीक्षण करके उनके पारस्परिक सम्बन्ध एवं तत्जनित मेरीगंज के जीवन का ब्यौरा प्रस्तुत करते हैं। 'मैला आँचल' में ऐसे अनेक प्रसंग हैं, जो मेरीगंज के जीवन के वाचक हैं। इन प्रसंगों में से एक उदाहरण है—"गाँव के लोग अर्थशास्त्र का सिद्धान्त भी नहीं जानते। सप्लाई और डिमाण्ड के गोरखधन्धे में वे अपना दिमाग नहीं खपाते। अनाज का दर बढ़ रहा है, खुशी की बात है। पाट का दर बढ़ रहा है, बढ़ता जा रहा है, और भी खुशी की बात है। पन्द्रह रुपये में साड़ी मिलती है तो बारह रुपये मन धान भी तो है। हल का फाल पाँच रुपये में मिलता है, दस रुपये में कड़ाही मिलती है तो क्या हुआ। पाट का भाव भी तो बीस रुपये मन है। खुशी की बात है। अनाज के ऊँचे दर से गाँव के तीन ही व्यक्तियों ने फायदा उठाया है—तहसीलदार साहब ने, सिंघ जी ने, और खेलावन सिंह यादव ने। छोटे-छोटे किसानों की जमीनें कौड़ी के मोल बिक रही हैं। मजदूरों को सवा रुपये रोज मजदूरी मिलती है, लेकिन एक आदमी का भी पेट नहीं भरता। पाँच साल पहले सिर्फ पाँच आने मजदूरी मिलती थी और उसी में घर भर के लोग खाते थे।"[47] रेणु मेरीगंज की 'खुशी की

बात' का मर्म उद्घाटित करते हुए मेरीगंज के भीतर-बाहर के सामाजिक सूत्रों को कथा में खोलते हैं। मेरीगंज के जीवन का यह पक्ष रेणु को शूल बनकर पीड़ा देता है।

"महँगी पड़े या अकाल हो, पर्व त्यौहार तो मनाना ही होगा और होली फागुन महीने की हवा ही बावरी होती है। आसिन कातिक के मलेरिया और कालाजार से टूटे हुए शरीर में फागुन की हवा संजीवनी फूँक देती है। रोने कराहने के लिए बाकी ग्यारह महीने तो हैं ही, फागुन भर तो हँस लो गा लो। जो जिये सो खेले फाग। दूसरे पर्व त्यौहार को तो टाल भी दिया जा सकता है। दीवाली में एक दो दीप जला दिये, बस छुट्टी। लेकिन होली तो मुर्दा दिलों में भी गुदगुदी लगाकार जिलाती है। बौरे हुए आम के बाग से हवा आकर बच्चे-बूढ़ों को मतवाला बना जाती है।"[48] रेणु स्वयं मेरीगंज के आम के बाग की हवा से मतवाला हो जाते हैं। यह मेरीगंज के जीवन का फूल है, जिसकी सुगन्ध से रेणु विभोर होते हैं।

'मैला आँचल' में समग्र मेरीगंज उपस्थित है। मेरीगंज का अन्धविश्वास, विज्ञान की खोजों के प्रति उसकी जिज्ञासा, रूढ़ियाँ, आधुनिकता की तरफ बढ़ते उसके कदम, अवसाद-उत्साह, प्रेम-घृणा सब पर रेणु की दृष्टि है, रेणु किसी से अपना दामन बचा नहीं पाये हैं, बचाना चाहते भी नहीं। इसे रेणु 'मैला आँचल' की भूमिका में स्वीकार करते हैं।

'परती : परिकथा' परानपुर की परती की कथा है। कथा को रेणु चार अध्यायों में प्रस्तुत करते हैं। इसके पहले अध्याय में परानपुर की परती जमीन की काव्यात्मक कारुणिक कथा है। पुनः तीन अध्यायों में परानपुर अंचल का सविस्तार परिचय उपन्यासकार ने दिया है। ये तीन अध्याय विषयवस्तु की दृष्टि से रोचक ही नहीं अर्थगर्भित भी हैं। उपन्यास "धूसर, वीरान, अन्तहीन प्रान्तर। पतिता, भूमि परती जमीन, बन्ध्या धरती।"[49] से शुरू होता है और अन्त में "आसन्न प्रसवा परती हँसकर करवट लेती है।"[50] उपन्यास के बीच के पृष्ठों में बन्ध्या के प्रसवा बनने की घटना का वर्णन है। यह घटना अकारण और आकस्मिक नहीं है, अनेक लोगों के सामूहिक प्रयास का परिणाम है। इसमें अनेक अवरोध आये हैं। प्रयास और अवरोध की क्रिया-प्रतिक्रिया में व्यक्ति, विज्ञान, स्वार्थ, रूढ़ि, आदि अनेक घटक सम्मिलित हैं।

"परती : परिकथा" में 'मैला आँचल' से आगे का समय है। भारत स्वतंत्र हो चुका है। यहां मेरीगंज की जगह परानपुर है। पंचवर्षीय योजनाओं के द्वारा गाँवों के

विकास का कार्य शुरू किया गया है। गाँव में अधिकांश लोग ऐसे हैं, जो गाँव में प्रचलित अंधविश्वास के कारण कोई नया काम करना नहीं चाहते भले ही वह काम तर्कसम्मत और लाभकारी हो। बहुत कम लोग ऐसे हैं, जो विज्ञान की नई रोशनी में चीज़ों को जानने-समझने की कोशिश करते हैं और गाँव में विकास का कार्य करना चाहते हैं। गाँव वाले इनका घोर विरोध करते हैं लेकिन सपनों को सच बनाने की ललक इन्हें सारी समस्याओं और विरोध का सामना करने की ताकत देती है। अंत में गाँव बदलता है, परानपुर बदलता है। परानपुर का बदलाव उसमें रहने वाले किसी एक आदमी का बदलाव नहीं है, गाँव का बदलाव है। 'परती : परिकथा' उपन्यास वहाँ रहनेवाले लोगों के माध्यम से परानपुर की कथा है। लोग माध्यम हैं परानपुर की कथा कहने के लिए।

'मैला आँचल' की तरह 'परती : परिकथा' में भी घटनाओं की बहुलता है। 'मैला आँचल' में घटनाएँ पेड़ से निकली शाखाओं की तरह स्वतंत्र दिशा में जाती हुई भी कथा से जुड़ी रहती हैं। सारी शाखाओं की सम्मिलित खूबसूरती पेड़ की खूबसूरती बनती है। 'मैला आँचल' में छोटी-बड़ी कोई भी घटना मेरीगंज से जुड़ी रहती है। मेरीगंज के परिवेश से अलग उनका कोई महत्व नहीं है। सभी मिलकर मेरीगंज की समग्रता में शोभा पाते हैं। 'परती : परिकथा' की घटनाएँ मुख्य नदी से निकली छोटी-छोटी नदी की तरह प्रवाहित होती हैं, आगे चलकर इनमें से कुछ इस तरह प्रवाहित होती हैं कि इनका महत्व और इनकी खूबसूरती मुख्य नदी से कम नहीं लगती। 'परती : परिकथा' में शिवेन्द्र मिश्र और रोजउड से जुड़ी अनेक घटनाएँ ऐसी ही हैं, जो परानपुर में नहीं घटती हैं लेकिन उपन्यास में इन्हें कमतर करके नहीं आँका जा सकता है।

"परानपुर में लैण्ड सर्वे सेटलमेन्ट की आँधी आई है। जमीन की फिर से पैमाइश हो रही है साठ सत्तर साल बाद। भूमि पर अधिकार! बँटैयादारों, आधीदारों का जमीन पर सर्वाधिकार हो सकता है यदि वह साबित कर दे कि जमीन उसी ने जोती बोई है।"[51] लैण्ड सर्वे के साथ रेणु परानपुर का कथात्मक सर्वे करते हैं। जाति, राजनीति, मन की टूटन, सामाजिक जीवन का क्षरण, प्रेम खातिर जाति एवं परिवार का त्याग आदि के पूर्ण जीवन्त प्रसंग सर्वे के क्रम में रेणु को परानपुर में मिलते हैं। यही प्रसंग "परती : परिकथा" के कथानक के आधार हैं। रेणु देखते हैं कि "इस चाँदनी रात में भी मिसिर बुर्ज पर पेट्रोमेक्स जलता है......जितेन्द्र बाबू जब से गाँव में आये हैं तीनों दिन उस पर पेट्रोमेक्स जलता है। सर्वे का काम शुरू हो गया है। अमीनों की फौज उतरी है।......लुत्तो को मरम चोट पर लगी है।

मरमस्थल में चोट लगती है उसके, जब कोई उसे खवास कह बैठता है।....रोसन बिसवा का भी सर चकराया हुआ है।.....सुरपति राय सात घाटों का पानी पी चुका है।......गहलोतों के निरसू पर परमादेव सवार हुआ है।.....प्यार का बाजार हो या न हो इस बार सामा चकेवा जरूर होगा।......उसी रात को हवेली की बगिया में हवेली की एक दलित दुहिता ने एक सवर्ण युवक के संसार को असंख्य चाँद तारों से जगमगा दिया।"[52] ऐसे अनेक दृश्य रेणु परानपुर में देखते हैं। ये दृश्य अलग-अलग स्नैप्स हैं, इनकी आकृति और रंग एक दूसरे से भिन्न हैं। इनकी अन्विति बनती है, जब रेणु इन्हें 'परती : परिकथा' का कोलाज बनाकर प्रस्तुत करते हैं। यह कोलाज परानपुर का है। कोलाज बनने के बाद यदि इसमें से एक भी स्नैप निकाला जाये तो कोलाज के सौन्दर्य की हानि होगी।

परानपुर को समग्रता से अंकित करने के लिए रेणु वहाँ के पर्व, त्यौहार, गीत कथा आदि का वर्णन करते हैं। 'परती : परिकथा' में प्रयुक्त 'परि' शब्द का अर्थ होता है—समन्तात्। अतः परिकथा में अनेक उपकथाएँ संयोजित रहती हैं। चारो ओर की कथा से बना एक समग्र कथा परिकथा है। परती से जुड़ी हुई अनेक उपकथाएँ हैं। सुन्नरि नैका, रानी डूबी घाट, शामा चकेवा, कोहबर रांड़ी आदि से जुड़ी उपकथाओं को उदाहरणस्वरूप लिया जा सकता है। परती से अनेक लोगों की कथाएँ जुड़ी हैं। जितेन्द्र, सुरपति राय, भिम्मल मामा, इरावती, ताजमनि, सुवेश मलारी, शिवेन्द्र, रोजउड, चिचाय की माय, लरैना खवास, आदि अनेक लोग परती पर अपनी जीवन कथा प्रस्तुत करते हैं। 'परती : परिकथा' में 90 से अधिक पात्र हैं। प्रत्येक पात्र की अपनी कथा है। इन पात्रों में जितेन्द्र की कथा सबसे अधिक महत्वपूर्ण है। उपन्यास में जितेन्द्र का चरित्र अनेक स्थलों पर परती के चरित्र से सबल होता दिखाई देता है। रेणु ने जितेन्द्र के समस्त कार्यकलापों को परानपुर के परिवर्तन से जोड़कर उसके चरित्र को परानपुर में समाहित करके परती को नायकत्व प्रदान किया, व्यक्ति के प्रयत्नों को परिवेश से जोड़ दिया है।

उपन्यासकार के लिए "परिवेश का (विशेष) महत्व है, एक प्रकार से वह उसका आधार है। वह न केवल अपनी रचना का कच्चा माल वहाँ से जुटाता है वरन् अनुभव के विभिन्न स्तरों के बीच से अपनी रचना दृष्टि विकसित करता है।"[53] रेणु के कथा संसार में परिवेश रचनाओं का स्रोत भी है और रचनाओं का उद्देश्य भी। इतना ही नहीं आंचलिक कथाकार के रूप में रेणु परिवेश का उपयोग उपन्यास की संरचना के एक अत्यंन्त महत्वपूर्ण घटक के रूप में करते हैं। आंचलिक उपन्यास में जन जीवन के समग्र चित्रण के लिए उपन्यासकार अनेक

तरह की कथाओं, घटनाओं और पात्रों के कार्यकलापों और चारित्रिक विशिष्टता को प्रभावित करने वाले उन सामाजिक सूत्रों की पड़ताल करता है, जो पात्रों के वाह्य परिवेश में होते हैं और उन मनःस्थितियों के बारीक तन्तुओं की छानबीन करता है, जो पात्रों के आन्तरिक परिवेश में छिपे होते हैं। जनजीवन का समग्र चित्रण परिवेश के सूक्ष्मातिसूक्ष्म अंकन के बिना संभव नहीं है। इस क्रम में आंचलिक उपन्यासों में कथा की बहुलता और पात्रों की मनःस्थिति की जटिलता उपन्यास की संरचना में बिखराव और आस्वाद में बाधा उत्पन्न करती है। इस बाधा का शमन उपन्यासकार परिवेश का कलात्मक उपयोग करके करता है। जिस तरह किसी पदार्थ के अणु-परमाणु अपनी विशेषता के साथ पदार्थ के अस्तित्व का अंग बन जाते हैं और पदार्थ इकाई के रूप में, पहचान के रूप में प्रत्यक्ष होता है; उसी तरह आंचलिक उपन्यास में घटनाएँ और पात्र अपनी विशेषता के साथ परिवेश की पहचान, उसके अस्तित्व का अंग बन जाते हैं; परिवेश को प्रत्यक्ष करने का माध्यम बन जाते हैं। परिवेश जो सामान्यतः अमूर्त होता है, आंचलिक उपन्यास में इस प्रक्रिया में मूर्त हो जाता है। अंचल का समग्र जीवन प्रकाशित हो जाता है। समीक्षा शास्त्र के अनुसार इसे अंचल का नायकत्व कहते हैं। आंचलिक उपन्यास में आगत साहित्यिक सौन्दर्य का यह एक महत्वपूर्ण पक्ष है। आंचलिक उपन्यासकार अंचल विशेष के जीवन को उसकी समग्रता के साथ प्रस्तुत करने के लिए उस अंचल के सीमित परिवेश को ही पकड़ने की चेष्टा करता है। सामाजिक जीवन के यथार्थ को गहराई में जाकर पकड़ने की रचनात्मक कोशिश में ही परिवेश की छवि बनती चली जाती है। रेणु के 'मैला आँचल' और 'परती : परिकथा' में ऐसी रचनात्मक कोशिश की पूर्ण सफलता दिखाई देती है।

अनुभव की प्रामाणिकता

प्रसिद्ध विद्वान लूकाच साहित्य के बारे में कहता है कि वास्तविक अनुभव ही साहित्य का आधार है, संकल्प चाहे वे कितने ही सदाशयतापूर्ण हों अनुभव का स्थान नहीं ले सकते। आंचलिक उपन्यास के सन्दर्भ में यह बात और भी अधिक महत्वपूर्ण है। "जिस कथित अनुभव की प्रामाणिकता का शोर 'नई कहानी' के दौरान मचा था, वह नई कहानी के समानान्तर चल रही आंचलिक उपन्यास धारा में अपने सीधे और स्पष्ट अर्थ में रचना प्रक्रिया का अनिवार्य अंग बनी हुई थी। आंचलिक उपन्यास 'सेकेण्ड हैण्ड' अनुभवों के सहारे नहीं लिखा जा सकता।"[54] रेणु के उपन्यासों का कथा क्षेत्र मिथिलांचल है, जो उनकी जन्मभूमि-कर्मभूमि रहा

है। रेणु ने एक भोक्ता के रूप में मिथिलांचल के जीवन को जिया था और उसे ही अपनी रचनाओं में उतारा है।

संसार में प्रत्येक प्राणी को जीवन के अनुभव की सम्पदा प्राप्त है किन्तु रचनाकार वही व्यक्ति बन पाता है, जिसमें अनुभवों के कलात्मक संयोजन एवं उनकी अभिव्यक्ति की भरपूर क्षमता हो। रेणु के उपन्यासों का कलात्मक सौन्दर्य एक ऐसे रचना संसार का सौन्दर्य है, जिसमें अनुभव की प्रामाणिकता और कलात्मक उत्कर्ष हेतु अपेक्षित अभिव्यक्ति के कौशल का आश्चर्यजनक तालमेल है। रेणु के उपन्यासों का सौन्दर्य कागज के फूलों का सौन्दर्य नहीं है। यह ऐसे रूप-रस-गंध से भरे ताजे फूलों से सुशोभित पौधों का सौन्दर्य है, जो मिट्टी से भी जुड़ा है और माली ने उसे मनोनुकूल आकार में ढाला भी है। रेणु के उपन्यासों में आंचलिकता कहने मात्र के लिए नहीं है, यह उपन्यासों के साहित्यिक सौन्दर्य का उपादान है।

रेणु ने अपने उपन्यासों में आसपास के पात्रों और प्रसंगों को कैसे उतारा, इसे 'परती : परिकथा' के पात्र लुत्तो बाबू की जुबानी जाना जा सकता है। लुत्तो बाबू कहते हैं—उपन्यास प्रकाशित होने के वर्षों बाद लोगों ने मुझे बतलाया कि 'परती : परिकथा' में जिस लुत्तो बाबू का जिक्र है, वह आप ही हैं। उस पात्र के चरित्र में हर जगह मैं ही नहीं हूँ। यह सच है कि उसका स्केच मुझ पर ही किया गया है। मेरे कई स्वभाव और आचरण के बारे में उन्होंने लिखा है। लेखक को यह छूट है कि कथानक को रोचक बनाने के लिए अपनी ओर से कुछ जोड़ तोड़ करें।.... उनकी कहानियों और उपन्यासों में आये पात्र काल्पनिक नहीं है। अपने प्रथम उपन्यास 'मैला आँचल' का कथा क्षेत्र जिस तरह रेणु ने मेरीगंज को बनाया, उसी तरह 'परती : परिकथा' की कथा भूमि परानपुर और सिमरबनी गाँव को बनाया। 'परतीः परिकथा' के भीम्मल मामा सिमरबनी गाँव के थे। उनका पूरा नाम भीमलाल मण्डल था। इस सिमरबनी गाँव में रेणु की स्कूली शिक्षा प्रारम्भ हुई। इस उपन्यास में एक महत्वपूर्ण पात्र है गरुड़धुज झा। ये परानपुर गाँव के एक प्रतिष्ठित ब्राह्मण थे। इनकी लम्बाई इतनी थी कि कई जगह रेणु ने गगनचुम्बी झा के नाम से भी लिखा। इनका असली नाम था सुरेश झा। औराही हींगना के राम मोहन विस्वास बाबू, जो रेणु जी के पिता के समधी होने के साथ ही रेणु के भी समधी रहे, वे रोशन बिस्वा राम मोहन बाबू ही थे। उचित लाल मड़र हींगना टोला के रहने वाले हैं। उन्हें सूचित लाल मड़र उर्फ फोफी कहकर 'परती : परिकथा' में

चित्रित किया गया। वे धीरे-धीरे हल्का नकियाते हैं। इसलिए उन्हें फोफी कहा गया है। 'मैला आँचल' की लछमीदासी कबीरमठ की कोठारिन थी। वह देखने में बहुत खूबसूरत थी।.....मठ में फैले भ्रष्टाचार-व्यभिचार की कहानी औराही और भोलापुर मठ को लेकर लिखी गई। कुसुमलाल इसी गाँव का रहनेवाला है।......रेणु जी के अंतरंग मित्र शीतल प्रसाद गुप्त भी 'मैला आँचल' के पात्र रहे। रेणु का रचना संसार कल्पित नहीं.....सत्य है।"[55]

भाषा की विशिष्टता

'मैला आँचल' लिखते समय रेणु के सामने भाषा की समस्या थी। रेणु के शब्दों में– "यूँ जब साधारण आदमी की बात कहनी हो, जब वे लोग बोलते हैं तब तो जाहिर है, गाँव की बोली में बोलते हैं, मैथिली में बोलते हैं, मगही में बोलते हैं। मुझको लिखना पड़ रहा है, उसको हिन्दी में। तो मैं उसको शुद्ध व्याकरण सम्मत और पण्डिताउ भाषा में लिखता हूँ तो खुद कान में यह कैसा लगेगा कि एक गाँव का आदमी किस तरह बोलता है–उतना शुद्ध बोलता है और बिलकुल वैसा या अशुद्ध लिखने से यह उपन्यास चल नहीं सकता है तो बीच का कहीं एक रास्ता तय करना होगा।" रेणु जो बीच का रास्ता तय करते हैं, वह आंचलिक शब्दों और लय से सजी कचराही भाषा है, जिसकी बाद में बहुत नकल की गई लेकिन जो किसी के द्वारा सध नहीं पाई।

रेणु अपने उपन्यासों में आंचलिक भाषा से जुड़ी खड़ी बोली का उपयोग करते हैं। यही उनका बीच का रास्ता है। कथा वाचक के रूप में वे प्रतिष्ठित खड़ी बोली का उपयोग वहाँ करते हैं, जहाँ गम्भीर विचार-विश्लेषण और सूक्ष्म मनोभावों के अंकन की आवश्यकता होती है। रेणु के शिक्षित पात्र भी परिनिष्ठित खड़ी बोली का ही प्रयोग करते हैं। आंचलिक परिवेश के चित्रण में रेणु आंचलिक भाषा तत्वों से सजी खड़ी बोली का प्रयोग करते हैं। रेणु के वे पात्र भी, जो अंचल से जुड़े और वहीं से बँधे हैं, इसी भाषा का प्रयोग करते हैं। इस भाषा में आंचलिक शब्दों की प्रधानता है। मगही और मैथिली के अनेकानेक शब्दों से रेणु के उपन्यास सुसज्जित हैं। खड़ी बोली, उर्दू, अंग्रेजी के शब्दों को यहाँ आंचलिक शब्दों की तर्ज पर घिस लिया गया है। ऐसे शब्दों का रूप तो विकृत हो गया है किन्तु आंचलिक जीवन को व्यक्त करने में ये शब्द सफलातिसफल हैं। इन शब्दों को स्थानीय शब्द,

विकृत शब्द, गढ़े हुए शब्द, देशज शब्द आदि नाम दिये गये हैं। इन शब्दों के बारे में सन् 1966 के अप्रैल की आलोचना में लिखा गया है कि—"उनके देशज शब्द केवल भाषा की आधारशिला ही नहीं उनका काम झरोखा और मेहराब बनाना है।" 'मैला आँचल' में रेणु लिखते हैं—"बामन राजपूत के साथ बैठा यादव एक ही सफरे पर। जीवेसर मोची भी उसी कम्बल पर बैठा है। बस अब रास्ते पर आ रहा है। देखो आज तहसीलदार हरगौरी किस तरह हँस-हँस कर कालीचरण से बात कर रहा है—"मानो एक प्याली का दोस्त है। हाँ तो यादवों को अब जमाहिर लाल भी छत्री मान लिये हैं। कौन क्या बोल सकता है। बावनदास पुरेनिया गया है।" बालदेव का कथन है—अरे भाई! यह सब महात्मा जी का परताप है। कौन कह सकता है? जब गुड़ गंजन सहे तो मिसरी नाम धराये।.....लेकिन पियारे भाइयों, भारथमाता का नाम, महतमा जी का नाम लेना बन्द नहीं किया। तब मलेटरी ने हमको नाखून में सुई गड़ांया जिस पर भी हमने इस-विस नहीं किया। आखिर हारकर जेलखाना में डाल दिया। आप लोग तो जानते ही हैं सुराजी लोग जेहल को क्या समझते हैं—जेहल नहीं, ससुराल यार हम बिहा कराने आये हैं।"[56]

उपर्युक्त उद्धरणों में बामन (ब्राह्मण-बामन-बामन), जमाहिर (जवाहर) छत्री (क्षत्रिय), पुरेनिया (पूर्णिया), महतमा (महात्मा), परताप (प्रताप), भारथमाता (भारतमाता), जेहल (जेल) एवं बिहा (ब्याह) घिसे हुए शब्द हैं। इन शब्दों के साथ 'एक प्याली का दोस्त' और 'जब गुड़ गंजन सहे तो मिसरी नाम धराये' मुहावरे और लोकोक्ति के प्रयोग ने रेणु की भाषा को तराशा है। 'इस-बिस' ऐसा आंचलिक शब्द है, जिसके प्रयोग से मेरीगंज के लोगों की भाषा की आंचलिक लय स्पष्ट होती है।

'परती : परिकथा' का एक प्रसंग है। मलारी चेयरमैन साहब के पास गई थी। यह बात जानकर उसका पिता महीचन नाराज होता है। मलारी उसे समझाने की कोशिश में कहती है—"सबसे अच्छा तुम्हीं लोग विचार करो। चेयरमैन साहब ने परीच्छा लेने के लिए बुलाया था। परीच्छा में मौखिक कोसचेन किया। मैंने कोसचेन का एन्सर दे दिया। चेयरमैन साहब के कमरे से बाहर आई तो बप्पा ने पूछा—क्या हुआ? मैं बोली मौखिक कोसचेन किया और.....तुझे लाज सरम कुछ भी नहीं आई मलारी? इस बार मलारी की माँ नाक झाड़कर बोली—बोलते सरम भी नहीं आती।

महीचन तुतलाया—देखो अभी भी बोलती है कि मुख के....क्या किया? मुख में क्या किया?"

'मुँह में क्या करेगा, मौखिक कोसचेन क्या समझा? बालगोविन दाँत पीसते हुए कहा।'

"अब उसी दिन मलारी के बप्पा सारे गाँव ढोल पीट आये मलारी को चेयर मैन बाबू ने कलम खोंच दिया और मलारी ने सर्र से थप्पड़ मार दिया।"

"बालगोविन थर-थर काँपता है, गुस्सा—से लोग ठीक कहते हैं, जैसी जात वैसी बात।"

यहाँ पढ़ी लिखी मलारी के मौखिक कोसचेन और एन्सर ने, अशिक्षित महीचन की भाषा में 'कलम खोंच और सर्र' का रूप ले लिया और उस पर नई पीढ़ी के शिक्षित युवक बालगोविन के मुहावरे 'जैसी जात वैसी बात' ने ऐसी चाबुक मारी कि हास्य रस के भीतर से व्यंग्य प्रकट हो गया और परानपुर की अशिक्षित गवाँर जीवन शैली में होने वाले परिवर्तन की ध्वनि सुनाई देने लगी।

रेणु के उपन्यासों की भाषा का यही तेवर अनुकरण में बँध नहीं पाता है। आंचलिक शब्दों के प्रयोग, मुहावरे और लोकोक्तियाँ तो आंचलिक उपन्यासों के सहज अंग हैं किन्तु रेणु के उपन्यासों की भाषा में ये इतने विशिष्ट हैं कि इन्हें निश्चित रूप से अद्वितीय कहा जा सकता है। "रेणु के पास एक ऐसी मीठी, बोलती हुई भाषा है जो पाठक से सहज संवाद स्थापित कर लेती है। उनके छोटे-छोटे किन्तु अर्थगर्भित संकेतपूर्ण वाक्य तीर की तरह दिल में धँसते हैं।"[57]

सन्दर्भ

1. प्रकाश वाजपेयी, हिन्दी के आंचलिक उपन्यास (इस पुस्तक की भूमिका में)। नन्द किशोर एण्ड सन्स, वाराणसी।
2. इन्द्रनाथ मदान, आधुनिकता और हिन्दी उपन्यास, राजकमल प्रकाशन, नई दिल्ली, 2003 पृष्ठ 45।
3. राजेन्द्र यादव, उपन्यासः स्वरूप और संवेदना, वाणी प्रकाशन, नई दिल्ली, पृष्ठ 252।
4. सम्पादक रामदरश मिश्र, ज्ञानचन्द गुप्त, 'हिन्दी के आंचलिक उपन्यास' में विवेकीराय का लेख—हिन्दी के आंचलिक उपन्यास : परम्परा और प्रगति, नमन प्रकाशन, नई दिल्ली 1999, पृष्ठ 10।
5. ज्ञानचन्द गुप्त, आंचलिक उपन्यासः अनुभव और दृष्टि, राधा पब्लिकेशन्स नई दिल्ली, 1995 पृष्ठ 95।

6. सिद्धान्त कौमुदी, उणादि प्रकरण, अंतिम सूत्र, संख्या 759।
7. आदर्श सक्सेना, हिन्दी के आंचलिक उपन्यास और उनकी शिल्प विधि, सूर्य प्रकाशन मन्दिर, बीकानेर, 1971, पृष्ठ 18।
8. पाणिनीय सिद्धान्त कौमुदी, पृष्ठ 358।
9. रामपति यादव, 'उपन्यास का आंचलिक वातायन', पृष्ठ 34।
10. द आक्सफोर्ड डिक्शनरी खण्ड VII, पृष्ठ 371।
11. दी अमेरिकन कॉलेज इनसाइक्लोपीडिया डिक्शनरी, खण्ड VII, पृष्ठ 1020।
12. आदर्श सक्सेना, हिन्दी के आंचलिक उपन्यास और उनकी शिल्प विधि, सूर्य प्रकाशन मन्दिर, बीकानेर, 1971, पृष्ठ 30।
13. कल्पना, मार्च, 1965 में शिव प्रसाद सिंह का आलेख, आंचलिकता और आधुनिक परिवेश, हैदराबाद, पृष्ठ 26।
14. बंसीधर, हिन्दी के आंचलिक उपन्यासः सिद्धान्त और समीक्षा, भाषा प्रकाशन, नई दिल्ली, 1983, पृष्ठ 17।
15. उपरिवत्, पृष्ठ 41 पर।
16. उपरिवत्, पृष्ठ 41 पर उद्धृत।
17. आलोचना, 1957, राजकमल प्रकाशन, नई दिल्ली।
18. ज्ञानचन्द गुप्त, आंचलिक उपन्यासः अनुभव और दृष्टि, राधा पब्लिकेशन, नई दिल्ली, पृष्ठ 19।
19. आदर्श सक्सेना, हिन्दी के आंचलिक उपन्यास और उनकी शिल्प विधि, सूर्य प्रकाशन मन्दिर, बीकानेर, 1971 पृष्ठ 27, 28।
20. आलोचना, 69, पृष्ठ 46 में डॉ. विवेकी राय का कथन, राजकमल प्रकाशन, नई दिल्ली।
21. महेन्द्र चतुर्वेदी, हिन्दी उपन्यासः एक सर्वेक्षण, नेशनल पब्लिशिंग हाउस, नई दिल्ली।
22. बंसीधर, हिन्दी के आंचलिक उपन्यासः सिद्धान्त और समीक्षा, भाषा प्रकाशन, नई दिल्ली, 1983, पृष्ठ 40।
23. कल्पना, मार्च, 1965, पृष्ठ 26, डॉ. शिव प्रसाद सिंह का आलेख, आंचलिकता और आधुनिक परिवेश, हैदराबाद, सं. बदरी विशाल पुत्ती।
24. रेणु, मैला आँचल, प्रथम संस्करण की भूमिका, राजकमल प्रकाशन, नई दिल्ली, 1954।
25. उपरिवत्, पृष्ठ 12।

26. उपरिवत्, 44।

27. रेणु, परती : परिकथा, राजकमल प्रकाशन, 1998, पृष्ठ 17।

28. उपरिवत्, पृष्ठ 9।

29. कल्पना, मार्च, 1965, पृष्ठ 46, हैदराबाद, सं. बदरी विशाल पुत्ती।

30. आलोचना, 69, नई दिल्ली, पृष्ठ 46।

31. बंसीधर, हिन्दी के आंचलिक उपन्यासः सिद्धान्त और समीक्षा, भाषा प्रकाशन, नई दिल्ली 1983, पृष्ठ 40 पर उद्धृत।

32. उपरिवत्, पृष्ठ 41 पर उद्धृत।

33. रेणु, दीर्घतपा की भूमिका में।

34. उपरिवत्।

35. रेणु, जुलूस, भारतीय ज्ञानपीठ प्रकाशन, 1997, पृष्ठ 9।

36. उपरिवत्, पृष्ठ 10।

37. उपरिवत्, भूमिका में रेणु का कथन।

38. रामदरश मिश्र, हिन्दी उपन्यास एक अन्तर्यात्रा, राजकमल प्रकाशन, दिल्ली, 2004 पृष्ठ 234।

39. रागिनी वर्मा, फणीश्वरनाथ रेणु और उनका कथा साहित्य, विश्व विद्यालय प्रकाशन, वाराणसी, 2002 पृष्ठ 154।

40. सम्पादक रामदरश मिश्र एवं ज्ञानचन्द गुप्त, हिन्दी के आंचलिक उपन्यास में विवेकीराय का लेख–हिन्दी के आंचलिक उपन्यासः परम्परा और प्रगति, नमन प्रकाशन, नई दिल्ली, 1999 पृ. 13

41. सुरेन्द्र चौधरी, फणीश्वरनाथ रेणु : भारतीय साहित्य के निर्माता, साहित्य अकादमी, 1991, पृष्ठ 99।

42. सम्पादक रामदरश मिश्र एवं ज्ञानचन्द गुप्त, हिन्दी के आंचलिक उपन्यास में विवेकी राय का लेख, हिन्दी के आंचलिक उपन्यास : परम्परा और प्रगति, नमन प्रकाशन, नई दिल्ली 1999 पृष्ठ 15।

43. उपरिवत्, हिन्दी के आंचलिक उपन्यास में सियाराम तिवारी का लेख, 'हिन्दी के आंचलिक उपन्यासों की भाषा', पृष्ठ 104।

44. रेणु, मैला आँचल, राजकमल प्रकाशन, 1954, पेपर बैक संस्करण, पृष्ठ 44।

45. उपरिवत्, पृष्ठ 46।

46. उपरिवत्, पृष्ठ 46।
47. उपरिवत्, पृष्ठ 96।
48. उपरिवत्, पृष्ठ 100।
49. रागिनी वर्मा, फणीश्वर नाथ रेणु और उनका कथा साहित्य, विश्वविद्यालय प्रकाशन, वाराणसी, 2002 पृष्ठ 113।
50. रेणु, परती : परिकथा, राजकमल प्रकाशन, 1998, पृष्ठ, 9।
51. उपरिवत्, पृष्ठ 9।
52. उपरिवत्, पृष्ठ 23।
53. वेद प्रकाश अमिताभ, हिन्दी के आंचलिक उपन्यासों में मूल्य संक्रमण, वाणी प्रकाशन, नई दिल्ली, 1997 पृष्ठ 16।
54. सम्पादक, भारत यायावर, फणीश्वरनाथ रेणु अर्थात् मृदंगिये का मर्म, विपक्ष प्रकाशन, कदमा हजारीबाग, वितरक वाणी प्रकाशन, 1991 पृष्ठ 88, 89।
55. रेणु, मैला आँचल, राजकमल प्रकाशन, 1954 पेपर बैक संस्करण, पृष्ठ 213।
56. उपरिवत्, पृष्ठ 26।
57. दस्तावेज–28, कृष्ण चन्द्र लाज़, संपादक, विश्वनाथ प्रसाद तिवारी, गोरखपुर।

षष्ठ अध्याय

रेणु के उपन्यासों की संरचना

रेणु के उपन्यासों की संरचना

रघुवीर सहाय ने एक जगह लिखा है—"मेरे पास एक तरह की अतिरिक्त चेतना है, एक अतिरिक्त व्यथा है, जिससे कि मैं हर चीज को फिर से उलट-पुलटकर, नये ढंग से दुरुस्त करके और नया बना देने की इच्छा रखता हूँ तो वही तो शिल्प है।" रघुवीर सहाय का यह कथन प्रत्येक रचनाकार के विषय में सही माना जा सकता है। जीवन के असंख्य कार्य-व्यापारों, मनुष्य रूपों और उनके अन्तः-वाह्य संघर्षों, विसंगतियों-विडम्बनाओं के बीच से गुजरते हुए रचनाकार अपनी रचना सामग्री जुटाता है लेकिन उन्हें 'जस-तस' प्रयुक्त नहीं करता, उन्हें अपने तरह से बनाता-बिगाड़ता है, नया रूप देता है। घटनाओं और पात्रों के तमाम संगत-असंगत रूपों को वह इस प्रकार संयोजित करता है कि वे एक साथ मिलकर एक जीवन्त रचना का रूप ले लें। यह संयोजन विशेष ही रचना की संरचना या शिल्प है। "उपन्यास की अमूर्त कला में रूप, ढाँचा, बनावट, आकलन, स्थापत्य, संरचना, शिल्प आदि पदों का प्रयोग तनिक अनिश्चित और ढीले-ढाले अर्थ में ही हो सकता है।......उपन्यास का रूप या संरचना मानसिक प्रत्यक्षीकरण का विषय है, जो गतिमान बिम्बों के जुलूस के रूप में अस्तित्व ग्रहण करता है।"[1]

रेणु के उपन्यासों में गतिमान बिम्बों का जुलूस कई नये आकार धारण करता है। रेणु अपने प्रारम्भिक दो महाकाव्यात्मक उपन्यासों में भारतीय ग्रामीण जीवन के आर्थिक, सामाजिक, राजनीतिक, सांस्कृतिक परिदृश्य को व्यापक स्तर पर उद्घाटित करना चाहते हैं, इस परिदृश्य पर चटख रंगों में लोक जीवन की विविध छटाएँ उभारना चाहते हैं। उन्हें अपने समय में प्रचलित उपन्यासों का फार्म इसके लिए नाकाफी लगता है। वे अपने कथ्य के अनुरूप माध्यम की तलाश करते हैं और इसे 'आंचलिक उपन्यास' के रूप में संज्ञापित करते हैं। उपन्यास का यह फार्म प्रचलित फार्म को छिन्न-भिन्न कर देता है, उपन्यास की नैरेटिव परम्परा टूटती है, नायकत्व की अवधारणा बदलती है और पारम्परिक भाषा के कूल-किनारे ढह जाते हैं। रेणु भारतीय यथार्थ को वर्णित करने के लिए भारतीय उपन्यास की जातीय सम्भावनाओं की तलाश करते हुए औपन्यासिक संरचना को नूतन स्वरूप प्रदान करते हैं। "रेणु के इन उपन्यासों की संरचना के प्रमुख विधायक तत्व माने गये हैं—नवीन कथा विन्यास, जटिल यथार्थवादी विशिष्ट परिवेश, पात्रों की परिवर्तित मनः स्थितियाँ, आंचलिक सन्दर्भों एवं स्वरों से रचित भाषा तथा बिम्बों और रंगों की अद्भुत योजना।"[2]

आंचलिकता के कारण समानधर्मा होते हुए भी स्वतंत्र रचना के रूप में रेणु के दोनों महाकाव्यात्मक उपन्यासों–'मैला आँचल' और 'परती : परिकथा' के संरचनागत वैशिष्ट्य एवं प्रभाव में अन्तर है।

आगे चलकर रेणु उपन्यास के 'आंचलिक' विशेषण से अपने उपन्यासों को मुक्त करना चाहते हैं और करते भी हैं। यद्यपि आंचलिकता के अवशेष अन्त तक उपस्थित रहते हैं किन्तु आंचलिक उपन्यासों की संरचना के विधायक तत्त्वों की सीमा में बाँधकर इनके सभी उपन्यासों की संरचना को स्पष्ट नहीं किया जा सकता। "रूप के भीतर ही संरचना की समस्या निहित है। प्रकृति अपने वस्तुरूपों की रचना किस प्रकार करती है, यह हम नहीं जानते पर मनुष्य अपने वस्तु रूपों का किन उपादानों से और किस प्रक्रिया से निर्माण करता है, इसकी तलाश सम्भव है। उपन्यास को ध्यान में रखें तो कथ्य, विजन, संवेदना, अनुभव, विचार कथा, पात्र, परिवेश, भाषा आदि उसके प्रमुख उपादान हैं। इन्हीं से उपन्यास बनता है। इन्हीं का संयोजन संरचना है।"[3] आंचलिक उपन्यासों के विधायक तत्वों के साथ संरचना से जुड़े इन विन्दुओं पर भी ध्यान देना आवश्यक है तभी रेणु के उपन्यासों की संरचना की विशिष्टता स्पष्ट हो सकती है।

उपन्यास के विधायक तत्त्वों का संघटन

'मैला आँचल' में कोई आधिकारिक कथा नहीं है। ग्रामीण परिवेश में व्याप्त गरीबी, बीमारी, अशिक्षा, व्यभिचार, जातिवाद, अन्याय, शोषण, अन्धविश्वास से जुड़े अनेक छोटे-बड़े प्रसंग यहाँ हैं। मेरीगंज की सामाजिक, धार्मिक स्थिति की परतों को उपन्यासकार ने खोलने का सफल प्रयास किया है। समय भारतीय स्वतंत्रता संग्राम के अन्तिम चरण और स्वतंत्रता प्राप्ति के अवसर का है। हिन्दुस्तान के कोने-कोने में उसका असर है। मेरीगंज का भी राजनीतिक परिदृश्य उपन्यास में उभर कर सामने आया है। धर्म, राजनीति समाज से जुड़े विभिन्न प्रकार के टुकड़े-टुकड़े में बँटे प्रसंगों, घटनाओं और परिदृश्यों को मेरीगंज के परिवेश में टाँक दिया गया है। सब मिलकर एक समन्वित प्रभाव मन पर छोड़ते हैं। मठ का धर्म, व्यभिचार, खम्हार का सुख-दुख, तंत्रिका टोली का प्रेम-व्यापार, कांग्रेस और समाजवादी दल की लाग-साट मेरीगंज के वातावरण के अवयव हैं। इनके बिना मेरीगंज की कल्पना नहीं हो सकती और ये मेरीगंज से अलग होकर बने नहीं रह सकते। कोई मुख्य कथा जैसी कथावस्तु 'मैला आँचल' में नहीं है। इसकी छोटी-छोटी कथाएँ एक साथ मिलकर भी किसी एक कथा की निर्मित नहीं

करती हैं। सबका अलग-अलग स्वतंत्र अस्तित्व है। इन्हें मेरीगंज का परिवेश आपस में जोड़ता है। समीक्षकों ने इसे आंचलिकता की प्रवृति कहा है। रेणु के उपन्यासों में मैला आँचल में यह विशिष्टता सबसे अधिक है।

'परती : परिकथा' परानपुर के सर्वांग जीवन को अभिव्यक्त करती है। स्वतंत्र भारत की पंचवर्षीय योजनाओं के क्रियान्वयन से उत्पन्न परिस्थितियों को सन्दर्भित करते हुए रेणु ने एक शिक्षित युवक के अपने गाँव लौटने और उसे खुशहाल बनाने की कोशिश को इस उपन्यास में स्वर दिया है। इस उपन्यास में जितेन्द्र का बचपन, तरूणाई, शिक्षा, संघर्ष, सफलता, असफलता शिल्प के ढाँचे में बँधकर प्रस्तुत हुए हैं। फलतः जितेन्द्र की कथा आधिकारिक कथा का आभास देती है। जितेन्द्र के पिता शिवेन्द्र और माँ गीता की कथा एक सुन्दर गीत की तरह कथा में पिरोई हुई लगती है लेकिन उपन्यास की मूल कथा धूसर, वीरान, बन्ध्या धरती के प्रसवा बन जाने की है। जितेन्द्र और शिवेन्द्र ही नहीं उपन्यास में वर्णित राजनीतिक, सामाजिक एवं आर्थिक जीवन भी भूमि के चारों ओर घूमता है। सर्वे सेटलमेण्ट से परिवारों में उठे नये-नये विवाद, पुरातन अन्धविश्वास, शिक्षा के कारण आने वाले परिवर्तन परानपुर को कभी आगे खींचते हैं कभी पीछे। उपन्यासकार परानपुर के जीवन को विभिन्न कोणों से देखता-परखता है और उसे ही व्यक्त करने का प्रयास करता है। परिवेश को पूर्णतः उपन्यास में उतार लेने की चेष्टा यहाँ भी रेणु की है। अन्य कथाएँ इसी से जुड़ी हैं। 'परि' शब्द का अर्थ होता है—"समन्तात्। अतः परिकथा में अनेक उपकथाएँ संयोजित रहती हैं। चारों ओर की कथा से बनी एक समग्र कथा परिकथा है। एक दृष्टि से यह एपिसोडिक नॉवेल कहा जा सकता है।"[4]

'मैला आँचल' और 'परती : परिकथा' में रेणु कथा वृक्ष रचते हैं। इस वृक्ष की अनेक शाखा-प्रशाखाएँ हैं, कोई छोटी कोई बड़ी। सबकी अपनी स्वतंत्र सत्ता और खूबसूरती है लेकिन सबकी सार्थकता और जीवन्तता मूल से जुड़कर ही है। यह मूल है मेरीगंज तथा परानपुर का जीवन। इन दोनों उपन्यासों में रेणु परिवेश की कथा को उसकी समग्रता में प्रस्तुत करने के लिए मनुष्यों और मनुष्येत्तर प्राणियों, वनस्पतियों की कथा कहते हैं। इन उपन्यासों में इसी वजह से कथा बाहुल्य है। अनेक तरह के मनुष्यों की अन्तरंग कथाएँ यहाँ हैं।

परिवेश को समग्रतः चित्रित करने के लिए रेणु इन उपन्यासों में ग्राम्य जीवन का विशद चित्रण करते हैं। लोगों की वेश-भूषा, खान-पान, आचार-विचार, पर्व-त्योहार, मान्यताएँ-परम्पराएँ सब पर रेणु की दृष्टि है। रेणु ने सांस्कृतिक उपादानों को

ग्रहण कर अंचल के लोगों के हर्ष-विषाद, उल्लास-अवसाद को अभिव्यक्त किया है। इन उपादानों को रेणु ने उपन्यास की कथावस्तु का अंग बना लिया है। सुरंगा सदाबृज की कथा, परमादेव की कथा केवल लोक गाथाएँ या लोक कथाएँ नहीं हैं, उपन्यास की कथावस्तु के अंश हैं। उपन्यास में आगे की घटनाओं का विकास इनके आधार पर होता है। रेणु के उपन्यासों के कथा संघटन की यह रेखांकित विशेषता है। इन उपन्यासों के कथानक में बिखराव है। मेरीगंज और परानपुर के माध्यम से रेणु स्वतंत्रता प्राप्ति के कुछ वर्ष पूर्व और कुछ वर्ष बाद की घटनाओं के कारण, प्रभाव, घात-प्रतिघात का पर्यवेक्षण और विश्लेषण करते हैं। यह समय राजनीतिक, आर्थिक, सामाजिक प्रत्येक दृष्टि से अनेक उलझनों और अन्तर्विरोधों से भरा है। रेणु सबको उपन्यास में प्रस्तुत करना चाहते हैं। साथ ही प्रस्तुति के लिए किसी महानायक तो क्या नायक के चरित्र का भी अवलम्ब नहीं लेते, किसी प्रधान घटना को मुख्य धारा मानकर उसमें अन्य छोटी घटनाओं को विलीन नहीं कर देते, सब कुछ खुला और स्वतंत्र छोड़ देते हैं। इतना ही नहीं लोक जीवन की छवि को बीच-बीच में गूँथते चलते हैं। इतने सारे परस्पर असम्बद्ध मन्तव्यों को एक साथ लेकर चलने से कथानक में बिखराव और उलझाव का न आना ही अस्वाभाविक है। 'मैला आँचल' और 'परती : परिकथा' के कथा प्रवाह में अवरोध है। छोटी-छोटी घटनाये और कथायें बीच में कहीं से आ जाती हैं डॉ. बंसीधर की मान्यता है कि आंचलिक उपन्यासों की कथा योजना में प्रगतिशील और प्रतिक्रियावादी ताकतों का संघर्ष सतत् बना रहता है। अंचल के अधिकांश जीवन को यहीं संघर्ष आन्दोलित हिल्लोलित रखता है।.....यही संघर्ष कथावस्तु को गति प्रदान कर उसे आगे बढ़ाता है।"[5]

कथा बहुलता और आधिकारिक कथाओं का अभाव इन दोनों उपन्यासों में है। इस समानता के साथ कुछ तात्त्विक भेद भी हैं। 'मैला आँचल' की अवान्तर कथाओं में से कुछ को रेणु ने बीच में ही स्थगित कर दिया है। फलस्वरूप पाठक को पूर्ण रस बोध नहीं हो पाता है और कुछ प्रश्न अनुत्तरित रह जाते हैं; जैसे खलासी और फुलिया अपने प्रेम के बारे में अलग-अलग बखान करते हैं लेकिन दोनों के प्रेम की परिणति क्या है, पता नहीं चलता। 'परती : परिकथा' में कोई ऐसी कथा नहीं है, जो अधूरी रह गयी हो। 'मैला आँचल' में अनेक कथाएँ ऐसी हैं जो समान वजन की है। प्रशान्त और कमली कथा के समानान्तर बालदेव और लक्ष्मी, कालीचरण और मंगला की कथायें आकर्षित करती हैं। आर्थिक और सामाजिक परिदृश्य से जुड़ी संथालों की संघर्ष कथा और राजनीतिक परिदृश्य से

जुड़ी वामनदास की कथा को भी कम करके आँका नहीं जा सकता। 'परतीः परिकथा' में शिवेन्द्र और गीता मिश्र की कथा जितेन्द्र की कथा को, उसके व्यक्तित्व और चरित्र को पुष्ट करती है। यह कथा स्वतंत्र कथा शक्ति का त्याग कर जितेन्द्र की कथा का अतीत बन जाती हैं 'मैला आँचल' में कथावाचक उपन्यासकार है। यहाँ कथायें अलग-अलग स्वतंत्र रूप से लायी गयी हैं। 'परतीः परिकथा' में उपन्यासकार ने अपने अतिरिक्त पंडुकी, रघ्घू रामायणी और बूढ़े भैंसवार को कथा वाचक के रूप में प्रस्तुत किया है। ये सभी अपने-अपने ढंग से कथा कहते हैं। लेकिन कथा रहती परती की ही है। परती सबको जोड़े रहती है। 'मैला आँचल' की विशृंखलता 'परती : परिकथा' में नहीं है। आंचलिक उपन्यास में यह एक नये तरह का प्रयोग है। कथा बहुलता और आधिकारिक कथा के अभाव में भी कथा संयोजन में अन्विति का अभाव खटकता नहीं है।

परिच्छेद योजना 'मैला आँचल' एवं 'परती : परिकथा' की कथा योजना से जुड़ा एक महत्वपूर्ण तत्त्व है। 'मैला आँचल' की कथावस्तु को रेणु ने दो खण्डों में बाँटा है। प्रथम खण्ड में 44 और द्वितीय खण्ड में 23 परिच्छेद है। "परिच्छेदों का एक साथ ही दो प्रकार का योगदान रहता है—कथानक को किसी हद तक जटिल बनाना और साथ ही उसके सूत्रों में जगह-जगह गाँठ भी बाँधते जाना कि वे बिल्कुल ही लुप्त न हो जायें। 'मैला आँचल' की परिच्छेद योजना साधारण उपन्यासों से भिन्न है। परिच्छेदों में शीर्षक का भी अभाव है। इसका कारण यह है कि अधिकांश परिच्छेद परस्पर असम्बन्धित एवं अपूर्ण हैं। यदि एक ही परिच्छेद में एक ही कथा होती तो नामकरण की सार्थकता थी। पर यदि रेणु ने अलग-अलग अध्यायों में अलग-अलग पात्रों की कथा कही होती और अलग-अलग घटनाओं को उभारा होता तो 'मैला आँचल' को यह आन्तरिकता और संश्लिष्टता न प्राप्त होती।"[6]

'परती : परिकथा' की कथावस्तु को उपन्यासकार ने दो परिच्छेदों में बाँटा है। परिच्छेद के लिए परिवर्त शब्द का प्रयोग हुआ है। प्रथम परिवर्त में जितेन्द्र की कथा के साथ परती की कथा आगे बढ़ती है। द्वितीय परिवर्त में जितेन्द्र के पिता का प्रसंग इसके साथ जुड़ जाता है। परिवर्तों को अलग-अलग संख्याओं में नहीं बाँटा गया है।

'दीर्घतपा' और 'कितने चौराहे' व्यक्ति प्रधान उपन्यास हैं। इन उपन्यासों में कथावस्तु पारस्परिक ढंग से आगे बढ़ती है, क्लाइमेक्स पर पहुँचती है और समापन का संकेत देती हुई एक अवस्था पर आकर समाप्त हो जाती है। 'दीर्घतपा' की

कथावस्तु बेला के चरित्र को केन्द्र में रख कर रची गयी है। आजीवन संघर्ष ज्वाला में जलती बेला अन्त में सम्मान पाती है। 'कितने चौराहे' की कथा वस्तु का केन्द्र मनमोहन है। उपन्यास के अन्त में मनमोहन संन्यासी बनकर जीवन यापन करता है। इन दोनों उपन्यासों की कथावस्तु इकहरी और समतल है। यहाँ जीवन की विविधता और व्यापकता का अभाव है। कथावस्तु में पठनीयता और सुसम्बद्धता आद्योपान्त बनी हुई है।

'जुलूस' और 'पल्टू बाबू रोड' में रेणु पुनः व्यक्ति विशेष को नहीं समूह को लेकर आते हैं। जुलूस में पवित्रा प्रधान पात्र के रूप में उभरती है और उसकी जीवन गाथा को रेणु टुकड़े-टुकड़े में प्रस्तुत करते हैं लेकिन वह विस्थापितों के समूह (जुलूस) का ही एक हिस्सा है। उसके जीवन की विसंगतियाँ विस्थापित जीवन की विसंगतियाँ हैं। गोड़ियर गाँव और नबीनगर के लोगों में पारस्परिक हेल-मेल को रेणु ने उपन्यास का केन्द्रीय कथ्य बनाया है। ग्रामीण परिवेश के चित्रण से कथावस्तु में किञ्चित बिखराव है किन्तु वैसा नहीं जैसा 'मैला आँचल' या 'परती : परिकथा' में। 'जुलूस' में पवित्रा की जीवन गाथा और अंचल की कथा के बीच संतुलन बनाये रखने में रेणु को सफलता मिली है। अंचल के अनेकानेक कथा सूत्रों में यहाँ अन्विति देखी जा सकती है।

'पल्टू बाबू रोड' में रेणु कस्बे की कथा कहने का प्रयास करते हैं। इसके लिए अनेक उपकथाओं की योजना रेणु ने की है। इन उपकथाओं में एकसूत्रता नहीं है। उपन्यास के कथानक का झुकाव कभी बिजली की ओर कभी कुन्तल कुमारी की ओर होता है। अन्त तक आते-आते पात्रों की कथा पीछे छूटने लगती है और पल्टू बाबू रोड पर रहने वाले लोगों और कस्बे का जीवन प्रधान बन जाता है किन्तु कस्बा समग्रता के साथ उपन्यास में उतर नहीं पाया है। उपन्यास की कथावस्तु में पात्रों की कथा और कस्बे की कथा में संतुलन नहीं रह पाया है।

लोक तत्त्व रेणु के उपन्यासों का प्रमुख उपादान है। यह सभी उपन्यासों में उपस्थित है। इससे कथा संघटन में रोचकता और सरसता आयी ही है, इससे भी अधिक इनके द्वारा उपन्यासकार का अभिप्राय व्यंजित हुआ है।

आंचलिक उपन्यास की संरचना के अनुरूप 'मैला आँचल' और 'परती : परिकथा' में अनेकानेक पात्र हैं। "आंचलिक उपन्यासों में अंचल के जीवन को समग्रता में रूपायति करने के लिए आंचलिक जीवन के विविध पक्षों को उद्‌घाटित करने वाले विभिन्न वर्गों, विविध स्वभावों और भिन्न-भिन्न स्तर के पात्रों की

योजना करनी पड़ती है। कुछ पात्र अंचल के आर्थिक पक्ष से जुड़े होते हैं तो कुछ नैतिक, धार्मिक और सांस्कृतिक पक्षों से; कुछ पात्र अंचल की जीवन्तता के प्रतीक बनकर आते हैं तो कुछ टूटन, घुटन और कुण्ठाओं के; कुछ विभिन्न राजनीतिक विचारों और पार्टियों के झण्डाबरदार बनकर उतरते हैं तो कुछ ग्रामीण जीवन में व्याप्त जातिवाद, दलबन्दी, यौन-भ्रष्टाचार और रूढ़ीवादी परम्पराओं के पोषक। अतः "इन उपन्यासों में पात्रों की बहुसंख्यता एक अनिवार्यता है लेकिन उपन्यासकार सभी पात्रों के व्यक्तित्व का आलेखन न कर केवल उतना ही करता है, जितना विषयवस्तु की माँग तथा अंचल विशेष की प्रवृति के दिग्दर्शन के लिए आवश्यक होता है।"[7]

'मैला आँचल' के तहसीलदार विश्वनाथ प्रसाद, हरगौरी, खेलावन सिंह आर्थिक पक्ष से महन्थ सेवादास, लक्ष्मी, रामदास आदि धार्मिक पक्ष से जुड़े पात्र हैं। बालदेव, कालीचरन, वामनदास राजनीतिक विचारों को, जोतरखीजी रूढ़िवादी परम्परा, को, फुलिया, सहदेव मिसिर यौन भ्रष्टाचार को व्यक्त करने के लिए उपन्यास में आये हैं। मेरीगंज का परिवेश चित्रित करना रेणु का लक्ष्य है, इसे चित्रित करने के लिए रेणु ने विभिन्न पात्रों की योजना की है। डॉ. प्रशान्त ऐसा पात्र है, जिसके द्वारा रेणु मानवीय करुणा, आदर्श को व्यक्त करते हैं।

'मैला आँचल' के अधिकांश पात्र निम्न एवं मध्यम वर्ग से हैं क्योंकि मेरीगंज गरीबी और पिछड़ेपन को झेलने वाला अंचल है। उच्चवर्गीय पात्रों में तहसीलदार विश्वनाथ प्रसाद, डॉ. प्रशान्त, ममता, कमला, राम किरपाल सिंह आदि हैं। इनमें डॉ. प्रशान्त और ममता शहर से मेरीगंज आते हैं। विश्वनाथ प्रसाद और राम किरपाल सिंह ग्रामीण सम्पन्नता और शोषणवृत्ति को व्यक्त करते हैं।

'मैला आँचल' में रेणु ने पात्र योजना में मुख्य रूप से दो बातों पर बल दिया है। एक तो वैयक्तिकता से अधिक सामूहिकता पर बल देते हुए वर्गगत चरित्रों को लेकर विभिन्न वर्गों की मनोवृत्तियों को उजागर करने पर और दूसरा अनेक पात्रों को लेकर उनके व्यवहार एवं मानसिकता के माध्यम से कथावस्तु को खोलने पर।

'परती : परिकथा' में रचना विधान के कोण 'मैला आँचल' की अपेक्षा चरित्रांकन की ओर अधिक झुके हुए हैं। परिवेश की प्रधानता यहाँ भी है किन्तु उपन्यासकार की रुचि चरित्रों में लग चुकी है। मलारी और मिसेज गीता मिश्र इसका प्रमाण हैं। रेणु ने इन दोनों चरित्रों में प्राण रस ढाल दिया है। विशेष रूप से

मलारी का चरित्र अनेक असंगत स्थितियों को जिस तरह पार करता है और अपना व्यक्तित्व निर्मित करता है, उसे परिवेश की उपज नहीं माना जा सकता। मलारी का पिता उसके जन्म से ही उससे नाराज रहता है। उसके सौन्दर्य और गोरे रंग को देखकर उसे अपनी बेटी नहीं मानता, एक भूमिहार की बेटी मानता है। उसकी माँ उसका विवाह छुटपन में ही कर देती है। संयोग अथवा दुर्योग से वह सयानी होने के पहले ही विधवा हो जाती है। सयानी होने पर वह शिक्षा ग्रहण करती है, अध्यापिका बनती है और अपनी मर्जी से विवाह करती है। रेणु ने मलारी के रूप में एक विद्रोही नारी चरित्र की रचना की है।

'परती : परिकथा' में पात्रों के आन्तरिक संघर्ष के चित्रण में रेणु का मन खूब रमा है। लुत्तो के मन में जितेन्द्र के प्रति दुर्भावना है। यह अकारण नहीं है। वह अपने पिता के अपमान का बदला लेना चाहता है। उसे बचपन में रात भर आँख खोलकर सपना देखने की आदत है। तीन बजे भोर तक उसे नींद नहीं आती और जब सो जाता है तो सुबह आठ बजे तक सोता है। क्या करे लुत्तो? वही जो पाँच या सात वर्ष की उम्र में एक रात को नींद उचटी सो उचटी ही हुई है। रेणु लुत्तो को उसी की नहीं उसके पिता की परिथितियों में भी रखकर परखते हैं। 'खवास' शब्द सुनकर उसके मन में उठने वाली पीड़ा अकेले उसकी नहीं कई पीढ़ियों की पीड़ा है।

मानवेतर पात्रों का अंकन 'परतीः परिकथा' की अतिरिक्त विशेषता है। मीत (कुत्ता) और मूंगा (घोड़ा) के हाव-भाव को बहुत स्पष्ट किन्तु बारीक ढंग से प्रस्तुत किया गया है, इतना ही नहीं इनके व्यवहार को इस प्रकार संयोजित किया गया है कि इनके द्वारा जितेन्द्र और शिवेन्द्र के व्यवहार और चरित्र की रेखाएँ स्पष्ट होती हैं, साथ ही कथा को गति प्राप्त होती है।

इस उपन्यास के अधिकांश पात्र निम्न वर्ग के हैं। इन पात्रों की विशेषता यह है कि इनमें विद्रोह के स्वर मुखर हैं, अपने अधिकारों के प्रति ये सजग और सचेत हैं। उच्चवर्ग के पात्रों में कोशी प्रोजेक्ट से जुड़े कुछ शहरी लोग हैं। परानपुर के निवासियों में हवेली उच्च वर्ग का प्रतिनिधित्व करती है। हवेली के मालिक शिवेन्द्र के चरित्र में शोषक वृत्ति और अनैतिक कार्यों द्वारा धन की वृद्धि की लालसा है किन्तु आगे चलकर पाश्चाताप की अग्नि में उपन्यासकार ने उसे तपा दिया है। उसका उत्तराधिकारी जितेन्द्र हवेली छोड़कर शहर जाता है और जीवन के उतार चढ़ाव को झेलते हुए हवेली में वापस आता है। वह शहरी पात्र नहीं है, किन्तु शहर का आधुनिक बोध उसमें है। वह शोषक नहीं है और दानी भी नहीं

है। अपने अधिकारों का प्रयोग करते हुए वह समाज को नई दिशा देता है। रेणु ने इसके चरित्रांकन में तमाम श्वेत-श्याम रेखाओं का उपयोग किया है। जितेन्द्र का चरित्र परिवेश के नायक के सामानांतर खड़ा होता दिखाई देता है और आंचलिक उपन्यास के पात्र के लेबल को अपने ऊपर लगने नहीं देता। अकेले जितेन्द्र की चरित्र योजना के आधार पर कहा जा सकता है कि 'परती : परिकथा' में रेणु चरित्रों के भीतर पैठने लगे हैं।

'मैला आँचल' और 'परती : परिकथा' आंचलिक उपन्यास हैं। आंचलिक उपन्यास के पात्र भी आंचलिक जीवन से ही चुने जाते हैं। परन्तु आंचलिक जीवन की विशिष्टता अपनी अलग स्थान रखती है और आंचलिक जीवन की विशिष्टता होने के कारण पात्रों में भी विशिष्टता परिलक्षित होती है। आंचलिक उपन्यासों के पात्रों में जो वैशिष्ट्य होता है, वह अन्य प्रकार के उपन्यासों में नहीं होता। इस विशिष्टता में भी अंतर है—उच्च वर्ग से मध्यम वर्ग के आंचलिक पात्रों में आंचलिक विशिष्टता न्यूनतम होती है परन्तु निम्न वर्ग के पात्रों में आंचलिक विशिष्टता पूर्णरूप से प्रस्फुटित होती है।"[8] 'मैला आँचल' और 'परतीः परिकथा' की चरित्र योजना में यह विशिष्टता स्पष्ट रूप से परिलक्षित होती है। सुनरा, फुलिया, खलासी जी, गरुड़धुज झा, सुचित, लुत्तो, मकबूल जैसे पात्र इसी श्रेणी के हैं।

अपने लघु उपन्यासों में रेणु परिवेश को नहीं पात्रों को नायकत्व प्रदान करते हैं। 'दीर्घतपा' में बेला को और 'कितने चौराहे' में मनमोहन को यह सौभाग्य प्राप्त है। 'जुलूस' की पवित्रा विस्थापितों के समूह का प्रतिनिधित्व करती हुई उपन्यास का नायकत्व निभाती है। 'पल्टू बाबू रोड' में रेणु नायकत्व किसी को नहीं देते, प्रधान पात्र पल्टू बाबू हैं।

रेणु में चरित्र सृष्टि की अपार क्षमता है। 'मैला आँचल' में दो सौ से अधिक और 'परती : परिकथा' में नब्बे से अधिक पात्रों की सृष्टि रेणु ने की है। सर्वाधिक छोटे उपन्यास 'कितने चौराहे' में चौबीस से अधिक पात्र हैं। लघु उपन्यासों में भी पात्रों की संख्या कम नहीं है। पात्रों के इस अनेक रूप संसार में जनक के रूप में रेणु सबके साथ ईमानदारी निभाते हैं। कोई पात्र उनके लिए कम-अधिक नहीं है। 'मैला आँचल' की फुलिया हो या कमली, 'परती : परिकथा' की सामबत्ती हो या ताजमनी, 'दीर्घतपा' की रमरतिया हो या बेला सबको अपने हिस्से का स्नेह प्राप्त है। रेणु के पात्र आकाश कुसुम नहीं हैं। वे हमारे आसपास के साधारण लोग हैं किन्तु कथाकार रेणु की चरित्र योजना इतनी विशिष्ट है कि अपनी साधारणता में

ही इनके पात्र असाधारण बन जाते हैं। रेणु की चरित्र सृष्टि पर टिप्पणी करते हुए अज्ञेय लिखते हैं कि "सांई बाबा लोग, सुना है, हवा में से चुटकी भर भभूत ले आते हैं, पर हर बार वही भभूत आती है और रेणु थे कि हर बार हवा में हाथ बढ़ाते थे और पकड़ लाते थे एक नया और अभूतपूर्व पंछी...और ऐसा पंछी जिसे हम देखकर कहें कि इसे हमने पहले कभी नहीं देखा', लेकिन पहचानें कि अरे इसे तो हम रोज देखते हैं।"[9]

रेणु के उपन्यासों की संवाद योजना चरित्रों को विकसित करते हुए कथावस्तु को अग्रसर करती है। सहज और स्वाभाविक संवादों के माध्यम से रेणु अपने कथ्य को स्पष्ट करते हैं। 'मैला आँचल' की करुण गाथा हो, 'दीर्घतपा' और 'पल्टू बाबू रोड' के जीवन की असंगतियाँ हों–'कितने चौराहे' के आजादी के दीवाने किशोरों के जीवन की निश्छलता, रेणु की संवाद योजना सभी परिस्थितियों को गति प्रदान करने में सक्षम है। रेणु ने संवादों तथा स्थितियों और पात्रों में ऐसी अनुकूलता सृजित की है कि संवाद ही बता देते हैं कि उपन्यास का कौन सा पात्र पाठकों के सामने है। 'मैला आँचल' के जोतखीजी के संवादों की वक्रता और वामनदास के संवादों की ऋजुता पात्रानकूल संवाद योजना का सबल निदर्शन प्रस्तुत करती है। 'परती : परिकथा' के भिम्मल मामा के शब्द प्रयोग और सामबत्ती पीसी के घुमावदार तर्क को भी इस सन्दर्भ में देखा जा सकता है। 'दीर्घतपा' में जीवन की विद्रूपता का चित्रण रेणु अत्यंत नुकीले संवादों के माध्यम से करते हैं। इन संवादों से अलग प्रशान्त, जितेन्द्र, कमली, ममता, इरावती, ताजमनी, मनमोहन के संवादों का स्वाद प्रेम और सौहार्द का है। पात्रानुकूल संवाद योजना के द्वारा रेणु उपन्यास में हास्य-व्यंग्य का पुट देने से लेकर जीवन के गूढ़ रहस्यों तक का भेद खोलते हैं। 'मैला आँचल' का एक उदाहरण है–"राम दास! हाथ छोड़ो! बैठो! आखिर तुम चित्त को सँभाल नहीं सके। माया ने तुम्हें भी अन्धा बना दिया।"

माया से कोई परे नहीं। माया को कोई जीत नहीं सकता, महन्त साहब आज लक्ष्मी को हर बात का जवाब देंगे।"[10]

'मैला आँचल' और 'परती : परिकथा' के संवादों की विशिष्टता उनके सामूहिक संवादों में है। इन उपन्यासों में संपूर्ण अंचल नायक रूप में उपस्थित है। अतः अनेक संवादों में ऐसा प्रतीत होता है कि दो पात्रों का वार्तालाप नहीं वरन् समूह का वार्तालाप चल रहा है, कोई एक पात्र नहीं वरन् समूह बोल रहा है अथवा सभी लोग बारी-बारी से अपनी बात कहते जा रहे हैं। उदाहरणस्वरूप निम्नलिखित संवाद को देखा जा सकता है–

"कॉमरेड वासुदेव और सुन्दर लाल भी गिरफ्फ। कैसे नहीं गिरफ्फ होगा भाई। एक साल पहले तक किसी ने कभी गंजी भी पहनते नहीं देखा सुनरा को, सो इस गरमी के मौसम में कोट-पैन्ट, गुलबन, मोजा, जूता और चस्मा लगाकर कटिहार जंकसन के मुसाफिर खाना में बैठने से लोग सन्देह नहीं करेगा।"[11]

प्रस्तुत उद्धरण में ऐसा लगता है जैसे पहला वाक्य समूह का कोई एक व्यक्ति बोल रहा है तो दूसरा वाक्य कोई दूसरा व्यक्ति। इस तरह की संवाद योजना रेणु की पूर्णतः मौलिक योजना है। ऐसे संवादों से उपन्यास की आंचलिकता पुष्ट हुई है और कलात्मक उत्कर्ष में वृद्धि हुई है।

रेणु के उपन्यासों में आत्म संवाद का मौलिक प्रयोग हुआ है। ये संवाद पात्रों द्वारा अपने आप से बोले गये हैं। स्वगत चिन्तन और आत्म संवाद में अन्तर है। शब्द से ही स्पष्ट है कि स्वगत चिन्तन मात्र मानसिक प्रक्रिया है, जबकि आत्म संवाद वाचिक। इसमें पात्र बोलता है, सिर्फ सोचता नहीं। बालदेव का एक आत्म संवाद है—"यह औरत बोलने का ढंग भी नहीं जानतीं। नारी का सुभाव करकस नहीं होना चाहिए। कोठारिन जी कितना मीठा बोलती हैं और यह तो मरदाना औरत है।"[12] रेणु के सभी उपन्यासों में कमोबेश आत्म संवाद है, 'मैला आँचल' में इनकी संख्या सर्वाधिक है।

रेणु ने संवाद योजना में पात्रों की भाषा पर विशेष रूप से ध्यान दिया है। मेरीगंज परानपुर, गोड़ियर गांव के पात्र स्थानीय भाषा का प्रयोग करते हैं, जबकि अंग्रेज पात्र अंग्रेजी मिश्रित खड़ी बोली का। निम्नवर्ग की औरतें खाँटी स्थानीय बोली का प्रयोग करती हैं। ये बोल चाल में गालियों का खुला प्रयोग करती हैं। रेणु आंचलिकता के आग्रह के कारण गालियों को यथावत् प्रस्तुत कर देते हैं। इससे संवादों में कहीं-कहीं अश्लीलता आ गयी है। फिर भी इसमें कोई दो राय नहीं है कि रेणु की संवाद योजना उपन्यासों की श्री में वृद्धि करती है।

रेणु देश-काल चेतना सम्पन्न कालाकार हैं। 'मैला आँचल' से 'पल्टू बाबू रोड' तक की कथा यात्रा में रेणु उन्नीसवीं सदी के दूसरे दशक से लेकर छठे दशक के समय के भारत (विशेष रूप से पूर्णिया जिला के आसपास के क्षेत्र) को सन्दर्भित करते हुए प्रस्तुत करते हैं। रेणु अपने उपन्यासों में काल और देश का स्पष्ट कथन करते हैं। 'मैला आँचल' के प्रारम्भ में ही सन् 1942 के जन आन्दोलन का उल्लेख है।"[13] इसके दूसरे खण्ड की प्रथम पंक्ति है। "सुराज अभी मिला नहीं है, पन्द्रह तारीख को मिलेगा।"[14] दूसरे खण्ड के बाइसवें परिच्छेद की पहली पंक्ति है—"तीन

महीने बाद! 1948 साल के अप्रैल की एक सुबह।"[15] परतीः परिकथा के परानपुर के विद्यालय की स्थापना 1929 में, पुस्तकालय की 1930 में, नाट्यशाला की 1920 में हुई थी।"[16] डायरी शैली में रोजउड जीवन की अविस्मरणीय तिथि को रेणु स्पष्ट करते हैं—"अप्रैल की वह सुबह। चिरस्मरणीय दिवस! 10 अप्रैल 1910।"[17] जुलूस के परिच्छेद सं. 10 में कथा में एक मोड़ आता है। यहाँ रेणु लिखते हैं—"चौदह वर्ष वनवास के.... ।....चौदह वर्ष हुए स्वराज्य का।"[18] कितने चौराहे के बाइसवें परिच्छेद में 1936....."दो ही वर्षों बाद मनमोहन की बात फल गयी।"[19] और चौबीसवें परिच्छेद में "कालः 1965, सितम्बर।"[20] लिखा गया है। इसके तुरत बाद स्थान का उल्लेख है—स्थानः देहरादून स्टूडेन्ट्स होम"[21] 'मैला आँचल' और 'परतीः परिकथा' की कथा भूमि का ब्यौरा रेणु ऐसे देते हैं जैसे भारत के नक्शे पर उसे चिह्नित कर रहे हों। मैला आँचल की भूमिका में मेरीगंज की भौगोलिक सीमा का रेखांकन है। 'परतीः परिकथा' की कथा भूमि है—ग्राम परानपुर, थाना-रानीगंज, परगना हवेली।"[22]

इस तरह रेणु देश और काल का स्पष्ट कथन करते हैं। उसकी सीमा बाँधते हैं तथा इसके भीतर सामान्य जन की कथा कहते हैं, उसके सुख-दुख को अभिव्यक्त करते हैं। इस प्रक्रिया में रेणु के उपन्यासों में काल इतिहास से जुड़कर भी इतिहास से बँधा नहीं रहता, वर्तमान बन जाता है और रचना राजनीतिक, आर्थिक, सामाजिक, सांस्कृतिक, धार्मिक परिदृश्य से जुड़ जाती है। रेणु के उपन्यासों की संरचना में देश और काल का विनियोग विशिष्ट और अद्वितीय है। रेणु इस विशिष्ट विनियोग के द्वारा अपने समाज को रचनाओं में पूरी तरह उतारते हैं, उसकी समस्यायें समझते हैं। इस तथ्य को स्पष्ट करने के लिए 'जुलूस' का एक उदाहरण पर्याप्त होगा।

'जुलूस' के दसवें परिच्छेद में रेणु स्वतंत्रता प्राप्ति के चौदह साल बाद के समाज की तस्वीर प्रस्तुत कर रहे हैं। स्थान है गोड़ियर गाँव। आकाश में रूस का स्पुतनिक तीर के वेग से चल रहा है। भारत में एक अज्ञात भय से सारा देश भयभीत है, आठ-आठ ग्रह एकत्रित हो गये हैं। ज्योतिषियों ने अष्टग्रह योग के बड़े भयावह भविष्य की गणना की है। एक पात्र दूसरे से कहता है—"ग्रह शान्ति के लिए अष्टयाम कीर्तन कीजिये! दान-पुण्य, दया-धर्म जो कुछ करना हो, कर लीजिये इस साल। अगले साल के मालिक भगवान!

— और इस साल के मालिक कौन हैं?"

— इस साल के? इस साल के मालिक—तालेवर मालिक। हा-हा-हा-हा"[23]

चौदह वर्ष हुए स्वराज्य के। आकाश में रूस का स्पुतनिक चल रहा है और भारत के लोग अन्धविश्वास में जकड़े अष्ट ग्रह योग के निवारण हेतु अष्टयाम कीर्तन करवाने में लगे हैं। एक ही प्रकरण में रेणु विज्ञान की प्रगति और भारतीय समाज की रूढ़िग्रस्तता को व्यक्त करते हैं। रेणु की विलक्षण प्रतिभा जयराम सिंघ के दिलखोल ठहाका से देश-काल के भीतर की बात व्यक्त करती है। अगले साल के मालिक भगवान हैं लेकिन इस साल का मालिक? जब यह साल जीवित बचने देगा तब तो आगे की बात सोची जाये। जीने के लिए कीर्तन की नहीं अन्न की आवश्यकता है और अन्न की आपूर्ति पर तालेवर का मालिकाना है। अतः इस साल के मालिक—तालेवर मालिक। देश-काल का चित्रण करते हुए समाज की सच्ची तस्वीर के ऐसे उदाहरण निश्चित रूप से दुर्लभ हैं।

उपन्यास के विधायक तत्त्वों को रेणु प्रतिपाद्य एवं रचना दृष्टि के सापेक्ष संघटित करते हैं। इसके साथ ही अनेक नये प्रयोग करते हुए संरचना के नये आयाम विकसित करते हैं। रेणु उपन्यासों के शिल्प को अनेक विधि से सुन्दर एवं प्रभावकारी बनाते हैं। वे प्रचलित शैलियों को एक दूसरे में खूबसूरती से गूँथ देते हैं, नयी प्रविधियों का आविष्कार करते हैं और जन जीवन की भाषा के सहयोग से उपन्यासों की भाषिक संरचना को सर्वथा नया रूप प्रदान करते हैं। रेणु के उपन्यासों की संरचना के समग्र अध्ययन के लिए इन कौशलों पर भी विचार करना आवश्यक है। इस सन्दर्भ में निम्नलिखित विचार विन्दु उभरते हैं—

कल्पना और यथार्थ का जमीनी आश्चर्य

अपने उपन्यासों में यथार्थ को प्रस्तुत करने के लिए रेणु 'ऐन्द्रिय बोधजन्य यथार्थ"[24] को महत्व देते हैं। रेणु वैसा ही कथा संसार रचते हैं जैसा हमारे आस-पास दिखाई देता है। अपनी ज्ञानेन्द्रियों द्वारा जिस तरह के संसार का बोध हमें प्राप्त होता है, रेणु का कथा संसार इससे भिन्न नहीं है।

जिस तरह वास्तविक संसार में मनुष्य के साथ-साथ नदी, पेड़, जानवर, पक्षी आदि विभिन्न जीव-जन्तु होते हैं, उसी तरह रेणु के कथा संसार में भी इन सबकी उपस्थिति मिलती है। 'मैला आँचल' में ताड़ के वृक्ष, कमला नदी, कौआ, बकरी, 'परती : परिकथा' में पण्डुकी, नाना जाति वर्ण के विभिन्न पखेरू, कोशी नदी, गाय, सियार, कुत्ता मीत, 'जुलूस' में हल्दी चिरैया, आम और कटहल के वृक्ष, 'पल्टू बाबू रोड' में फूल और तितली सभी मिलकर इन उपन्यासों का कथा संसार निर्मित

करते हैं। इन विभिन्न जीव-जन्तुओं से उपन्यास में यथार्थ वातावरण का निर्माण होता है। इससे भी अधिक इनकी महत्ता इस बात में है कि किसी ने किसी रूप में ये उपन्यास की कथा से और उपन्यासकार के मन्तव्य से जुड़े हैं। 'मैला आँचल' में नीम के पेड़ पर कागा काँव-काँव कर उठा,[25] खस्सी मेमिया उठा'[26] वातावरण में व्याप्त आतंक और भय की व्यंजना करते हैं। कमला नदी मेरीगंज के जीवन का आधार है, वही वहाँ के लोगों को कँवलगट्टा, मछली और साग-पात देती है। 'परती : परिकथा' की कथा की कल्पना पण्डुकी के बिना सम्भव ही नहीं। कोशी नदी न हो तो परिकथा के कथानक का विकास कैसे हो? 'जुलूस' की हल्दी चिरैया के कस्य परिवेदन में पवित्रा की वेदना अभिव्यक्त होती है, 'कितने चौराहे' की तितली मनमोहन के बाल मन की जिज्ञासा का उत्तर है।

रेणु ने अपने उपन्यास के अधिकांश पात्रों को यथार्थ से सीधे-सीधे उठा लिया है। 'मैला आँचल' और 'परती : परिकथा' के अनेक पात्रों के विषय में वह कही जाती है। रेणु अपने एक मित्र से स्वयं कहते हैं—जानते हो, इसी जेल में 'मैला आँचल' के दो पात्र मौजूद हैं। एक है चलित्तर कर्मकार यानी नक्षत्रमालाकार और दूसरा कालीचरण यानी तारणी मंडल।"[27] अभी भी उनकी कहानियों और उपन्यासों के पात्र कुछ तो जीवित हैं और अपने उसी चरित्र में जी रहे हैं। कुछ तो काल कवलित हो गये। उन्होंने जिन स्थलों का वर्णन अपनी कृतियों में किया है, वे साक्ष्य के रूप में जस-के-तस हैं। रेणु के जन्म स्थान औराही हींगना से सटे पश्चिम दुलारी दाय नदी की धारा, बदरिया घाट, परानपुर गाँव और उसके पूर्वी कछार पर कृषकाय कमला नदी में बरसात के दिनों में तोड़ मारती हुई कोशी की वेगवती धारा 'परती : परिकथा' की व्यथा अभी भी कहती है।"[28] जिन पात्रों की रचना रेणु पूर्णतः अपनी कल्पना से करते हैं, उनकी जड़ें उसी जमीन से जुड़ी हैं, जहाँ की कथा रेणु कह रहे हैं। रेणु पात्रों के नामकरण में उनके चरित्र और परिवेश का पूरा ध्यान रखते हैं। वे पात्र, जो निर्धन और पिछड़े हैं, उनके नाम इसी वर्ग का प्रतिनिधित्व करते हैं। 'मैला आँचल' के कालीचरन, चेथरू, बालदेव, लोबिन, फुलिया, लक्ष्मी, खेलावन, जोतरखीजी, सुनरी, लुत्तो, पखारन सिंध, निरसु, जनकदास, सामबत्ती पीसी, सरबजीत चौबे, फेकनी, ताजमनी, मंलारी, रोशन, जेगाई दास, पालवेत, रबिया, कोर, 'कितने चौराहे' के बनखंडी ओझा, परबतिया, मटरू, राम गोसाई, पुष्पी आदि नाम गाँव के ऐसे लोगों के नाम हैं, जो गरीबी में जीते हैं और पिछड़े हुए लोग हैं। गाँव के ऐसे लोग, जो थोड़े सम्पन्न हैं और पढ़ाई-लिखाई से जिनका सम्बन्ध है, उन लोगों के नामों के कुछ उदाहरण हैं—विश्वनाथ प्रसाद,

शिवशंकर सिंह, हरगौरी, सहदेव मिसिर, बालदेव, कमला (मैला आँचल), बीरभद्दर बाबू, कुबेर सिंह, शिवचरन, मुंशी जलधारी लाल, जय मंगल (परतीः परिकथा), जयराम सिंघ, योगेशदास, हरि प्रसाद यादव, शारदा बर्मन (जुलूस), सूर्य नारायण, इब्राहिम, नीलू (कितने चौराहे)। शिक्षित और प्रबुद्ध पात्रों के नामकरण करते समय रेणु विशेष रूप से सजग दिखायी देते हैं। ऐसे पात्रों के नाम हैं—प्रशान्त, ममता, स्नेहमयी, आभारानी, मंगला (मैला आँचल), जितेन्द्र शिवेन्द्र भवेश, इरावती (परतीः परिकथा), पवित्रा, संध्या, नरेश, विनोद (जुलूस), मनमोहन, प्रियोदा, सच्चिदानन्द, जगमोहन (कितने चौराहे)। शहरी वातावरण से जुड़े उपन्यासों में रेणु के पात्रों के नाम भिन्न तर्ज के हैं; जैसे— 'दीर्घतपा' में बेला, यूथिका, आयसा, रमला, नागेन्द्र नाथ, बाँके बिहारी, 'पल्टू बाबू रोड' में बिजली, कुन्तला, मुरली मनोहर, लट्टू बाबू, अमलेन्दु।

रेणु अपने पात्रों को उनकी शारीरिक छवि, वेश-भूषा और रुचि एवं रहन-सहन को बताते हुए प्रस्तुत करते हैं। 'मैला आँचल' के डागडर साहेब टोपा पहने हुए हैं।....डॉक्टर साहब के चेहरे का रंग एकदम लाल है।....मोंछ सफाचट कराये हैं।"[29] लरसिंघदास बावड़ी केश रखता है, धोती कुर्ता पहनता है और आधी मूँछ रखता है।"[30] फुलिया है तो ठेठ गँवई लेकिन पुरैनिया टीसन से लौटकर एकदम बदल गयी है फुलिया। साड़ी पहनने का ढंग, बोलने-बतिआने का ढंग, सबकुछ बदल गया है। तहसीलदार साहब की बेटी कमली अँगिया के नीचे जैसी छोटी चोली पहनती है, वैसी ही वह भी पहनती है। कान के भीतर फूल है। नहीं, फुलिया कहती है—कनपासा। आँचल में चाबी का गुच्छा बाँधती है, पैर में शीशी का रंग लगाती है।"[31] 'परती : परिकथा' की ताजमनी अद्वितीय सुन्दरी है। सुडौल शरीर और सुघड़ बनावट। चम्पई रंग और बालिका सुलभ चेहरा। मेघवर्ण कुंचित केशपाश! आँखों में परिपूर्ण प्राण की गम्भीर छाया।...ताजमनी! पवित्र सुन्दरता की साकार प्रतिमा है।"[32] 'जुलूस' की पवित्रा एड़ी तक लोटते हुए केशवाली बंगाला मुलुक की लड़की है।"[33] कितने चौराहे' के काका खादी की धोती और खादी का कुर्ता पहनते हैं।"[34] मिस बेला गुप्त निःस्वार्थ समाज सेविका, अटूट लगन वाली, शान्त, सौम्य।"[35] रेणु कहीं-कहीं शारीरिक स्वरूप का जिक्र किये बिना पात्र के बारे में जिक्र करते हैं। 'परती : परिकथा' के भिम्मल मामा के बारे में रेणु लिखते हैं—भिम्मल मामा, सारे परानपुर के मामा।...परिवार के हर व्यक्ति के मामा! मामा ग्रामवासी योगी हैं। तीन साल पहले नारी मुई उनकी, मुकदमेबाजी में घर की सम्पत्ति नाशी।...भिम्मल मामा तीस साल की उम्र में ही बिना मूड मुड़ाये संन्यासी

हो गये।"[36] उपन्यासों में पात्रों की ऐसी प्रस्तुतियाँ पात्रों की पहचान कायम कर देती हैं। उनके पात्रों की भीड़ में पात्रों को अलग-अलग पहचाना जा सकता है।

पात्रों और परिवेश को वास्तविक यथार्थ का समीपी बनाकर रेणु अपने उपन्यासों में जो संसार रचते हैं, वह किसी भी कोण से अयथार्थ प्रतीत नहीं होता। रेणु के उपन्यासों की संरचना का यह प्राथमिक स्तर है, जिस पर रेणु अपनी यथार्थवादी चेतना को निरूपित करते हैं।

यथार्थ का अनिवार्य सम्बन्ध 'होने' (being) और 'घटने' (happening) से है। अतः यथार्थ दिक (स्थान) और काल (समय) के घेरे में ही जाना और समझा जा सकता है। रेणु अपने उपन्यासों में इनका स्पष्ट उल्लेख करते हैं। 'मैला आँचल' की घटनाओं का केन्द्र मेरीगंज है। पूर्णिया जिले में ऐसे बहुत से गाँव और कस्बे हैं, जो आज भी अपने नामों पर नीलहे साहबों का बोझ ढो रहे हैं।....ऐसा ही एक गाँव है मेरीगंज। रौतहट स्टेशन से सात कोस पूरब, बूढ़ी कोशी को पार करके जाना होगा।...कोस भर मैदान पार करने के बाद, पूरब की ओर काला जंगल दिखायी पड़ता है। वही है मेरीगंज कोठी। आज से करीब पैंतीस साल पहले, जिस दिन डब्ल्यू. जी. मार्टिन ने इस गाँव की कोठी की नींव डाली, आसपास के गाँवों में ढोल बजाकर एलान कर दिया—"आज से इस गाँव का नाम हुआ मेरीगंज।"[32] 'परती : परिकथा' का परानपुर बहुत पुराना गाँव है।...1880 साल में मि. बुकानन ने अपनी पूर्णिया रिपोर्ट में इस गाँव के बारे में लिखा है—"पुरातन ग्राम परानपुर।... ग्राम परानुपर थाना रानीगंज, परगना हवेली।"[38] मेरीगंज और परानपुर में घटनाएं किस कालखण्ड में घटती हैं, रेणु इसके सम्बन्ध में अनेक स्थानों पर संकेत देते हैं। मैला आँचल के प्रारम्भ में 1942 के जन आन्दोलन का उल्लेख बीती हुई घटना के रूप में करके और आगे चलकर स्वतंत्रता के उत्सव का वर्णन करके रेणु स्पष्ट कर देते हैं कि उपन्यास की घटनाएँ सन् 1947 के आसपास की हैं। 'परती : परिकथा' में "पंडित नेहरु तीन बार पदार्पण कर चुके हैं इस गांव में। लाहौर कांग्रेस के बाद पहली बार, दूसरी बार 1936 में चुनाव के दौरे पर और पिछले साल कोशी प्रोजेक्ट देखने आये थे जब... ।"[39] के द्वारा रेणु स्पष्ट करते हैं कि इस उपन्यास की घटनाएँ स्वतंत्रता प्राप्ति के बाद की हैं, पंचवर्षीय योजनाओं का क्रियान्वयन हो चुका है। 'जुलूस' देश विभाजन के बाद शरणार्थियों के आगमन के समय की कथा है। 'कितने चौराहे' में तो समय को तारांकित करके रेणु ने चिह्नित किया है—काल : 1965, सितम्बर! स्थान : देहरादून स्टूडेण्ट्स होम।"[40]

रेणु देश और काल के निश्चित फ्रेम में पात्रों को रूप-रंग देकर भेजते हैं। ये पात्र अनेक घटनाओं के कर्ता बनते हैं, अनेक घटनाओं के साक्षी। अनेक घटनाएँ व्यक्ति से सम्बन्ध रखती हैं, अनेक समूह से; अनेक घटनाओं में कारण-कार्य सम्बन्ध है, अनेक में दूरान्वयन का। सभी मिलकर रेणु के उपन्यासों के अभीष्ठ को स्पष्ट करती हैं।

रेणु घटनाओं और पात्रों की प्रस्तुति में अद्‌भुत कौशल का परिचय देते हैं।

फ्लाबिये ने यथार्थ को एक स्प्रिंग बोर्ड या तख्ता या सीढ़ी के रूप में देखा है। फ्लाबिये ऐसा मानते हैं कि उपन्यासकार यथार्थ की सीमा में बँधता नहीं है। वह यथार्थ का उपयोग एक सीढ़ी की तरह करता है। वह यथार्थ के अनुभवों का उपयोग स्थितियों के भीतरी और बाहरी तहों के अन्दर जाने के लिए करता है। आव्नेर ज़्रींस के अनुसार– "सत्य की यथार्थवादी समझ का आधार नग्न वस्तु अथवा आत्मपरक यादृच्छिकता नहीं अपितु अपनी महत्वपूर्ण अभिव्यक्तियों में ली हुई और कलाकार द्वारा वैचारिक तथा सौन्दर्यात्मक स्तर पर अवबोधित यथार्थ वास्तविकता है। यथार्थवादी प्रणाली की विशेषता वास्तविकता के महत्वपूर्ण पहलुओं में अधिकतम गहरे पैठना, जीवन की परिघटनाओं को उनकी पूर्णता में हृदयंगम करना और ठेठ परिस्थितियों में ठेठ चरित्रों को सही-सही सुस्पष्ट तथा चित्रित करना है। यथार्थवादी कला स्वयं जीवन की कलात्मक तुल्यरूपता है।"[41] रेणु के उपन्यासों में फ्लाबिये और आव्नेर ज़्रींस की स्थापनाएँ जैसे एक साथ मिल गयी हैं।

रेणु के सामने भारत का समाज है। उसका विषम, दरार युक्त यथार्थ है। रेणु यथार्थ की दरारों से उसके भीतर पहुँचते हैं और यथार्थ के उन आयामों का उद्‌घाटन करते हैं, जो ऊपर से दिखायी नहीं दे रहे थे। वहाँ अन्तर्विरोधों से भरी एक दूसरी दुनिया है, उसे संचालित करने वाली ताकतें हैं और उन ताकतों के सामने नतमस्तक कई पीढ़ियाँ हैं तो एक ऐसी पीढ़ी भी, जो सिर को सीधा करने का साहस कर रही है। अपने आस-पास के पार देखने की शक्ति रेणु के सभी उपन्यासों में है।

स्वतंत्र भारत में राजनीतिक व्यवस्था बदली। एक तारीख के अन्तर से पराधीन भारत स्वाधीन भारत बन गया। वर्षों के संघर्ष का परिणाम एक तारीख में दिखायी देने लगा। सामाजिक व्यवस्था में ऐसा दृश्य परिवर्तन दिखायी नहीं दिया। यद्यपि परिवर्तन की भूमि भीतर ही भीतर तैयार हो रही थी। निर्माण की प्रक्रिया

बीच-बीच में लुभावने प्रलोभनों के दल-दल में फँस जाती थी। 'मैला आँचल' में दफा 144 पर विचार करने के लिए पंचायत बैठती है। दोनों तहसीलदार के अगल बगल में बालदेव ऊँचे सफरे पर। अरे! जीवेसर मोची भी उसी कम्बल पर बैठा है।...ठाकुर (नाई) टोले से और रजक टोले से एक-एक आदमी को ऊँचे सफरे पर बैठने के लिए चुन लिया जाये। आओ डोमन भाई! अपने टोले से किसको पंच चुनते हो?"[42] ऊँचे सफरे पर एक साथ बैठने और डोमन भाई के सम्बोधन से लोगों को ऐसा लगा कि मति ही बदल गयी। "तहसीलदार जो कह रहे हैं, नहीं समझ रहे हो पक्की बात कहते हैं तहसीलदार।...काबिल आदमी हैं। अरे आज ही यह कालीचरन और बालदेव आया है न! पहले तो हम लोगों के आँख-कान यही थे।"[43] "और कालीचरन को जी कहते हैं हरगौरी बाबू" का असर ऐसा हुआ कि सोशलिस्ट "नेता कालीचरन तहसीलदार की बात का समर्थन करने लगता है। "तो ठीक है हम गाँव से बाहर थोड़े ही हैं।"[44] कालीचरन का यह वाक्य कालीचरन को गाँव के भीतर कर देता है और संथालों को गाँव के बाहर। ग्रामीण मजदूरों का विद्रोह होते-होते रूक जाता है। जो शक्ति सम्मिलित होकर परिणति तक पहुँच सकती थी, विभाजित होकर फुस्स हो जाती है। अंग्रेजों की फूट डालो और राज करो का नया संस्करण गाँव के आन्दोलन की धार को कुन्द कर देता है। रेणु छोटी-छोटी घटनाओं की क्रिया-प्रतिक्रिया द्वारा बड़े निष्कर्ष प्रेषित करते हैं। बैठक में तहसीलदार साहब कहते हैं, "तो भाई, हम तो हिन्दुस्थान, भारथवरश की बात नहीं जानते। हम अपने गाँव की बात जानते हैं। आप भला तो जगभला। हम तो गाँव का कल्याण इसी में देखते हैं कि सभी भाई क्या गरीब, क्या अमीर, सब भाई मिलकर एकता से रहें। न कोई जमीन छुड़ावे न कोई गलत दावा करे।" तहसीलदार साहब के 'अपने गाँव की बात" को रेणु सारे भारत की बात, सारे गरीबों की बात बना देते हैं। यहाँ रेणु भारतीय जीवन के यथार्थ की ऊपरी सतह पर खड़े हैं। इसके भीतर जाने के बाद रेणु देखते हैं,—"चारों ओर स्वस्थ, सुडौल, स्वच्छ और सरल इन्सानों की भीड़। विरसा माझी इस नारे को गीत में गा रहा है। जन भावना से उसे एक करने की कोशिश में है। जाहिरे जोतिबे, सोइरे बोइबे।" यहाँ रेणु ऊपरी सतह को भेदकर अन्तर के यथार्थ को ग्रहण करते हैं, यथार्थ का अतिक्रमण कर कल्पना के जमीनी आश्चर्य को व्यक्त करते हैं। रेणु के उपन्यासों में अनेक ऐसे स्थल हैं, जहाँ इस तरह का करिश्मा होता है।

'परती : परिकथा' में यांत्रिक सभ्यता के कारण गाँवों के टूटने का जिक्र है। यह एक खुली सच्चाई है। सभी लोग इसे देख और समझ रहे हैं। परानपुर ही नहीं,

सभी गाँव टूट रहे हैं। गाँव के परिवार टूट रहे हैं, व्यक्ति टूट रहा है—रोज-रोज काँच के बर्तनों की तरह।...नहीं।...निर्माण भी हो रहा है।...नया गाँव, नये परिवार और नये लोग। गाँवों का नव-निर्माण हो रहा है। टूटे हुए खण्डहरों को साफ करके नीवें डाली जा रही हैं। शिलान्यास हो रहा है। खूब धूमधाम से नयी इमारतों की बँधाई-गँधाई चल रही है।...नयी ईंट के साथ पुरानी किन्तु काम के योग्य ईंटों को मिलाकर दीवार बना रहा है, राजमिस्त्री। अपनी बँसुली से वह पुरानी ईंटों को बजा-बजाकर कहता है—इसी इंट को असली सुरजमुखी ईंट कहते हैं।..."गाँव के बड़े-बूढ़ों का कहना है, कूप खोदते समय, नींव लेते समय मिस्त्री और मजदूरों की पीठ पर सवार रहना चाहिए। माटी के नीचे से न जाने कब क्या चीज निकल जाये। सतर्क दृष्टि से देखना होता है, चमकदार चीज को पैर नीचे दबा रखते हैं। समय-समय पर इन गड्ढों में नीचे उतरना बुद्धिमानी है।"[45] रेणु अपने समय के यथार्थ की माटी के नीचे की चीज़ों पर नजर रखते हैं। यथार्थ का सब कुछ त्याज्य और अग्राह्य नहीं है। ग्राह्य और अग्राह्य के बीच अन्तर करने के लिए कूप में नीचे उतरना होगा। रेणु भारतीय समाज, संस्कृति और सभ्यता के परिवर्तन एवं विसंगतियों की गति को पहचानते हैं। इसलिए उनमें चयन का बोध है। परिवर्तन की प्रक्रिया में से परम्परा और आधुनिकता—दोनों की कल्याणकारी चमकदार चीज को ग्रहण करना उनकी यथार्थ दृष्टि है। जो लोग यथार्थ को मात्र कुरूपता और विद्रूपता में ढूँढते हैं, उन्हें रेणु के उपन्यासों के पृष्ठों को पलटना होगा।

परिवर्तित होते समाज में स्त्री कहाँ है? उसकी हैसियत क्या है? दीर्घतपा की पंक्तियाँ हैं,—"तर्क मत करो। बाँके पुरुष है। तुम स्त्री...उसके जब जी में आयेगा ...तुम्हारा उपयोग करेगा।...उसका चमड़े का पोर्टफोलियो बैग है। उसे जब चाहता है, खोलता है, बन्द करता है। चमड़े का थैला तर्क नहीं करता। बेला क्यों तर्क करती हो...तेरी दुर्गति अभी बाकी है।...कुमार घोष तुम्हारे साथ सोयेगा...तुम सेवा करोगी, बोलोगी नहीं।"[46] स्त्री का व्यक्ति से चमड़े के थैले में बदल जाना सभ्य होते भारतीय समाज का यथार्थ है। रेणु 'दीर्घतपा' और 'पल्टू बाबू रोड' शीर्षक उपन्यासों में इस यथार्थ के रू-ब-रू हैं।

रेणु अपनी कथा भूमि पर घटनाओं के घटित होने का जिक्र करते हैं। यहाँ क्रिया होती है। रेणु क्रिया को ही उपन्यास में प्रस्तुत कर देते हैं। रेणु क्रिया के प्रभाव का वर्णन नहीं करते अतः रेणु के उपन्यासों में यथार्थपरक चित्रण जैसा कुछ नहीं है। रेणु घटनाओं के यथार्थ का चित्रण नहीं करते वरन् यथार्थ का पुनर्निर्माण करते हैं। 'मैला आँचल' में गाँधी की मृत्यु के बाद बामनदास मेरीगंज आया है। बालदेव ने

उससे हाल-समाचार पूछा, बावनदास बताता है, "हाल क्या सुनियेगा! अब सुनना क्या है। रामकिशुन आसरम में भी हरिजन भोजन होगा।...बिलेकपी कल मर गया। सिवनाथ बाबू आये हैं पटना से।...ससोक जी परान्ती सभापति हो गये हैं, वह भी पटना में ही रहेंगे। मेले लोग तो हमेशा वहीं रहते हैं...सुराज मिल गया, अब क्या है?"[47] यहाँ हर वाक्य में एक घटना है। ये सभी घटनायें सुराज मिल जाने की स्थिति का बयान करती हैं। 'परती : परिकथा' में हाकिम के सामने सबको प्रमाण प्रस्तुत करना है। लुत्तो के पास कोई दूसरा प्रमाण नहीं है। वह सिर्फ गीत की कुछ कड़ियाँ प्रस्तुत कर सकता है, जिसमें जितेन्द्र के परिवार को जालिया खानदान कहा गया है। वह कहना चाहता है कि जितेन्द्र के प्रमाण झूठे हैं। वह गीत प्रस्तुत करता है—'लोटवा जे जाल करि मोहर भँजउल हो सिवेन्दर मिसिर।' राम पखारन सिंघ कहता है—"वाह-वाह खवास के खानदान में अलबत्त निकला लुत्तो बालिस्टर।" लुत्तो हाकिम से शिकायत करता है—"देख रहे हैं न हुजूर, किस तरह हुजूर के सामने भी आँख लाल करके कूट बोली बोलता है।"

हाकिम ने कहा—"वह तो आपकी तारीफ कर रहा है।"

"खवास का बेटा जो कहा।"

लेकिन आपके बाप के नाम के साथ खबास सिरनामा लिखा हुआ है, करेना खबास।

ये खबास लिखा हुआ है—"सब बालिस्टरी सटक गयी लुत्तो की। मन में जो आया, लिख दिया। मेरे बाप का नाम नारायण राय है।"[48]

यह घटना भारतीय समाज के अतीत और वर्तमान के साथ-साथ भविष्य के यथार्थ का भी संकेत करती है। लुत्तों का पिता खवास था। लुत्तो अब खवास नहीं है। यह है परानपुर के अतीत और वर्तमान का यथार्थ।

व्यक्ति के व्यक्तित्व की पहचान उसके आचरण और व्यवहार से होती है। व्यक्ति का आचरण और व्यवहार वैसा ही क्यों है, मनोजगत के किन तर्कों और समीकरणों ने व्यक्ति के आचरण को प्रभावित किया है, इस बात को व्यक्ति के अतिरिक्त दूसरा कोई नहीं जानता। कभी-कभी तो व्यक्ति स्वयं इन तथ्यों को नहीं जान पाता है। रेणु बहुत सहज ढंग से पात्रों के मनोजगत में प्रवेश करते हैं। 'मैला आँचल' के गाँधीवादी बालदेव को कपड़ा की पुर्जी बाँटने का काम मिला है। "कपड़ा की मेम्बरी मिली है कि बलाय है। दिसा मैदान जाते समय भी लोग पीछा नहीं छोड़ते हैं।...दुलारी का गौना है।...कपड़ा अब कहाँ है? रिजरब में भी नहीं है। सिरिफ कफन और सराध का कपड़ा है।...उसी में से? कैसे देंगे? कफन और सराध का

कपड़ा गौना में?...लक्ष्मी दासिन ने रामदास को भेजा था, आचारज जी आ रहे हैं। ...चादर टीका के लिए चादर के अलावे पूजा विदाई के लिए भी एक जोड़ी धोती चाहिए।...और कोठारिन जी को भी कपड़ा नहीं है। बड़ी मुसकिल है! रिजरब में थोड़ा कपड़ा है सो सादी बिहा और सराध के लिए। कैसे दिया जाये? ओ! आचारज जी महन्थ साहेब के सराध में ही आये हैं। तब ठीक है।...सिरिमती नहीं, सिरिमती नहीं। दासिन लक्ष्मी कोठारिन—ननकिलाठ दसगज, फैनमारकीन दस गज। चद्दर एक।...बड़ी मुश्किल है। बालदेव जी को अब रोज दस पन्द्रह बार से ज्यादे झूठ बोलना पड़ता है।"[49] सत्यनिष्ठ बालदेव स्वीकार करता है कि उसे झूठ बोलना पड़ रहा है और वह स्वयं महन्थ साहब के सराध का तर्क देकर कपड़ा देने का औचित्य सिद्ध कर लेता है। रेणु उसके तर्क और आचरण के पीछे कार्य करने वाली कोमल भावना को कलात्मक ढंग से प्रस्तुत करते हैं। ऐसे अनेक प्रसंग रेणु के सभी उपन्यासों से लिए जा सकते हैं।

'परती : परिकथा' में एक है सामबत्ती पीसी। रेणु इनके शारीरिक गठन के बारे में कुछ नहीं बताते हैं, परिचय देते हुए लिखते हैं—"सामबत्ती पीसी इसी गाँव की बेटी है। घर-घर घूमने की आदत बचपन से ही लगी है। इसी आदत के मारे ससुराल में नहीं बस सकी।...ससुराल में घर-घर कैसे घूमती? सामबत्ती पीसी के घर वाले ने बहुत सोच विचार कर देखा। आखिर, सामबत्ती पीसी के बदले उसका घर वाला ही ससुराल में आकर बस गया।"[50] पीसी पूरे गाँव की खबर रखती है। सुवंश मलारी ने गाड़ी में चाय कैसे पी, ताजमनी और जित्तन में क्या चल रहा है, जिसको जो जानना हो पीसी से पूछ ले। एक बार पीसी ससुराल गयी तो कुछ माह रूक गयी। रूकने की वजह बताते हुए उसने कहा—"हाँ चाची क्या बताऊँ? औरत आखिर औरत होती है।...कचहरी तो मर्दों का काम है चाची। एक तो मैं औरत की जात और उधर देखो कि ससुराल वाली बात।...तिसपर गाँव के जमींदार से मुकाबला। मुँहा-मुँही बहस करना ठट्ठा है? बोलो ठट्ठा है।...सो चाची बहस किया तो हासिल भी किया। तीन एकड़ तेरह डिसमिल तो पट्टीदार लोग ही दबा रहे थे। उसको ऊपर किया। तब देखो ओ-ओ-ओ गाँव के जमींदार का एक एकड़ तीन डिसमिल..."[51] रेणु चरित्र को पहले अति सामान्य रूप में प्रस्तुत करते हैं फिर उसे सामाजिक सन्दर्भ में डालकर उसकी आन्तरिक शक्ति को प्रकट करते हैं। वह मायके और ससुराल दोनों से ऊपर एक औरत बनकर अपनी पहचान बनाती दिखायी देती है। बीड़ी, सिगरेट और नखलौआ जर्दा का उल्लेख तथा गाँव की लड़कियों के बीच उसकी हँसी-दिल्लगी उसे वापस उसी सामबत्ती पीसी के रूप में प्रस्तुत करते हैं। "वह

परानपुर से चार महीने से बाहर गयी थी। इस बीच गाँव में क्या हुआ, नहीं हुआ, सो वह कुछ नहीं जानती। किन्तु गाँव से बाहर ही उसे नयी बात की गन्ध मिल गयी, ट्रेन पर ही...।"[52] जब रेणु लिखते हैं—"सामबत्ती पीसी आई है।" तो पाठक को यह जिज्ञासा हो जाती है कि पीसी किस खबर के साथ आयी है। रेणु के पात्रों के बारों में अज्ञेय का कथन ध्यातव्य है— "मैला आँचल", 'परती : परिकथा'—दो उपन्यास जिन्होंने मानों उपन्यास के विकास को, नयी लीक में डाल दिया—फिर 'दीर्घतपा' और 'जुलूस'...जिनके चरित्र मानो एक संसार के द्वार खोल देते हैं, जो नया या अपरिचित तो नहीं पर जो रेणु द्वारा खोले गए द्वार से आने वाले प्रकाश में ऐसा जगमगा उठता है कि हम अवाक् रह जाते हैं।"[53]

भारत की स्वतंत्रता प्राप्ति के कुछ वर्ष पूर्व और कुछ वर्ष बाद के समय की ऐतिहासिक चेतना रेणु के कथा साहित्य की प्रेरक शक्ति है। रेणु इस काल खण्ड के सामाजिक जीवन को अपने प्रारम्भिक दो उपन्यासों में लेकर आते हैं। कहने को तो यह समय भारत में औद्योगीकरण और आधुनिकता के आगमन से बहुत बाद का है किन्तु यथार्थ में भारतीय ग्रामीण समाज में मध्ययुगीन अवशेष अभी हैं और शहरी समाज में आधुनिकता ने अपना पूरा रंग जमा लिया है। दोनों तरह के समाजों का संवाद शुरू हो चुका है। "यह एक अत्यन्त जटिल और संक्रमणकालीन अवस्था है। यह हिन्दुस्तान के लोकतंत्र का यथार्थ जब अपनी समस्त विचित्रताओं और विडम्बना के साथ साहित्य में प्रकट होता है, तो अद्भुत या जादुई यथार्थ बन जाता है। रेणु लोक कथाओं, गीतों आदि की व्याख्या करते हुए यथार्थ को समझने की एक तर्क पद्धति विकसित करते हैं। वे बहुत ही सामान्य प्रतीत होने वाली वस्तुओं में भी अद्भुत सौंदर्य के दर्शन करते हैं। इस अर्थ में वे अतियथार्थवादियों से भिन्न हैं, जो किसी अलौकिक संसार के अद्भुत तत्त्व को पकड़ते थे। रेणु अपनी ठोस साकार दुनिया में ही अद्भुत को देखते पहचानते हैं। इस तरह वह अति यथार्थवाद (सुर्रियलिज्म) के विपरीत है और अपने रोजमर्रे के यथार्थ के लेखकीय साक्षात्कार के फलस्वरूप अभिव्यक्ति पाता है। वास्तव में जब जीवन यथार्थ बहुत जटिल और कष्टप्रद हो जाता है, तो उसकी अभिव्यक्ति भी कठिन हो जाती है। यथार्थ की समस्त कटुता और क्रूरता को अद्भुत सौंदर्य में रूपान्तरित करना सरल नहीं है। यह अत्यन्त संश्लिस्ट निपुणता की माँग करती है।"[54] रेणु में इस निपुणता की कमी नहीं है।

लेखकीय साक्षात्कार की मनोभूमि पर सर्जनात्मक कल्पना रेणु के अनुभवों के तेवर को तीखा, सच्चा और ईमानदार बनाती है। एक उदाहरण पर्याप्त होगा। 'मैला

आँचल' के अन्त में रेणु स्वतंत्र भारत में क्षरित होते मूल्यों को प्रस्तुत करते हैं। प्रसंग है,—"बावनदास कटहा थाना कांग्रेस के सेकरेट्री दुलारचन्द कापरा की माल से लदी गाड़ियों को रोकने चला है। चलते-चलते वह कभी-कभी रूककर उसाँसे लेता है—बहुत देर तक रोने पर बच्चे जिस तरह उसाँसे लेते हैं, उसी तरह।..."मंजिल करीब है।...गाड़ियाँ आ गयीं, एकदम करीब।...बैलगाड़ी पास हो गयी।...पास हो रही है। बावनदास बीच लीक पर खड़ा है और गाड़ियाँ ऊपर से आर-पार कर रही है।...आखिरी गाड़ी जब गुजर गयी तो हवलदार और रामबुझावन सिंघ मिलकर बावन की चित्थी-चित्थी लाश, लहू के कीचड़ में लथ-पथ लाश को उठाकर चलते हैं।... नागर नदी के उस पार, पाकिस्तान में फेंकना होगा।...बावन ने दो आजाद देशों की, हिन्दुस्तान और पाकिस्तान की ईमानदारी को, इंसानियत को बस दो डगों में नाप लिया।"[55] यह है रेणु की सृजनात्मक कल्पना का एक उदाहरण। उपन्यास की अन्तिम पंक्ति लोक व्यवहार की घटना से जुड़ी है—"कलीमुद्दीपुर घाट पर चेथरियापीर में किसी ने मन्नत करके एक चीथड़ा और लटका दिया।"[56] अंतिम पंक्ति से रेणु मेरीगंज और भारत को एक सूत्र से जोड़ते हैं। आंचलिकता और राष्ट्रीय क्षितिज यहाँ आकर मिल जाते हैं। इस प्रसंग की अवधारणा मात्र ग्रामीण जीवन के प्रत्यक्ष अनुभव से नहीं बन सकती। इसके पीछे भारतीय राजनीति और सामाजिक जीवन से प्राप्त अनुभवों का सार है और है एक रचनाकार की सृजनात्मक कल्पना। पाठक के लिए यह यथार्थ और कल्पना का जमीनी आश्चर्य है, जमीनी इसलिए क्योंकि कल्पना यहाँ वायवी नहीं है, उसकी जड़ें भारतीय जीवन की गहराई में गई हुई हैं। "कला का और इस प्रकार कथा साहित्य का भी यथार्थ से सम्बन्ध या असम्बन्ध उसके समाज की समस्याओं से जुड़े होने या नहीं जुड़े होने से नहीं होता बल्कि अपने साक्षात्कार, अपने अनुभव और दीठ में पैना, गहरा और सच्चा होने या नहीं होने से होता है।"[57]

वर्णन शैली

वर्णन शैली को वर्णनात्मक शैली, वृतान्त शैली, ऐतिहासिक शैली, इतिवृत्तात्मक आदि नाम भी दिये जाते हैं। इस शैली में लेखक चरित्रों एवं कथ्य से जुड़ी घटनाओं का इहत्तात्मक वर्णन करता है। काल क्रम और घटना क्रम इस शैली के आधार होते हैं। परम्परागत क्लासिकल शैली के उपन्यास और हिन्दी में प्रेमचन्द के उपन्यास इस शैली के सुन्दर उदाहरण हैं। रेणु के सभी उपन्यासों में इस शैली के उदाहरण मिलते हैं। विभिन्न उपन्यासों से एक-एक उदाहरण निम्नलिखित हैं—

'मैला आँचल' में परिच्छेद अट्ठाइस के प्रारम्भ में इस शैली का प्रयोग हुआ है,—"तन्त्रिमा टोली, पोलिया टोली, कुर्म छत्री टोली और रैदास टोली में मिलाकर पाँच आदमी नुकसान हुए। घर-घर में एक दो आदमी बीमार थे, लेकिन डॉक्टर देखता है। दिन रात कभी एक पल चैन से नहीं बैठा। मास्टरनी जी भी देवी है। कालीचरन भी बहादुर है। कै और दस्त से भरे बिछावन पर लेटे हुए रोगी की सेवा करना, कपड़े धोना, दवा डालकर गन्दगी जलाना, आदमी का काम नहीं देवता ही कर सकते हैं। एक पैसा भी फीस नहीं लिया और रात-रात भर जगकर लोगों का इलाज करते रहे। रेसम लाल कायरी के इकलौते बेटे को जम के मुँह से छुड़ा लिया।...डॉक्टर ने इस बार आस-पास के पन्द्रह गाँवों का परिचय प्राप्त किया है, भयातुर इन्सानों को देखा है, बीमार और निराश लोगों की आँखों की भाषा को समझने की चेष्टा की है। रोगियों को देखकर उठते समय छींके पर टँगी हुई खाली मिट्टी की हाड़ियों से उसका सिर टकराया है। सात महीने के बच्चे को बथुआ और पाट के साग पर पलते देखा है।"[58]

'परतीः परिकथा' में परती का वर्णन करते हुए रेणु लिखते हैं, "सम्भवतः तीन-चार सौ वर्ष पहले इस अंचल में कोसी मैया की यह महाविनाश लीला हुई होगी। लाखों एकड़ जमीन को अचानक लकवा मार गया होगा। एक विशाल भू-भाग, हठात कुछ का कुछ हो गया होगा। सफेद बालू से कूप, तालाब, नदी-ताले पट गये। मिटती हुई हरियाली पर बादामी रंग धीरे-धीर छा गया।"[59]

'दीर्घतपा' में एक रात का वर्णन करते हुए रेणु ने लिखा है, "बर्बर, दुर्निवार, अफ्रीदी जानवर से वह न जाने कबतक लड़ती रही।...अन्त में दाँत और नाखून. ..किन्तु अन्ततः वह हार गयी। खून से लथपथ सरफराज भेड़िये ने उसे दबोच लिया अपने जबड़ों में।...नरक के चूल्हे...कराही में तेल खौल रहा है।...बेला के अंगों को काट-काट कर कड़ाही में डालता गया...सिर पर आरा चला...कलेजे पर कीले...कोल्हू में पेरी गई...भाले में भोंक कर झुलसाई गई। कुमारी बेला रानी मर गयी, कोरेनेशन होटल, पेशावर के सोलह नम्बर कमरे में।"[60]

'पल्टू बाबू रोड' में रेणु लिखते हैं, "युगों से पल्टू बाबू ने इस इलाके पर अपना प्रभाव प्रसारित किया है।...बैरगाछी कस्बा को बढ़ते देखा है, पल्टू बाबू ने। उन्होंने बसाया है, यह कस्बा, पगान नदी के सात घाट की ही नहीं, बारह घाटों की ठीकेदारी की है। जिले भर के मशहूर लोगों को बरसात के दिनों में पन्द्रह साल तक नावों पर खेकर इस पार से उस किनारे तक पहुँचाया है। लट्टू बाबू के पिता ने सभ्य समाज में जगह दी फिर पल्टू बाबू के पिता ने अपनी पहुँच के मुताबिक 'फूल बागान' की प्रतिष्ठा के लिए काम शुरू किया।"[61]

'मैला आँचल', 'दीर्घतपा' और 'पल्टू बाबू रोड' के उपर्युक्त उद्धरणों में रेणु क्रमशः प्रशान्त, बेला और पल्टू बाबू की चारित्रिक विशेषताओं का उद्घाटन करते हैं। साथ ही 'मैला आँचल' का उद्धरण मेरीगंज की आर्थिक बदहाली और सामाजिक लाचारी का बयान करता है और 'पल्टू बाबू रोड' का बैरगाछी के सामाजिक वातावरण का। 'परती : परिकथा' की पंक्तियाँ परती के वर्णन के साथ आगे की कथा को आधार देती हैं। वर्णनात्मक शैली का उपयोग रेणु कथावस्तु, पात्र तथा स्थितियों के वर्णन के लिए करते हैं। आँचल को समग्रतः चित्रित करने में यह शैली खूब प्रयुक्त हुई है। 'मैला आँचल' 'परतीः परिकथा' और 'कितने चौराहे'–उपन्यासों का आदि और अन्त इसी शैली में हुआ है।

रेणु के वर्णन लम्बे और उबाऊ नहीं है। रेणु स्थितियों का वर्णन टुकड़े-टुकड़े में करते हैं। कभी-कभी एक ही साथ कई स्थितियों का वर्णन रेणु के उपन्यासों में मिलता है। वर्णनकर्ता के रूप में रेणु कभी स्वयं रहते हैं, कभी उपन्यास के पात्र। अनेक स्थानों और पात्रों की बातें होती हैं, वर्णन कभी बाहर का (स्थितियों और परिवेश) का होता है तो कभी भीतर (मानसिक स्थितियों) का। रेणु बीच-बीच में एक दो वाक्यों में टिप्पणी करते जाते हैं और अत्यन्त कलात्मकता से सारे वर्णन को संयोजित कर देते हैं।

उदाहरणस्वरूप 'मैला आँचल' के परिच्छेद संख्या उनतीस को लिया जा सकता है। चार पृष्ठों के इस परिच्छेद में "मैला आँचल' के लगभग सभी प्रमुख पात्रों का उल्लेख है। 'कल सिरवा पर्व है' की सूचना से रेणु कथा कहना शुरू करते हैं। "कल मेरीगंज ही नहीं सभी गाँव के लोग सामूहिक रूप से मछली का शिकार करेंगे। छोटे-बड़े, अमीर-गरीब सभी टापी लेकर सुबह ही निकलेंगे।"[62] लोक जीवन में सिरवा पर्व का विशेष महत्व है। लोक रीति और लोक विश्वास का वर्णन करते हुए रेणु जमींदार फैजबख्श अली के फरमान (मछली नहीं मारने देंगे) और काली चरन के ऐलान (जुलूस बनाकर चलना होगा, लाल झण्डे के साथ) का उल्लेख करते हुए नये खाते के खुलने और सत्यनारायण व्रत की कथा के सूत्र को पकड़ कर तहसीलदार विश्वनाथ प्रसाद, हरगौरी बाबू, गणेश की मौसी, डॉ. प्रशान्त, कोठारिन लक्ष्मी, महन्थ रामदास, बालदेव, बावनदास, खेलावन सिंघ, जोतखी जी–सबके यहाँ रेणु पाठकों को ले जाते हैं। गाँव का आर्थिक, सामाजिक, सांस्कृतिक परिवेश अपनी कुरूपता और सुन्दरता के साथ पाठकों के सामने अपने रहस्यों को खोलता जाता है। रेणु लक्ष्मी के दिल के घर की खोज खबर देते हैं। "अब बालदेव जी के आने में जरा भी देर होती है, तो लक्ष्मी का दिल धड़कने लगता है।"[63]

यह पूरा परिच्छेद वर्णनात्मक शैली में प्रस्तुत हुआ है। बीच-बीच में बालदेव जी का काम छूट गया, स्त्री की मृत्यु के बाद जोतखी जी बहुत गुमसुम रहते हैं, कालीचरन आग उगलता है, लक्ष्मीदासिन के दिल में बालदेवजी ने घर कर लिया है, जैसी टिप्पणियाँ रेणु करते जाते हैं। ये टिप्पणियाँ वर्णनों में अलग से टँकी हुई दिखाई देती हैं और कथा को ग्रहण करने में पाठक की सहायता करती है। वर्णन करते हुए रेणु कहीं-कहीं पाठकों से संवाद कायम करते हैं। ऐसे प्रसंगों में लगता है जैसे पाठक रेणु से प्रश्न कर रहे हों और रेणु उत्तर दे रहे हों। जैसे बालदेव के प्रसंग में, "कपड़े, चीनी और किरासन तेल की पूर्जी अब तहसीलदार विश्वनाथ प्रसाद देंगे। बालदेव जी को क्यों छुड़ा दिया?...शायद उनका बिलेक पकड़ गया। पाप कितने दिनों तक छिपेगा।"[64] ऐसे स्थलों पर रेणु की वर्णनशैली में नाटकीयता का सन्निवेश हुआ है। बालदेव जी की अपनी समस्या है। भारतीय राजनीति की उलट-फेर, मेरीगंज के लोगों से अपने सम्बन्ध और अपनी स्थिति का वर्णन बालदेव करता है—"चौधरी जी को वह सब दिन से गुरु की तरह मानता आ रहा है। कभी किसी काम में तरौटी नहीं होने दिया। गाँव में चरखा सेण्टर खुलवा दिया। लेकिन जिला कमेटी के मेम्बर तहसीलदार साहेब हो गये। बालदेव को खबर भी नहीं दी गयी। कपड़े की मेम्बरी भी नहीं रही। नीमक कानून के समय से जेल जाने का यही बख्शीस मिला है। कालीचरन की पार्टी वाले ठीक कहते हैं, कांगरेस अमीरों की पार्टी है। लेकिन वह कालीचरन की पार्टी में तो नहीं जा सकता। कालीचरन की आँखें उसने ही खोली हैं।"[65]

'परती : परिकथा' में गीता मिश्र ने एक बरसाती रात का वर्णन किया है—"धूपदानी में अगर पाउडर डालकर पुतली ने मेरी ओर देखा...ओ पुतली! आज धूप जलाने की क्या आवश्यकता। आज तो स्वयं गन्धराज उपस्थित है। बादल थम चुके थे। घोर लाल रंग की धोती उनकी। घोर लाल रंगी साड़ी मेरी, रेशमी जरीदार! लाली क्रमशः बढ़ती गयी। आकाश में छा गयी। मेरी आँखें बन्द थीं या खुली, मुझे नहीं मालूम।[66]" गीता मिश्र की इन पंक्तियों में परिवेश का आत्मपरक वर्णन है। गीता मिश्र को बिना अगर पाउडर के गन्ध की अनुभूति होती है और मन पर अनुराग की लीला का ऐसा असर होता है कि आकाश तक उस रंग का फैलाव उसे दिखायी देता है।

इस तरह रेणु की वर्णनात्मक शैली सपाट नहीं है, इसमें सृजनात्मकता के अनेक आयाम सम्मिलित हैं। उपन्यासकार ने इस शैली का उपयोग पात्रों की मानसिक स्थिति के चित्रण से लेकर व्यापक परिवेश के चित्रण तक के लिए किया है। रेणु ने वर्णनों के बीच-बीच में पात्रों के हाव-भाव, उक्तियों आदि को सम्मिलित करके वर्णन को एकरसता से बचाया है।

काव्यात्मक शैली

"रेणु के लिए कविता जीने का विषय थी और उसे वे जीवन के हर धरातल पर जीते हैं। इसीलिए उनके गद्य की आत्मा में भी कविता का रस छलकता दिखायी पड़ता है।"[67] रेणु जन सामान्य की कथा कहते हैं। जन सामान्य के सुख-दुःख, हँसी-रूदन, भूख-प्यास, रीति-रिवाज, उल्लास-विषाद रेणु के कथा साहित्य में अभिव्यक्ति होते हैं। दुःख और दैन्य के बाद उसे जब कभी उत्साह और उल्लास के क्षण मिलते हैं, रेणु भाव प्रवण हो जाते हैं और कथा की प्रस्तुति काव्यात्मक हो जाती है। 'मैला आँचल' से दो उदाहरण लिए जाएँ—फागुन महीने की हवा ही बावरी होती है।....होली तो मुर्दा दिलों को भी गुदगुदी लगाकर जिला देती है। बौरे हुए बाग से हवा आकर बच्चे बूढ़ों को मतवाला बना देती है।"[68] और "गरीबी, गन्दगी और जहालत भरी दुनिया में भी सुन्दरता जन्म लेती है। किशोर-किशोरियों और युवतियों के चेहरों पर एक विशेषता देखी है उसने। कमला नदी के गढ्ढे में खिले हुए कमल के फूलों की तरह जिन्दगी के भोर में वे बड़े लुभावने, बड़े मनोहर और सुन्दर दिखायी पड़ते हैं, किन्तु ज्यों ही सूरज की गर्मी तेज हुई, वे कुम्हला जाते हैं। शाम होने से पहले ही पपड़ियाँ झड़ जाती हैं।... कश्मीर के कमल और पूर्णिया के कमल में शायद यही फर्क है।......और कमली तो राजकमल।"[69]

रेणु जन सामान्य के भविष्य का सुहाना सपना देखते हैं। उन्हें विश्वास है कि वर्तमान की भयावहता और स्वतंत्र भारत के सामुदायिक जीवन में उठने वाली समस्याओं का अन्त होगा। इस विन्दु पर आकर रेणु के सभी उपन्यासों के प्रधान पात्र रोमानी दृष्टि वाले हैं। कल्पना, साहस, त्याग, संवेदना, प्रेम जैसी भावनाओं से ये पात्र संचालित होते हैं। प्रशान्त, लक्ष्मी, मंगला, कालीचरन, बालदेव, जितेन्द्र, इरावती, ताजमनी, शिवेन्द्र, गीता मिश्र, बेला, पवित्रा, मनमोहन—ये सभी पात्र रेणु की काव्यात्मक दृष्टि के साकार रूप हैं। ये चरित्र अनेक विचित्रताओं और विरोधाभासों के बावजूद कविता की सीमारेखा पर रचे गये हैं। यहाँ तक कि बावनदास जैसा रूक्ष चलता-फिरता तमाशा चरित्र भी उपन्यास पढ़ने के बाद पाठकों के मानस पटल पर एक पवित्र काव्यात्मक अनुभव की तरह टँक जाता है।

रेणु काव्यात्मक शैली का उपयोग करके सीधी और साधारण घटनाओं को जीवन्त बनाते हैं। 'मैला आँचल' से लेकर 'पल्टू बाबू रोड' तक इस शैली का प्रयोग रेणु ने किया है किन्तु 'परती : परिकथा' का तो संपूर्ण कलेवर ही काव्यमय है। रेणु के विभिन्न उपन्यासों से काव्यात्मक शैली के कतिपय उदाहरण अग्रलिखित हैं—

"गेहूँ की सुनहली बालियों से भरे हुए खेतों में पुरवैया हवा लहरें पैदा करती हैं। सारे गाँव के लोग खेतों में हैं। मानो सोने की नदी में, कमर भर सुनहरे पानी में सारे गाँव के लोग क्रीड़ा कर रहे हैं। सुनहरी लहरें! ताड़ के पेड़ों की पंक्तियाँ, झरबेरी का जंगल, कोठी का बाग, कमल के पत्तों से भरे हुए कमला नदी के गड्ढे। डॉक्टर को सभी चीजें नयी लगती है। किन्तु खेतों में गेहूँ काटते हुए मजदूरों को चैती में आधी रात को कूकने वाली कोयल के गले की मिठास का अनुभव वह करने लगा है।[70]

"माँ की वेदी का एक स्केच, हल्के गेरू रंग में अंकित! मिथिलाक्षर, देवनागरी और बंगला लिपि से प्रभावित, पवित्र किस्म के अक्षरों उपशीर्षक की पंक्तियों, जवाफूल की कलियों की छोटी-छोटी मालायें। जादू सीखने की बात झूठ नहीं। पत्र को यत्नपूर्वक जेब में रखते हुए जितेन्द्र नाथ ने ताजमनी की उंगलियों की ओर देखा—स्वर्ण चम्पा की कलियाँ। इन उंगलियों को सूँघने की इच्छा हुई। चूमने का मन.. ।"[71]

"दूध भरे पोखर में चाँद। अदृश्य अचञ्चल आँचल से दूध झरते देखा। माँ-माँ की मृदु गंध से उसका आँगन महक उठा। मांगलिक अनुष्ठान भरा वातावरण। पंछियों की पंक्तियाँ उड़ रही हैं, नीले दूधिया आकाश में। पंछियों के बीच हठात् राजहंसिनी पर दृष्टि पड़ी उसकी। स्निग्ध धवल पंख पसारकर पोखर से उतरी... उसका जोड़ा कहाँ है?"[72]

"आज वह हल्दी चिरैया फिर आयी है।

बरसात भर यह रोज़ इसी तरह समय-असमय आयेगी और किसी पेड़ की डाली पर भीगती हुई या पंख सुखाती हुई सुरीले स्वर में एक लम्बी पंक्ति दुहरायेगी। संस्कृत श्लोक की एक कड़ी—का कस्य परिवेदना।"[73]

काव्यात्मक शैली का उपयोग रेणु ने अधिकांशतः पात्रों की कोमल भावनाओं की अभिव्यक्ति के लिए किया है। कई स्थलों पर पात्रों द्वारा प्रयुक्त वर्णनात्मक शैली में आत्मपरकता के आगमन के कारण भावनात्मकता का सन्निवेश हुआ है और शैली वर्णनात्मक न होकर काव्यात्मक हो गयी है। काव्यात्मक शैली के उपयोग से उपन्यासों में किञ्चित क्लिष्टता आ गयी है किन्तु सरसता और सजीवता भी बढ़ी है।

स्वप्न शैली

पाश्चात्य मनोवैज्ञानिक फ्रायड ने मानव मन की गुत्थियों को सुलझाने की भरपूर कोशिश की। फ्रायड की मान्यता है कि अचेतन और अवचेतन मन स्वयं

को अनेक तरह से अभिव्यक्त करता है, स्वप्न उन्हीं में से एक है। जिन बातों को मनुष्य का मन किन्हीं कारणों से अभिव्यक्त नहीं कर पाता, यहाँ तक कि जिनके बारे में जान भी नहीं पाता, वे स्वप्न में अभिव्यक्ति पा जाती हैं। इस तरह स्वपन मन की वास्तविक इच्छाओं और क्रियाओं को बताता है। उपन्यास में स्वप्नों के उल्लेख से कथा को गति देना स्वपप्न शैली की विशेषता है।

रेणु ने स्वप्नों के द्वारा पात्रों के मन को प्रस्तुत किया है। स्वप्नों से पात्रों के चरित्रांकन में सहायता मिली है और उपन्यास में आगे आने वाली घटनाओं को आधार मिला है। 'मैला आँचल' में महन्थ सेवा दास अपने स्वप्न की चर्चा मठ में आये लोगों से करता है "आज मध्यरात्रि में सत्गुरू साहेब मेरे सपने में मेरे आसन के पास आये। हम जल्दी से उठ के साहेब बन्दगी किया। हम को दया भाव दे के साहेब कहिन—सेवादास, तुम नेत्रहीन हो, लेकिन तुम्हारे अन्तर नैनों का जोत बड़ा बिलच्छन है, हम भेख बदलकर आये और तुम पहचान लिया? तुम्हारे ज्ञान नेत्र में दिव्य जोत है। सो तुम्हारे गांव में परमारथ का कारज हो रहा है और तुमको पता नहीं? गाँधी तो मेरा ही भगत है। गाँधी इस गाँव में इसपिताल खोलकर परमारथ का कारज कर रहा है। तुम सारे गाँव को एक भण्डारा दे दो।"[74] स्वप्न में गुरू द्वारा निर्देशित होकर सेवादास गाँव को भण्डारा देना चाहता है। सेवादास के प्रति गाँव के लोगों की राय अच्छी नहीं है, बहुत लोग प्रणाम बन्दगी भी नहीं करते। वह अगर भण्डारे की बात करता तो सम्भव है लोग स्वीकार ही नहीं करते। रेणु सेवादास को स्वप्न देखते हुए प्रस्तुत नहीं करते। वह स्वप्न की चर्चा करता है, स्वप्न के माध्यम से अपने मन की बात कहता है, अपने ज्ञान नेत्र की ज्योति के माध्यम से अपनी प्रशंसा से भी नहीं चूकता। रेणु स्वप्न शैली का ऐसा बंकिम उपयोग यहाँ करते हैं कि पूरे प्रसंग में सेवादास का वास्तवितक चरित्र उजागर हो जाता है, उसकी आत्म प्रशंसा भी और परमारथ में सम्मिलित होने की उसकी सद्इच्छा भी। जिलेबी और दही चीनी के भण्डारे की घोषणा के बाद जनमत बदल गया। कैसा भी हो आखिर साधु है। भण्डारे के आयोजन के सिलसिले में गाँव में जाति का बखेड़ा खड़ा हो जाता है, सबके साथ पंगत में खाना लोगों को स्वीकार नहीं। तय होता है कि हर टोले के लोग अलग—अलग पंगत में बैठेंगे। काली थान में पूड़ी चढाई जाती है। जंगल में पूड़ी फेंकी जाती है, तब भण्डारा समाप्त होता है। "कोई तरूटी नहीं हुई। सबको पूर्ण हो गया। "[75] स्वप्न के उल्लेख से लेकर भण्डारे के पूर्ण होने तक रेणु अंचल के लोकाचार, सामाजिक व्यवस्था, जाति आदि पर कथा द्वारा प्रकाश डालते रहते हैं। स्वप्न शैली पारम्परिक कथा शैली है किन्तु

रेणु ने जिस तरह इसका उपयोग करके सेवादास का चरित्रांकन किया है और कथा को गति दी है, वह प्रस्तुति निश्चित ही मौलिक है।

'परती : परिकथा' का लुत्तो पहली बार दिन में सो गया अलसाकर और सपना देखा—"हवेली के चारो ओर लुत्तो की जन्ता" हाथ में लोहा-लक्कड़, ईंट-पत्थर, ओटा-सोटा लेकर चिल्ला रही है। लुत्तो हुकुम देता है—पकड़ लाओ साले जित्तन को। हम लाल दगनी से दागेगा।.....दागेगा।"[76] लुत्तो जगकर सोचता है—कितना बढ़िया सपना था। यह स्वप्न फ्रायड के स्वप्न सम्बन्धी सिद्धान्त का सटीक उदाहरण है। सीधा लुत्तो के टेढ़े चरित्र की प्रस्तुति।

'कितने चौराहे' में मनमोहन के दो स्वप्नों का वर्णन है। पहले स्पप्न में मनमोहन देखता है कि "वह अपने धान के खेत में खड़ा है। धान की कटाई हो रही है। फिर उसने देखा, वह अपने बगीचे में है, जहाँ बहुत आम हैं। वह आम तोड़ता है, ढेला मारकर आम गिरा जमीन पर लेकिन गेंद की तरह जमीन पर उछलने लगा। बहुत बड़ी गेंद। मनमोहन ने गेंद को पैर से तनिक छू दिया और गेंद बहुत दूर आसमान में उड़ गयी। श श श श श लाल गेंद।.....मनमोहन की माँ हँसती है, काका हँसते हैं, मुंशी जी, अरे मुंशी जी तू तो लुक्स कप का पिलियर हो गया है। एक ही दिन में।"[77] यह स्वप्न विद्यालय में पहुँचने के प्रथम दिन की प्रतिक्रिया है। मनमोहन पहले दिन क्लास में पहुँचा है तो लड़कों ने उसका मजाक उड़ाया, मास्टर को यह पूछने के लिए उकसाया कि मनमोहन फुटबाल खेलना जानता है या नहीं। क्लास में यह चर्चा भी चली कि स्कूल की टीम लूकस कप में नहीं खेलेगी। मनमोहन का किशोर मन दिन में हुए अपमान की क्षतिपूर्ति रात के स्वप्न में कर लेता है और माँ से लूकस कप के पिलेयर का खिताब पा जाता है।

दूसरे स्वप्न में मनमोहन ने भोर में सपना देखा—"एक आदमी को फाँसी दी जा रही है।.....कालाभूत...एक चांडाल लाल लाल आँखें निकालकर देखता है।... अरे? यह तो त्रियोदा है...त्रियोदा को क्यों फाँसी...गाँधी महात्मा की जय।"[78] दूसरे दिन मनमोहन ने सुना यतीन...यतीन मर गये! अनशन करके मर गये। रेणु ने लोक विश्वास—भोर का सपना सच होता है—को घटित होते दिखाया।

'कितने चौराहे' के ये दोनो स्वप्न किशोर मन के भावों को चित्रित करते हैं। रेणु ने स्वप्न शैली का प्रयोग चरित्रांकन और कथा विकास के लिए किया है।

रिपोर्ताज शैली

रेणु द्वारा लिखे गये रिपोर्ताज हिन्दी साहित्य की नवीन गद्य विधाओं में महत्वपूर्ण स्थान रखते हैं। रेणु किसी घटना को सजीव और साकार रूप में प्रस्तुत

करने में सिद्धहस्त थे। अपने उपन्यासों में भी रेणु घटनाबहुल प्रसंगों को इस तरह प्रस्तुत करते हैं जैसे वे रिपोर्ताज लिख रहे हों। 'मैला आँचल', 'जुलूस', 'परती: परिकथा', 'कितने चौराहे' 'पल्टू बाबू रोड' सभी उपन्यासों में रेणु की यह विशेषता देखी जा सकती है। रेणु जहाँ रिपोर्ताज शैली में घटनाओं का वर्णन करते हैं, वहाँ गद्यात्मक रिपोर्ट नहीं देते, विभिन्न लोगों की मानसिकता, सोच और सरोकारों से घटना को जोड़ते हैं। अतः वर्णित प्रसंग कथा प्रवाह का एक हिस्सा बन जाता है, अलग सा प्रतीत नहीं होता।

'मैला आँचल' में सन् 1942 के आन्दोलन में मेरीगंज की भागीदारी को रेणु रिपोर्ताज शैली में प्रस्तुत करते हुए लिखते हैं–"अगस्त 1942 कचहरी पर चढ़ाई। धाँय-धाँय। पुलिस हवाई फायर करती है। लोग भाग रहे हैं। बावनदास ललकारता है, जनता उलटकर देखती है। डेढ़ हाथ का इन्सान सीना ताने खड़ा है।.....बम्बई से आई आवाज! जनता लौटती है। बावनदास पुलिसवालों के पाँवों के बीच से घेर के उस पार चला जाता है और विजयी तिरंगा शान से लहरा उठता है। ...महात्मा गाँधी की जय।"[79]

रेणु की ये पंक्तियाँ वर्णनात्मक शैली में नहीं हैं। इन पंक्तियों को पढ़ते समय ऐसा लगता है जैसे 'रेणु ने स्वयं इस आन्दोलन को देखा हो और शब्दों द्वारा देखे हुए' को पाठकों के सामने प्रत्यक्ष कर रहे हों। लेकिन यह अखबारी रिपोर्ट भी नहीं है। रेणु ने जनता के उलटकर देखने, बम्बई से आवाज के आने, बावनदास के साहस और महात्माँ गाँधी की जय से मेरीगंज के लोगों और पूरे भारत के लोगों को एक साथ जोड़ दिया है। फलतः पंक्तियाँ रिपोर्ताज शैली में लिखा गया उपन्यास अंश बन गयी हैं।

'जुलूस' उपन्यास के अन्त में आँधी और तूफान नबीनगर और गोड़ियर गाँव को तबाह कर देता है। "दस मिनट तक ताण्डव नृत्य चलता रहा। इसके बाद वर्षा–ओले, एक-एक सेर, डेढ़-दो सेर वजन के ओले और हर एक मिनट के बाद बिजली गिरती।...रात भर वर्षा हुई। सुबह को लोगों ने देखा चारो ओर सिर्फ पानी।...गोड़ियर गाँव के सैकड़े पचहत्तर झोपड़े उड़ गये हैं।...कालोनी के नये स्कूल घर के सभी टीन उड़ गये। दस आदमी की मृत्यु हुई है।...एक चुटकी भी धान नहीं होगा। इस साल ...सभी की आशाओं पर कमर भर पानी।[80] 'पल्टू बाबू रोड' में "किसान संघर्ष होता है। जमींदार और किसान आमने-सामने हैं। कोर्ट में दोनों ओर से मुकदमें दायर किये जा रहे हैं, रोज। घटना स्थल पर दफा 144 लगा हुआ है। पुलिस तैनात है। इसके

बावजूद रोज कोई न कोई घटना घट ही जाती है। कल किसानों की ओर से मुकदमा किया गया है।......जमीन्दार ने खलिहान में आग लगवा दी है। कलक्टर साहब को तार दिया गया है। आज जमींदार का कारिन्दा आया है।.....जमींदार साहब का सरेसा घोड़ा चुरा ले गया है।"[81]

उपर्युक्त कथांशों में रेणु घटनाओं का ब्योरा वर्तमान काल में पेश करते हैं, घटना की छोटी से छोटी बातों पर पूरा ध्यान देते हैं और पूरी घटना को परिवेश सहित प्रत्यक्ष कर देते हैं। रिपोर्ताज शैली के सुन्दर उपयोग के रूप में इन कथांशों को लिया जा सकता है।

पूर्व दीप्ति शैली

पूर्व दीप्ति शैली कथा लेखन की महत्वपूर्ण शैली है। इस शैली के अन्तर्गत पात्र अपने जीवन के बीते दिनों का स्मरण करता है। जीवन की अविस्मरणीय घटना और व्यक्ति इस शैली के आधार होते हैं। वर्तमान का कोई दुःख अथवा अन्य कोई कारण पात्र को अतीत में ले जाता है। वह अतीत के पृष्ठ पलटता जाता है और पाठक उसके जीवन से परिचित होता जाता है। इस शैली में पूर्व (अतीत) की दीप्ति (प्रकाश) से वर्तमान को सम्बद्ध कर पात्र का चरित्रांकन किया जाता है। रेणु के सभी उपन्यासों में इस शैली का प्रयोग हुआ है। इस शैली में पात्र स्वयं चिन्तन करता है अतः इसे स्वगत चिन्तन शैली भी कहते हैं।

'मैला आँचल' में भण्डारे के बाद कोठारिन लछमी डॉक्टर से 'आपके घर पर और कौन-कौन है' पूछती है और जवाब पाती है–"जी मेरा कोई नहीं। माँ-बाप बचपन में ही गुजर गये।' डॉक्टर के इस उत्तर से उसके मन का दुःख जग जाता है। वह अपने जीवन के अतीत में चली जाती है। सतूगुरू के सिवा कोई भी उसका नहीं, मां की याद नहीं आती। पसराहा मठ के पास अपनी झोपड़ी की याद आती है। सुबह होते ही बाबू जी कन्धे पर चढ़ाकर मठ पर ले जाते थे। महन्थ राम गुसाई कितना प्यार करते थे–आ गयी लच्छो। ले मिसरी खायेगी।...'महन्थ साहब ने शाम को और बाबू जी ने सुबह को काया बदल दिया।"[82] यहाँ पूर्व दीप्ति शैली में लक्ष्मी के बचपन से लेखक ने पाठकों को परिचित कराया है। बालदेव के अतीत की जानकारी भी रेणु ने इसी शैली द्वारा दी है।

'परती : परिकथा' का जितेन्द्र एक संवेदनशील युवक है। व्यक्ति के व्यक्तित्व का विकास पारिवारिक और सामाजिक परिवेश में होता है। व्यक्ति आज जैसा है, इसके पीछे उसका कल कैसा था, कारण रूप में कार्य करता है। जितेन्द्र के अनेक

स्मृति चित्र 'परती : परिकथा' में आये हैं। ये स्मृति चित्र उसके व्यक्तित्व को उद्घाटित करते हैं। एक स्मृति चित्र है, "जितेन्द्र को कुबेर सिंह की याद आने लगी। प्रगतिशील समाजवादी पार्टी का प्रधान संस्थापक श्री कुबेर सिंह.... ।"[83] यह एक लम्बा प्रकरण है। इसमें राजनीति के दाँव-पेंच और उसमें उलझते गये सच्चे कर्मशील व्यक्ति की दारूण व्यथा है। यह व्यक्ति कोई और नहीं स्वयं जित्तन है।

एक अन्य लम्बा प्रकरण इरावती से जुड़ा है। "इरावती कोसी कैम्प के साथ परानपुर आयी है। सारे कैम्प में सिर्फ इरावती है जो एकान्त पसन्द करती है। एक दिन इरावती को लगता है। कटी हुई पतंग की तरह उड़ रही है, इरावती। उसके मन का भ्रम बढ़ता ही जा रहा है।.....इरावती को याद है, छोटा नागपुर के पहाड़ी अंचल के दौरे पर जा रहे थे, उसकी पार्टी के प्रमुख नेता।...छोटा नागपुर के पहाड़ी अंचल की पथरीली धरती पर गड़गड़ाती हुई भागी जा रही है। कालका मेल....बाहर बरामदे पर चौकीदार के खुर्राटे। इरावती डर से उठ बैठी थी।"[84] इस लम्बी स्मृति यात्रा में इरावती के नेता भैया के व्यभिचारी रूप, जितेन्द्र का सरल सात्विक रूप, छोटा नागपुर के प्राकृतिक सौंदर्य, नये भारत के अभ्युदय की चर्चा है। पूर्व दीप्ति शैली के द्वारा यहाँ रेणु ने तथाकथित नेता भइया, इरावती और जितेन्द्र की चारित्रिक विशिष्टताओं को रेखांकित किया है और भारत की पंचवर्षीय योजनाओं के क्रियान्वयन पर प्रकाश डाला है।

'जुलूस' में पवित्रा के स्मृति चित्र अत्यन्त भावपूर्ण हैं। नवीनगर में रहते हुए भी जुमापुर उसकी ऑखों में बसता है, तालेवर गोढ़ी की आँखों में उसके अपने पिता की आँखे दिखायी देती है और किसी भी कामुक पुरूष की आँखों में कासिम की। 'दीर्घतपा' की बेला का अतीत एक भोली और विवश लड़की का अतीत है। बेला को अनेक बार अपने पर होने वाले अत्याचारों की याद आती है। इन दोनो उपन्यासों में पूर्वदीप्ति शैली में रेणु ने पात्रों के चरित्रांकन के साथ समाज में स्त्रियों पर होने वाले अत्याचार को दर्शाया है। 'पल्टू बाबू रोड' की बिजली अपने बचपन को याद करती है—"वह मुरली? बिजली को एक नजर देखने के लिए रोज मोड़ पर खड़ा रहता था। झूठी बातें बनाकर गाँव से लाई हुई सौगात पहुँचाता था। अरवा चावल, दही, घी, खजूर का गुड़, कच्चा नारियल, ऊख। उन दिनों बिजली फ्राक पहनती थी। सातवें दर्जे में पढ़ती थी।"[85]

इस शैली का प्रयोग करके रेणु ने उपन्यास को अनावश्यक विस्तार से बचाया है। वैसे तो रेणु के सभी उपन्यासों में इस शैली के उदाहरण हैं लेकिन इस शैली का सबसे कलात्मक उपयोग 'परती : परिकथा' में हुआ है। ताजमनी के प्रसंग में

स्वप्न का सिर्फ उल्लेख करके–"आज ताजमनी ने सपने में अपनी मालकिनमाँ की नौड़ी जिवछी बुवा को देखा है" रेणु ताजमनी को जीवन के अतीत में ले जाते हैं–"सुधना जैसा ही भोला-भाला लड़का–जीत.....रेशमी कुरता और लाल धोती पहने, सिम्पनी गाड़ी पर बैठकर ताजमनी की ओर देख रहा है, मेले में।"[86] यह एक घटनाबहुल लम्बा प्रसंग है। रेणु ने यहाँ पूर्व दीप्त शैली के माध्यम से जितेन्द्र और ताजमनी के निष्कलुष बचपन और उनके पवित्र राग भाव को रूप दिया है।

पत्र एवं डायरी शैली

रेणु ने 'मैला आँचल' और 'कितने चौराहे' में पत्र शैली का उपयोग किया है। ममता 'मैला आँचल' के प्रमुख पात्रों में से एक है। वह डॉ. प्रशान्त की मित्र एवं प्रेरणा है। प्रशान्त अपनी भावी योजनाओं एवं मनोभावों को उसी के सामने अभिव्यक्त करता है। ममता का आगमन उपन्यास के अन्त में हुआ है। पूरे उपन्यास में अनुपस्थित रहकर अचानक अन्त में ममता का आना उपन्यास को अविश्वसनीय बनाता यदि पत्र शैली का उपयोग करके रेणु ने उसकी उपस्थिति उपन्यास के प्रारम्भ में न दर्ज कर दी होती। ऐसा करने से अन्त में उसका आगमन अवश्विसनीय और बेमतलब नहीं लगता है। डॉ. प्रशान्त दो पत्र ममता के पास लिखता है। पत्र में वह मेरीगंज की सुन्दरता और गरीबी का जिक्र करता है। रेणु उपन्यास की भूमिका में कीचड़ और चन्दन की बात करते हैं। प्रशान्त के पत्र और रेणु की भूमिका में अन्विति है। इससे उपन्यास में पत्र शैली की सार्थकता सिद्ध होती है।

'कितने चौराहे' में मनमोहन जेल से रिहा होकर निकलता है तो अपने पिता के पास पत्र लिखता है। वह लिखता है–"अब लौटकर नहीं आना है। मुझे क्षमा करें। मैं गृहस्थ होने के योग्य नहीं।....मैं अपना नाम, गोत्र, जाति, संस्कार–सब कुछ परित्याग कर दूसरी बार जन्म लेने जा रहा हूँ।"[87] पत्र द्वारा मनमोहन की मानसिक स्थिति स्पष्ट होती है। मनमोहन देहरादून जाकर संन्यासी बन जाता है। इस तरह पत्र में आगे की घटना का संकेत भी है।

'परती : परिकथा' में डायरी शैली का अद्वितीय उपयोग हुआ है। डायरी शैली व्यक्तिवादी उपन्यासों की लोकप्रिय शैली है। आंचलिक उपन्यास के लिए यह शैली उपयुक्त नहीं मानी जाती है। 'परती : परिकथा' में इस शैली का उपयोग रेणु की कुशलता प्रमाणित करता है। 'परती : परिकथा' के दूसरे भाग का अधिकांश इसी शैली में लिखा गया है। परिच्छेद की योजना रेणु ने इस तरह की है कि डायरी

और उपन्यास की अन्य घटनाएँ पृथक-पृथक नहीं लगतीं। डायरी के कुछ अंश के बाद अंचल की कथा आ जाती है और पुनः कहीं बीच में डायरी का कुछ अंश आ जाता है किन्तु एक ही परिच्छेद में डायरी का अंश और अंचल की कथा साथ-साथ नहीं है। एक परिच्छेद डायरी का तो एक या दो अंचल की कथा का है। इस तरह डायरी अलग भी है और अंचल की कथा से जुडी भी। डायरी में जो घटनायें वर्णित हैं, उनका रोजउड और शिवेन्द्र मिश्र के प्रेम सम्बन्ध के साथ-साथ शिवेन्द्र मिश्र के जमाने के परानपुर से भी सम्बन्ध है। इस तरह डायरी वैयक्तिक तो है किन्तु वैयक्तिकता सामाजिकता से जुड़ी है। धर्म परिवर्तन, भूमि समस्या, मेले आदि को सामाजिकता के ही कारण डायरी में स्थान मिला है। डायरी रोजउड अर्थात् श्रीमती गीता मिश्र द्वारा लिखी गयी है। एक डायरी सुरपति भी लिखता है, जिसके पृष्ठों पर लाल रोशनाई से परानपुर की धरती पर वृक्षारोपण, सुन्नरि नैका की कथा और ताजमनी की पवित्र सुन्दरता का जिक्र है।"[88] इस डायरी का कहीं-कहीं अत्यन्त संक्षिप्त उल्लेख हुआ है। दोनों डायरियों के अंशों को रेणु ने कथा में कलात्मक ढंग से प्रस्तुत किया है।

नाटकीयता

रेणु के दोनों महत्वपूर्ण उपन्यास 'मैला आँचल' और 'परतीः परिकथा' गाँवों के बदलने के आलेख हैं। स्वतंत्रता प्राप्ति के पहले के कुछ वर्षों से लेकर स्वतंत्र भारत में प्रथम पंचवर्षीय योजना के लागू होने तक भारतीय गाँवों में होने वाले बदलावों के सभी आयामों को रेणु ने इन उपन्यासों में उद्‌घाटित किया है। यहाँ समय प्रमुख है। समय की प्रमुखता इन उपन्यासों में नाटकीयता के तत्त्वों का समावेश करती है। नाटकीयता कथा को वर्णित नहीं प्रस्तुत करती है। उपन्यास में सामान्यतः लेखक कथा के साथ-साथ चलता है, कथा को श्रव्य काव्य के रूप में प्रस्तुत करते हुए वाचकता का अधिकार अपने पास रखता है। किन्तु जहाँ लेखक अपने इस अधिकार को घटनाओं और पात्रों में विलीन कर देता है, वहाँ कथा श्रव्य न रहकर दृश्य बन जाती है। दृश्यात्मक प्रविधि में पाठक ठीक सामने घटित होते हुए दृश्य के निकट अवस्थित हो जाता है और अपनी आँखो और कानों से कथा के पात्रों के कार्यकलाप और बातचीत को देखता सुनता है।"[89] (The dramatic novel is almost pure revelation, the character novel pure suggestion falsi—Edwin Miur, The Structure of the Novel, page 145).

'मैला आँचल' में दृश्यात्मक प्रविधि में लिखे गये अनेक स्थल हैं। अनेक पूरे-के-पूरे परिच्छेद ऐसे हैं, जिनमें लेखक सिर्फ सूत्रधार के रूप में प्रारम्भ में आता है। 'मैला आँचल' के प्रथम खण्ड का इक्कीसवाँ, इकतालीसवाँ, दूसरे खण्ड का छठा, तेरहवाँ आदि ऐसे ही परिच्छेद हैं। पहले खण्ड के इकतालीसवें परिच्छेद में 'नौ आसामी का चालान कर दिया' सूत्रधार रूप में लेखक की पंक्ति है। यह परिच्छेद की प्रथम पंक्ति है। इसके बाद पात्र सूत्रधार का कार्य करता है– 'नौ सन्थालों के अलावा जो लोग घायल होकर इस्पिताल में पड़े हैं वे लोग भी गिरिफ्फ हैं। पुरैनिया इस्पिताल में मिलिटरी का पहरा है। गैर सन्थालों में कोई गिरिफ्फ नहीं हुआ।..."लेकिन यह मत समझो कि मुफ्त में यह काम हुआ है।...दरोगा साहेब कहने लगे कि खेलावन जी आपके बारे में एस.पी. साहेब को सन्देह हो गया है कि आपने सभी यादवों को हँसेरी में जाने के लिए जरूर हुकुम दिया होगा।...खेलावन जी की हालत खराब हो गयी। वह तो तहसीलदार भाई थे, तो पाँच हजार पर बात टूट गयी।...नहीं तो, नहीं तो अभी बड़े घर की हवा खाते रहते खेलावन जी! सिंह जी घर में नहीं थे, शिवशंकर सिंह भी नहीं। अब सिंघ जी लोगों के मन में क्या है, सो कौन जाने?...दरोगा भी तो राजपूत है। आदमी के मन का कुछ ठिकाना नहीं, कब क्या करे। मुफ्त में सबकी गर्दन नहीं छूटी है! पाँच हजार।"[90]

"तहसीलदार बिस्नाथ को कुछ लगा कि नहीं?...सुमिरतदास बेतार की आज तीन दिनों में पेट से सूल हो गया है, नहीं तो सब बता जाता।" अनाम पात्र कथा की डोर सुमिरतदास बेतार के हाथों में सौंप देता है। सुमिरतदास एवं अन्य पात्रों के वार्तालाप और कार्यकलाप से कथा आगे बढ़ती हुई एस.पी., दरोगा, लाश का जिक्र करके सोशलिस्ट पार्टी के ऑफिस पहुँच जाती है। कालीचरन ने कहा है, "आज सुराजी, सोशलिस्ट और भगवान कीर्तन एक साथ गाये जायेंगे।" एक पात्र अपनी प्रतिक्रिया व्यक्त करता है–"एक बात कहूँ। बुरा मत मानियेगा।...हरगौरी की माँ रो रही हैं और दूसरे टोले की भी औरतें रो रही हैं। आप लोग कीर्तन कर रहे हैं, यह अच्छा नहीं लगा रहा है।"...सबों से जाकर कहो...कीर्तन बन्द करें और कोठी के बगीचे में कल सोक सभा होगी।"[91] यह कालीचरन का वाक्य है। परिच्छेद में प्रारम्भ में उत्सुकता थी, मध्य में कीर्तन का उल्लास और अन्त में मानवीय करुणा। पूरे परिच्छेद में कथाकार का हस्तक्षेप नहीं है। प्रथम पंक्ति के बाद पाठक अपनी आँखों और कानों से पात्रों के कार्यकलाप और बातचीत सुनता है और मानव के जीवन के भिन्न-भिन्न शेड्स का रस ग्रहण करता है। उपन्यास में दृश्यात्मक प्रविधि का प्रयोग करते हुए विभिन्न ही नहीं विपरीत शेड्स को एक ही

प्रसंग में प्रस्तुत कर देना 'मैला आँचल' की कथा संरचना की महत्तम उपलब्धि है।

उपन्यासों को नाटकीयता के प्रभाव से युक्त करने के लिए रेणु कथा की प्रस्तुति संवादों के माध्यम से करते हैं। 'मैला आँचल' में कथानक का सर्वाधिक हिस्सा संवादों के द्वारा विकसित हुआ है। कुछ परिच्छेद ऐसे हैं, जहाँ संवादों के अतिरिक्त मात्र एक-दो अवतरणों या एक दो पंक्तियों का प्रयोग हुआ है। प्रथम खण्ड के परिच्छेद इक्कीस, चालीस और इकतालीस ऐसे परिच्छेदों के उदाहरण हैं। 'मैला आँचल' में कुछ ही परिच्छेद ऐसे हैं, जिनका अधिकांश संवाद रूप में प्रस्तुत नहीं किया गया है। रेणु ने अपने अन्य उपन्यासों में 'मैला आँचल' की अपेक्षा संवादों का उपयोग कम किया है। 'मैला आँचल' के बाद 'परती : परिकथा' और 'जूलस' का नाम इस दृष्टि से महत्वपूर्ण है। 'जूलूस' के परिच्छेद संख्या पाँच, सात, नौ में संवादों की प्रधानता है। "परती : परिकथा' में हर टोले के लीडर को बुलाया है। लुत्तो ने।...अरेजेण्टी मिटिंग है।" मीटिंग अभी शुरू ही होती है कि बालगोबिन ने कहा—"जरा हमको फुर्सत दीजिये सभी पंच। हमारे टोले में बड़ा जोरावर झगड़ा शुरू हो गया है। सुनिये... ।"[92] इसके बाद संवादों की एक लम्बी शृंखला रेणु पाठकों को पढ़ाते नहीं, सुनाते हैं। जिस बालगोबिन ने दूसरों के संवाद सुनने का आग्रह किया था, वही बालगोविन कहता है—"इस तरह सीट्टीबाजी करने से नौकरी नहीं रहेगी। सुन लो महीचन! गाँव की बन्दिश, जाति की बन्दिश पहले तुम्हारे घर से ही टूट रही है।"[93] संवादों और पात्रों के कार्यकलापों को प्रस्तुत करने वाला यह एक लम्बा प्रकरण है। दृश्यात्मक प्रविधि का उपयोग करते हुए रेणु ने यहाँ परानपुर के जीवन को पाठकों के समक्ष प्रत्यक्ष किया है। आंचलिक उपन्यासकार के रूप में रेणु की ख्याति का यह महत्वपूर्ण पक्ष है।

'परती : परिकथा' में रेणु विषयवस्तु को प्ररस्तुत करने के पहले 'सेटिंग का वर्णन'[94] करते हैं। उपन्यास का प्रारम्भ इसी से होता है—"धूसर, वीरान, अन्तहीन प्रान्तर। पतिता भूमि, परती जमीन, वन्ध्या धरती, धरती नहीं, धरती की लाश, जिस पर कफन की तरह फैली हुई हैं—बालूचरों की पंक्तियाँ। पहले विशाल भूभाग का वर्णन किया गया है। उसके बाद परानपुर गाँव का।" परानपुर गाँव के पूरब-उत्तर कछुआ पीठ भूमि पर खड़ा होकर एक नौजवान देख रहा है—अपने कैमरे की कीमती आँख से—धूसर, वीरान, अन्तहीन प्रान्तर। पतिता भूमि, बालुचरों की शृंखला। हिमालय की चोटी पर डूबते हुए सूरज की रोशनी चमकती है।"[95] ऐसा लगता है, जैसे रेणु किसी फिल्म के निर्देशक की तरह सेट तैयार कर रहे हैं। इसके बाद सेट पर पात्र उतरते हैं, घटनाएँ घटित होती हैं। उपन्यास की विषयवस्तु

प्रस्तुत की जाती है और 'परती : परिकथा' की संरचना ऐसे निर्मित होती है कि पाठक स्वयं देखने लगता है—परानपुर का प्राकृतिक परिवेश, सामाजिक सम्बन्धों के अन्तः सूत्र और सुनने लगता है नव युग की पदचाप। उपन्यास में जब खेल समाप्त होता है, जनता बैठी रहती है तो उसके साथ जैसे पाठक भी बैठा रहता है। उपन्यास के अन्त में जनता तो चली जाती है लेकिन पाठक देखता है—सिमलबनी के आकाश में अबीर-गुलाल उड़ रहा है। आसन्न प्रसवा धरती करवट बदल रही है।

कहीं-कहीं रेणु विषयवस्तु को सीधे प्रस्तुत करते हैं। ऐसे स्थलों पर पाठक को यह नहीं लगता है कि वह कथा पढ़ रहा है या उसके सामने कथा का दृश्य प्रत्यक्ष हो गया है। उसे लगता है, वह अपने रोजमर्रा की जिन्दगी के किसी प्रसंग विशेष का एक हिस्सा है अर्थात् वह उपन्यास में प्रस्तुत विषयवस्तु से सीधे जुड़ जाता है। मैला आँचल की निम्नलिखित दो प्रस्तुतियाँ ऐसी ही हैं :—

1. "मुसम्मात सुनरी।
   टक्का कटपीस—एक गज
   छींट—डेढ़ गज
   मलेछिया साटिन—एक गज
   साड़ी—एक नग।"[96]

2. "दो (क) तेतरी उम्रः17 (हिन्दू (औरत) गाँव पासवान टोली, मेरीगंज।
   तकलीफः हड्डियों के हर जोड़ में दर्द। कभी-कभी नाक से खून गिरता है।
   बुखार : नहीं। (थर्मामीटर से देखा 99.5)। भूख नहीं।
   रोग अनुमान : गठिया बात।
   दवाः विटामिन बी का इन्जेक्शन। मालिश का तेल।
   डब्ल्यू.आर. के लिए खून लिया।"[97]

पहली प्रस्तुति परिच्छेद सोलह के प्रारम्भ की है। प्रस्तुति सीधे पाठक के एक सरकारी कण्ट्रोल के कपड़े के लिए बँटने वाली पुर्जी के स्थल पर ले जाती है। "बालदेव जी कपड़े की पुर्जी बाँट रहे हैं।" वाक्य से लेखक पाठक को उपन्यास के कथा जगत में वापस ले आता है। दूसरी प्रस्तुति में ऐसा लगता है जैसे हम उपन्यास से अलग किसी डॉक्टर का प्रिसक्रिप्शन पढ़ रहे हों। उपन्यासकार डॉ. प्रशान्त के आत्मचिन्तन के प्रसंग का उल्लेख करके इसे उपन्यास का अंश

बनाता है। प्रसंगों की ऐसी प्रस्तुतियाँ उपन्यास की नाटकीयता में वृद्धि करती हैं।

घटनाओं को पाठकों के समक्ष प्रत्यक्ष करने के लिए रेणु उसे दृश्य में बदल देते हैं। उपन्यास लेखन का यह कौशल मुश्किल से सधता है। लेकिन रेणु के यहाँ यह भी सहज दीखता है। घटनाएँ, घटनाओं के प्रभाव और घटनाओं के कारण–सभी रेणु के उपन्यासों में दृश्य रूप में प्रत्यक्ष होते हैं। 'मैला आँचल' के दूसरे खण्ड के परिच्छेद संख्या बीस में बावनदास रात में कुलमुद्दीन घाट की ओर जा रहा है। यह एक घटना है। रेणु लिखते हैं–"वह झोली को कन्धे से लटका कर खड़ा हो जाता है।...नदी किनारे कोई पखेरू बोला, टिंटिंक।...किन्न! खँजड़ी की झुन की जरा झुनकी।

"भगवान! महतमाजी!...बापू! माँ मुझे बुला लो अपने पास। क्या करूँगा इस दुनिया में रहकर।...धरम नहीं बचेगा।"

गाड़ियाँ आ गयी, एकदम करीब।

"अरे बा-आ-आ-प-रे-भू-ऊ-त अगला गाड़ीवान जरा और दबी आवाज में अपने साथी से कहता है–भूत।"

"छिउँ..." बैल भड़कते हैं। कचकचाकर गाड़ियाँ रूक जाती है।

सेत्ताराम! सेत्ताराम!

कलीमुद्दीपुर नाका के सिपाही आगे बढ़ जाते हैं, खँखार कर पूछते हैं, कौन है?" बगल की झाड़ी के सामने आकर बावन ने कहा, हम हैं सेवक बावनदास।"[98]

रेणु यहाँ दृश्य संयोजन के प्रति सतर्क हैं। वे पात्रों के कार्यकलाप और भाव भंगिमा के साथ-साथ खंजड़ी की आवाज को शब्दों में उतारते हैं और संवाद के माध्यम से घटना को प्रत्यक्ष करते हैं। परिच्छेद संख्या बयालीस में रेणु हरगौरी की माँ के साथ बैल, पुल, धरती, शिवशंकर सिंह आदि का उल्लेख करते हुए हरगौरी की मृत्यु के प्रभाव को दृश्य में परिणत कर देते हैं।

'परती : परिकथा' की कथा योजना के अनेक छोटे-छोटे दृश्यबन्ध हैं। एक संपूर्ण अवतरण में एक घटना को लेकर दृश्य की योजना की गयी है। भिम्मल मामा, ताजमनी, सामबत्ती से जुड़े अनेक ऐसे अवतरण हैं। "खटम-खड़म, खटम-खड़म। भिम्मल मामा सार्वजनिक सर्वदलीय सभा में जा रहे हैं–चलो–चलो! परानपुर के पीड़ितों, पतितों, दलितों, गलितों...."[99] एक ऐसा ही प्रसंग है।

लोक सांस्कृतिक तत्त्वों का नया भाष्य

रेणु ने अपने उपन्यासों में लोक सांस्कृतिक तत्त्वों का समुचित समावेश किया है। आंचलिक उपन्यासकार के रूप में रेणु का यह सामान्य गुण है। रेणु की विशिष्टता यह है कि रेणु ने इन तत्त्वों का समावेश कथ्य के भीतरी अवयव के रूप में किया है। संशिलष्ट रूप में ये उपन्यास की संरचना के अभिन्न अंग हैं। लोककथाओं, लोकगाथाओं के अभिप्रायों को उपन्यास के कथ्य से जोड़कर रेणु ने इनका नया भाष्य प्रस्तुत किया है।

'परती : परिकथा' के परानपुर में लोरिक, कुँवर, बिज्जेभान, सुरंगा-सदाबृज, होरिल सिंह, घुघली-घटवार आदि अनेक गीत कथायें प्रचलित हैं। रघ्घु रामायनी इन सबको छोड़कर सुन्नरि नैका की गीत कथा प्रस्तुत करता है। इस गीत कथा की कथा भूमि परानपुर है। रघ्घु रामायनी सारंगी बजाते हुए गीत कथा शुरू करता है—जै, मैया सरोसती...ऐसा दिन आया माई कि अचानक इस धरती को लकवा मार गया, नदी-तालाब-कूप सभी सूख गये।....कि तीसरे दिन इस हवेली इलाके के नायक सुन्दर नायक ने जल बिनु तड़पते लोगो को पुकार के कहा— हो जैवार, सुनो कान पसार। मोरी छोटी बहिनियाँ सुन्दरि नैका रोज गुनब ले पाताल से पानी मंगाकर जैवार भरके लोगों को पिलावेगी। लेकिन पहले उसको आशीष दो कि केवल देवकुल में उसका व्याह हो...मोरी बहिनियाँ ने किया है। एक उपाय दन्ता राकस को फुसलाकर प्रेम की डोरी में बाँधा है। मोरी बहिनियाँ का कुचाल मत मानना हो लोगों।....फँस गया दन्ता सुन्नरि नैका के फाँस में।.....रात भर खोदते रहे दन्त। सरदार के राकस। कोड़ मेंरा—रो—आ—ह। मोर में नाचती आयी सुन्नरि नैका को देखा, एक कुण्ड पानी से लबालब भरा है।...कुकलाकर पानी के सोते परती पर दौड़े...जलबिनु तड़पते लोगों ने कुण्ड में नहाकर जलपान किया। तृप्त होकर आशीर्वाद दिया—तोहर सब दोख माफ। देवकुमर दूलहा मिले सुन्दरि नैका को।"[100क] कथा का आयोजन जित्तन की हवेली में होता है। रघ्घू रामायनी को जित्तन अपने हाथों व्यास गद्दी पर बैठाता है। रघ्घू कथा शुरू करता है। जित्तन बाबू के मन के पर्दे पर एक ऋषि की मूर्ति उभरती है। और मुखर हो उठती है.....ग्राम्य गीति कथा। के काव्य हिसाबे ग्रहण करिते गेले, ताहार-संगे-संगे, मॅने-मॅने, समग्र, ग्राम, समस्त लोकालय के जड़ाइया लइया पाठय कॅरा। परमावश्यक! तारपरे, देखबे—तोमार अन्तरे-अन्तरे जन्तर बाजिया उठिबे! बर्बर संगीते सहज सुरेर सन्धान।"[100ख]

गीत कथा के शुरू होने के पहले उसे ग्रहण करने की भाव भूमि तैयार होती

है। ऋषि के उद्‌बोधन से जित्तन लोक से जोड़कर ग्राम्य गीत कथा के संगीत के सहज सुर का सन्धान करता है। परम्परित अभिप्राय को विद्यमान लोक से जोड़कर रेणु नया काव्य प्रस्तुत करते हैं, दन्ता राकस वैज्ञानिक संयत्र है, सुन्नरि नैका आधुनिक विकास योजना है। रेणु का अभिप्राय है कि विकास योजनाओं का साध्य है—मानव कल्याण, साधन है वैज्ञानिक संयत्र। साधन का उपयोग करना है एवं साध्य तक पहुँचना है। रेणु ने जित्तन के माध्यम से इस अभिप्राय को व्यक्त किया है क्योंकि वही नायक है। परानपुर की परती को तोड़ने का बीड़ा उसी ने उठाया है। इस तरह गीत कथा को उपन्यास के प्रवाह में डालकर नूतन शिल्प का आविष्कार किया गया है।

रेणु के उपन्यासों में लोक सांस्कृतिक तत्त्वों का कलात्मक उपयोग अनेक स्थानों पर हुआ है। 'परती : परिकथा' इस दृष्टि से सर्वाधिक समृद्ध है।

भाषिक संरचना

भाषा उपन्यास की संरचना का एक महत्त्वपूर्ण पक्ष है। आम आदमी की बात को उसी की जुबानी पेश करने के लिए रेणु मानवीय व्यवहार के उस संसार में पहुँचते हैं, जहाँ जाने का रास्ता भाषा देती है और इसके लिए वह कई भेष धारण करती है। 'दीर्घतपा' की बेला गुप्त के लिए उपन्यास का पात्र सुखमय घोष कहता है—"आगे, ऊ क्या है, क्या नहीं है, ये भगवान को भी नहीं मालूम। बाँकीपुर के लोग का साथ में खाँटी बाँकीपुरिया बोलती है। भोजपुरे से भी भोजपुरे का माफिक बोलती है। मैथिली ते...।"[102] सुखमय घोष का कथन रेणु की भाषा के विषय में शत प्रतिशत सही है। जिस तरह बेला लोगों के अनुसार अपनी भाषा बदल लेती है, उसी तरह रेणु पात्रों के अनुसार अपनी भाषा का रूप बदल लेते हैं। कलाकार के रूप में रेणु ने अपने उपन्यासों की भाषा खड़ी बोली हिन्दी रखी है। वे जिन पात्रों की कथा प्रस्तुत कर रहे हैं, उनमें कुछ ही पढ़े-लिखे हैं। शेष कम पढ़े-लिखे या निरक्षर हैं। रेणु जहाँ कथा प्रस्तुत करते हुए स्वयं ओट में रहते हैं, वहाँ भाषा को पात्र के स्वभाव और व्यक्तित्त्व को सौंप देते हैं। जैसा पात्र रहता है, वैसी ही हो जाती है भाषा—परिनिष्ठित या विकृत। शब्द प्रयोग पात्रों के अनुसार हो जाता है। यही कारण है कि रेणु के उपन्यासों की भाषा कहीं तत्सम प्रधान है, कहीं तद्‌भव प्रधान और कहीं लोकभाषा प्रधान। भोजपुरी, मगही, मैथिली के अनेक शब्द रेणु के उपन्यासों की भाषा में घुले-मिले हैं। कहीं-कहीं एकाध वाक्य सीधे भोजपुरी, मगही, संथाली, मैथिली के व्यवहृत हुए हैं। भाषा में पात्रानुकुल लोच लाने के लिए

कहीं-कहीं बंगला, नेपाली के वाक्यों का प्रयोग रेणु ने किया है। भाषा की विविधता और उसके अनेक स्तर रेणु के उपन्यासों की विशिष्टता भी है और कटु आलोचना का कारण भी। रेणु ने आंचलिक उपन्यास की मूल प्रकृति को सुरक्षित रखने के लिए कहीं-कहीं खाँटी आंचलिक शब्दों का प्रयोग किया है जैसे तुक ताक (टोटक), हुलमाल (आन्दोलन), चुमौना (सगाई), खम्हार (खलिहान), बिकटा (विदूषक) आदि। रेणु ने यद्यपि शब्दों का अर्थ फुटनोट में खड़ी बोली हिन्दी में लिख दिया है फिर भी उपन्यास हिन्दी के सभी क्षेत्र के पाठकों के लिए पूरी तरह बोधगम्य नहीं बन पाए हैं। परिवेश के यथार्थ को प्रस्तुत करने के लिए गँवार और अशिक्षित पात्रों के व्यवहार में आने वाली गालियों और अभद्र शब्दों का प्रयोग करने से भी रेणु को परहेज नहीं रहा है। ऐसे प्रयोगों से स्वाभाविकता आयी है लेकिन कहीं-कहीं उपन्यास अपठनीय बन गया है। 'मैला आँचल' में फुलिया और 'परती : परिकथा' में फेंकनी की माय से जुड़े प्रसंग ऐसे ही हैं।

भाषा को पात्रानुकूल बनाने के लिए रेणु ने आंचलिक शब्दों का तो प्रयोग किया ही है, दूसरी भाषा के शब्दों में भी आंचलिक टच देकर नये रूप में ढाल दिया है। इस दृष्टि से अंग्रेजी के शब्दों में सबसे अधिक हेर-फेर की गयी है। 'मैला आँचल' और 'परती : परिकथा' की भाषा में ऐसे शब्दों की भरमार है। अन्य उपन्यासों में यह प्रवृत्ति अपेक्षाकृत कम है।। 'परती : परिकथा' के भिम्मल मामा इस फन में सबसे अधिक माहिर हैं। एक-एक शब्द के लिए लड़ने वाले भिम्मल मामा ने बहुत से शब्दों की रचना की है। दुखान्त नहीं दुखदायक एण्ड सुखान्त नहीं सुखदायक। मामा टेलिग्राम शब्द से बहुत चिढते हैं—"नो, नो इतना बड़ा नाम नहीं चलेगा। इसके लिए उपयुक्त है—ट्रा। टक्बा ट्रा, ट्रा, ट्रा। ...प्रोड्यूस और प्रस्तुत मिलाकर प्रद्युस्य क्यों नहीं? "[102] और अगर यह सब सही है तो रेणु के अन्य पात्रों द्वारा इनकिलास, जिन्दाबाद, डिमाक्रेसी, कोमन्स्टि, बालिस्टर गलत कैसे हैं? ऐसे शब्दों के प्रयोग के सम्बन्ध में रेणु ने कहा है— मैंने व्याकरण की दृष्टि से उसको सही रखा या सही कर दिया है। फिर उसकी जो भाव की गति है, लय है बोलने की उसको मैंने नहीं तोड़ा है वह खड़ी बोली ही है, लेकिन थोड़ा सा शब्दों का हेर-फेर कर देने से आपको लगेगा कि उसकी लय पकड़ में आ जाती है।....और फिर जो शब्द अंग्रेजी का उसके पास चला गया है; जैसे, निस्पेट्टर वह तो निस्पेट्टर ही बोलता है। आप उसको कहेंगे कि अग्रेंजी बोल रहे हो तो वह ऐसा नहीं समझेगा। वह तो निस्पेट्टर अपनी भाषा में बोलता है।....ऐसे ही वे लोग कई संस्कृत शब्द भी बोलते हैं गाँव में।....उर्दू शब्दों का भी कुछ ऐसा ही

हुआ है। उन्हें भी जैसे बोला जाता है, वैसे ही रखा है—इतना खयाल करते हुए कि भाषा कहीं चौपट न हो जाये। इसीलिए ग्रामर मैंने सही रखा। सही वाक्य बनाने में थोड़ा सा मैंने लय के लिए हेर-फेर कर दिया।...मैंने बीच का रास्ता अख्तियार करके लिखा—कथा की ईमानदारी तक पहुँचने के लिए भी, उसको सच्चा बनाने के लिए भी। कई जगह तो डायलाग में ही चरित्र उभरकर आपके सामने चला आयेगा।"[103] पात्रों की भीड़ में रेणु कहीं शामिल हो जाते हैं, कहीं थोड़ी दूर पर खड़ा होकर घटनाओं का वर्णन करते हैं। जहाँ रेणु स्वयं घटनाओं का वर्णन करते हैं, कथा सुनाते हैं, वहाँ रेणु की भाषा व्यावहारिक खड़ी बोली है, बोलचाल की भाषा है। पात्रों की भाषा से यह बिल्कुल अलग या अजूबी नहीं है लेकिन पात्रों की भाषा से इसमें थोड़ी भिन्नता जरूर है। यह भिन्नता ठीक उसी तरह की है जैसी अलग-अलग पात्रों की भाषा में भिन्नता है।

उपर्युक्त तथ्य को 'मैला आँचल' की प्रारम्भिक पंक्तियों से समझा जा सकता है। उपन्यास प्रारम्भ होता है एक खबर से—गाँव में यह खबर तुरन्त बिजली की तरह फैल गयी मलेटरी ने बहरा चेथरू को गिरफ्फ कर लिया है।....हुजूर यह सुराजी बालदेव गोप है। दो साल जेहल काट कर आया है। .....खध्धड़ पहनता है, जैहिन्न बोलता है।......मौका पाते ही सलाम करके बोले—जै हो सरकार की। हुजूर पबली का भलाय वास्ते इतना दूर से कष्ट उठाकर आया है और हम लोग हुजूर का कोई सेवा नहीं कर सके। गुसाई जी रमैन में कहिन हैं।—धन्यभाग प्रभुदरशन दीन्हा। ...साहब ने चलते समय कहा, सात दिन के अन्दर ही डिस्ट्रिक्ट बोर्ड का मिस्तरी सब आवेगा।...बालदेव ने लौटकर सबसे कहा—"डिस्ट्रबोर्ड के बंगाली आफसियर बाबू थे, परफुल्लो बनरजी और उनका किरानी जीत्तन बाबू, पहले कांग्रेस ऑफिस के किरानी थे।" प्रस्तुत उपन्यास अंश में कथाकार स्वयं कथावाचक के रूप में उपस्थित है। भाषा व्यावहारिक खड़ी बोली है। खबर फैलाने वाला गाँव का कोई आदमी है। भाषा की डोर उसके हाथ में चली जाती है और शब्दों का रूप परिवर्तन होने लगता है। इसके बाद तो जितने पात्र हैं, सब अपने-अपने ढंग से बोलते हैं। संस्कृत, उर्दू, अंग्रेजी, खड़ी बोली—सब पर आंचलिकता का पानी चढ़ा है और इसी भाषा से परिवेश तथा चरित्रों से पाठकों का सीधा साक्षात्कार होता है।

'जुलूस' तथा 'पल्टू बाबू रोड' में अनेक पात्र बंगाली हैं। इन उपन्यासों में हिन्दी और बंगला के मिले जुले शब्द हैं। कहीं-कहीं बंगला के वाक्य हैं। 'जुलूस' की गिरिबाला 'तोमार मुण्डू' बोलती है। कासिम पवित्रा को 'तुमी आमार चाँद'

कहता है। 'परती : परिकथा' में जितेन्द्र का नेपाली नौकर नेपाली भाषा के शब्दों का प्रयोग करता है।

रेणु के उपन्यासों के अनेक पात्र शिक्षित और सुसंस्कृत हैं। प्रशान्त, ममता, जितेन्द्र, इरावती, भवेश, गीता मिश्र, बेला, मनमोहन आदि पात्र शिक्षित पात्र है। इनकी भाषा परिनिष्ठित है। शिक्षित पात्रों के सुसंस्कृत भाषासंसार में रेणु समान आत्मीयता से विचरण करते हैं। 'पल्टू बाबू रोड' के लगभग सभी पात्र शिक्षित हैं। लेकिन इन पात्रों का परिवेश कस्बाई है, चरित्र में छद्म है। इन पात्रों की भाषा में अंग्रेजी के शब्द बहुत अधिक हैं। जो साधारण पात्र हैं, उनकी भाषा व्यंग्य से भरी है। सनेही नाम का एक सामान्य पात्र अपने मित्र गोधन लाल को कुन्तल कुमारी का सन्देश सुनाने जाता है। गोधन लाल कुन्तल का पूर्व प्रेमी है और कुन्तल द्वारा अपमानित किया जा चुका है। चलते हुए सनेही को पंचतंत्र के उस गदहे की याद आयी, जो एक बार कान नुचवाने के बावजूद सिंहनी रानी का संदेश सुनकर मस्त हो गया था।"[104]

हास्य और व्यंग्य से भरी उक्तियाँ रेणु के सभी उपन्यासों में हैं; जैसे—दारोगा साहब, बालेदव जी नाम में भी लाठी-तलवार नहीं लगाते हैं।"—'मैला आँचल'

"चले दोनों भसम लाने....हा, हा.......देश को भसम कर देंगे ये लोग, भस्मासुर।"—'मैला आँचल'

"पंजाब मेल का नाम तो सुना है परन्तु ब्लैक मेल।" —'परती : परिकथा'

"देखने में तो बम भोलानाथ हैं मंत्री जी, लेकिन नजरें रसगुल्ला पर लगी रहती हैं।" —'दीर्घतपा'

"छोटी मेम न कुमारी है न बेवा, सदा सुहागिन।" —'दीर्घतपा'

पात्रों के बीच घूमती भाषा कभी-कभी ऐसा रूप धारण कर लेती है कि शब्द का मूल अर्थ पीछे खिसक जाता है और भिन्न अर्थ सामने आ जाता है फिर भी भाषा अपने धर्म का निर्वाह करती रहती है, संवाद में कोई अवरोध नहीं आता है। जब मूल अर्थ सामने आता है तब भी कोई व्याघात और विरोध वातावरण में नहीं होता, हास्य और व्यंग्य की तीखी मार होती है। 'जुलूस' में पवित्रा के नाम से एक मनीऑर्डर आता है। पवित्रा के कहने पर डाकिया ने पढ़कर सुनाया—"आगे आपको मालूम हो कि उस दिन हम आपके गाँव में गये। आपको देखकर और आपके गाँव की बेअवस्था को देखते हुए हम अपनी ओर से आपको यह पचास रूपये जिसका निस्फ पच्चीस रुपया होता है, भेजा।

काला चाँद ने कहा–.. "गाँव की बेअवस्था देखकर किसी ने पचास टाका भेज दिया है।

पवित्रा ने मुँह बिदकाकर कहा–....बेअवस्था माने क्या?

–बेअवस्था माने खराब अवस्था। है न पियोन साहब?

डाक पियन ने खैनी थूकते हुए कहा–बेअवस्था माने खराब अवस्था?

यह कौन सिखाइस है आपको? अरे बे अवस्था माने खूब बढ़िया इन्तजाम-बाद। पवित्रा ने डाक पियन की ओर असहाय दृष्टि से देखकर पूछा– ये इन्तजाम बाद क्या है?....ओ व्यवस्था तो नहीं–?"[105]

यहाँ 'व्यवस्था' शब्द की हेराफेरी द्रष्टव्य है। संवाद कहीं टूटा नहीं है, शब्द घूमते-घूमते अन्त में अपने मूल अर्थ पर आता है। पात्रों के हाव-भाव और मनः स्थिति को रेणु व्यक्त करते गये हैं, पाठकों की मनःस्थिति सहजतः अनुमेय है।

डॉ. सियाराम तिवारी ने भाषा की निर्देशात्मक शक्ति (रिफरेंशिल पावर) को औपन्यासिक भाषा की प्रमुख विशेषता मानते हुए लिखा है कि "इसका अर्थ यह है कि काव्य भाषा के सदृश उपन्यास भाषा अपनी ओर ध्यान आकृष्ट नहीं करती है, वह दृश्यों, कार्यों और व्यक्तियों की ओर पाठक का ध्यान खींचती है।। रेणु के उपन्यासों की भाषा इस दृष्टि से भी अत्यन्त सफल है। रेणु जिस दृश्य का चित्रण करते हैं, उसी के लायक भाषा गढ़ते हैं। जिस कार्य का वर्णन करते हैं उसी के अनुरूप भाषा रखते हैं और व्यक्ति को तो उसकी भाषा में ही मूर्त्त कर देते हैं। फल यह होता है कि रेणु के उपन्यासों में भाषा की विविध रंगी छटा दिखायी पड़ती है। उपन्यास भाषा की दृष्टि से यह असफलता तब हो जाती है, जब भाषा की यह विविधरूपता अपनी ओर ध्यान खींच लेती है। हजारी प्रसाद द्विवेदी के उपन्यासों की भाषा में यह विशेषता द्रष्टव्य है।....रेणु के उपन्यासों में भाषा पर जहाँ पाठक रूकता है, वहाँ उसके चारूत्व अथवा वैलक्षण्य ये चमत्कृत होकर उसका आस्वाद करने के लिए नहीं रूकता है वरन् भाषा की आंचलिकता अथवा वैयक्तिक प्रयोगों की विलक्षणता के कारण दृश्यों और कार्यों को समझने में जो बाधा होती है, उसके लिए छटपटा उठता है। यह रेणु की उपन्यास भाषा की असफलता नहीं सफलता है। रेणु के उपन्यासों की भाषा कितनी निर्देशात्मक है, इसका यही प्रमाण है।"[106]

यथार्थ को मूर्त करने के लिए उपन्यासकार कभी-कभी भाषा की सृजनात्मक विशिष्टता का उपयोग करता है। भाषा की वर्णनात्मक शक्ति वाह्य यथार्थ को प्रस्तुत कर देती है किन्तु आन्तरिक संवेदन उससे बाहर कहीं छूटा रह जाता है।

इसके लिए सृजनात्मक भाषा की आवश्यकता होती है। प्रतीक और बिम्ब सृजनात्मक भाषा की शक्तियाँ हैं। रेणु इनका उपयोग सूक्ष्म संवेदनों के अंकन के लिए करते हैं।

'मैला आँचल' में रेणु मेरीगंज को पिछड़े गाँवों के प्रतीक के रूप में ग्रहण करते हैं। "प्रतीक का हमारी परम्परा में अर्थ है, तत्व का दृश्यमान पक्ष अतः वस्तुओं और शब्दों के पीछे छिपे हुए रहस्य को यदि जानना है तो उनके हृदय पक्ष की हानि करनी होगी, जैसे अभिधा की हानि करके लक्षणा का बोध होता है और लक्षणा की हानि करके हम व्यंग्यार्थ तक पहुँचते हैं।"[107] मेरीगंज प्रतीक है पिछड़े हुए गाँव का और पिछड़ा हुआ गाँव प्रतीक है वर्षों पुराने उस सामाजिक, आर्थिक, राजनीतिक और सांस्कृतिक परिवेश का, जिसका प्रतिफल वह गाँव है। 'मेरीगंज' प्रतीक के पीछे छिपे हुए रहस्य को संकेतित करना उपन्यासकार का लक्ष्य है। "प्रतीक में जिसके माध्यम से बात कही जानी है, वह अकेले ही संरचना में दिखता है, जिसकी बात कही जानी है, वह संरचना में नहीं दिखता।"[108] मेरीगंज अपने शूल और फूल, धूल और चन्दन के साथ हमारे सामने है, इसका दृश्यमान पक्ष इसी में छिपा हुआ है। घटनाओं, स्थितियों के भीतर से उसे ढूंढ निकालना है। तेइसवें परिच्छेद में रेणु लिखते हैं—"मेरीगंज का ही नाम अब शायद आरजाब्रत हो गया है।"[109] एक गाँव एक देश हो गया है।

गाँव और देश की पारस्परिक अभिन्नता को अनेक विधियों से उपन्यास में चित्रित किया गया है। कहीं-कहीं रेणु ने इस चित्रण के लिए भी प्रतीक को ग्रहण किया है। एक उदाहरण है तेईसवें परिच्छेद की निम्नलिखित पंक्ति—"चरखा-कर्घा, लाठी-भाला और बम पिस्तौल! तीन टरेनी।"[110] देश अभी स्वतंत्र नहीं हुआ है। लेकिन राजनीतिक सरगर्मी बढ़ी हुई है। कांग्रेस जनसंघ (काली टोपी वाले) और सोशलिस्ट (लाल पताका वाले) गाँव के लोगों को अपनी-अपनी पार्टी में मिलाने के लिए कमर कसे हुए हैं। रेणु इन सभी के विचार दर्शन को व्यक्त करने के लिए क्रमशः चरखा-कर्घा, लाठी-भाला और बम-पिस्तौल को प्रतीक रूप में ग्रहण करते हैं।

'मैला आँचल' की संरचना में रेणु ने प्रतीकों का उपयोग अनेक तरह से किया है। कहीं कथा विन्यास के सूत्रों को आपस में जोड़ने, कहीं पात्रों की मनः स्थिति को व्यक्त करने और कहीं अपने मंतव्य को सांकेतिक करने के लिए रेणु प्रतीकों को ग्रहण करते हैं। 'मैला आँचल' उपन्यास के शीर्षक से लेकर उपन्यास के अन्त तक प्रतीकों की एक शृंखला है, जो कथा के अभिप्राय को व्यंजित करती चलती है। कुछ प्रतीकपरक वाक्यों के उदाहरण इस प्रकार हैं—

1. बिरंची ने सामान सिर से नीचे उतारकर झुककर सलाम लिया।....बकरा भी मिमिया उठा।
2. बीजक से भी लक्ष्मी की देह की सुगन्ध निकलती है। इस सुगन्ध में एक नशा है।
3. डॉक्टर देवता नहीं आदमी बनना चाहता है।
4. गाँव के मंगल की अब कोई उम्मीद नहीं।
5. दरार पड़ी दीवार। यह गिरेगी। इसे गिरने दो।
6. प्राणों में घुले हुए रंगों का मोह आधे दिन में ही नहीं टूट सकता।
7. कुलमुद्दीपुर घाट पर चेथरिया पीर में किसी ने मानत करके एक चीथड़ा और लटका दिया।

'परती : परिकथा' में परती जमीन एक व्यापक अर्थ और बुनियादी प्रतीक के रूप में प्रयुक्त है और यह प्रतीक, जिसे केन्द्रीय आलम्बन भी कह सकते हैं, "मूल विषयवस्तु को साकार रूप प्रदान करता है। काव्य में जिस प्रकार विशेष आलम्बन या प्रतीक मूलभाव धारा को संग्रथित करता है, उसी तरह बन्ध्या धरती का चित्र मोबीडिक अमेरिकी उपन्यास के सफेद ह्वेल मछली के प्रतीक की तरह उपन्यास के तत्त्वों को संयोजित करता है।"[111] उपन्यास के अन्त में सेमलबनी के आकाश में अबीर गुलाल उड़ रहा है। आसन्न प्रसवा परती हँसकर करवट लेती है"[112] में अबीर, गुलाल और आसन्न प्रसवा शब्द प्रतीक हैं। इनसे सेमलबनी की उत्सव धर्मिता और उर्वराशक्ति व्यंजित होती है।

'जुलूस' उपन्यास का शीर्षक एक भीड़ का प्रतीक है। इस भीड़ में शामिल लोगों में एक समानता है। सभी अपनी मूल भूमि से उखड़े-उजड़े लोग हैं, विस्थापित हैं। इस जुलूस के चारो ओर एक बवण्डर मँडरा रहा है, धूल का।"[113] यहाँ धूल का बवण्डर प्रतीक है अनिश्चतता, उथल-पुथल और जीवन की प्रतिकूल परिस्थिति का। उपन्यास में रेणु ने अनेक प्रतीकों के माध्यम से कथा को नया आयाम दिया है। कासिम एक बर्बर और व्यभिचारी चरित्र है। रेणु ने आगे की कथा में कासिम को प्रतीक रूप में ग्रहण किया है। वह बलात्कार और काम लोलुपता का प्रतीक बन जाता है। हर जगह पवित्रा को एक जोड़ी आँखें घूरतीं रहतीं। उन आँखों से कासिम झाँक कर कहता है—यह है मेरा चाँद।..."बेतिया कैम्प के इन्सपेक्टर की आँखों से झाँकता कासिम अधीर होकर टूट पड़ा था—चाँद को पकड़ने।...इसके बाद सबसे बड़े अफसर की आँखों में कासिम की झलक...।"[114]

रेणु के अन्य उपन्यासों में 'कितने चौराहे' अनेक विकल्पों का, दीर्घतपा निरन्तर तपने वाली नारी का और 'पल्टू बाबू रोड' स्वतंत्रता प्राप्ति के बाद पनपने वाली कतर-ब्योंत भरी कस्बाई जिन्दगी का प्रतीक है। ये प्रतीक अर्थ और अनुभव के विविध आयामों को अभिव्यक्त करते हैं।

पशु-पक्षियों की बोलियों को ध्वन्यार्थ व्यंजक शब्दों के द्वारा चित्रित करके रेणु ने प्राकृतिक परिवेश को और मशीनों कार्य व्यापारों आदि ध्वनियों को ध्वन्यात्मक शब्दों द्वारा चित्रित करके मानवीय परिवेश को जीवन्त किया है। पशु-पक्षियों की ध्वनियों को मानवीय भाषा संकेतों में हू-ब-हू बाँध लेना आसान काम नहीं है किन्तु रेणु के उपन्यासों में इसके उत्कृष्ट उदाहरण मिलते हैं।

'मैला आँचल' में कौवे की काँव-काँव, टिटहिरी की टि-ई-ई-ई......टिहिक, कुत्ते की कूँ, कूँ 'परतीः परिकथा' में पंडुकी की तुर तुप्तू-उ-उ-उ-तू-उ-तू, हँसा चकेवा की—कें-केंक-कें-एं-एं-गां-गां-आं-केंक, कुत्ते की बाख, 'जुलूस' में काल बैशाखी बन कर उतरने वाली वर्षा की गड़गड़, गुड़म-गुड़म, कड़कड़-कड़, गुड़म-गुड़म, सुई-सि-ई प्राकृतिक परिवेश को शब्दों में उतार लेते हैं। इस क्रम में कहीं रेणु व्यंजन का प्रयोग करते हैं, कहीं स्वर का और कहीं स्वर विस्तार का। इस तरह वे ध्वनियों का शाब्दिक रूपान्तरण कर देते हैं। रेणु मानवीय परिवेश को नगाड़े की घन, घन, घन, घन, घड़ाम, मृदंग की घा तिंग, घा-तिंग (मैला आँचल), ट्रैक्टर के भट, भट, भट,...भट, सिमूपनी गाड़ी की हॅ-सॅ-रॅ-उॅ-गॅ (परती : परिकथा), जैसे ध्वन्यात्मक शब्दों के द्वारा चित्रित करते हैं। रेणु के उपन्यास में मनुष्य के चलने-बोलने, हँसने-रोने जैसी क्रियाओं; उत्साह-विषाद जैसे मनोविकारों के लिए ध्वनि सूचक शब्द हैं। आदमी के नाचने के लिए किड़-किड़ किर्री, भालू के नाचने के लिए थब्बड़-थब्बड़ का प्रयोग रेणु करते हैं। 'परती : परिकथा' में मैथिलाम ठहाका हा-हा-हा-ही-ही-ही है तो 'मैला आँचल' में 'लाठी की सटाक! सटाक!.... फट सटाक।' इसके बाद गनेश की नानी का आर्तनाद चिर मौन धारण कर लेता है तो सब तरफ शान्ति हो जाती है। इस शान्ति को रेणु ध्वनि में से व्यंजन को हटा कर व्यक्त करते हैं। इसे ध्वनि बिम्ब का चरमोत्कर्ष कहा जा सकता है।

कहीं-कहीं रेणु वाद्य यंत्र के तालों और मानवीय भावनाओं को एक साथ जोड़कर प्रस्तुत करते हैं—

ढाक-ढिन्ना, ढाक-ढिन्ना!

ढिन्ना, ढिन्ना, ढिन्ना, ढिन्ना!

आ जा, आ जा, आ जा, आ जा!!

चटघा, गिड़िघा, घटघा, गिड़िघा!

आ जा भिड़जा, आ जा भिड़जा!

धा गिड़ागी धा गिड़ागी, धा गिड़ागी!

कसकर पकड़ो, कसकर पकड़ो!

रेणु एक ध्वनि के द्वारा एक बिम्ब उकेरते हैं, सन्दर्भ को चित्रित करते हैं, पुनः ध्वनि में किंचित परिवर्तन करके उसी सन्दर्भ के परिवर्तित अर्थ बोध को संकेतित करते हैं। 'परतीः परिकथा' में भिम्मल मामा सर्वदलीय सभा में जा रहे हैं। उनके मन में पूरा विश्वास है कि सभा में गाँव के विकास की बात होगी। वे सबको पुकारते जा रहे हैं—चलो, चलो, परानपुर की पीड़ितों पतितों। उनका खड़ाउँ बोलता है—खटम खड़म, खटम खड़म। सभा से जब वे वापस लौटते हैं तो वे निराश हैं। वे खड़ाउँ खटखटाते सभा से गॉड सेव पण्डित नेहरू, भगवान बचायें कहकर चल देते हैं। अब उनका खड़ाउँ बोलता है—"सीलपट, चौपट, सफाचट.... खड़म खटका। खड़म खटका!"[115] पहली ध्वनि में जोश है, दूसरी में निराशा।

रेणु का श्रुति संवेदन अत्यन्त तीव्र है। वे वातावरण की प्रत्येक छोटी-बड़ी ध्वनि को सुनते हैं और उसके लिए सटीक शब्द उठाते हैं। इससे भी आगे बढ़कर रेणु ध्वनियों से उपन्यास के मूल अभिप्राय को व्यक्त करते हैं। ध्वनियाँ तब सिर्फ ध्वनियाँ नहीं रह जातीं, शिल्प का हिस्सा बन जाती हैं। 'मैला आँचल' का एक प्रसंग लिया जाये।

'मैला आँचल' के दूसरे खण्ड के बीसवें परिच्छेद में बावनदास माघ की ठिठुरती सर्दी में चला जा रहा है। रामडण्डी माथे पर आ गया है, दुलारचन्द कापरा की गाड़ियाँ आ रही है। जै भगवान! जै महातमा जी! संताराम! संताराम!—बावनदास बोलता है। नदी किनारे कोई पखेरू बोलता है, टिटिक।....किन्न! खँजड़ी की झुनकी झुनकती है। गाड़ियाँ करीब आती है। अरे बा-आ-आ-परे भू ऊत—गाड़ीवान डरकर अपने साथी से बोलता है। छिउँ....बैल भड़कते हैं। बावनदास सेवाराम, सेवाराम कहता है। नाका के सिपाही खँखारकर पूछते हैं—कौन है। बावनदास और सिपाही में बात होती है। इसी समय होटल बंगला में सप्लाई इन्सपेक्टर, दुलारचन्द कापरा और कलीमुद्दीपुर के हवालदार साहब मोरंगिया माल पी रहे हैं, मुर्ग मुसल्लम काट रहे हैं। कड़-कड़-कडक्! सप्लाई इन्स्पेक्टर मुर्गी की टाँग चबाते हैं। इतने में बाहर साइकिल की आवाज होती है—कड़कड़ कड़क। सिपाही आकर

बावनदास के बारे में बताते हैं तो सभी बावनदास को समझाने चलते हैं। कापरा कहता है—बावनदास मान जाओ। बावनदास कुछ बोलता नहीं तो गाड़ी को चलाने का हुक्म दे दिया जाता है। गाड़ी में जुटे हुए दोनों बैल अचरज से चौंक पड़ते हैं। भड़कते हैं। छिऊँ, छिऊँ! नाक से आवाज करके आगे बढ़ने से इन्कार करते हैं, रास्ते पर बावनदास खड़ा है। कापरा एक बैल की पूँछ पकड़कर ऐंठता है, हड्डी पट्ट से बोली। गाड़ी आगे बढ़ती है। बावनदास ठीक बैल के सामने आकर खड़ा हो जाता है। भड़-भड़-भड़।.....बापू! माँ......! गाड़ी पास! कट, करर-कट! गाड़ियाँ पास हो रही हैं। अन्तिम गाड़ी के पार होने के बाद बावनदास की लाश नागर नदी में डाल दी जाती है। नागर नदी की धारा हठात् कलकला उठी। सिपाही खँजड़ी को पानी में फेंकते हुए कहता है—डमरू बजाके रघुपति राघव गाते रहो। झनक....।"[116]

उपर्युक्त प्रसंग में पात्र बोल रहे हैं, पशु-पक्षी बोल रहे हैं, नदी की धारा बोल रही है, बावन की खँजड़ी बोल रही है। सब मिलकर वातावरण में व्याप्त आतंक, साहस, भय, जुगुप्सा और करुणा को व्यक्त कर रहे हैं। ध्वनियों के अनेक रूप, अनेक रंग, अनेक अभिप्राय। रेणु इन सबको एक साथ पकड़ते हैं और शिल्प की डोरी से बाँध देते हैं। ऐसा समाहार और सार्थक उपयोग अन्यत्र दुर्लभ है। "यह किसी एक की आवाज नहीं, आवाजों का गुच्छा है। अनेक स्थानों पर तो एक वाक्य से दूसरे वाक्य तक जाने पर मालूम देता है कि जैसे इन्हें गढ़ने वाली मिट्टी बदल गयी है। जैसे हर बीस कोस पर एक नयी बोली, उसी तरह इन उपन्यासों में लगातार परिवर्तित होती रहती है ध्वनि सामग्रियाँ। यह लिखने का ढंग नहीं है। यह दरअसल लिखना है ही नहीं। कुछ और है। आधुनिक साहित्य की यह शायद एक नयी प्रजाति है। यहाँ साहित्य का लेखन नहीं, अभिलेखन (ट्रांसक्रिप्शन) है। यह सुनने का साहित्य है, अनुश्रुत साहित्य, रेणु की कृतियाँ उनका उस तरह का सृजन नहीं है, जैसा कि आमतौर पर उपन्यासकार का होता है। वे रचते नहीं सुनते हैं।"[117]

रेणु की रचनाओं में ध्वनि बिम्ब की अपेक्षा दृश्य बिम्ब कम हैं लेकिन जितने हैं उतने सुन्दर और मर्मस्पर्शी। 'परती : परिकथा' का बिम्ब है—दुलारीदाय की धारा में बाढ़ आयी है।....चाँदी के रुपयों जैसी पोठी मछलियाँ, परती पर झिर-झिर पानी में छटापटा रही है—चित-पट, चित-पट, छट-पट, छट-पट।...धान के खेतों में दौड़ने से धान के फूल झरते हैं, दूधिया गन्ध फैल रही है।"[118] यहाँ मछली की

छटापटाहट के साथ उसका आबदार रंग रेणु बिम्ब में रूपायित करते हैं और धान के खेतों की दूधिया गंध से उसे महकाते हैं। 'दीर्घतपा' का एक बिम्ब है–"बाहर की रोशनी बुझ गयी है। अन्दर का नीला चाँद जला।..."[119] जुलूस में तालेवर गोढी की आँखों से झर-झर आँसू झरने लगे।"[120] कितने चौराहे में जब बेटी की खाली सींथ (माँग) पर नजर पड़ती है तो लगता है कलेजे पर किसी ने गरम लोहा रख दिया हो।"[121] पल्टू बाबू रोड में "फुलगेंदा साह की दुकान पर कचौड़ी की तरह बातें छानी जा रही है।"[122] ऐसे अनेक वाक्य भाषा की बिम्बधर्मिता के उदाहरण हैं।

जहाँ रेणु ध्वनि बिम्ब और दृश्य बिम्ब को एक साथ संयोजित कर देते हैं, वहाँ भाषा की शोभा अपरम्पार हो जाती है। 'मैला आँचल' का एक प्रसंग है–"रामदास की खँजड़ी में लगी हुई छोटी-छोटी झुनकियों की हल्की झुनक। मानो किसी का पालतू हिरन नाच रहा हो, दौड़ रहा हो। डिम-डिमिक! रून-झुनुक-झुनुक।"[123] पाठक को यहाँ रामदास की खँजड़ी की आवाज सुनायी देती है और हिरण का दौड़ना दिखायी देता है। श्रुति संवेदन और चाक्षुष संवेदन मिलकर उपन्यास के कथ्य को हृदयंगम करा देते हैं।

रेणु के उपन्यासों की भाषा में इतिवृत्तात्मकता और सर्जनात्मकता में सानुपातिक सम्बन्ध है। फलतः यहाँ वर्णन जितना तथ्यपरक है, संवेदना का अंकन उतना ही अनुभूतिपरक। "उपन्यास की भाषा ऐसी हो जो कविता की सघन सर्जनात्मक भाषा और गद्य की सामान्य वर्णन प्रधान भाषा के बीच में हो। प्रेमचन्द के बाद के कुछ उपन्यासों में भाषा का रचाव बहुत कुछ ऐसा ही है, जहाँ यथार्थ को बाहर बिखेरने, सजाने और प्रदर्शन में रुचि नहीं है वरन् यथार्थ को अपने अन्दर समेटने, आत्मसात करने की कोशिश है, जिसके वर्णन की पद्धति कभी पूरी पड़ ही नहीं सकती। यथार्थ को बाहर रखकर वर्णित और विश्लेषित करना शास्त्रों और विद्वानों की अभिक्रिया है, उसे अनुभव के स्तर पर उतारने में वैशिष्ट्य है। 'मैला आँचल' इस दृष्टि से हिन्दी उपन्यास की नयी भाषा क्षमता का एक प्रतिनिधि उदाहरण है। आंचलिक बोली के स्फुट प्रयोग उसकी असली विशेषता नहीं है, जैसा कि कभी-कभी मान लिया जाता है। उपन्यास की शक्ति इसमें है कि वह बोली उपन्यास के सामान्य भाषिक प्रवाह में कैसे अन्तर्भुक्त हो जाती है और यह प्रक्रिया कैसे एक नयी रचनात्मक दिशा को उन्मुक्त करती है।"[124]

अन्य संरचनागत विशिष्ट प्रयोग और समीक्षा

रेणु अभिव्यक्ति के माध्यम की संभावनाओं के आविष्कार में निरन्तर संलग्न

दिखते हैं। वे औपन्यासिक संरचना के विभिन्न अवयवों को नये सिरे से परखते हैं एवं उनके पारस्परिक सम्बन्ध का नूतन संयोजन करते हुए मौलिक उपयोग करते हैं। रेणु की यह मौलिकता मुख्य रूप से दो रूपों में दिखायी देती है—भाषा प्रयोग और साहित्य की अन्य विधाओं का उपन्यास में सफल विनिवेश।

अपनी रचना के उपजीव्य और प्रतिपाद्य से समीपता स्थापित करने के लिए रेणु उपन्यास की भाषायी संरचना का एक नया रूप आविष्कृत करते हैं। यदि रेणु ने उपन्यासों में कथावाचक की भाषा खड़ी बोली रखी होती और चरित्रों की स्थानीय बोली तो रेणु के उपन्यासों की संरचना कुछ और होती। अमृत लाल नागर के अमृत और विष तथा बूँद और समुद्र में ऐसा प्रयोग किया गया है। इन उपन्यासों में कथावाचक की भाषा खड़ी बोली और पात्रों की अवधी है। प्रेमचन्द के उपन्यासों में पात्रों और कथावाचक दोनों की भाषा खड़ी बोली है, भले ही पात्र किसी भी क्षेत्र का हो। रेणु कोशी अंचल की कथा वहीं के लोगों की जुबान में खुलने देते हैं, स्वयं कथावाचक के रूप में खड़ी बोली में कथासूत्र को बाँधते जाते हैं। 'मैला आँचल' और 'परती : परिकथा' में यह प्रयोग अधिक है[1], 'मैला आँचल' में सर्वाधिक। बाद के उपन्यासों में यह प्रवृति क्रमशः कम होती गयी है।

रेणु अपने कथाक्षेत्र की बोली के शब्द, मुहावरा, लोकोक्ति को ही नहीं उसकी लय को उपन्यास में उतारते हैं। पात्रों के हँसने और रोने जैसी दैनिक क्रियाएँ किसी अवसर विशेष पर कैसे विशेष रूप लेती हैं—रेणु को इसकी और इसकी ध्वनि की पहचान है। 'मैला आँचल' में हरगौरी की माँ—बेटा रे, हर गौरी बेटा रे"[125] का आलाप लेकर रोती हैं और 'परती : परिकथा' में गरूड़धुज झा मैथिलाम ठहाका लगाते हैं—ई-पी-ही-ही-ही।"[126] रेणु अपने पात्रों के जीवन के अभिन्न अंग हैं, उनके दुःख-सुख के सहभागी। इसलिए वे जानते हैं कि उनके पात्र कैसे हँसते-रोते हैं और यह भी कि यहाँ के लोग सुख संवाद सुनकर भी कहते हैं—"जुलुम बात! जुलुम हँसी! बंगाल के भीषण सुन्दर की तरह।"[127] रेणु के विषय में यदि यह कहा जाये कि रेणु अपने पात्रों के कार्य-व्यापारों को जानते-पहचानते हैं और उनकी भाषा को जानने वाले, बोलने वाले हैं तो अधूरी बात होगी। रेणु अपने पात्रों की जीवन-पद्धति से एकीकृत हैं, वह जीवन पद्धति उनकी अनुभूति बन गयी है। इसीलिए रेणु चाहे कथावाचक के रूप में खड़ी बोली का प्रयोग करें चाहे पात्रों के मुख से मैथिली, मगही बोलें; भाषा वह सब कह देती है, जो वे कहना चाहते हैं। कहीं-कहीं तो रेणु ने भाषा के ऐसे प्रयोग किये हैं कि वह अर्थ का अनर्थ करती हुई भी उपन्यास के प्रकरण में वही अर्थ देती है जो रेणु व्यक्त

करना चाहते हैं। परिकथा में भिम्मल मामा सार्वजनिक सर्वदलीय सभा में जा रहे हैं। वे परानपुर के पीड़ितों, दलितों का आह्वान करते हैं—"चलो, चलो। परानपुर के पीड़ितों, पतितों, दलितों! अश्वत्थामा हतो नरो वा कुँजरो—अर्थात् जो अश्वत्थामा को मारे वह आदमी नहीं तो वह हाथी।"[128] प्रसिद्ध संस्कृत वाक्य का वह अर्थ कदापि नहीं है जो भिम्मल मामा कहते हैं पर यह अनर्थ उसी अर्थ को व्यंजित करता है, जो भिम्मल मामा कहना चाहते हैं। इन विशिष्टताओं को धारण करती रेणु की भाषा नुकीली, दबीली और व्यंजक बनी है।

रेणु के बारे में प्रसिद्ध है कि रेणु एक अप्रतिम रिपोर्ताज लेखक हैं, लोक जीवन के अमर गायक हैं, एक रचनाधर्मी पत्रकार हैं, कविता रेणु के लिए जीने का साधन है। अपने सामने घट रहे दृश्य को रेणु ऐसे प्रस्तुत करते हैं कि वह दूसरे के सामने प्रत्यक्ष हो उठती है। रेणु विभिन्न विधागत विशेषताओं का उपयोग अपने उपन्यास की संरचना में यथास्थान करते हैं। फलतः उपन्यास का बहु संरचनात्मक रूप सामने आता है। "एक पक्ष और है—बहुसंरचनात्मक सामाजिक-आर्थिक ढाँचा, प्राचीन विचारों और रूढ़ सामाजिक संरचनाओं के जीवित कार्यकारी अंश, पुरातन परम्परागत सम्बन्धों के विशाल क्षेत्र तथा इन सबसे प्रतिमुख आधुनिकता को यदि हम भारतीय वास्तविकता की जटिल समकालीनता कहें तो इसे व्यक्त करने के लिए बहुसंरचनात्मक शिल्प का ही उपयोग किया जा सकता है। इसमें नाटक और प्रगीत की संरचनाओं के अलावा निजंधरों, लोक-कथाओं और आधुनिक रिपोर्ताज की व्यापक संरचनाएँ देखी जा सकती हैं। इन सबका प्रयोग संश्लिष्ट रूप में और अपेक्षित कौशल के साथ किया गया है।"[129] रेणु के कथा शिल्प में एक साथ काव्यात्मकता, वर्णनात्मकता, नाटकीयता एवं लोक रस विद्यमान है बिना किसी विरोध और कृत्रिमता के। 'परती : परिकथा' के प्रथम परिवर्त के अंतिम चार-पाँच पृष्ठों को देखा जाये—"दूसरी रात के बाद तीसरी रात। विसर्जन की रात। आज की रात किसकी जीत और किसकी हार होती है....केंगा-आ। केंगा व-आ! नये पंख वालों से कहो ज्यादा चुलबुल न करें। इस बार लक्षण अच्छे नहीं दिखते। इस परती पर पौध कैसे लगे हैं? ऐं! खतरे की कोई बात तो नहीं? खबरदार! केंक-केंक।"[130] इन पंक्तियों में सिरवा पर्व का वर्णन है। आगे यह मलारी के प्रसंग से जुड़ता है। पूर्णिमा का चाँद हवेली के बागों से ऊपर उड़ जाता है और धरती को ठिठक कर देखता ही रह जाता है। सुवंश लाल की आँखों में नींद अंगड़ाई लेती है। रेणु इस कोमल प्रसंग में गाँव की समस्याओं को बिसारते नहीं, समूह को भूलते नहीं। गाँव के लोगों के सिरहाने सपने मँडराते हैं—दुलारीदाय की

धारा में बाढ़ आयी है। खेत का धान काटकर ले जा रहे हैं जमींदार के लठैत। रेणु कभी कथावाचक के रूप में उपस्थित होकर कथा सुनाते हैं, कभी अनुपस्थित हो जाते हैं और कथा को सुना नहीं जा सकता, दृश्य के रूप में देखा जा सकता है प्रेक्षक बनकर। भाषा का समप्रवाह, दृश्यात्मक और ध्वन्यात्मक बिम्ब योजना और फेंकनी की माय की 'आकि देखा,......आकि देखा' की स्थानीय बोली की छौंक रेणु की शिल्प योजना में गल बहियाँ डाले आती है।

सन्दर्भ

1. गोपाल राय, 'उपन्यास की संरचना', राजकमल प्रकाशन, 2006, पृष्ठ 74।
2. सम्पादक रामदरश मिश्र एवं ज्ञानचन्द गुप्त, 'हिन्दी के आँचलिक उपन्यास' में 'आँचलिकता, समीक्षा, संदर्भ और स्वरूप' शीर्षक लेख, नमन प्रकाशन, नई दिल्ली, पृष्ठ, 53।
3. गोपाल राय, उपन्यास की संरचना, राजकमल प्रकाशन, 2006, पृष्ठ 74।
4. प्रकाश वाजपेयी, हिन्दी के आँचलिक उपन्यास, नन्द किशोर एण्ड सन्स, वाराणसी पृष्ठ 88, 89।
5. वंशीधर, हिन्दी के आँचलिक उपन्यासः सिद्धान्त और समीक्षा, भाषा प्रकाशन, नई दिल्ली, 1983, पृष्ठ 60।
6. सम्पादक इन्द्र नाथ मदान, हिन्दी उपन्यास : पहचान और परख, में रामदरश मिश्र का लेख, पृष्ठ 194।
7. जवाहर सिंह, हिन्दी के आँचलिक उपन्यासों की शिल्प विधि, विनोद पुस्तक मन्दिर, आगरा, पृष्ठ 131।
8. रागिनी वर्मा, फणीश्वरनाथ रेणु और उनका कथा साहित्य, विश्वविद्यालय प्रकाशन, 2002, पृष्ठ 117।
9. सम्पादक, भारत यायावर, फणीश्वर नाथ रेणु अर्थात् मृदंगिये का मर्म में अज्ञेय का लेख–धरती का धनी, पृष्ठ 119।
10. रेणु, मैला आँचल, राजकमल प्रकाशन, पेपर बैक संस्करण, नई दिल्ली, 1954, पृष्ठ 90।
11. उपरिवत्, पृष्ठ 76।
12. उपरिवत्, पृष्ठ 115।
13. उपरिवत्, पृष्ठ 9।
14. उपरिवत्, पृष्ठ 175।

15. रेणु, 'परती : परिकथा, राजकमल प्रकाशन, 1998, पृष्ठ 20।
16. उपरिवत्, पृष्ठ 20।
17. उपरिवत्, पृष्ठ 192।
18. रेणु, जुलूस, भारतीय ज्ञानपीठ प्रकाशन, 1997, पृष्ठ 74।
19. रेणु, कितने चौराहे, अनुपम प्रकाशन, पटना, पेपर बैक, 1999, पृष्ठ 126।
20. उपरिवत्, पृष्ठ 142।
21. उपरिवत्, पृष्ठ 142।
22. रेणु, परती : परिकथा, राजकमल प्रकाशन, 1998, पृष्ठ 19।
23. रेणु, जुलूस, भारतीय ज्ञानपीठ प्रकाशन, 1997, पृष्ठ 74।
24. गोपाल राय, उपन्यास की संरचना, राजकमल प्रकाशन, 2006, पृष्ठ 141।
25. रेणु, मैला आँचल, राजकमल प्रकाशन, पेपर बैक संस्करण, 1954, पृष्ठ 18।
26. उपरिवत्, पृष्ठ 11।
27. सम्पादक, भारत यायावर, फणीश्वर नाथ रेणु अर्थात् मृदंगिये का मर्म, विपक्ष प्रकाशन, कदमा हजारीबाग, वितरक 'वाणी प्रकाशन', 1991, पृष्ठ 66।
28. उपरिवत्, पृष्ठ 287।
29. रेणु, मैला आँचल, राजकमल प्रकाशन, पेपर बैक संस्करण, 1954, पृष्ठ 34।
30. उपरिवत्, पृष्ठ 55।
31. उपरिवत्, पृष्ठ 135।
32. रेणु, परती : परिकथा, राजकमल प्रकाशन, 1998, पृष्ठ 57, 84।
33. रेणु, जुलूस, भारतीय ज्ञानपीठ प्रकाशन, 1997, पृष्ठ 40।
34. रेणु, कितने चौराहे, अनुपम प्रकाशन, पेपर बैक संस्करण, 1999, पृष्ठ 76
35. रेणु, दीर्घतपा, बिहार ग्रन्थ कुटीर पटना, 1963, पृष्ठ 87।
36. रेणु, परती : परिकथा, राजकमल प्रकाशन, 1998, पृष्ठ, 62।
37. रेणु, मैला आँचल, राजकमल प्रकाशन, पेपर बैक संस्करण, 1954, पृष्ठ 12।
38. रेणु, परती : परिकथा, राजकमल प्रकाशन, 1998, पृष्ठ 17, 19।
39. उपरिवत्, पृष्ठ 21।
40. रेणु, कितने चौराहे, अनुपम प्रकाशन, पेपर बैक संस्करण, 1999, पृष्ठ 24।
41. आव्नेर ज़ींस, कला के वैचारिक और सौन्दर्यात्मक पहलू, हिन्दी अनुवाद, रादुगा

प्रकाशन, 1985, पृष्ठ 190।

42. रेणु, मैला आँचल, राजकमल प्रकाशन, पेपर बैक संस्करण, 1954, पृष्ठ 143, 144।
43. उपरिवत्, पृष्ठ 144।
44. उपरिवत्, पृष्ठ 145।
45. रेणु, परती : परिकथा, राजकमल प्रकाशन, 1998, पृष्ठ 18, 19।
46. रेणु, दीर्घतपा, बिहार ग्रंथ कुटीर पटना 1963, पृष्ठ 45, 86।
47. रेणु, मैला आँचल, राजकमल प्रकाशन पेपर बैक संस्करण, 1954, पृष्ठ 232।
48. रेणु, परती : परिकथा, राजकमल प्रकाशन, 1998, पृष्ठ 30, 31।
49. रेणु, मैला आँचल, राजकमल प्रकाशन, पेपर बैक संस्करण, 1954, पृष्ठ 70।
50. रेणु, परती : परिकथा, राजकमल प्रकाशन, 1998, पृष्ठ, 95।
51. उपरिवत्, पृष्ठ 97।
52. उपरिवत्, पृष्ठ 98।
53. सम्पादक, भारत यायावर, फणीश्वर नाथ रेणु अर्थात मृदंगिये का मर्म में अज्ञेय का लेख—धरती का धनी, विपक्ष प्रकाशन, कदमा, हजारीबाग, 1991, वितरक वाणी प्रकाशन, पृष्ठ 118।
54. उपरिवत्, सुवास कुमार का लेख, गाँव की आत्मा की टूटती पपड़ियाँ, पृष्ठ 214, 215।
55. रेणु, मैला आँचल, राजकमल प्रकाशन, पेपर बैक संस्करण, 1954, पृष्ठ 237, 238, 239।
56. रेणु, परती : परिकथा, राजकमल प्रकाशन, 1998, पृष्ठ 249।
57. पूर्वग्रह—103, मदन सोनी प्र. सं. अशोक वाजपेयी, भारत भवन, भोपाल में यशदेव शल्य का लेख,—कथा, मिथक और यथार्थ, पृष्ठ 61।
58. रेणु, मैला आँचल, राजकमल प्रकाशन, पेपर बैक संस्करण, 1954, पृष्ठ 116, 117।
59. रेणु, परती : परिकथा, राजकमल प्रकाशन, 1998, पृष्ठ 09।
60. रेणु, दीर्घतपा, बिहार ग्रंथ कुटीर पटना, 1963, पृष्ठ 46।
61. रेणु, पल्टू बाबू रोड, राधाकृष्ण प्रकाशन, 1979, नई दिल्ली पृष्ठ 12।
62. रेणु, मैला आँचल, राजकमल प्रकाशन, पेपर बैक संस्करण, 1954, पृष्ठ 119।
63. उपरिवत्, पृष्ठ 122।

64. उपरिवत्, पृष्ठ 120।
65. उपरिवत्, पृष्ठ 121।
66. रेणु, परती : परिकथा, राजकमल प्रकाशन, 1998, पृष्ठ 248।
67. सम्पादक, भारत यायावर, फणीश्वर नाथ रेणु अर्थात् मृदंगिये का मर्म में भारत यायावर का लेख–कविता रेणु के लिए जीने का विषय थी, पृष्ठ 267।
68. रेणु, मैला आँचल, राजकमल प्रकाशन, पेपर बैक संस्करण, 1954, पृष्ठ 100।
69. उपरिवत्, पृष्ठ 117।
70. उपरिवत्, पृष्ठ 113।
71. रेणु, परती : परिकथा, राजकमल प्रकाशन, 1998, पृष्ठ, 190।
72. उपरिवत्, पृष्ठ 181।
73. रेणु, जुलूस, भारतीय ज्ञानपीठ प्रकाशन, 1997, पृष्ठ 9।
74. रेणु, मैला आँचल, राजकमल प्रकाशन, पेपर बैक संस्करण, 1954, पृष्ठ 21।
75. उपरिवत्, पृष्ठ 36।
76. रेणु, परती : परिकथा, राजकमल प्रकाशन, 1998, पृष्ठ 132।
77. रेणु, कितने चौराहे, अनुपम प्रकाशन, पेपर बैक संस्करण, 1999, पृष्ठ 18।
78. उपरिवत्, पृष्ठ 87।
79. रेणु, मैला आँचल, राजकमल प्रकाशन, पेपर बैक संस्करण, 1954, पृष्ठ 107।
80. रेणु, जुलूस, भारतीय ज्ञानपीठ प्रकाशन, 1997, पृष्ठ 129।
81. रेणु, पल्टू बाबू रोड, राधाकृष्ण प्रकाशन, नई दिल्ली, 1979, पृष्ठ 58, 59।
82. रेणु, मैला आँचल, राजकमल प्रकाशन, पेपर बैक संस्करण, 1954, पृष्ठ 104।
83. रेणु, परती : परिकथा, राजकमल प्रकाशन, 1998, पृष्ठ 74।
84. उपरिवत्, पृष्ठ 289, 292।
85. रेणु, 'पल्टू बाबू रोड', राधाकृष्ण प्रकाशन, 1979, पृष्ठ 29।
86. रेणु, परती : परिकथा, राजकमल प्रकाशन, 1998, पृष्ठ 61।
87. रेणु, कितने चौराहे, अनुपम प्रकाशन, पेपर बैक संस्करण, 1999, पृष्ठ 141।
88. रेणु, परती : परिकथा, राजकमल प्रकाशन, 1998, पृष्ठ 131।
89. ओमप्रकाश शर्मा 'प्रकाश', पच्चीस उपन्यास नाटकीयता के निकष पर, पाण्डुलिपि प्रकाशन, नई दिल्ली, 1987, पृष्ठ 63 पर उद्धृत।
90. गोपाल राय, 'उपन्यास की संरचना', राजकमल प्रकाशन, 2006, पृष्ठ 162।

91. रेणु, मैला आँचल, राजकमल प्रकाशन, पेपर बैक संस्करण, 1954, पृष्ठ 162।
92. रेणु, परती : परिकथा, राजकमल प्रकाशन, 1998, पृष्ठ 133, 134।
93. उपरिवत्, पृष्ठ 131।
94. गोपी कृष्ण प्रसाद, फणीश्वर नाथ रेणुः व्यक्तित्व काल और कृतियाँ, राधाकृष्ण प्रकाशन, 1993 नई दिल्ली, पृष्ठ 140।
95. रेणु, परती : परिकथा, राजकमल प्रकाशन, 1998, पृष्ठ 131।
96. रेणु, मैला आँचल, राजकमल प्रकाशन : पेपर बैक संस्करण, 1954, पृष्ठ 69।
97. उपरिवत्, पृष्ठ 80।
98. उपरिवत्, पृष्ठ 236।
99. रेणु, परती : परिकथा, राजकमल प्रकाशन, 1998, पृष्ठ 65।
100. क, ख—उपरिवत्, पृष्ठ 124-130।
101. रेणु, दीर्घतपा, बिहार ग्रंथ कुटीर, पटना, 1963, पृष्ठ 17।
102. रेणु, परती : परिकथा, राजकमल प्रकाशन, 1998, पृष्ठ 65।
103. भारत यायावर, रेणु से भेंट, पृष्ठ 74।
104. रेणु, पल्टू बाबू रोड, राधाकृष्ण प्रकाशन, 1979, पृष्ठ 66।
105. रेणु, 'जुलूस', भारतीय ज्ञानपीठ प्रकाशन, 1997, पृष्ठ 15।
106. सम्पादक, रामदरश मिश्र, ज्ञानचन्द गुप्त, 'हिन्दी के आंचलिक उपन्यास में सियाराम तिवारी का लेख—हिन्दी के आंचलिक उपन्यासों की भाषा, नमन प्रकाशन, नई दिल्ली, पृष्ठ 107।
107. सम्पादक बदरी नारायण एवं अनन्त राम मिश्र, 'साहित्य और सामाजिक परिवर्तन' में प्रोफेसर एस. पी. नगेन्द्र का प्रस्तावना भाषण, वाणी प्रकाशन, 1997, पृष्ठ 16, 17।
108. वृषभ प्रसाद जैन, प्रतीक और प्रतीक विज्ञान, राजकमल प्रकाशन, 1991, पृष्ठ 97।
109. रेणु, मैला आँचल, राजकमल प्रकाशन, पेपर बैक संस्करण, 1954, पृष्ठ 97।
110. उपरिवत्, पृष्ठ 99।
111. गोपीकृष्ण प्रसाद; रेणु : व्यक्तित्व, काल और कृतियाँ, राधाकृष्ण प्रकाशन, 1993 नई दिल्ली, पृष्ठ 143।
112. रेणु, परती : परिकथा, राजकमल प्रकाशन, 1998, पृष्ठ 239।
113. रेणु, जुलूस, (भूमिका में) भारतीय ज्ञानपीठ प्रकाशन, 1997।
114. उपरिवत्, पृष्ठ 87।

115. रेणु, परती : परिकथा, राजकमल प्रकाशन, 1998, पृष्ठ 65, 67।
116. रेणु, मैला आँचल, राजकमल प्रकाशन पेपर बैक संस्करण, 1954, पृष्ठ 237-239।
117. पूर्वग्रह, 103 में उदयन बाजपेयी का लेख—अभिलेख की अनेकता, संपादक, मदन सोनी, प्रधान संपादक—अशोक वाजपेयी, भारत भवन, भोपाल पृष्ठ 70।
118. रेणु, परती : परिकथा, राजकमल प्रकाशन, 1998, पृष्ठ 175।
119. रेणु, दीर्घतपा, बिहार ग्रंथ कुटीर, पटना, 1963, पृष्ठ 87।
120. रेणु, जुलूस, भारतीय ज्ञानपीठ प्रकाशन, 1997, पृष्ठ 86।
121. रेणु, कितने चौराहे, अनुपम प्रकाशन, पेपर बैक संस्करण, 1999, पृष्ठ 27।
122. रेणु, पल्टू बाबू रोड, राधाकृष्ण प्रकाशन, 1997, पृष्ठ 124।
123. रेणु, मैला आँचल, राजकमल प्रकाशन, पेपर बैक संस्करण, 1954, पृष्ठ 24।
124. सम्पादक, अशोक कुमार आलोक, फणीश्वर नाथ रेणु : सृजन और संदर्भ में राम स्वरूप चतुर्वेदी का लेख, रेणु और धरती : रचनात्मक अन्तःप्रक्रिया पर कुछ विचार, आधार प्रकाशन, पंचकुला, प्रथम संस्करण, 1994, पृष्ठ 295।
125. रेणु, मैला आँचल, राजकमल प्रकाशन, पेपर बैक संस्करण, 1954, पृष्ठ 78।
126. रेणु, परती : परिकथा, राजकमल प्रकाशन, 1998, पृष्ठ 158।
127. रेणु, मैला आँचल, राजकमल प्रकाशन, पेपर बैक संस्करण, 1954, पृष्ठ 140।
128. रेणु, परती : परिकथा, राजकमल प्रकाशन, 1998, पृष्ठ 65।
129. सुरेन्द्र चौधरी, फणीश्वर नाथ रेणु : भारतीय साहित्य के निर्माता, साहित्य अकादमी नई दिल्ली, 1999, पृष्ठ, 48।
130. रेणु, परती : परिकथा, राजकमल प्रकाशन, 1998, पृष्ठ, 172-177।

उपसंहार

उपसंहार

हिन्दी साहित्य में रेणु अपने तरह के अकेले रचनाकार हैं। प्रायः सभी रचनाकारों की रचना यात्रा क्रमिक विकास को दरसाती है। रचनाकारों की लोकप्रियता और कलात्मक उत्कर्ष का ग्राफ क्रमशः ऊपर उठता है। रेणु के विषय में ऐसा नहीं कहा जा सकता। रेणु अपने पहले उपन्यास से ही लोकप्रियता और कलात्मक उत्कर्ष का आसमान छूने लगते हैं। राजकमल प्रकाशन के सूचना पत्र 'प्रकाशन समाचार' फरवरी 1955 में 'मैला आँचल' के विज्ञापन में लिखा जाता है, "मैला आँचल एक नये उपन्यास का प्रकाशन। एक नई प्रतिभा का जन्म।" दूसरे उपन्यास 'परती : परिकथा' का भी गर्मजोशी से स्वागत होता है, ग्राफ स्थिर रहता है किन्तु बाद के उपन्यासों के साथ वह नीचे आने लगता है। इन उपन्यासों का आकार और प्रकार दोनों बदला है। इस तरफ संकेत करते हुए सुरेन्द्र चौधरी ने लिखा है, "अपने दो वृहत् उपन्यासों को समाप्त करने के बाद रेणु ने एक ऐसी दुनिया में प्रवेश करने की चेष्टा की है, जो कई अर्थों में परस्पर विरोधी यथार्थ से जुड़ी है।......रेणु के छोटे उपन्यासों में उन्हें एक परिप्रेक्ष्य तो प्राप्त होता है पर ये रचनाएँ उस तरह का कोई असर प्रकट नहीं करतीं, जैसा 'मैला आँचल' से प्रकट हुआ था। .....लगता है, इन उपन्यासों में प्रयोग के लिए रेणु नये अनुभवों की संभ्रमपूर्ण स्थिति से गुजर रहे थे।"[1] आवश्यकता इन प्रयोगों के बीजों एवं उनकी संभावनाओं को पहचानने की है। सामान्यतः इन उपन्यासों को भी उन्हीं मानकों पर प्रमाणित करने की चेष्टा की जाती है, जो मानक गलत या सही तरीके से रेणु के वृहत् उपन्यासों के लिए निर्धारित किये जा चुके हैं।

रेणु निर्मल पारदर्शी मन के रचनाकर हैं। बीसवीं सदी के चौथे, पाँचवे और छठे दशक में भारत में घटने वाली घटनाएँ—सन् बयालिस का आन्दोलन, स्वतंत्रता प्राप्ति, देश विभाजन, विकास की योजनाएँ, सरकारी भ्रष्टाचार, राजनीतिक पार्टियों का बदरंग चेहरा—परस्पर विरोधी उद्देश्यों से जुड़ी थीं और साथ-साथ घटित हो रही थीं। स्वतंत्रता प्राप्ति का पवित्र उत्सव पूरे देश को साथ मनाना चाहिए था लेकिन देश विभाजन के कारण ऐसा नहीं हो सका। राजनीति में घुसे भ्रष्टाचार के दीमक ने व्यवस्था को खोखला करना शुरू कर दिया। साधारण मन के लिए इन सब घटनाओं का एक साथ समाहार मुश्किल था, रेणु के पारदर्शी मन के लिए नहीं। रेणु के मन पर ये अपनी समग्र संश्लिष्टता के साथ बिम्बित हुईं, इनके सभी आयाम और स्तर बिना किसी काट-छाँट के अविकृत रूप में रेणु के मन में उतर

गये। यह रेणु के समकालीन समय का यथार्थ है। इसमें एक राष्ट्र की मुक्ति का संकल्प, ऐश्वर्य के स्वप्न और भीतर-ही-भीतर पनपने वाली कुवृत्तियाँ एक साथ विन्यस्त हैं। रेणु एक ईमानदार कार्यकर्ता के रूप में इन सबके सहभागी और रचनाकार के रूप में एक तटस्थ पर्यवेक्षक हैं।

रेणु के रचना कर्म और जीवन कर्म में सह सम्बन्ध है। शब्दों की खेती रेणु का रचना कर्म है, फसल की खेती जीवन कर्म। इन दोनों में किसी प्रकार का विरोध भाव नहीं है। रेणु को जितनी आनन्दानुभूति साहित्य सृजन से होती है, उससे कम खेतों में खड़ी फसल को देखकर नहीं होती। रेणु प्रकृति के विविध और व्यापक रूप के रसग्राही हैं, किसान जीवन के अंतरंग हैं। इससे रेणु की रचनाएँ पुष्ट और प्रभावी हुई हैं।

रेणु पूर्णिया जिला के गाँव औराही हींगना की मिट्टी में पले-बढ़े हैं, यहाँ से आजीवन जुड़े रहे हैं। यहाँ के किसानों के माध्यम से ही रेणु ने भारतीय किसान जीवन की पीड़ा और विसंगति की पहचान की। औराही हींगना रेणु के बोध को जाग्रत करने वाला माध्यम है।

रेणु की रचना और जीवन के अन्तर्सम्बन्ध को रेणु के ही शब्दों में देखा जाये, "किसान-मजदूरों में काम करने से मुझे कम फायदे नहीं। बल्कि सच पूछिये तो राजनीति ने मुझे बहुत कुछ दिया। अपने जिले के गाँव-गाँव में घूमा। लोगों से मिला, उनके दुख-सुख से परिचित हुआ, चन्दे वसूले। अपनी सक्रियता के कारण अपने साथियों के साथ गाँव में रात के वक्त डेरा डालना पड़ता।.......रात में देर से कभी ढोलक-झाल पर नाच-गाने की स्वर लहरी मँडराती आती और मैं अपने साथियों को सोता छोड़ वहाँ चल देता। कभी 'विदेशिया' कभी 'जालिम सिंह सिपहिया' और किसी गाँव में ननदी-भउजिया के नाच-गाने में ज्यादा नाच देखने वालों को देखकर अचरज से मुग्ध हो जाता। तब समझा कि हमारे लच्छेदार भाषणों से ज्यादा प्रभाव उस सांस्कृतिक चेतना का होता है, जो उन्हें मुसीबतों में भी गाते रहने के लिए मजबूर किये रहती है। जहाँ तक बोली का प्रश्न है, इन्हीं गाँवों में घूमकर भाषा की शक्ति को समझने का मौका मिला।"[2]

रेणु की उपर्युक्त पंक्तियों में रचना सामग्री और उसके स्त्रोतों का उल्लेख है। रेणु जीवन से रचना सामग्री उठा लेते हैं। रेणु की रचनाओं का सौन्दर्य, उसकी मार्मिकता, प्रभविष्णुता यहीं निहित है। सामान्य तरीके से देखने पर भाषा रचना की संरचना का एक पक्ष है लेकिन रेणु के रचना जगत में वह भी रचना समग्री के

रूप में पहुँचती है। लोगों के सुख-दुःख, उनकी सांस्कृतिक चेतना और भाषा को, जिन्हें शास्त्रीय भाषा में आंचलिकता और लोक तत्त्व कहा गया है, रेणु इस प्रकार ग्रहण करते हैं कि वे एक साथ मिलकर संरचना का स्वरूप स्वयं तय करते हैं। यह स्वरूप पारम्परिक स्वरूप से अलग है। इसकी तारीफ में बहुत सारे कसीदे काढ़े गये हैं। आरोपों की बौछारें भी की गई हैं किन्तु जैसा कि निर्मल वर्मा ने कहा है, "रेणु जी पहले कथाकार थे, जिन्होंने भारतीय उपन्यास की जातीय संभावनाओं की तलाश की थी, शायद सजग रूप से नहीं– शिल्प और सिद्धान्त के स्तर पर तो अवश्य ही नहीं बल्कि एक ऐसे रचनात्मक स्तर पर जहाँ जिन्दगी का कच्चा माल स्वयं कलाकार के हाथों अपने प्राण, जो फार्म का दूसरा नाम है, खींच लेता है ताकि वह एक नये खुले मुक्त ढाँचे में साँस ले सके। फार्म की असली उपलब्धि इसी प्राणवत्ता में निहित है– बाकी सब प्रश्न तकनीकी और शिल्प के हैं, आलोचकों की बहस का विषय जरूर हों, कलाकार का उनसे कोई नाता नहीं है।"[3] तकनीकी और शिल्प के स्तर पर रेणु की विशिष्टता यह है कि रेणु न तो शिल्प के प्रति लापरवाही बरतते हैं न शिल्प को कथ्य से अलग बाहरी वस्तु के रूप में प्रयुक्त करते हैं। इस क्रम में कथ्य और संरचना के उपादानों का पारस्परिक स्थानान्तरण भी रेणु की रचनाओं में हुआ है। रेणु के उपन्यासों में आंचलिकता और लोकतत्त्व 'विजन' भी है और 'एप्रोच' भी। ये रचना के कथ्य और रूप दोनों से जुड़े हैं।

रेणु की कहानी 'आदिम रात्रि की महक' का पात्र करमा स्वयं से कहता है–"बाबू हजार कहें, करमा का मन नहीं मानता कि उसका घर संथाल परगना या राँची की ओर कहीं होगा। मनिहारी घाट में दो-दो बार वह रह आया है। उस पार के साहेबगंज-कजरोटिया के पहाड़ ने उसको अपनी ओर नहीं खींचा कभी और वारिसगंज, कालूचक, लखपतिया का नाम सुनते ही उसके अन्दर कुछ झनझना उठता है। जाने-पहचाने-अचीन्हे कितने लोगों की भीड़ लग जाती है। कितनी बातें–दुःख-सुख की। खेत-खलिहान, पेड़-पौधे, नदी-पोखरे, चिरई-चुरमुन सभी एक साथ टानते हैं, करमा को"[4] यह जो टानने की कशिश है, रेणु के उपन्यासों में वही आंचलिकता है। औराहीं हींगना, मेरीगंज, परानपुर रेणु को अपनी ओर टानते हैं, बाँकीपुर और बैरगाछी नहीं। बाँकीपुर और बैरगाछी को स्थानिकता या क्षेत्रीयता से जोड़कर 'दीर्घतपा' और 'पल्टु बाबू रोड' को आंचलिक उपन्यासों में सूचीबद्ध करना समीचीन नहीं लगता। आंचलिकता के प्रभाव इन उपन्यासों में यत्र-तत्र छिटके दिखाई देते हैं।

रेणु की आंचलिकता में अंचल के प्रति सतत् संलग्नता है। जब तक रेणु का जीवन रहा, उनका अपने जिला-जवार से नाता नहीं टूटा। सघन अन्तरंगता और संलग्नता के कारण रेणु की आंचलिकता में भावना का आवेग है, जो रेणु के उपन्यासों की भाषा में प्रगीत तत्त्व के रूप में दिखाई देता है। रेणु अंचल की कथा प्रस्तुत करते हैं। यदि कथा कही जाती तो उसमें मन माफिक बदलाव लाया जा सकता था। बुरे को घटाकर, अच्छे को जोड़ा जा सकता था। प्रस्तुति तो जस-की-तस होती है अतः रेणु कुछ छोड़ते नहीं, कुछ जोड़ते नहीं। भला-बुरा, धूल-चन्दन, फूल-शूल्—समग्र अंचल रेणु के उपन्यास 'मैला आँचल' और 'परती : परिकथा' में उपस्थित हो गया। कथा का विखराव, पात्रों की अधिकता, परिवेश का नायकत्व और आंचलिक भाषा का प्रयोग—इस विन्दु पर रेणु के उपन्यासों की संरचना की विशेषता बने।

'जुलूस' शीर्षक उपन्यास की प्रधान पात्र पवित्रा एक प्रसंग में कहती है—"जानते हो? ठाकुर का आदेश है कि यहाँ कि मिट्टी को प्यार दो—जुमापुर और नबीनगर एक ही हैं। नबीनगर के लोग जुमापुर को अपना 'देस' मानते हैं, नबीनगर को 'परदेस'। खालिस देसी शब्द 'देस' आंचलिकता के सम्बन्ध में रेणु की अवधारणा को व्यक्त करता है। जुमापुर के लोगों को नबीनगर 'आजगुबी व्यापार वाला देस' (अंचल) लगता है। जुमापुर के अंचल से बंधी मानसिकता उन्हें नबीनगर को अपनाने से रोकती है, जबकि दोनों अंचल तत्त्वतः एक हैं। उनकी जीवन शैली में कोई भेद नहीं है, आवश्यकता बस प्रेम की डोर में बँधने की है। उपन्यास के अन्त में पवित्रा लोक संस्कृतिमूलक समाज की स्थापना के लिए अपनी सत्ता को समाज में विलीन कर लेती है—'आमि आमा के उत्सर्ग कोरलाम'। उसके लिए जुमापुर, नबीनगर, गोड़ियर गाँव या कोई भी दूसरा गाँव और अंचल समान हैं। यह आंचलिकता का अतिक्रमण करके लोक से जुड़ाव है, मिट्टी से प्यार है और सकल समाज से सम्बन्ध स्थापन है।

आंचलिकता रेणु के बोध को जाग्रत करने वाला माध्यम है। इसमें सन्देह नहीं कि रेणु की चेतना को छूने वाले परिवृत्त का केन्द्र आंचलिकता है किन्तु इसकी व्यापक परिधि लोक तक पहुँचती है। इसमें भारतीय जीवन के अनके परिदृश्य—राजनीतिक, आर्थिक, सामाजिक, सांस्कृतिक समाहित हैं। रेणु आंचलिकता की हथेली पर राष्ट्रीय परिवेश को उतार लेते हैं। झुकी पीठ पर जिन्दगी का बोझ लेकर गाते हुए चलने वाले भारतीय किसान की पीड़ा और उल्लास मेरीगंज और परानपुर

के किसानों के माध्यम से रेणु व्यक्त करते हैं। राष्ट्रीय स्तर के घटनाक्रमों के प्रभाव मेरीगंज में पहुँच रहे हैं, किसानों में नई चेतना प्रविष्ट हो रही है, सीधा खड़ा होकर गुनगुनाने का हक किसान माँगने लगा है। रेणु के उपन्यासों में इस नए रूप की तस्वीर स्पष्ट हो रही है। रेणु किसानों की जीवन शैली में जो परिवर्तन देखना चाहते हैं, उसे व्यक्त करने के लिए अंचल में अंचलेतर पात्रों को वहाँ के जीवन का सहभागी बनाते हैं। मार्टिन, प्रशान्त, ममता, भवेश, शहर से लौटा जितेन्द्र आदि इसी श्रेणी के पात्र हैं। इन पात्रों की उपस्थिति का उपन्यासों के कथा संयोजन और चरित्र निरूपण पर स्पष्ट प्रभाव दिखाई देता है।

आंचलिक उपन्यास में पात्र की अपेक्षा परिवेश को प्रधानता मिलती है किन्तु रेणु के उपन्यासों में मनुष्य पात्र और परिवेश दोनों से ऊपर है। चण्डी दास का संदेश 'सुन रे मानुस भाई, सबार ओपोरे मानुष सत्य, ताहार ओपोरे किछु नाई' रेणु के उपन्यासों का मूल स्वर है। यहाँ स्मरणीय है कि रेणु मनुष्य के 'स्वयं' की नहीं 'आत्म' की बात करते हैं। "स्वयं तो वह जो हमको दूसरे से अलग करता है और अन्ततः स्पर्धा में डालता है और आत्म वह है, जिससे हम विवश हैं कि दूसरे के साथ सम्बन्ध स्थापित करें। स्वत्व भेद डालता है, जबकि आत्म व्याप्त है इसलिए अभिन्न और समावेशी है।"[5] रेणु का मनुष्य लोक का एक अंश है। इसमें उसके अतिरिक्त वनस्पतियाँ हैं, अनेक जन्तु-जानवर हैं, मिट्टी है, जल है, वायु है, विविधवर्णी प्रकृति है। रेणु की लोक दृष्टि मनुष्य को इन सबसे जोड़कर देखती है, इनसे अलग करके नहीं। मनुष्य लोक के विभिन्न तत्त्वों से सम्बन्ध स्थापित करना जानता है। अकेला वही है, जो यह कर सकता है अतः वह सर्वोपरि है। रेणु के उपन्यासों में इस सम्बन्ध की सुगन्ध सर्वत्र है। प्राकृतिक परिवेश का एक स्वतंत्र चेतन सत्ता, एक जीवित चरित्र के रूप में अनुभव और मानवीय चेतना तथा जीवन के साथ उसके संवेदनात्मक रिश्ते की पहचान रेणु को है। रेणु अपने उपन्यासों में सम्बन्धों की एक दुनिया रचते हैं। यहाँ सब कुछ एक दूसरे से जुड़ा है। रेणु की लोक चेतना सबके साथ जीने की भावना विकसित करती है।

रेणु अत्यन्त कुशल और सिद्धहस्त रचनाकार थे। अपने कथ्य और अभिव्यक्ति के माध्यम के सम्बन्ध में वे कभी भी भ्रम में नहीं रहे। वे दोनों की मर्यादा, शक्ति और सीमा को पहचानते थे। भारतीय किसान जीवन की, जो गाथा वे प्रस्तुत करना चाहते थे, उसके अनुरूप नये फार्म की तलाश रेणु ने की। उसे नाम दिया 'आंचलिक'। अपने लघु उपन्यासों में रेणु भारतीय समाज और उसके बदलते

स्वरूप में स्त्री की गाथा प्रस्तुत करने के प्रयास में थे। उन्हें मालूम था कि आंचलिकता के फार्म में इसे प्रस्तुत नहीं किया जा सकता। अतः आंचलिकता से अलग वे उपन्यास को उपन्यास के रूप में देखने की बात 'दीर्घतपा' में करते हैं। आंचलिक उपन्यासों में रेणु की आंचलिकता लोकोन्मुखी है। इक्कीसवीं सदी में भूमण्डलीकरण की संक्रामकता विश्व को गाँव बनाने की जुगाड़ में है। एकरसता, संकुचन एवं अहंवादिता इसकी परिणति है। रेणु के उपन्यास गाँव से, अंचल से लोक की ओर चलते हैं, स्थानीय विशेषताओं को सुरक्षित रखते हुए सम्पूर्ण समाज की बात करते हैं। विविधता, विस्तार एवं सहयोग इसका प्रतिफल है। रेणु की सृजनात्मकता नई उभरती हुई संकल्पना 'ग्लोकल' (*ग्लोबलाइजेशन विद लोकल टच*) के बहुत करीब है। उपर्युक्त दृष्टियों से रेणु के उपन्यासों के पुनर्पाठ की महती आवश्यकता है।

संदर्भ

1. सुरेन्द्र चौधरी, भारतीय साहित्य के निर्माता, साहित्य अकादमी, नई दिल्ली, 1991, पृष्ठ 99।
2. भारत यायावर, रेणु से भेंट, वाणी प्रकाशन, नई दिल्ली, 1987, पृष्ठ 50–51।
3. निर्मल वर्मा, शताब्दी के ढ़लते वर्षों में, राजकमल प्रकाशन, 1995, पृष्ठ 244।
4. फणीश्वरनाथ रेणु : चुनी हुई रचनाएँ, भाग-1, सं. भारत यायावर, वाणी प्रकाशन, नई दिल्ली, द्वितीय संस्करण, कहानी—आदिम रात्रि की महक।
5. प्रेमचन्द : भारतीय साहित्य सन्दर्भ की भूमिका में जैनेन्द्र कुमार का कथन, वाणी प्रकाशन, नई दिल्ली, 1981।

सन्दर्भिका

अमृतराय, प्रेमचन्द : विविध प्रसंगः संकलन और रूपान्तर, हंस प्रकाशन, इलाहाबाद, सन् 1978, पृष्ठ 36, 37, 38।

अल्पना तिवारी, रेणु की नारी सृष्टि, राधाकृष्ण प्रकाशन, नई दिल्ली, 1994, पृष्ठ 66।

आचार्य रामचन्द्र शुक्ल, हिन्दी साहित्य का इतिहास, काशी नागरी प्रचारिणी सभा, पृष्ठ 273।

आदर्श सक्सेना, हिन्दी के आंचलिक उपन्यास और उनकी शिल्प विधि, सूर्य प्रकाशन मन्दिर, बीकानेर, 1971, पृष्ठ 18।

आदर्श सक्सेना, हिन्दी के आंचलिक उपन्यास और उनकी शिल्प विधि, सूर्य प्रकाशन मन्दिर, बीकानेर, 1971 पृष्ठ 27, 28।

आदर्श सक्सेना, हिन्दी के आंचलिक उपन्यास और उनकी शिल्प विधि, सूर्य प्रकाशन मन्दिर, बीकानेर, 1971, पृष्ठ 30।

आलोचना 1957, राजकमल प्रकाशन, नई दिल्ली।

आव्नेर ज़ीस, कला के वैचारिक और सौन्दर्यात्मक पहलू, हिन्दी अनुवाद, रादुगा प्रकाशन, 1985, पृष्ठ 190।

आलोचना, 76 (मार्च 1986, नई दिल्ली) में विवेकीराय का लेख 'आज के हिन्दी उपन्यासों में चित्रित जीवन का स्वरूप और दर्शन'।

आलोचना, 69, पृष्ठ 46 में डॉ. विवेकी राय का कथन, राजकमल प्रकाशन, नई दिल्ली।

इन्द्रनाथ मदान, आज का हिन्दी उपन्यास, राधाकृष्ण प्रकाशन, नई दिल्ली, पृष्ठ 48।

इन्द्रनाथ मदान, आधुनिकता और हिन्दी उपन्यास, राजकमल प्रकाशन, नई दिल्ली, 2003 पृष्ठ 45।

इन्द्रनाथ मदान, आधुनिकता और हिन्दी उपन्यास, राजकमल प्रकाशन, दिल्ली, 2003, पृष्ठ 48।

इनसाइक्लोपीडिया ऑफ द सोशल सांइसेजः ए.आर.ए. सेलिंगमैन (प्रधान सम्पादक), खण्ड 13, पृष्ठ 231 (हिन्दी उपन्यासों में सामाजिक चेतनाः लाल साहब सिंह, नमन प्रकाशन नई दिल्ली, 1998, पृष्ठ 6 पर उद्धृत)।

उदयन वाजपेयी का लेख (साहित्य और सामाजिक परिवर्तनः सम्पादक बदरी नारायण एवं अनन्त राम मिश्र), वाणी प्रकाशन, नई दिल्ली, 1997, पृष्ठ 110।

ओमप्रकाश शर्मा 'प्रकाश', पच्चीस उपन्यास नाटकीयता के निकष पर, पाण्डुलिपि प्रकाशन, नई दिल्ली, 1987, पृष्ठ 63 पर उद्धृत।

कल्पना, फरवरी, 1956, हैदराबाद, सं. बदरी विशाल पुत्ती।

कल्पना, मार्च, 1965, पृष्ठ 26, डॉ. शिव प्रसाद सिंह का आलेख, आंचलिकता और आधुनिक परिवेश, हैदराबाद, सं. बदरी विशाल पुत्ती।

कल्पना, मार्च, 1965, पृष्ठ 46, सं. हैदराबाद, सं. बदरी विशाल पुत्ती।

कोणदेव शर्मा, आधुनिक हिन्दी उपन्यास और वर्ग संघर्ष, राधा पब्लिकेशन्स, नई दिल्ली, 1991, पृष्ठ 78।

कृष्ण देव उपाध्याय, लोक साहित्य की रूप रेखा, साहित्य भवन, इलाहाबाद, 1957, पृष्ठ 282-83।

गोपाल राय, उपन्यास की संरचना, राजकमल प्रकाशन, 2006, पृष्ठ 74।

गोपाल राय, उपन्यास की संरचना, राजकमल प्रकाशन, 2006, पृष्ठ 141।

गोपाल राय, उपन्यास की संरचना, राजकमल प्रकाशन, 2006, पृष्ठ 162।

गोपाल राय, हिन्दी उपन्यास का इतिहास, राजकमल प्रकाशन, दिल्ली, प्रथम संस्करण की आवृत्ति, 2005, पृष्ठ 23।

गोपाल राय, हिन्दी उपन्यास का इतिहास, राजकमल प्रकाशन, दिल्ली, प्रथम संस्करण की आवृति, 2005, पृ. 123-124।

गोपाल राय, हिन्दी उपन्यास का इतिहास, राजकमल प्रकाशन, दिल्ली, 2005, पृष्ठ 194।

गोपाल राय, हिन्दी उपन्यास का इतिहास, राजकमल प्रकाशन, 2005, पृष्ठ 242।

गोपी कृष्ण प्रसाद, फणीश्वरनाथ रेणु : व्यक्तित्व, काल और कृतियाँ, राधाकृष्ण प्रकाशन, 1993, पृष्ठ 04।

गोपीकृष्ण प्रसाद, फणीश्वनाथ रेणु : व्यक्तित्व, काल और कृतियाँ, राधाकृष्ण प्रकाशन, 1993, पृष्ठ 63, 65।

गोपीकृष्ण प्रसाद, फणीश्वरनाथ रेणु : व्यक्तित्व, काल और कृतियाँ, राधाकृष्ण प्रकाशन, 1993, पृष्ठ 89।

गोपी कृष्ण प्रसाद, फणीश्वर नाथ रेणुः व्यक्तित्व, काल और कृतियाँ, राधाकृष्ण प्रकाशन, 1993, नई दिल्ली, पृष्ठ 140।

गोपीकृष्ण प्रसाद फणीश्वर नाथ रेणु : व्यक्तित्व, काल और कृतियाँ, राधाकृष्ण प्रकाशन, 1993, नई दिल्ली, पृष्ठ 143।

जनपद (वर्ष 01, अंक 01), पृष्ठ 65।

जवाहर सिंह, हिन्दी के आंचलिक उपन्यासों की शिल्प विधि, विनोद पुस्तक मन्दिर, आगरा, पृष्ठ 131।

द आक्सफोर्ड डिक्शनरी, खण्ड टप्पए, पृष्ठ 371।

दस्तावेज–28, गोरखपुर (सं. डॉ. विश्वनाथ प्रसाद तिवारी) में डॉ. कृष्ण चन्द्र लाल का कथन।

दी अमेरिकन कॉलेज इनसाइक्लोपीडिया डिक्शनरी, खण्ड टप्पए पृष्ठ 1020।

'दीर्घतपा' की भूमिका में रेणु, बिहार ग्रंथ कुटीर, 1963।

देवेश ठाकुर, मैला आँचल की रचना-प्रक्रिया, संकल्प प्रकाशन, बंबई, 1992, पृष्ठ 127।

नन्द किशोर आचार्य, रचना का सच, वाग्देवी प्रकाशन, बीकानेर, 1986, पृष्ठ 13।

नन्द किशोर आचार्य, रचना का सच, वाग्देवी प्रकाशन, बीकानेर, 1986, पृष्ठ 27।

नन्द दुलारे वाजपेयी का लेख, आलोचना का उपन्यास, विशेषांक, पृष्ठ 56।

नया प्रतीक, जून 1977, सं. अज्ञेय, नई दिल्ली, पृष्ठ 11।

नामवर सिंह, उपन्यास सम्राट प्रेमचन्द में 'प्रेमचन्द की देन' शीर्षक लेख, प्रेमचन्द जन्मशती के अवसर पर सूचना और प्रसारण मन्त्रालय, भारत सरकार द्वारा प्रकाशित।

निर्मल वर्मा, शताब्दी के ढ़लते वर्षों में, राजकमल प्रकाशन, 1995, पृष्ठ 244।

नेमिचन्द्र जैन, अधूरे साक्षात्कार, अक्षर प्रकाशन, नई दिल्ली, 1966, पृष्ठ 03।

परमानन्द श्रीवास्तव, उपन्यास का पुनर्जन्म, वाणी प्रकाशन, 1995, पृष्ठ 52।

प्रकाश वाजपेयी, हिन्दी के आँचलिक उपन्यास, नन्द किशोर एण्ड सन्स, वाराणसी, पृष्ठ 88, 89।

प्रेमचन्द : भारतीय साहित्य सन्दर्भ की भूमिका में जैनेन्द्र कुमार का कथन, वाणी प्रकाशन, नई दिल्ली, 1981।

परमानन्द श्रीवास्तव, उपन्यास का पुनर्जन्म, वाणी प्रकाशन, 1995, पृष्ठ 52।

पाणिनीय सिद्धान्त कौमुदी, पृष्ठ 358।

पूर्वग्रह–103, मदन सोनी, प्र. सं. अशोक वाजपेयी, भारत भवन, भोपाल में यशदेव शल्य का लेख, 'कथा, मिथक और यथार्थ', पृष्ठ 61।

पूर्वग्रह, 103 में उदयन बाजपेयी का लेख–'अभिलेख की अनेकता', संपादक, मदन सोनी, प्रधान संपादक–अशोक वाजपेयी, भारत भवन, भोपाल, पृष्ठ 70।

'फणीश्वर नाथ रेणु अर्थात मृदंगिये का मर्म' (सम्पादक भारत यायावर) में सुवास कुमार का लेख, विपक्ष प्रकाशन, कदमा, हजारी बाग, 1991, पृष्ठ 207।

फणीश्वरनाथ रेणु : चुनी हुई रचनाएँ, भाग-1, सं. भारत यायावर, वाणी प्रकाशन, नई दिल्ली, द्वितीय संस्करण, कहानी-आदिम रात्रि की महक।

बंसीधर, हिन्दी के आंचलिक उपन्यासः सिद्धान्त और समीक्षा, भाषा प्रकाशन, नई दिल्ली, 1983, पृष्ठ 40।

बंसीधर, हिन्दी के आंचलिक उपन्यासः सिद्धान्त और समीक्षा, भाषा प्रकाशन, नई दिल्ली, 1983, पृष्ठ 60।

भगवती शरण सिंह, साहित्य पहचान और पहुँच, प्रभा प्रकाशन, नई दिल्ली, प्रथम संस्करण, पृष्ठ 41।

भारत यायावर, रेणु से भेंट, वाणी प्रकाशन, नई दिल्ली, 1987, पृष्ठ 50–51।

भारत यायावर, रेणु से भेंट, पृष्ठ 74।

भारत यायावर, रेणु से भेंट, वाणी प्रकाशन, 1987, पृष्ठ 114।

मधुरेश, हिन्दी उपन्यासः उद्‌भव और विकास की प्रक्रिया, सुमित प्रकाशन, इलाहाबाद, 2004, पृष्ठ 13।

महाभारत, आदि पर्व, अनुक्रमणिका पर्व, 140, 169, गीताप्रेस, गोरखपुर, संस्करण संवत् 2053, पृष्ठ 06।

महेन्द्र चतुर्वेदी, हिन्दी उपन्यास : एक सर्वेक्षण, नेशनल पब्लिशिंग हाउस, नई दिल्ली।

मासिक पत्रिका 'सारिका', रेणु स्मृति अंक, 01 से 15 अप्रैल 1979 के पृष्ठ 12 पर उद्‌धृत, बम्बई, सं. धर्मवीर भारती।

मैला आँचल की भूमिका में रेणु, राजकमल प्रकाशन, पेपर बैक संस्करण, 1954।

रागिनी वर्मा, फणीश्वरनाथ रेणु और उनका कथा साहित्य, विश्वविद्यालय प्रकाशन, वाराणसी, 2002, पृष्ठ 113।

रागिनी वर्मा, फणीश्वरनाथ रेणु और उनका कथा साहित्य, विश्वविद्यालय प्रकाशन, वाराणसी, 2002, पृष्ठ 154।

रागिनी वर्मा, फणीश्वरनाथ रेणु और उनका कथा साहित्य, विश्वविद्यालय प्रकाशन, 2002, पृष्ठ 117।

राजेन्द्र यादव, उपन्यासः स्वरूप और संवेदना, वाणी प्रकाशन, नई दिल्ली, पृष्ठ 252।

रामचन्द्र तिवारी, हिन्दी गद्य साहित्य का इतिहास, विश्वविद्यालय प्रकाशन, वाराणसी, 2007, पृष्ठ 104।

रामदरश मिश्र, हिन्दी उपन्यासः एक अन्तर्यात्रा, राजकमल प्रकाशन, तृतीय संस्करण की आवृत्ति, 2004, पृष्ठ 25।

रामदरश मिश्र, हिन्दी उपन्यास : एक अन्तर्यात्रा, राजकमल प्रकाशन, दिल्ली 2004, पृष्ठ 56।

रामदरश मिश्र, हिन्दी उपन्यास एक अन्तर्यात्रा, राजकमल प्रकाशन, दिल्ली, 2004, पृष्ठ 234।

रामदरश मिश्र, हिन्दी उपन्यास की अन्तर्यात्रा, राजकमल प्रकाशन, दिल्ली, 2004, पृष्ठ 21।

रामदरश मिश्र, हिन्दी उपन्यास की अन्तर्यात्रा, राजकमल प्रकाशन, दिल्ली, 2004, पृष्ठ 38।

रामपति यादव, उपन्यास का आंचलिक वातायन, पृष्ठ 34।

रामस्वरूप चतुर्वेदी, हिन्दी साहित्य और सम्वेदना का विकास, लोक भारती प्रकाशन, प्रथम संस्करण की आवृत्ति, 1998, पृष्ठ 140, 142।

रेणु का 'हिन्दुस्तान' शीर्षक लेख साप्ताहिक पत्र 'रविवार' में, 28 अगस्त से 03 सितम्बर, 1977।

रेणु, कितने चौराहे, अनुपम प्रकाशन, पेपर बैक संस्करण, 1999, पृष्ठ 18।

रेणु, कितने चौराहे, अनुपम प्रकाशन, पेपर बैक संस्करण, 1999, पृष्ठ 24।

रेणु, कितने चौराहे, अनुपम प्रकाशन, पेपर बैक संस्करण, 1999, पृष्ठ 27।

रेणु, कितने चौराहे, अनुपम प्रकाशन, पटना, पेपर बैक संस्करण, पृष्ठ 41।

रेणु, कितने चौराहे, अनुपम प्रकाशन, पेपर बैक संस्करण, 1999, पृष्ठ 76।

रेणु, कितने चौराहे, अनुपम प्रकाशन, पटना, पेपर बैक संस्करण, 1999, पृष्ठ 107।

रेणु, कितने चौराहे, अनुपम प्रकाशन, पटना, पेपर बैक, 1999, पृष्ठ 126।

रेणु, कितने चौराहे, अनुपम प्रकाशन, पेपर बैक संस्करण, 1999, पृष्ठ 141।

रेणु, जुलूस, भूमिका, भारतीय ज्ञानपीठ प्रकाशन, 1997।

रेणु, जुलूस, भारतीय ज्ञानपीठ प्रकाशन, 1997, पृष्ठ 9।

रेणु, जुलूस, भारतीय ज्ञानपीठ प्रकाशन, 1997, पृष्ठ 10।

रेणु, जुलूस, भारतीय ज्ञानपीठ प्रकाशन, 1997, पृष्ठ 11।

रेणु, जुलूस, भारतीय ज्ञानपीठ प्रकाशन, 1997, पृष्ठ 15।

रेणु, जुलूस भारतीय ज्ञानपीठ प्रकाशन, 1997, पृष्ठ 17।

रेणु, जुलूस भारतीय ज्ञानपीठ प्रकाशन, 1997, पृष्ठ 18।

रेणु, जुलूस, भारतीय ज्ञानपीठ प्रकाशन, 1997, पृष्ठ 135।

रेणु, जुलूस, भारतीय ज्ञानपीठ प्रकाशन, 1997, पृष्ठ 30।

रेणु, जुलूस, भारतीय ज्ञानपीठ प्रकाशन, 1997, पृष्ठ 35।

रेणु, जुलूस, भारतीय ज्ञानपीठ प्रकाशन, 1997, पृष्ठ 40।

रेणु, जुलूस, भारतीय ज्ञानपीठ प्रकाशन, 1997, पृष्ठ 74।

रेणु, जुलूस, भारतीय ज्ञानपीठ प्रकाशन, 1997, पृष्ठ 77।

रेणु, जुलूस, भारतीय ज्ञानपीठ प्रकाशन, 1997, पृष्ठ 86।

रेणु, जुलूस, भारतीय ज्ञानपीठ प्रकाशन, 1997, पृष्ठ 115।

रेणु, जुलूस, भारतीय ज्ञानपीठ प्रकाशन, 1997, पृष्ठ 120।

रेणु, जुलूस, भारतीय ज्ञानपीठ प्रकाशन, 1997, पृष्ठ 129।

रेणु, जुलूस, भारतीय ज्ञानपीठ प्रकाशन, 1997, पृष्ठ 135।

रेणु, दीर्घतपा की भूमिका में।

रेणु, दीर्घतपा, बिहार ग्रंथ कुटीर, पटना, 1963, पृष्ठ 17।

रेणु, दीर्घतपा, बिहार ग्रंथ कुटीर, पटना, 1963, पृष्ठ 46।

रेणु, दीर्घतपा, बिहार ग्रंथ कुटीर, पटना 1963, पृष्ठ 45, 86।

रेणु, दीर्घतपा, बिहार ग्रन्थ कुटीर, पटना, 1963, पृष्ठ 87।

रेणु, दीर्घतपा, बिहार ग्रन्थ कुटीर, 1963, पृष्ठ 90।

रेणु, परती : परिकथा, राजकमल प्रकाशन, 1998, पृष्ठ 09।

रेणु, परती : परिकथा, राजकमल प्रकाशन, 1998, पृष्ठ 14।

रेणु, परती : परिकथा, राजकमल प्रकाशन, 1998, पृष्ठ 17।

रेणु, परती : परिकथा, राजकमल प्रकाशन, 1998, पृष्ठ 17, 19।

रेणु, परती : परिकथा, राजकमल प्रकाशन, 1998, पृष्ठ 18, 19।

रेणु, परती : परिकथा, राजकमल प्रकाशन, 1998, पृष्ठ 19।

रेणु, परती : परिकथा, राजकमल प्रकाशन, 1998, पृष्ठ 20।

रेणु, परती : परिकथा, राजकमल प्रकाशन, 1998, पृष्ठ 24।

रेणु, परती : परिकथा, राजकमल प्रकाशन, 1998, पृष्ठ 27।

रेणु, परती : परिकथा, राजकमल प्रकाशन 1998, पृष्ठ 31।

रेणु, परती : परिकथा, राजकमल प्रकाशन, 1998, पृष्ठ 52।

रेणु, परती : परिकथा, राजकमल प्रकाशन, 1998, पृष्ठ 57।

रेणु, परती : परिकथा, राजकमल प्रकाशन, 1998, पृष्ठ 61।

रेणु, परती : परिकथा, राजकमल प्रकाशन, 1998, पृष्ठ, 62।

रेणु, परती : परिकथा, राजकमल प्रकाशन, 1998, पृष्ठ 65।

रेणु, परती : परिकथा, राजकमल प्रकाशन, 1998, पृष्ठ 67।

रेणु, परती : परिकथा, राजकमल प्रकाशन, 1998, पृष्ठ 57, 84।

रेणु, परती : परिकथा, राजकमल प्रकाशन, 1998, पृष्ठ 74।

रेणु, परती : परिकथा 1997, पृष्ठ 120।

रेणु, परती : परिकथा, राजकमल प्रकाशन, 1998, पृष्ठ 131।

रेणु, परती : परिकथा, राजकमल प्रकाशन, 1998, पृष्ठ 132।

रेणु, परती : परिकथा, राजकमल प्रकाशन, 1998, पृष्ठ 133, 134।

रेणु, परती : परिकथा, राजकमल प्रकाशन, 1998, पृष्ठ 158।

रेणु, परती : परिकथा, राजकमल प्रकाशन, 1998, पृष्ठ 171।

रेणु, परती : परिकथा, राजकमल प्रकाशन, 1998, पृष्ठ 175।

रेणु, परती : परिकथा, राजकमल प्रकाशन, 1998, पृष्ठ, 172-177।

रेणु, परती : परिकथा, राजकमल प्रकाशन, 1998, पृष्ठ, 190।

रेणु, परती : परिकथा, राजकमल प्रकाशन, 1998, पृष्ठ 239।

रेणु, परती : परिकथा, राजकमल प्रकाशन, 1998, पृष्ठ 248।

रेणु, परती : परिकथा, राजकमल प्रकाशन, 1998, पृष्ठ 249।

रेणु, परती : परिकथा, राजकमल प्रकाशन, 1998, पृष्ठ 312।

रेणु, परती : परिकथा, राजकमल प्रकाशन, 1998, पृष्ठ 323।

रेणु, परती : परिकथा, राजकमल प्रकाशन, 1998, पृष्ठ 338, 339।

रेणु, पल्टू बाबू रोड, राधाकृष्ण प्रकाशन, 1979, नई दिल्ली, पृष्ठ 12।

रेणु, पल्टू बाबू रोड, राधाकृष्ण प्रकाशन, 1979, पृष्ठ 18।

रेणु, पल्टू बाबू रोड, राधाकृष्ण प्रकाशन, 1979, पृष्ठ 29।

रेणु, पल्टू बाबू रोड, राधाकृष्ण प्रकाशन, नई दिल्ली, 1979, पृष्ठ 58, 59।

रेणु, पल्टू बाबू रोड, राधाकृष्ण प्रकाशन, 1979, पृष्ठ 66।

रेणु, पल्टू बाबू रोड, राधाकृष्ण प्रकाशन, 1997, पृष्ठ 124।

रेणु, मैला आँचल, प्रथम संस्करण की भूमिका, राजकमल प्रकाशन, नई दिल्ली, 1954।

रेणु, मैला आँचल, राजकमल प्रकाशन, पेपर बैक संस्करण, 1954, पृष्ठ 12।

रेणु, मैला आँचल, राजकमल प्रकाशन, पेपर बैक संस्करण, 1954, पृष्ठ 18।

रेणु, मैला आँचल, राजकमल प्रकाशन, पेपर बैक संस्करण, 1954, पृष्ठ 20।

रेणु, मैला आँचल, राजकमल प्रकाशन, पेपर बैक संस्करण, 1954, पृष्ठ 21।

रेणु, मैला आँचल, राजकमल प्रकाशन, पेपर बैक संस्करण, 1954, पृष्ठ 24।

रेणु, मैला आँचल, राजकमल प्रकाशन, पेपर बैक संस्करण, 1954, पृष्ठ 34।

रेणु, मैला आँचल, पेपर बैक संस्करण 1954, पृष्ठ 41।

रेणु, मैला आँचल, राजकमल प्रकाशन, 1954, पेपर बैक संस्करण, पृष्ठ 44।

रेणु, मैला आँचल, पेपर बैक संस्करण 1954, पृष्ठ 61।

रेणु, मैला आँचल, पेपर बैक संस्करण, राजकमल प्रकाशन, 1954, 64, 67।

रेणु, मैला आँचल, राजकमल प्रकाशन, पेपर बैक संस्करण, 1954, पृष्ठ 69।

रेणु, मैला आँचल, राजकमल प्रकाशन, पेपर बैक संस्करण, 1954, पृष्ठ 70।

रेणु, मैला आँचल, राजकमल प्रकाशन, पेपर बैक संस्करण, 1954, पृष्ठ 78।

रेणु, मैला आँचल, पेपर बैक संस्करण 1954, पृष्ठ 84।

रेणु, मैला आँचल, पेपर बैक संस्करण, राजकमल प्रकाशन, पृष्ठ 89।

रेणु, मैला आँचल, राजकमल प्रकाशन, पेपर बैक संस्करण, नई दिल्ली, 1954, पृष्ठ 90।

रेणु, मैला आँचल, पेपर बैक संस्करण, 1954, पृष्ठ 96।

रेणु, मैला आँचल, राजकमल प्रकाशन, पेपर बैक संस्करण, 1954, पृष्ठ 97।

रेणु, मैला आँचल, राजकमल प्रकाशन, पेपर बैक संस्करण, 1954, पृष्ठ 100।

रेणु, मैला आँचल, राजकमल प्रकाशन, पेपर बैक संस्करण, 1954, पृष्ठ 104।

रेणु, मैला आँचल, राजकमल प्रकाशन, पेपर बैक संस्करण, 1954, पृष्ठ 107।

रेणु, मैला आँचल, राजकमल प्रकाशन, पेपर बैक संस्करण, 1954, पृष्ठ 116, 117।

रेणु, मैला आँचल, राजकमल प्रकाशन, पेपर बैक संस्करण, 1954, पृष्ठ 119।

रेणु, मैला आँचल, राजकमल प्रकाशन, पेपर बैक संस्करण, 1954, पृष्ठ 127।

रेणु, मैला आँचल, राजकमल प्रकाशन, पेपर बैक संस्करण, 1954, पृष्ठ 131।

रेणु, मैला आँचल पेपर बैक संस्करण 1954, पृष्ठ 134।

रेणु, मैला आँचल, राजकमल प्रकाशन, पेपर बैक संस्करण, 1954, पृष्ठ 140।

रेणु, मैला आँचल, राजकमल प्रकाशन, पेपर बैक संस्करण, 1954, पृष्ठ 143, 144।

रेणु, मैला आँचल, पेपर बैक संस्करण, राजकमल प्रकाशन, 1954, पृष्ठ 146, 147।

रेणु, मैला आँचल, राजकमल प्रकाशन, पेपर बैक संस्करण, 1954, पृष्ठ 162।

रेणु, मैला आँचल, राजकमल प्रकाशन, 1954, पेपर बैक संस्करण, पृष्ठ 213।

रेणु, मैला आँचल, राजकमल प्रकाशन, पेपर बैक संस्करण, 1954, पृष्ठ 230।

रेणु, मैला आँचल, राजकमल प्रकाशन पेपर बैक संस्करण, 1954, पृष्ठ 232।

रेणु, मैला आँचल, राजकमल प्रकाशन पेपर बैक संस्करण, 1954, पृष्ठ 237-239।

रेणु, मैला आँचल, राजकमल प्रकाशन, पेपर बैक संस्करण, 1954 पृष्ठ 245।

रेणु, मैला आँचल, राजकमल प्रकाशन, पेपर बैक संस्करण, 1983, पृष्ठ 9।

रेणु, मैला आँचल, पेपर बैक संस्करण, 1983, पृष्ठ 61।

रेणु से भेंटः भारत यायावर, वाणी प्रकाशन, नई दिल्ली, 1987, पृष्ठ 115।

लियो ह्यूबर मैन, मनुष्य की भौतिक सम्पदाएँ, गार्गी प्रकाशन, सहारनपुर, प्रथम संस्करण, 1996, पृष्ठ 183।

विद्यानिवास मिश्र, लोक और लोक का स्वर, प्रभात प्रकाशन, नई दिल्ली, प्रथम संस्करण, पृष्ठ 19।

विद्यानिवास मिश्र, लोक और लोक का स्वर, प्रभात प्रकाशन, नई दिल्ली, प्रथम संस्करण, पृष्ठ 21।

विद्यानिवास मिश्र, साहित्य का खुला आकाश, प्रभात प्रकाशन, नई दिल्ली, प्रथम संस्करण, पृष्ठ 35।

विश्वनाथ मिश्र, कला एवं साहित्य, प्रवृत्ति एवं परम्परा, पृष्ठ 144 पर उद्धृत।

वेद प्रकाश अमिताभ, हिन्दी के आंचलिक उपन्यासों में मूल्य संक्रमण, वाणी प्रकाशन, नई दिल्ली, 1997 पृष्ठ 16।

वृषभ प्रसाद जैन, प्रतीक और प्रतीक विज्ञान, राजकमल प्रकाशन, 1991, पृष्ठ 97।

श्री राम शर्मा, लोक साहित्यः सिद्धान्त और प्रयोग के पृष्ठ 17 पर उद्‌घृत, विनोद पुस्तक मन्दिर, आगरा, 1992।

सत्यपाल चुघ, हिन्दी उपन्यास : उदय और उत्कर्ष, साहित्य प्रकाशन, नई दिल्ली, प्रथम संस्करण, पृष्ठ 45।

सत्यपाल चुध, हिन्दी उपन्यासः उदय और उत्कर्ष, साहित्य प्रकाशन, दिल्ली, प्रथम संस्करण, पृष्ठ 52।

सम्पादक, अशोक कुमार आलोक, फणीश्वर नाथ रेणु : सृजन और संदर्भ में राम स्वरूप चतुर्वेदी का लेख, 'रेणु और धरती : रचनात्मक अन्तःप्रक्रिया पर कुछ विचार', आधार प्रकाशन, पंचकुला, प्रथम संस्करण, 1994, पृष्ठ 295।

सम्पादक, इन्द्रनाथ मदान, हिन्दी उपन्यास पहचान और परख, में डॉ. रामदरश मिश्र का लेख, पृष्ठ 194।

सम्पादक, बदरी नारायण, अनन्त राम मिश्र, 'साहित्य और सामाजिक परिवर्तन' में प्रोफेसर एस. पी. नगेन्द्र का प्रस्तावना भाषण, वाणी प्रकाशन, 1997, पृष्ठ 16, 17।

सम्पादक, भारत यायावर, फणीश्वर नाथ रेणु अर्थात् मृदंगिये का मर्म, विपक्ष प्रकाशन, कदमा हजारीबाग, वितरक–वाणी प्रकाशन, 1991, पृष्ठ 66।

सम्पादक, भारत यायावर, फणीश्वरनाथ रेणु अर्थात् मृदंगिये का मर्म, विपक्ष प्रकाशन, कदमा, हजारीबाग, वितरक-वाणी प्रकाशन, 1991 पृष्ठ 88, 89।

सम्पादक, भारत यायावर, फणीश्वर नाथ रेणु अर्थात मृदंगिये का मर्म में अज्ञेय का लेख–'धरती का धनी', विपक्ष प्रकाशन, कदमा, हजारीबाग, 1991, वितरक–वाणी प्रकाशन, पृष्ठ 118।

सम्पादक, भारत यायावर, फणीश्वर नाथ रेणु अर्थात् मृदंगिये का मर्म में अज्ञेय का लेख, 'धरती का धनी', पृष्ठ 119।

सम्पादक, भारत यायावर, प्राणों में धुले हुए रंग, पृष्ठ 10 पर उद्‌घृत, वाणी प्रकाशन, नई दिल्ली, 1993।

सम्पादक, रामदरश मिश्र, डॉ० ज्ञानचन्द गुप्त, हिन्दी के आंचलिक उपन्यास में डॉ. विवेकीराय का लेख, 'हिन्दी के आंचलिक उपन्यास परम्परा और प्रगति', नमन प्रकाशन, नई दिल्ली, 1999, पृष्ठ 10।

सम्पादक, रामदरश मिश्र, डॉ. ज्ञानचन्द गुप्त, हिन्दी के आंचलिक उपन्यास में डॉ. विवेकीराय का लेख, 'हिन्दी के आंचलिक उपन्यासः परम्परा और प्रगति', नमन प्रकाशन, नई दिल्ली, 1999, पृ. 13।

सम्पादक, रामदरश मिश्र, डॉ. ज्ञानचन्द गुप्त, हिन्दी के आंचलिक उपन्यास में डॉ. विवेकी राय का लेख, 'हिन्दी के आंचलिक उपन्यास : परम्परा और प्रगति', नमन प्रकाशन, नई दिल्ली, 1999, पृष्ठ 15।

सम्पादक, रामदरश मिश्र, डॉ. ज्ञानचन्द गुप्त, हिन्दी के आँचलिक उपन्यास में 'आँचलिकता, समीक्षा, संदर्भ और स्वरूप' शीर्षक लेख, नमन प्रकाशन, नई दिल्ली, पृष्ठ 53।

सम्पादक, रामदरश मिश्र, ज्ञानचन्द गुप्त, हिन्दी के आंचलिक उपन्यास में सियाराम तिवारी का लेख, 'हिन्दी के आंचलिक उपन्यासों की भाषा, नमन प्रकाशन', नई दिल्ली, पृष्ठ 107।

सच्चिदानन्द वात्स्यायन, आधुनिक हिन्दी साहित्य, नेशनल पब्लिशिंग हाउस, 1976, पृष्ठ 85।

साप्ताहिक पत्र 'दिनमान', 27 फरवरी 1972 के अंक में चुनाव के समय जुगनू शारदेय को दिये गये साक्षात्कार में रेणु का कथन, पृष्ठ 26, नई दिल्ली, सं. अज्ञेय।

सुरेन्द्र चौधरी, फणीश्वर नाथ रेणु : भारतीय साहित्य के निर्माता, साहित्य अकादमी, नई दिल्ली, 1999, पृष्ठ, 48।

सुरेन्द्र चौधरी, फणीश्वरनाथ रेणु : भारतीय साहित्य के निर्माता, साहित्य अकादमी, नई दिल्ली, पृष्ठ 66।

सुरेन्द्र चौधरी, फणीश्वरनाथ रेणु : भारतीय साहित्य के निर्माता, साहित्य अकादमी, 1991, पृष्ठ 99।

सिद्धान्त कौमुदी, उणादि प्रकरण, अंतिम सूत्र, संख्या, पृष्ठ 759।

हिन्दी अनुशीलन- दिसम्बर-मार्च 2005 में डॉ. लालकेश्वर सिंह का लेखः हिन्दी के आंचलिक उपन्यास साहित्य में बिहार के आंचलिक उपन्यासकारों की देन।

हिन्दी साहित्य का वृहद इतिहास, षोडस भाग, प्रस्तावना, काशी नागरी प्रचारिणी सभा, प्रथम संस्करण, पृष्ठ 15।

त्रिभुवन सिंह, हिन्दी उपन्यास और यथार्थवाद, हिन्दी प्रचारक पुस्तकालय, वाराणसी, द्वितीय संस्करण, पृष्ठ 277, 278।

ज्ञानचन्द गुप्त, आंचलिक उपन्यासः अनुभव और दृष्टि, राधा पब्लिकेशन, नई दिल्ली, पृष्ठ 19।

ज्ञानचन्द गुप्त, आंचलिक उपन्यासः अनुभव और दृष्टि, राधा पब्लिकेशन्स, नई दिल्ली, 1995, पृष्ठ 95।

अनुक्रमणिका

अनूदित, 29, 31

अदालती भाषा संबंधी अधिनियम (1837) 30

अग्रदूत, 30

अयोध्या सिंह उपाध्याय हरिऔध, 32

अधखिला फूल, 33, 36, 40, 140

अभिधार, 34

अवधि, 35, 223

अनूठी बेगम, 40

अमरपाल सिंह शोषक का बहुरंगी चित्र, 45

अमृतलाल नागर, 54, 223

अमृत राय, 54, 64

अररिया, 56, 91, 92, 93, 96, 101, 153, 154

अन्तर्मन, 59

अनुवीक्षण शक्ति, 60

अभिशिप्त, 61

अभिजात, 61

अन्तर्निहित, 62

अनुरक्त, 75

अनुरागी, 77

अहिंसा, 77, 96

अभिरुचि, 84

अराजकता, 90

अन्तर्विरोध, 99, 175, 188

अत्याचार, 102, 106

असरारे मआविद, 40

अज्ञेय, 64, 65, 181, 193

अंग्रेजीयत, 29

अतिवादी, 145

अंचल, 79, 127, 141, 149, 150, 154, 155, 156, 162, 175, 177, 178, 181, 204, 206, 235, 236

अथर्ववेद, 118

अमानवीयता, 130

अधोगति, 131

अरण्यक, 140

अंचल शब्द की व्युत्पति, 141

अनुगूँज, 150

अविराम, 153

अवान्तर, 175

अष्टग्रहयोग, 183, 184

अष्टयाम कीर्तन, 183, 184

अलौकिक संसार, 193

अचेतन एवं अवचेतन, 199

अन्तहीन प्रान्तर, 208

अनुमेय, 216

अमिधा, 217

अविकृत, 232

अन्तर्सम्बन्ध, 233

अनीति, 108

अखबारी रिपोर्ट, 202

आधुनिक काल, 28
अविर्भाव, 28, 30
आचार्य रामचंद्र शुक्ल, 31, 32, 40
आत्मकथात्मक शैली का प्रारंभ, 38
आचार्य चतुरसेन शास्त्री, 41, 48
आडंबर, 46, 78, 84
आत्मसात, 52, 222
आचार्य नालिन विभोचन शर्मा, 54
आंचलिक उपन्यास, 54, 66, 140, 141, 146, 148, 149, 151, 152, 153, 155, 156, 161, 162, 175, 176, 177, 180, 205, 213, 234
आचार्य नरेन्द्र देव, 56
आपातकाल, 59
आह्लादकारी, 59
आयाम, 66, 184, 232
आकण्ठ, 78
आँचल, 79, 85, 91, 98, 134
आंचलिकता, 66, 141, 146, 148, 149, 151, 152, 154, 155, 163, 173, 174, 194, 214, 216, 222, 234, 235, 236, 237
आंचलिक, 68, 141, 148, 151, 154, 161, 164, 165, 173, 208, 213
आसामी, 75, 207
आत्मग्लानी, 93
आर्यावर्त, 97
आप्त पुरुष, 99
आसन्न, 82
आर्थिक परिदृश्य, 96, 100, 103
आंदोलन, 103, 112, 202
आल्हा-उदल, 106
आजगुबी व्यापार, 126, 127, 152, 235
आंचलिकता की रेणु संबंधी संकल्पना, 126
आंचलिक शब्द के अर्थ, 144
आंचलिकता की सीमा, 144
आधागाँव, 140
आंचलिक उपन्यास हिन्दी के साहित्य संसार में एक नया विशेषण, 140
आंचलिक उपन्यास की प्रकृति, 145
आंचलिकता और आधुनिक परिवेश, 145
आंचलिकता और नगर बोध की प्रकृति, 145
आंचलिकता के नियामक तत्व, 149
आगोश, 150
आंचलिक उपन्यास का विलोभ, 155
आनुषंगिक, 158
आसन्न प्रसवा, 169, 209, 218
अधीदारों, 160
आंचलिक भाषा, 164
आत्म संवाद का मौलिक प्रयोग 182
आब्नेर लींस, 188
आधुनिकता, 193
आर्थिक बदहाली, 196
आत्मपरक, 197
आत्मप्रशंसा, 200
आत्मचिन्तन, 209
आंचलिक उपन्यासकार, 211
आधुनिक विकास योजना, 212
आंतरिक संवेदना, 216
आर्तनाद, 219
आह्वान, 224
आधुनिक रिपोर्ताज, 224

आदिम रात्रि की महक, 234
इरावती, 86, 91
इलाचन्द्र जोशी, 53
इन्द्रिय गोचर, 119, 120
इतिवृतात्मकता, 222
ईश्वरी प्रसाद, 31
उद्भव, 29
उदयशंकर भट्ट, 54
उज्ज्वल, 91
उत्सर्ग, 91, 128, 235
उपजीव्य, 42, 155, 223
उपत्यका, 151
उपन्यास, 155
उपन्यास का विद्यायक तत्व, 184
उपन्यास की अमूर्तकला, 172, 177, 187
उपन्यास की संरचना, 224
उपन्यास का बहुसंरचनात्मक रूप, 224
ऐयारी, 34, 39, 47
ऐश्वर्य, 233
ऐन्द्रिक संवेदन, 122
औद्योगिक सभ्यता, 28, 29, 65
ओपेनहम, 34
औद्योगिक कांति, 33
औपनिवेशिक, 35
औद्योगीकरण, 42, 193
औराही हींगना, 55, 163, 185, 233, 234
औपन्यासिक संरचना, 223
कलेवर, 37
कवि वचन सुधा 30
कथ्य, 53
कमलेश्वर, 54
कतर-ब्यौंत, 57, 219
कँवलगट्टा, 59, 185
कश्मीर फ्रंट, 62
कथा वस्तु, 67, 73, 79, 175, 177, 178, 181, 183
कथानक, 67, 68
कसक, 88
कटिहार, 89, 182
कलात्मक सौष्ठव, 163
कलात्मक उत्कर्ष 182
कचराही भाषा, 164
कथा योजना, 175
कथा विन्यास, 217
कंकाल, 45, 48
कथासूत्र, 223
क्रन्दन, 47
कथा क्षेत्र, 223
कथा शिल्प, 224
कथा संयोजन, 236
कार्तिक प्रसाद खत्री, 32
कायाकल्प, 42
काशी हिन्दू विश्वविद्यालय, 56
काजर की कोठरी, 40
काशी, 59, 74
कारयित्रि, 60
काल संदर्भ, 66
कॉम्युनिस्ट, 79
क्रांतिकारी, 87, 88, 96
कामकाजी स्त्री जीवन के उतार-चढ़ाव, 112
कालखंड, 112
काव्यात्मक शैली, 198, 199
कालाभूत, 201
काव्यात्मकता, 224

कालूचक, 234
कृष्णचन्द्र शर्मा भिक्खु, 54
कोशी, 55, 79, 80, 81, 82, 85, 124, 130, 131, 149, 179, 184, 185, 187, 204, 223
किसान कांग्रेस, (1942 का), 56
कोइराला, 59,
कैशोर्य, 93
केन्द्रीय आलंबन, 218
कोठारिन, 77, 78
कितने चौराह, 68, 91, 93, 95, 96, 108, 109, 112, 124, 153, 154, 155, 176, 177, 180, 181, 183, 185, 186, 187, 201, 202, 203, 205, 219, 222
किशोरी लाल गोस्वामी, 34, 37, 38
कोतूहलजन्य, 34
कुलस्तुम, 37
किस्सागोई, 38
किसना, 40
कुंडलीचक्र, 48
खेंसारी, 73
खम्हार, 101, 102 156, 173, 213
खोह, 103
खवास, 104, 179, 191
खुर्दबीनी निरिक्षण, 158
ग्लोकल (ग्लोबलाइजेशन विद लोकल टच), 237
गर्म जोशी, 232
गँवार, 213
गद्यात्मक रिपोर्ट, 202
गाँव का आर्थिक, सामाजिक, सांस्कृतिक परिवेश, 196
ग्राम समन्वित लोक चेतना, 127
ग्रामीण मजदूरों का विद्रोह, 189
गिरगिटिया जमाना, 106
गुंथी, 103
गणतंत्र भारत, 99
ग्राम पंचायत, 99, 100
गवन, 52
गोपाल राम गहमरी, 32, 34, 37
गौरीदत्त, 31
गद्यात्मक, 29
गढ़ कुठार, 48
गोदान, 42, 45, 46, 47, 54, 55, 65
गाँव तरक्की सेन्टर, 79
ग्राम्य जीवन, 174
ग्रामीण परिवेश की भावमयीयात्रा, 111
घरघूमनी, 86
चरखा का गीत, 62
चंद्रकान्ता, 34
चंडी प्रसाद शर्मा हृदयेश, 41,48
चंद्रकान्ता संतति, 32, 34, 36
चाँद मासिक पत्रिका का फाँसी अंक, 56
चालान, 75
चरखा सेन्टर, 75, 76, 77, 79, 158, 197
चरवाहा, 102, 156
चित्तवृत्ति, 119
चमरौंधे, 134
चरित्र योजना, 179, 180
चरित्र सृष्टि, 180, 181
चांडाल, 201
चारूख, 216
चरित्र निरूपण, 236
चेतना सत्ता, 236

चिरमौन, 219
जासूसी, 34
जयशंकर प्रसाद, 41
जीवन द्रष्टा, 41
जैनेन्द्र कुमार, 53
जुलूस, 68, 77, 81, 88, 93, 95, 98, 101, 103, 108, 112, 124, 125, 127, 128, 131, 135, 152, 153, 154, 155, 172, 177, 180, 183, 184, 185, 186, 187, 193, 202, 204, 208, 214, 215, 218, 219, 235
जमीन बंदोबस्ती कानून, 74, 108
जनतांत्रिक चेतना, 79
जन आन्दोलन (1942) 182, 187
ज्वार, 93
31 जनवरी 1948 गांधीजी की हत्या, 98
ज्वाला, 93
जवाहरलाल नेहरू, 100
जात और भारतीय समाज का रिश्ता, 104
जहालत, 109, 129, 156, 198
जागृति, 109, 118
जनता के गीत, 109
जातिगत विद्वेष, 109
जमींदारी उन्मूलन, 109
जमीन बंदोबस्ती की व्यवस्था, 109
जमींदारी प्रथा, 110
जैमनीय उपनिषद, 118
जाट-जटिन, 134
जीवन यथार्थ, 193
जमींदार, 202, 203, 225
जीवन पद्धति, 223
जीवन कर्म, 233
जालिम सिंह सिपहिया, 233
जुगुप्सा, 220
जनमानस, 29
जॉन गिलक्राइस्ट, 30
जयप्रकाश नारायण, 56, 57, 58
जनतंत्र...है यह लघुजातंत्र, 106
जन सामान्य, 198
झूठा सच, 65
टीका, 74, 77, 107
ठाकुर जगमोहन सिंह, 32
ठेठ हिन्दी का ठाट, 36
डा. सियाराम तिवारी, 216
डा. राम मनोहर लोहिया, 158
डिस्ट्रिक्ट बोर्ड, 73
डा. हजारी प्र. द्विवेदी, 121
डा. धीरेन्द्र वर्मा, 121
डा. बंशीधर 175
डा. विवेकी राय, 101, 140, 154, 155
तिलिस्म होशरूबा, 37
त्यागपत्र 65,
तहसीलदार, 73, 74, 78, 101, 102, 103, 107, 108, 157, 158, 178, 189, 196, 197
तर्कशील, 86
तेजस्विनी, 86
तादात्मयीकरण, 121
तिरस्कार, 131
तत्व बोधिनी पत्रिका, 30
देवकी नंदन खत्री, 32, 34
देव राज कृष्ण, 54
दारूण, 36
दमन की नीति, 42
दमन चक्र, 47

देवस्थान रहस्य, 40
देवेन्द्र सत्यार्थी, 54
दास्ताने हमीर-हमजा, 37
दि राइटर ऐज ए मैन (The writer as a man), 55
दीनता, 64
दीर्घतपा, 68, 86, 88, 94, 108, 111, 112, 124, 135, 151, 152, 154, 155, 176, 180, 181, 187, 190, 193, 195, 196, 212, 215, 219, 222, 234, 237
दस्तावेज, 82, 84
दलबंदी, 84
देश सेवा, 87
दिव्यलोक, 118
दिक् और काल, 187
दिग्दर्शन, 178
दूरान्वयन, 188
देहाती दुनिया, 140
देवनागरी, 199
दृश्य संयोजन, 210
दृश्यात्मक प्रविधि, 206, 208
दृश्य बंध, 210
दृश्यमान, 217
दृश्य विम्ब, 222
देश का विभाजन, 232
धर्म प्रकाश, 30
धार्मिक आंदोलन, 30
धूर्त लाल रसिक लाल, 32, 36
धर्मभीरूता, 45, 46
धनपत राय, 40
धर्मवीर भारती, 54, 64
धर्म का असली स्वरूप, 108
धवन्यार्थक व्यंजक, 219
ध्वनियों का शाब्दिक रूपान्तरण, 219
ध्वनि सूचक, 219
धूसर, 174, 208
नागरी लिपि के पक्ष में जनान्दोलन, 30
नागरी, 30
नवजागरण, 30, 39
निःसहाय हिन्दू, 31, 32, 34, 35
नूतन दृष्टि, 84
नूतन, चरित्र, 32
नूतन ब्रह्मचारी, 32, 36
नये बाबू, 32, 35
नॉवेल एण्ड दी पिपुल, 41
निराला, 44
नागार्जुन, 54
नरेश मेहता, 54, 64
नेपाली कांग्रेस का मुक्ति संग्राम (1950), 57
नियिति, 64
नियत, 64
नामवर सिंह, 65
नगर संवाद, 66
नया प्रतीक, 68
नीलयुग, 73
नवनिर्माण, 79, 190
नेदी, 89
नक्षत्र, 91
निष्कलुष, 91
निल्लहे, 102
नागा साधु, 107
नैतिक मूल्य, 109
नये दौर के कृतिकार, 110

निरन्तर क्षरित होने वाली समस्याएँ, 112
नन्ददुलारे वाजपेयी, 145, 151
नयी प्रविधियों का आविष्कार, 184
निर्देशात्मक शक्ति, 216
नाटकीयता, 224
नन्दी भउजिया, 233
निर्मल वर्मा, 234
पहलू, 55
प्रबन्ध काव्य, 28
पखेरू, 125
प्राचीन काल, 28
पूँजीवादी, 28, 33, 41, 42, 44, 63, 64, 65
पूँजीवाद, 61, 103
प्रेमसागर, 29
पाश्चात्य, 30, 199
प्रेमचंद, 32, 40, 41, 42, 44, 45, 46, 47, 48, 52, 53, 55, 65, 66, 68, 102, 107, 140, 194, 222, 223
परिपूर्णानन्द वर्मा, 41
प्रथम महायुद्ध, 41
प्रेमचद का उपन्यास कॉमेडी ह्यूमन है, 144
पटवारी, 46
पारंपरिक कथा शैली, 200
प्रेमाश्रम, 47
पूर्वदीप्ति शैली, 203, 204, 205
प्रेम की स्वछंद प्रवृत्ति, 48
प्रभूत, 52
प्राणवत्ता, 234
प्रभाकर माचवे, 54
पूर्णिया, 60, 61, 63, 67, 68, 75, 77, 82, 86, 97, 102, 128, 148, 156, 165, 182, 187, 198, 233
प्रेमचन्द और भारतीय उपन्यास, 65
प्रतिपाद्य, 68, 223
परती परिकथा, 68, 79, 85, 86, 94, 99, 104, 105, 106, 109, 110, 111, 112, 124, 128, 130, 131, 133, 135, 150, 151, 154, 159, 160, 161, 162, 163, 164, 165, 173, 174, 175, 176, 177, 179, 180, 181, 183, 184, 185, 186, 187, 189, 191, 192, 193, 195, 196, 197, 198, 201, 202, 203, 204, 205, 206, 208, 210, 211, 212, 213, 215, 218, 219, 220, 221, 223, 224, 232, 233
पल्टू बाबू रोड, 68, 94, 95, 100, 108, 109, 111, 112, 124, 154, 155, 177, 180, 181, 182, 184, 190, 195, 196, 198, 202, 214, 215, 234
प्रतिक्रियावादी, 175
परमारथ, 73
पंचचक्र, 81, 82, 84
पंचभूत, 81
पंचकोश, 81
परिवर्त, 82, 175
परिप्रेक्ष्य, 232
पाण्डुलिपि, 82
पुरोहित, 82
प्रगतिशील समाजवादी पार्टी, 83
परती, 84
पुनर्निर्माण, 190
प्रवृत्ति, 84, 90, 103, 106, 174, 178
प्रवृत्तियों, 110, 145
प्रतिशोधी, 84

प्रकृति, 84, 110, 123, 124
पंचकन्या, 86, 112, 152
प्रलयंकारी, 92
पृष्ठभूमि, 97
प्रद्युस्टा, 213
प्रगतिशील, 97, 175
पात्रों के नामकरण, 185
पतन, 98
परिच्छेद 37
परिच्छेद योजना, 176, 205
परिच्छेद डायरी, 206
पंचायत, 106, 107, 108, 109, 189
वातानुकूल संवाद योजना, 181
पंचवर्षीय योजना, 109, 150, 159, 174, 187, 204, 206
परस्पर विरोधी उद्देश्य, 232
-प्राचीन मूल्यों, 110
पार्थिव लोक, 118, 123
पारदर्शी, 232
प्रयोजन, 119
प्रतीक परक, 217
प्रकृति और गाँव, 123
प्राकृतिक सम्पदा, 123
प्राकृतिक सम्पदा रेणु की लोकानुभूति की अमूल्य निधि, 123
प्रभुदित, 129
प्रस्फुटित, 179
प्रेरक शक्ति, 193
परिसंवाद, 144
पतिता भूमि, 208
प्रतिच्छवित, 156
'परि' शब्द का अर्थ, 161
परिनिष्ठित, 212, 215
परिनिष्ठित खड़ी बोली, 164
पर्यवेक्षण, 175
फलक, 28, 45, 46, 72
फ्रांसीसी क्रानित, 28
फ्रायड, 199, 201
फ्रायड का स्वप्न संबंधी सिद्धांत, 201
फारखी, 30, 34
फोर्ट विलियम कालेज (1830), 30
फारबिसगंज, 56, 60
फेहरिश्त, 101
फ्लाबिये, 18
फूट डालो राज करो का नया संस्करण, 189
फणीश्वर नाथ रेणु, 65, 141
बाइबिल, 28, 29
बंगला, 29, 37, 124, 128, 133
बैताल पचीसी, 29
ब्रजभाषा, 29, 30
बुनियादी प्रतीक, 218
बुद्धि प्रकाश, 30
बालकृष्ण भट्ट, 32, 34
बिम्वधर्मिता, 22
बड़ा भाई, 32
बिम्ब योजना, 225
बिगड़े का सुधार, 32, 40
ब्रजनन्दन सहाय, 33,
बेकसूर की फांसी, 36, 40
बंकिमचंद्र, 37
बेचन शर्मा उग्र, 41
बालूचरों की शृंखला, 208
बेगार, 42
बिहार का शोक, 55
बन तुलसी की गंध, 56

बी. पी. सिन्हा, 56
बटबाबा, 60
बहुआयामी, 60
बँटैया आंदोलन, 63
बारहो बरन, 73, 104
ब्रह्मचारी, 74
बुकानन, 79, 187
बँटैयादारों, 84 84
बातूनी, 86
बिहुलाबाला, 133
बीजक, 157, 218
भारतीय नवजागरण, 29
भाग्यवती, 31, 35
भागवत प्र. शुक्ल, 141
भगवती प्र. वाजपेयी, 41, 48, 52
भैरव प्रसाद गुप्त, 54
भारत की स्वतंत्रता (15 अगस्त 1947), 57
भारतीय उपन्यास..........स्वायत्त पहचान दिलाने में योगदान, 65
भौगोलिक, 67
भाषिक संरचना, 68, 184
भारत माता ग्रामवासिनी, 72
भारत छोड़ो आन्दोलन, 93
भूमि सर्वेक्षण, 109
भ्रष्टाचार, 78, 110, 164, 178
भोजपुरी, 133, 213
भारतीय स्वतंत्रता संग्राम। आंदोलन, 150, 173
भारत की स्वतंत्रता प्राप्ति 193
भारतीय ग्रामीण समाज, 193
भद्रलोक, 124
भाप-प्रवण, 198
भोजपत्र, 81, 82
भावनात्मकता, 199
भारत में अंग्रेजीयत राज, 56
मुद्रण, 29
महा विनाश, 85
मराठी, 29, 37
मानवीकरण, 85
माधोनल, 29
मातृ कल्याण संघ, 87
मन्नन द्विवेदी, 33, 38
मैथिल, 89
मैकवेथ 124, 126, 128, 133, 164, 212, 223
मैथिली, 37
मेघावी, 92
माधवी माधव, 38
मुँह लगुआगिरी, 102
महात्मा गांधी, 41, 96, 100, 202
मानसिंह, 106
मसश्वरों, 47
मंतव्य, 108
मंगल प्रभात, 48
मानसिक, 182
मार्क्सवादी, 52
मानवेतर, 179
मनोभूमि, 64
मध्ययुगीन, 93
मैला आँचल, 54, 66, 67, 68, 69, 72, 95, 97, 102, 103, 106, 108, 109, 110, 111, 112, 124, 125, 127, 133, 134, 140, 141, 148, 149, 151, 153, 154, 155, 156, 158, 160, 162, 163, 164, 165, 173,

174, 175, 176, 178, 180, 181, 182, 183, 185, 186, 187, 189, 190, 191, 193, 194, 195, 196, 198, 200, 202, 205, 206, 207, 208, 210, 213, 214, 215, 217, 219, 220, 222, 223, 232, 235
मानसिक, 66
मिथिला, 66, 110, 111, 127, 148, 149, 150, 152, 156
मिथिला की धूल, 66
मानवीयता, 67, 75
महंथ, 73, 74, 78, 107, 178, 181, 192, 200, 203
मानवतावादी, 77
मूर्तिमान, 77
मेरिगंज, 104, 105, 108, 110, 111, 123, 134, 149, 150, 156, 157, 158, 159, 163, 165, 173, 174, 175, 178, 182, 183, 185, 187, 190, 193, 196, 197, 202, 205, 217, 234, 235, 236
मानवीय सम्पदा, 123
मानवीय करूणा, 207
मिथिलांचल, 129, 162, 163
मिथिलाक्षर, 199
मठियाली संकिर्तन, 129
मानव कल्याण, 212
मगही, 133, 164, 212, 223
मनः स्थिति, 217
मठ, 157, 158, 164, 173, 203
मैथिलाम ठहाका, 219, 223
मलेरिया सेन्टर, 158
मानवीय चेतना, 236
मांगलिक अनुष्ठान, 199
यथार्थ, 44, 47, 61, 64, 111, 121, 141, 162, 172, 184, 185, 187, 188, 189, 190, 193, 194, 216, 222, 232, 233
यथास्थितिवादी, 103
यशपाल, 53, 65
यथार्थपरक चित्रण, 190
यथार्थवाद, 54
युगबोध, 118
यूथिका, 87
येनकेन प्रकारेण, 99
यायावर, 123
यादृच्छिकता, 188
यांत्रिक सभ्यता, 189
रमैनी, 157
रूपायित, 129, 156
रानी केतकी की कहानी, 31
राधाकृष्ण दास, 31, 32
रत्नचन्द प्लीडर, 32
राधाचरण गोस्वामी, 32
राजेन्द्र मालती, 36
रामचरितमानस, 38
राजा राधिका रमण प्रसाद सिंह, 41
रांगेय राघव, 54
राजेन्द्र यादव, 54, 64
रागात्मक संबंध, 75
राजनीतिक चेतना, 99
राजनीतिक परिदृश्य, 96, 106, 173, 175
रूपायित, 129, 156
रेणु की रचना यात्रा का एक चरण, 111
रेणु का ऐसा अकेला उपन्यास जिसमें कोई आदर्श पात्र नहीं, 112
राष्ट्रीय क्रांति, 112

रेणु की ख्याति और यश का आधार, 112
रचनाकार की लोकानुभूति, 120
रेणु के उपन्यासों में लोकजीवन की आत्मा, 122
रेणु की लोकानुभूति की विशेषताएँ, 123
रेणु की लोकानुभूति, 124, 129, 130
रेणु के उपन्यासों में लोक के प्रति उनकी संलग्नता, 125
रेणु का खुर्दबीनी, पर्यवेक्षण, 130
रागात्मक पक्ष, 130
रेणु के उपन्यासों का कलात्मक सौन्दर्य, 163
रेणु के सामने भाषा की समस्या, 164
रेणु के उपन्यासों की भाषा, 166, 213
रूढ़िवादी परम्परा, 178
रेणु की संवाद योजना, 181
रेणु की पूर्णतः मौलिक योजना 182
रूढ़िग्रस्तता, 184
रूस का स्पूतनिक, 183, 184
रेणु का कथा संसार, 184
राजनीतिक व्यवस्था, 188
रेणु के विभिन्न विधागत विशेषताएँ, 224
रेणु रचनाकर्म, 233
रेणु की विशिष्टता, 234
राँची, 234
रेणु के उपन्यायों का मूल स्वर, 236
रेणु के लोक में देश, 127
राल्फ फॉक्स, 28, 41
रघुवीर सहाय, 172
रचना विधान, 178
लक्षणा, 217
लोमित्र, 30
लल्लू लाल, 30
लाला श्रीनिवास दास, 31, 34, 36, 38
लज्जाराम मेहता, 32, 33, 34
लालचीन, 33, 37
लवंग लतिका, 35
लीलावती, 36
लेडी मैकवेथ, 37
लखनऊ की कब्र, 38,
लक्ष्मी नारायण लाल, 54, 64
लोकतांत्रिक जनक्रांति, 60
लोक रस, 224
लोक रस का सुस्वाद, 60
लाकमंच, 85, 128
लोक गाथा, 130, 133
लोक सांस्कृतिक मूलक समाज, 91
लोक सांस्कृतिक तत्व, 221
लोक सांस्कृतिक मूलक समाज की सत्ता 112
लोक साहित्य का आधार, 118
लोकोत्तर महत्व, 118
लोक संग्रह, 118
लोक विच्छिन्न, 119
लोक शब्द का अर्थ, 126
लोक जीवन, 131, 148
लोक साहित्य, 121, 129, 131
लोक साहित्य का क्षेत्र, 121
लोक जीवन में अभिव्यक्ति के रूप, 122
लूकाच, 162
लोकतत्व, 177, 234
लोकतंत्र का यथार्थ, 193
लोकाचार, 200
लखपतिया, 234
लोकोन्मुखी, 237

विलियम कैरे, 29
वामा शिक्षक, 31
वीरमणि, 33
वारांगना रहस्य, 38
वृन्दावन लाल वर्मा, 41, 48
विदूषक, 46
विराटा की पद्मिनी, 48
विशेश्वर प्रसाद कोइराला, 57, 59, 60
विरत, 58
वर्णनातीत, 57
विराट नगर, 59
विभिषिका, 59
विश्वमित्र, 60
विश्वबन्धुत्व, 62
विदापत नायर, 75
वासना, 78
वैमनस्य, 89, 106, 108
विसंगतियाँ स्वतंत्रभारत में, 109
विविधवर्णी, 236
व्यभिचार, 129, 157, 164, 173, 204, 218
व्यक्तिपरक उपन्यास, 155, 156, 205
वयक्तिप्रधान उपन्यास, 176
विद्रोही नारी चरित्र, 179
विदेशिया, 233
विद्रूपता, 181, 190
वर्णनशैली, 194
वर्णनात्मक शैली, 194, 199, 202
व्यावहारिक खड़ी बोली, 213
विचार दर्शन, 217
विकास की योजना, 232
श्यामा स्वप्न, 32, 35, 36
शिवनारायण द्विवेदी, 34
शिवपूजन सहाय, 41, 140
शिल्प, 53, 54
शोषण मुक्त समाज का स्वप्न, 60
शेखर एक जीवन, 65
शरणार्थी, 89
शुचिता, 91, 99
शिलान्यास, 92, 93
श्यामा कीर्तन, 129
शिव प्रसाद सिंह, 145, 151
शोषक वृत्ति 179
शिल्प और सिद्धांत के स्तर, 234
श्रद्धाराय फुल्लौरी, 131
श्रद्धावनत, 78
शृंखला, 208, 217
सामंतवाद, 28, 33
सिंहासन बतीसी, 29
सामदण्ड मार्तण्ड, 30
समाचार सुधा वर्णन, 30
सदासुख लाल, 30
सौ अजान एक सुजान, 32, 36
सास-पतोड़, 32
स्वतंत्ररमा और परतंत्र लक्ष्मी, 32, 36
सुरसिक, 33
शेक्सपीयर, 37
सेवासदन, 40, 47, 55
सियारामशरण गुप्त, 41, 44
सूर्यकांत त्रिपाठी निराला, 41
स्वाधीनता संग्राम, 45
साहित्यकार का कर्म, 46
संगम, 48
समाष्टि, 52

स्वतंत्रता के बाद वाले दाशक के सर्वश्रेष्ठ उपन्यासगर, 55
सिभरबनी, 56
सतीनाथ भादुड़ी, 56, 57, 60
समाजवादी विचारधारा, 57
सोशलिस्ट पार्टी, 57, 75, 99, 260
साजवादी आंदोलन, 58, 60, 61
संपूर्ण क्रान्ति का उद्घोष (1974), 58
स्वतंत्रता आंदोलन, 60, 66, 154
स्वाधीनता का प्रणन आग्रह, 60
सामंतिक समाज, 61
सहरसा, 63
संथाल आंदोलन, 63
सायास, 64
साम्यवादी विचार, 64
सौन्दर्य, 179, 233
सुनीता, 65
सामाजीकरण, 66
संथाल, 73, 74, 75, 127
संथालों का विद्रोह, 103, 157
सुराजी कीर्तन, 75, 129
सुराजी, 165
संगठन, 77
समाजवादी, 77, 98, 103
सान्निध्य, 87,
सहभोज, 90
सौहाद्र, 91
स्वाधीनता आंदोलन , 91, 92, 93, 95, 97
संन्यास, 93
संन्यासी, 92, 112, 177
संस्कार, 93
स्वराज, 100
सामाजिक परिदृश्य, 96, 104, 108, 109, 110
समाज के दो आधार, 105
स्वतंत्र भारत, 109, 148, 150
सामाजिक जीवन में बढ़ते भ्रष्टाचारी, 109
समाजवाद, 111
सामाजिक जीवन की महागाथा, 111
साहित्य की विशेषता, 119
साहित्य लोक के लिए, 119
साहित्य आत्म और अनात्म के साथ, 119
साहित्यकार का लोक दर्शन, 120
सृजन की प्राथमिक...........पराकाष्ठा लोकानुभूति, 120, 121
सुरंगा सदाबृज, 129, 133, 211
सामा चकेवा, 131, 161
सामाजिक न्याय, 134
सामाजिक परंपरा, 151
सांस्कृतिक विरासत, 151
समीक्षा शास्त्र, 162
साहित्यिक सौन्दर्य, 163
समन्नात, 174
सांस्कृतिक उपादान, 174
संथालों की संघर्ष कथा, 176
सौहार्द्र, 181
सामाजिक व्यवस्था, 188
साजिक संदर्भ, 192
सामाजिक जीवन, 193
संक्रमणकालीन अवस्था, 193
सामाजिक वातावरण, 196
सामाजिक व्यवस्था, 200
स्वगत चिन्तन शैली, 182, 203
स्मृति चित्र, 204

सूक्ष्म संवेदन, 217
सामाजिक, आर्थिक, राजनीतिक और सांस्कृतिक परिवेश, 217
सामाजिक संरचना, 224
सुरेन्द्र चौधरी, 232
संभ्रमपूर्ण, 232
सरकारी भ्रष्टाचार, 232
साहित्य सृजन, 233
सांस्कृतिक चेतना, 230, 234
संथाल परगना, 234
साहेबगंज, 234
सघन अंतरंगता, 233
हूकूमत, 29, 35
हिन्दी साहित्य में 'उपन्यास' पद का प्रयोग, 31
हिन्दी का प्रथम उपन्यास परीक्षा गुरु, 31, 32, 34, 35, 36, 38, 40
हिन्दी साहित्य का इतिहास, 31
हितोपदेश, 37
हम खुर्मा, 40
हम सवाब, 40
हृदय की परख, 48
हजारी प्र. द्विवेदी, 53, 216
होड़ 90
हेलमेल, 90
हलवाहा, 120, 156
हठात, 195